文化遗产法

中国与世界

王云霞　胡姗辰　钟慧　高升　刘丽娜　李源
郭萍　霍政欣　陈锐达　李伟芳　田艳　刘迪
索菲·维涅洪　泽巴·法拉·哈克
克莱门汀·鲍里斯　弗洛朗·卡尼尔
萨布瑞娜·费拉齐　艾丽西亚·雅吉尔斯卡-布尔杜克
皮奥塔·斯泰克　安娜·菲利帕·弗尔多利亚克
著

The Commercial Press

图书在版编目(CIP)数据

文化遗产法：中国与世界/王云霞等著.—北京：商务印书馆，2024
ISBN 978-7-100-23513-6

Ⅰ.①文… Ⅱ.①王… Ⅲ.①文化遗产—保护—法律—中国②文化遗产—保护—法律—世界 Ⅳ.①D922.16②D912.16

中国国家版本馆CIP数据核字(2024)第055677号

权利保留，侵权必究。

文化遗产法：中国与世界
王云霞 等 著

商 务 印 书 馆 出 版
(北京王府井大街36号 邮政编码100710)
商 务 印 书 馆 发 行
北京市白帆印务有限公司印刷
ISBN 978-7-100-23513-6

2024年4月第1版	开本 880×1230 1/32
2024年4月北京第1次印刷	印张 15¾

定价：98.00元

前　　言

　　文化遗产不仅是特定民族和国家的历史见证，是社会可持续发展的重要资源，也是人类文明的有机组成部分。文化遗产保护涉及多种社会关系和多方利益的权衡和博弈，不可避免地存在矛盾与冲突。因此，各国纷纷通过立法对本国重要文化遗产保护管理加以规范，国际社会也高度关注文化遗产保护。以联合国教科文组织为代表的国际机构在文化遗产保护领域出台了许多重要国际公约和其他法律文件，建立了文化遗产保护国际法律框架。

　　中国具有悠久的历史和丰富的文化遗产资源，是联合国教科文组织的重要成员国。作为一个负责任的大国，中国积极支持教科文组织在文化遗产保护领域开展的各项工作，加入了其推出和倡导的绝大多数文化遗产国际公约，积极承担保护全人类共同文化遗产的责任，并建立了以《文物保护法》和《非物质文化遗产法》为核心的文化遗产法制体系。十八大以来，以习近平为核心的党中央高度重视文化法治建设和文化遗产保护工作，推动文化遗产相关法律制度的不断完善，先后启动《文物保护法》和《非物质文化遗产法》的全面修订工作，并将《历史文化遗产保护法》的制定列入立法计划，力图建立既体现中国特色，又与有关国际法发展趋势相适应的历史文化遗产保护传承体系。

本书是中国人民大学联合国教科文组织"文化遗产法"教席项目重要成果，由教席团队邀请国内外文化遗产法领域知名专家学者合作编写。全书在系统梳理联合国教科文组织出台或推动出台的1954年《关于发生武装冲突时保护文化财产的公约》、1970年《关于禁止和防止非法进出口文化财产和非法转让其所有权的方法的公约》、1972年《保护世界文化和自然遗产公约》、1995年《关于被盗或非法出口文物的公约》、2001年《保护水下文化遗产公约》、2003年《保护非物质文化遗产公约》及2005年《保护和促进文化表现形式多样性公约》等主要文化公约形成和发展历程的基础上，以公约所涉不同问题为线索，对中国与英、美、法、意、德、澳和波兰等国家实施公约的具体制度措施进行比较研究，力图为正确认识上述公约精神、不断完善有关国内法实施机制，以及在国际公约框架下更好地维护我国权益提供有益参考。教席团队选择了政体、国家结构形式、法制体系和文化背景各不相同，在实施文化遗产国际公约方面各有特色的若干国家为样本展开比较研究，并尽可能邀请该国知名专家撰写相关内容，以确保有关研究的客观性、准确性和全面性。外国专家撰写的内容由团队中具有该国留学经历、具备较好语言基础，且对该国文化遗产法制体系较为了解的中国学者加以翻译和校对，对有些难懂或容易产生歧义的词汇还添加了译者注，以方便读者阅读和理解。

  本书作者团队包括来自中国人民大学、中央民族大学、中国政法大学、华东政法大学、厦门大学、西安交通大学、山东科技大学、澳大利亚悉尼科技大学、英国肯特大学、法国图卢兹第一大学、波兰奥波莱大学和意大利维罗纳大学等高校从事文化遗产法研究的专家学者。全书由王云霞、胡姗辰负责统稿。

  特别感谢华东政法大学赵智勇和湖州师范大学张舜玺两位老师精心翻译法国专家文稿。特别感谢教席助理、中国人民大学法学院博士研究生丁广宇同学在校稿等方面的贡献。

  尽管我们已经十分努力，但是缺点和谬误仍在所难免，敬请各位读者批评指正。

王云霞

2024 年 2 月 20 日

目 录

绪论：文化遗产保护的国际法律框架……………………………1

第一部分　文化遗产国际公约的制定与发展

武装冲突与文化遗产的国际法保护……………………………27
文物非法贩运及其返还的国际法规则…………………………53
世界遗产制度的产生与发展……………………………………71
水下文化遗产的国际法保护……………………………………97
文化多样性和非物质文化遗产的国际法保护………………122

第二部分　实施联合国教科文组织
文化遗产公约的国家实践考察

英国实施联合国教科文组织六项文化遗产公约的实践………157
美国文化遗产法与联合国教科文组织公约……………………202
法国与联合国教科文组织的文化遗产保护公约………………226

意大利文化遗产法对联合国教科文组织文化遗产公约的回应…242
联合国教科文组织文化遗产公约在德国的实施……………266
波兰文化遗产法与联合国教科文组织文化遗产公约的实施……292
澳大利亚文化遗产法与联合国教科文组织文化遗产公约的

  实施………………………………………………………318

第三部分 文化遗产国际公约在中国的实施及其影响

中国文化遗产法的基本框架……………………………………357
武装冲突下文化遗产保护的中国实践…………………………381
打击文物非法贩运国际公约在中国的实施：成就和问题………407
中国世界文化遗产保护的法制建设与实践……………………424
文化多样性和非物质文化遗产保护的中国实践………………450
《保护水下文化遗产公约》与中国的水下文化遗产保护管理…474

绪论：文化遗产保护的国际法律框架

王云霞[*]　胡姗辰[**]

从先辈创造的文化财富中吸取智慧和精神信念，是人类文明发展的必然路径。对先辈创造和遗留的文明成果加以保护、利用的实践，在不同文明发展进程中都有迹可循。在欧洲，古罗马法中即有"非财产物"制度[1]，将涉及宗教供奉以及为罗马市民或人类共同享

---

[*]　王云霞，中国人民大学法学院教授，中央民族大学法学院特聘教授，联合国教科文组织"文化遗产法教席"主持人。研究方向：文化遗产法、外国法律史。

[**]　胡姗辰，中央民族大学法学院讲师，联合国教科文组织"文化遗产法教席"团队成员。研究方向：文化遗产法。

[1]　在古罗马法中，一些物由于其特殊的性质或作用，被排除在私人所有权之客体范围之外，此即罗马法上的"非财产物"，主要分为神法物（res divini juris）和人法物（res humani juris）两大类。神法物主要包括经法定程序供奉给神灵所有的土地、不动产（如庙宇、教堂等）以及教堂或庙宇内的神像、器皿和用具等高级的神（this superis）所用之物——称为"神用物"（res sacrae），安葬亡魂所用之棺椁、坟墓、墓碑、骨灰盒、殉葬物等安魂物或供奉低级的神（this inferis）所用之"宗教物"（res religiosae），以及被认为受神灵保护的城墙、城门、土地界址等"神护物"（res sanctae）。人法物则指为公众所使用之物，包括为全人类共同享用，但不为任何主体所有，不能成为所有权客体的阳光、空气、海洋等"公用物"（res communes），因公用性质或目的而由罗马全体市民公共享有、所

用的物排除在私人所有权客体之外加以严格保护和管理,客观上使一些表现和见证古罗马文化和历史发展的重要文化遗产得以保护下来。在古埃及,公元前280年左右建成的亚历山大博物馆是"古代世界最著名的博物馆"[2],尽管文物收藏并非其主要目的[3],但仍保存了很多来自古埃及征服国家的文化,成为当时世界上最负盛名的藏书中心和学术研究中心[4]。漫长的中世纪时期,教会为了宣传教义、扩大影响力,搜集、维护、修复或重建了许多具有较高文化和艺术价值的可移动和不可移动文物,并出台了一些与古迹保护和利用相关的管理法规[5]。在中国,出于开展祭祀、维护统治正朔和纲常礼教等目的,政府和民间对于具有特殊政治和文化意义的文化遗存的保护、修缮和收藏活动广泛存在。[6]历代法律典籍中包含对帝王陵寝、宗庙、古籍典章、旧城遗址、先代碑碣、墓冢等历史遗存加以严格管理、保护和修缮的内容,违法破坏者将受到严厉处罚。

人类文明发展史也发生过不少在战争或政权更迭中毁坏、掠夺文化遗产的行为和事件。例如,在中世纪欧洲,基督教入侵高卢后,

有权属于国家的公共土地、牧场、公路、河川等"公有物"(res pulicae),以及属于市政财产的罗马斗兽场、剧场、浴场等供本市人所享用的公法人物(res universitatis)。参见周枬:《罗马法原论》(上册),商务印书馆2014年版,第316—320页。

2 〔美〕休·吉诺维斯、玛丽·安妮·安德烈(编):《博物馆起源:早期博物馆史和博物馆理念读本》,路旦俊译,译林出版社2014年版,第4页。

3 李军:《从缪司神庙到奇珍室:博物馆收藏起源考》,载《文艺研究》2009年第4期,第127页。

4 耿乐乐:《解密古埃及亚历山大里亚博物馆——基于高等教育思想与组织制度视角》,载《煤炭高等教育》2016年第4期,第39—41页。

5 Françoise Choay, L'allégorie du patrimoine, Édition du Seuil, 2007, p.35.

6 参见刘铭威:《中国古代文物保护法制建设概览》,载《中国文物报》2018年9月21日,第3版。

即拆除原有属于异教的庙宇、剧院等,用其材料建造自己的教堂。[7]十字军东征过程中对君士坦丁堡的烧杀抢掠使其几十座精美的古代雕刻悉遭破坏,文物艺术品、文献图书丧失殆尽。拿破仑战争期间,也以丰富卢浮宫之收藏为目的,通过专门成立的"科学和文化物品研究委员会"(Commission pour la recherche des objets des Sciences et de l'art)对被征服国家和地区的文化遗产进行了大规模窃取和掠夺。[8]事实上,几乎所有早期征服战争都伴随着对被征服者公开的、破坏性的文物掠夺,并将敌国文物当作名正言顺、值得炫耀的战利品。依据罗马法,敌人物(res hostiles)与从未为人所有的物以及被人抛弃的物一样,均为无主物:"一旦战争开始,凡敌国人及其财产,都变成无主物,罗马市民均可将敌国人掳为奴隶,将其财产占归己有。但士兵所获战利品则应属于国库所有,士兵只能因政府的犒赏而享有(部分战利品)。"[9]中国传统社会也将毁灭敌人的文化及其历史典籍作为从根本上消灭敌人的有效手段之一,正如清代思想家龚自珍所说"灭人之国,必先去其史"[10]。除却战争和武力征服情况外,为了统一思想、实行文化专制而大量焚烧历史典籍——如秦朝"焚书坑儒"破坏大量上古文献和民间收藏的事件,无论从中国还是世界范围来看都并非个例。近代,欧美各国利用文物原属国管理混

---

7 Françoise Choay, *L'allégorie du patrimoine*, Édition du Seuil, 2007, pp.32-33.

8 Alberto Roccella, Le patrimoine culturel: droit italien, dans le livre sous la direction de Nébila MEZGHANI et Marie CORNU, *Intérêt culturel et mondialisation: Les protections nationales (Tome I)*, L'Harmattan, 2004, pp.145-146.

9 周枏:《罗马法原论》(上册),商务印书馆1992年版,第295页。

10 [清]龚自珍:《古史钩沉论二》。

乱，通过机会主义和文物分成的方式，将珍贵文物古迹带离其原生环境，以丰富自己的博物馆收藏的行为也屡见不鲜。[11]

当然，针对珍贵古迹文物在战争或者政权更迭中遭受的损害，许多有识之士从超越国家的视角进行了反思。古希腊历史学家波里比阿曾经规劝人们"不要用其他民族的不幸装点自己的国家"。[12] 罗马雄辩家西塞罗也曾经批评过毫无节制地掠夺其他民族的战利品的行为。[13] 中世纪时期，教会利用"正义战争"理论，认为用于宗教的财产不属于战利品，在战争中不得任意劫掠。[14] 文艺复兴时期，不仅宗教财产，所有的艺术品都应因其固有价值而得到珍视的思想得到强化。1553年，波兰学者普祖鲁斯基（Jakub Przyłuski）深刻地指出：除了宗教财产，杰出的艺术品和文学作品也不应作为战利品对待。[15] 这一理论在18世纪中期被瑞士早期国际法学者瓦泰勒

---

11 〔美〕约翰·亨利·梅里曼编：《帝国主义、艺术与文物返还》，国家文物局博物馆与社会文物司（科技司）译，译林出版社2011年版，第9—10页。

12 前联合国教科文总干事阿马杜-马赫塔尔·姆博：《向创造者归还不可替代文化遗产的呼吁》，载〔澳〕林德尔·V. 普罗特主编：《历史的见证——有关文物返还问题的文献作品选编》，国家文物局博物馆与社会文物司（科技司）译，译林出版社2010年版，第28页。

13 公元前70年，西塞罗在罗马元老院对西西里总督盖优斯·费雷斯（Gauis Verres）大规模掠夺寺庙、个人住宅以及公共纪念碑的犯罪行为提出了批评："在西西里岛所有富裕古老的省份中，无论是银器，还是科林斯或得洛斯餐具；无论是宝石和珍珠，还是金质和象牙制品；无论是大理石、黄铜和象牙雕像，还是绘画和刺绣，没有一样是他没有找到过、没有染指过的。只要他喜欢，他就会抢走。"〔美〕詹森·费尔奇、拉尔夫·弗拉莫利诺：《那些珍稀文物去哪儿——顶级博物馆的地下交易内幕》，钱峰译，现代出版社2015年版，第2页。

14 Wojciech Kowalski, Types of Claims for Recovery of Lost Cultural Property, *Museum International*, No.228, Vol. 57, No. 4, 2005, pp.86-87.

15 同上文，第87页。

（Emmerich de Vattel）发展为尊重教堂、陵墓和其他有重要文化意义的建筑物的原则，明确指出一些具有突出审美价值的建筑、遗址、文物艺术品，既是其原属民族的骄傲，又是全人类的共同的财富，摧毁它们就是肆意剥夺全人类欣赏这些文物艺术品的权利，就是宣布与全人类为敌。[16]法国大革命时期，面对法国极端民族主义者通过转移和搜集邻国文物艺术品，将巴黎打造成"人类知识之走廊、艺术之都以及世界学校"[17]的愿望，以及拿破仑对于其所占领的意大利等欧洲国家文化遗产的掠夺，古典建筑理论家德昆西（Antoine-Chrysostome Quatremère de Quincy）提出，"长久以来，欧洲就是一个艺术科学共同体，……彼此不希望孤立于世，更希望以四海之内皆兄弟之情，使各国利益进一步融合。"[18]"艺术与科学属于全欧洲，不再仅为一国之专有财产。"[19]德昆西强调："我并非站在此国或彼国居民的立场，而是以艺术科学共同体一员的身份来讨论各方对整体保护的关切"，[20]这是"对文明的关切，对完善快乐与幸福获得途径的关切，对不断发展教育和提升理性的关切；概言之，这是对

---

[16] E. de Vattel, *Le droit des gens ou, Principles de la loi Naturelle, appliqués à la Conduite et auxaffaires des Nations et des Souverains*, Tome 1, 1758, reproduced by the Columbia Planograph Co., 1915, pp. 266-273.

[17] Boissy d'Anglas, Quelques idées sur les arts, sur la nécessité de les encourager et sur divers établissements nécessaires à l'enseignement public, Paris, 25 pluviôse an II, pp.164-166.

[18] 〔澳〕林德尔·V. 普罗特主编：《历史的见证——有关文物返还问题的文献作品选编》，国家文物局博物馆与社会文物司（科技司）译，第20页。

[19] 同上书，第18页。

[20] 同上。

全人类进步的关切"。[21] 因此,"一切有助于实现此目的之财产,皆属于全人类:任何国家无权独自拥有或任意支配,任何声称对教育及教育资源享有专有权或特权者,会因其野蛮行径或无知态度对公共财产造成破坏,而很快受到惩罚"[22]。简言之,文化财产作为欧洲文化的组成部分,是人类文明发展的见证,对人类历史、文明和教育发展有重要意义,因此应当属于全人类共同所有,任何人无权独占或者擅自处分;对这些文化财产的独占构成对文化和教育资源的特权,应当因为侵犯全人类的共同财产而受到惩罚。雨果的著名论断"在建筑(遗产)中存在两类价值:使用价值和美学价值;使用价值属于其所有权人,而美学价值属于全人类"[23],即德昆西"共同遗产"理念的演绎。

从在战争或政权更迭中有选择地保护或破坏文化遗产的历史,到文化遗产较之于普通财产的特殊属性及其超越国家的价值和意义逐步为人们所认知,文化遗产承载全人类重要公共利益的观念逐渐成为近代文明国家的共识,奠定了国际社会关注文化遗产保护并逐步建立相应法律机制的正当性基础。

---

21 〔澳〕林德尔·V. 普罗特主编:《历史的见证——有关文物返还问题的文献作品选编》,国家文物局博物馆与社会文物司(科技司)译,第18页。

22 同上。

23 Victor Hugo, Guerre aux démolisseurs!, Patrice Béghain (eds.), *Guerre aux démolisseurs! Hugo, Proust, Barrès, un combats pour le patrimoine*, Éditions Paroles d'Aube, 1997, p.49.

一、联合国教科文组织文化遗产领域
国际公约的制定与发展

在国际法层面，国际人道法首先确立了在战争中保护文化遗产的法律规则。1899年和1907年两部《陆战法规和惯例公约》（以下简称"1899和1907年《公约》"）及其附件《陆战法规和惯例章程》明确规定，禁止战时破坏和掠夺用于宗教、教育、艺术、科学或者慈善目的的公私财产以及历史古迹的行为。但由于该公约并未明确规定违反这些规则应承担的法律责任，两次世界大战依然伴随着大量文物古迹破坏和劫掠行动，对全人类文明发展成果造成严重破坏。

"二战"后期，1943年在18个同盟国共同发布的《反对在敌人占领或控制的领土上犯下的剥夺财产行为的盟军间宣言》（简称《伦敦宣言》）的基础上，英、美、法等同盟国为抢救和返还在战争中受到破坏或者劫掠的文化财产而采取了一系列行动[24]，是同盟国为文化遗产保护事宜进行协商与合作的积极尝试。"二战"后，《联合国宪章》将尊重基本人权、加强国际友好合作、促进全球经济、社会、文化和福利发展确定为联合国的核心宗旨[25]；联合国教育、科学和文化组织（简称"联合国教科文组织"或"UNESCO"）的成立

---

24 参见王云霞、胡姗辰、李源：《被掠文物回家路——"二战"被掠文物返还的法律与道德问题》，商务印书馆2021年版，第97—147页。

25 参见《联合国宪章》，第1条。

更为文化领域的国际合作和国际秩序的建立提供了重要的组织保障。文化遗产作为文化建设和发展的重要成果和基础资源，不仅关乎全人类重要的文化利益，与和平和发展也具有重要联系，成为UNESCO推进文化领域国际合作的重要着力点。

1954年《关于发生武装冲突时保护文化财产的公约》（简称"1954年《海牙公约》"）就是UNESCO在反思两次世界大战对文明发展成果造成的重大损失的基础上推出的文化遗产领域的第一个国际公约。1954年《海牙公约》不仅确立了在武装冲突中尊重和保护文化遗产的一系列具体法律制度与规则，并通过1954年和1999年两个议定书弥补了公约内容及其实施机制的局限性。更为重要的是，该公约在其序言部分首次提出了"人类文化遗产"（the cultural heritage of all mankind）的概念。这一概念蕴含着两个相互联系的理念：一方面，这些对全人类文明延续与发展具有重要意义的文化遗产，是整个人类社会发展所必需的重要资源，是全人类共同的宝贵财富，不得为某一国或者某些主体所垄断；另一方面，不论在国内法中的所有权属如何，对这些全人类文化遗产的破坏，就是对全世界共同利益的侵害。国家间的战争或者武装冲突不能以这些具有全人类文化遗产性质的文物古迹为打击或者劫掠的目标，亦不能在此过程中对其造成破坏。为此，国际社会有必要开展合作，协同保护这些重要文化遗产。

"二战"后殖民地独立浪潮兴起，文化遗产在这些新独立的国家重建自身民族历史和文化认同的过程中发挥的重要作用日益凸显，预防和打击文物非法贩运、追回已非法贩运的珍贵民族文化遗产,成为这些国家所共同关注的问题。自1960年代以来,UNESCO就一直站在打击非法贩运文物第一线[26],并致力于为促进非法流失文物,特别是对新独立的殖民地国家重建和发展具有重要意义的不可替代文化遗产返还其原属国提供磋商与合作机制。1970年《关于禁止和防止非法进出口文化财产和非法转让其所有权的方法的公约》(简称"1970年《公约》")就是UNESCO一系列努力的重要成果。作为和平时期保护文化财产的第一部国际法律文书[27],该公约确认了文化财产作为文明和民族文化的一大基本要素的重要性和原主国对于其文化财产的权利,呼吁各国承担尊重本国及他国文化财产的责任,并通过完善文化财产进出境管理制度、强化博物馆等文物收藏机构的道义责任,加强外交和执法协作等方式,保护其领土上的文化财产免受偷盗、秘密发掘和非法出口的危险,并建立了致力跨国文物返还的磋商平台,对于强化原主国对其文化财产的权利和责任、促进非法贩运文化财产的返还具有重要意义。1970年《公约》彰显了国际社会在遗产保护领域尊重和保障各国文化主权,促进文化交流和人类文明和平发展的决心。

为了强化各国政府履行保护对人类发展具有重要意义的共同遗产的责任,UNESCO还在探索建立更加积极和深入的所在国与国际社会分工合作的机制,以促进这些共同遗产在推动社会经济建

---

[26] Celebrate 50 years of fight against illicit trafficking, available at: https://en.unesco.org/news/celebrate-50-years-fight-against-illicit-trafficking, accessed 2021-11-12.

[27] 钱思文:《帮助文化财产回归原有国——解读联合国教科文组织〈1970年公约〉》,载联合国网站: https://news.un.org/zh/story/2020/12/1073992,2022年7月19日访问。

设和增进人类团结等方面发挥更加积极的作用。以20世纪50—60年代"努比亚遗址保护"等一系列多国合作保护重要文化和自然遗产行动为契机,UNESCO于1972年推出《保护世界文化和自然遗产公约》(简称《世界遗产公约》)。该公约作为迄今为止文化遗产领域最具影响力的国际公约,确立了世界遗产保护和管理体系,不仅通过其名录、监测和国际援助等具体制度,弥补了国家一级在对全人类文明发展具有重要意义的文化和自然遗产保护方面的力度不足与局限,还通过《实施〈保护世界文化和自然遗产公约〉操作指南》的不断修订,推动文化遗产保护理念和标准的更新与发展,保持世界遗产保护管理体系的开放性和活力,并激励缔约国采取与时俱进的遗产保护和管理措施,从而促进各国文化遗产保护管理水平的不断提升。

当然,文化财产的多元价值属性和复杂的权属结构,也决定了不同国家有关文化遗产法律制度存在差异,尤其是在实施1970年《公约》的过程中,被盗或非法出口文化财产后续流转问题,其所有权权属认定问题,都受到不同国家财产法制度的影响,不同国家法制体系中文化财产是否适用善意取得、时效取得等具体规定的差异,也对打击跨国文物非法贸易、实现非法流转文物返还其原所有权人造成了制约。为此,在UNESCO大力推进和深度参与下,国际统一私法协会(UNIDROIT)于1995年出台了《关于被盗或非法出口文物的公约》(简称"1995年《公约》")。该公约从请求时效、请求和被请求国提出或处理此类返还请求的程序和权利义务等方面,做了较为具体的规定。虽然1995年《公约》不承认被盗或非法出口文物善意取得的基本立场,使得许多文物市场国不愿意加入该公约,但该公约在"强制返还和对善意取得人的补偿之间达成了平衡"[28],是在保护善意取得人的大陆法系和保护原始所有人的英美法系之间达成妥协的一个有益尝试。

科技的发展拓展了人们探索世界以及认识和保护文化遗产的范围。随着"二战"后水下探测技术的快速发展,越来越多沉没于水底的文化遗产也开始进入人们的视野,人们对水下文化遗产保护重要性及保护方法的认识不足,以及专门法律规范的缺乏,导致许多水下文化遗产因商业打捞、非法盗掘或是由于环境污染而受到破坏。水下文化遗产所在不同海洋区域国际法地位的特殊性,使得在该领域制定一部国际公约尤为必要,以明确和规范不同国家有关权利义务关系、减少分歧与摩擦,增进共识与协作。经过近20年的探索,UNESCO终于通过2001年《保护水下文化遗产公约》(简称《水下公约》)。《水下公约》在联合国《海洋法公约》所确立基本制度框架的基础上,以保护作为全人类共同遗产的水下文化遗产为宗旨,对受保护水下文化遗产的范畴、水下文化遗产保护的基本原则、沿海国在不同区域内对水下文化遗产的不同保护和管理权限,以及不同国家在水下文化遗产保护领域的协作机制等进行了规定,与其附件《针对水下文化遗产之行动规则》及《操

---

28 Ian M. Goldrich, Balancing the Need for Repatriation of Illegally Removed Cultural Property with the Interests of Bona Fide Purchasers: Applying the UNIDROIT Convention to the Case of the Gold Phiale, *Fordham International Law Journal*, vol.23, 1999, p.163.

作指南》²⁹一起，为水下文化遗产保护及有关国际协作提供了明确具体的行动指引。该公约制定20年来，已有70多个国家积极加入，还有一些国家虽没有正式加入，但也根据公约规定的基本原则和精神，制定和完善了本国水下文化遗产保护法律制度。

1982年，UNESCO 126个会员国的960名代表在墨西哥城召开世界文化政策会议，将艺术和文学、生活方式、人类的基本权利、价值体系、传统和信仰等多种非物质形态的表现形式都界定为"文化"的组成部分。³⁰1997年，UNESCO通过了《当代人对后代人的责任宣言》。该宣言特别提出："在充分尊重人权和基本自由的情况下，当代人应注意保护人类的文化多样性。当代人有责任确定、保存和保护物质及非物质文化遗产，并将这一共同遗产传给子孙后代。"(29 C/Resolution 44) 2003年《保护非物质文化遗产公约》(简称《非遗公约》)的出台，集中体现了文化多样性理念下文化遗产范畴的扩展以及保护理念和保护方法的丰富。该公约直接回应了发展中国家以及国际社会对各种非物质形态文化遗产的关注，并借鉴《世界遗产公约》保护机制的成功经验，建立了缔约国与国际社会合作保护人类非物质文化遗产的法律机制。与《世界遗产公

---

29 根据2009年3月第一届缔约国会议第7/MSP 1决议要求，《水下公约》秘书处与缔约国协商编制一份针对公约附件《针对水下文化遗产之行动规则》的《水下文化遗产行动手册》(Operational Guidelines for the Convention on the Protection of the Underwater Cultural Heritage), 2015年以后正式中文译名定为《保护水下文化遗产公约操作指南》，以下简称《操作指南》。

30 1982: Mondiacult (Mexico), available at: https://ich.unesco.org/en/1982-2000-00309, accessed 2020-05-13.

约》强调世界遗产的突出普遍价值相比,《非遗公约》所建立的《人类非物质文化遗产代表作名录》更强调非物质文化遗产对其创造、传承主体文化发展的重要价值,以及保护不同民族或文化族群的非物质文化遗产对于丰富和促进文化多样性的重要意义;更加强调传承主体(包括个人、团体和群体)以及遗产地社区在非物质文化遗产保护传承中的主体地位及其正当发展权益;并注意到非物质文化遗产与物质文化遗产和自然遗产之间的内在相互依存关系。其《业务指南》[31]还设专章对国家层面通过保护非物质文化遗产推进包容性社会、经济、环境等可持续发展予以关注。《非遗公约》不仅弥补了《世界遗产公约》在保护对象方面的局限性,扩展和丰富了国际社会保护文化遗产的范畴,更体现了文化多样性和可持续发展目标下文化遗产保护理念、方法与实践的发展与进步。

2001年,UNESCO第29届大会通过了具有里程碑意义的《世界文化多样性宣言》,首次明确提出"文化多样性对人类来讲就像生物多样性对维持生物平衡那样必不可少,是人类的共同遗产"(第1条)。该宣言也承认文化多样性是可持续发展的一个关键维度。2005年《保护和促进文化表现形式多样性公约》(简称《文化多样性公约》)发展了《世界文化多样性宣言》的保护理念,将作为人类共同遗产的"文化多样性"确立为一个明确的法律概念,并通

---

31 《实施〈保护非物质文化遗产公约〉业务指南》(Operational Directives for the implementation of the Convention for the Safeguarding of the Intangible Heritage,以下简称《业务指南》)出台于2008年6月,此后每两年进行一次修订。最新《业务指南》于2020年出台。

过国际公约这样一种具有拘束力的国际法律文件确认了文化与可持续发展的密切关系,由此确立了国际社会共同保护非物质文化遗产并建立相应国际法秩序的理论基础,使文化遗产的国际法律保护进入了一个新的发展时期。此外,该公约立足当代、关注发展、面向未来的特点,将文化遗产事业置于自由贸易、人权保护、文化创新及其知识产权等更加广阔的视角和背景之下,为充分发挥文化遗产在当代社会建设和发展中的积极意义,加强文化遗产保护的适应性和可持续性,提供了推动力。

二、文化遗产保护国际公约发展的特点和趋势

总体来看,以上述公约为基础建立起来的文化遗产保护国际法律的发展,呈现出以下几方面特点和趋势。

(一)从"文化财产"到"文化遗产"的保护范围扩展

早期,"文化财产"和"文化遗产"作为保护对象出现在不同的国际公约中,或者在同一个公约中交替使用。基础概念的不明晰加剧了文化遗产领域国际合作与实践的复杂性。如1954年《关于发生武装冲突时保护文化财产的公约》即存在"文化财产"和"文化遗产"同时使用的情况,但该公约中"文化遗产"仅作为抽象意义上的表达而出现,并没有明确的法律定义。往后的1970年和1995年《公约》,与其预防和打击非法贩运的主要目的相适应,都对作

为其适用对象的"文化财产"或与之近似的"文物"进行了明确定义。"文化遗产"作为一个专门法律概念成为国际公约的保护对象，始于1972年《保护世界文化和自然遗产公约》。此后的《保护水下文化遗产公约》和《保护非物质文化遗产公约》都采用了"文化遗产"概念，并对其保护对象进行了明确界定。

保护对象由"文化财产"到"文化遗产"的发展，集中彰显了人类对文化遗产范畴及其多元价值体系的认识不断深化的过程。结合公约的发展，我们可以看到这两个概念具有以下几方面不同特点：首先，从形态方面看，"文化财产"主要指有形的文化遗产，大致相当于我国法律中所称的可移动和不可移动文物；"文化遗产"的外延则显然更为广阔，不仅包括有形文化财产，还包括无形的非物质文化遗产，甚至还包括文物、非物质文化遗产等不同遗产类别所在生境共同构成的遗产环境整体。其次，从价值构成来看，以"文化财产"为保护对象的国际公约，多以规范其流转或处分行为或有关财产权益的行使为重点，主要关注其文化公益价值与经济价值的关系，而以"文化遗产"为保护对象的国际公约则更多地采取一种宏观的、系统论的理念和视角，强调通过多元主体协作和不同方法相互配合，推进文化遗产在文化、社会、经济建设，以及维护世界和平、促进可持续发展方面多元价值的协调发挥；特别是"文化多样性"理念和目标的提出，极大扩展了人们对于文化遗产范畴及其价值体系的认识，使文化遗产保护对象不仅限于反映人类文明"杰出"或"最优"发展成果的"精英遗产"，也注意到不同文化族群或文化社区在人类文明发展过程中做出的贡献，并对其创造的、构成知识性或者经验性资源的"大众遗产"加以保护。最后,从保护目的看,相较于"文化财产","文化遗产"的保护更强调其从先辈手中获得、被当代人加以保护,并留传给后代的"传承"意义。随着"可持续发展"理念和目标的提出,这种"传承"之内涵得到进一步发展,不仅包含代际公平的核心概念,更包含由于我们无法预知现有的知识(遗产)在未来可能会以何种方式加以利用,因此应对其加以保护以应对未来的需要;对此类具有重要意义而不可再生的宝贵的未来发展资源,当代人应当以可持续而非使其枯竭的方式加以享用。[32] 这种可持续发展目标下"代际公平"和"发展资源"的理念,构成当代文化遗产保护国际秩序构建与发展的必要性和正当性基础。

(二)文化遗产保护的多元价值理念逐步得到确立

近代国家建立文化遗产保护法制的出发点,在于文化遗产具有见证民族历史、表现国家文化传统、表征该国文化特色的重要价值,承载着对国家和社会发展的重要公共利益。这种从民族国家存续和发展的视角及立场出发考量各项文化遗产保护措施的理念,可被概括为"国家遗产"的理念,这也意味着各国在保护本国、本民族所创造文化遗产方面承担着首要责任。然而,如前所述,面对战争,特别是两次世界大战给人类文明带来的极大破坏,国际社会逐渐认

---

[32] 〔英〕珍妮特·布莱克:《国际文化遗产法》,程乐等译,中国民主法制出版社2021年版,第8—9页。

识到文化遗产具有超越国家的意义和价值，是全人类共同的资源和财富，对于全人类文明延续和发展都具有重要意义。这就是"共同遗产"理念，强调国际社会乃至全人类都有责任对这些珍贵的共同遗产加以保护。此外，随着文化遗产范畴的不断扩展和形式的不断丰富，不同的文化社群或社区也逐渐认识到其所保有和传承的文化遗产的独特意义与价值，"社区遗产"对于促进文化多样性的意义以及作为全人类共同遗产组成部分受到平等尊重和保护的理念也逐步得到国际社会的认可。

纵观 UNESCO 文化遗产保护相关国际公约的发展历程，绝大多数公约在尊重和强调原属国保有其文化遗产的正当权利，以及妥善保护的首要责任的同时，明确规定国际社会在维护这些共同遗产方面应当发挥的监督、补充和促进作用，体现和兼顾了文化遗产作为"国家遗产"和"共同遗产"的双重价值维度及其相互关系。如《海牙公约》在序言中强调，"属于任何人民的文化财产如遭受到损失，也就是全人类文化遗产所遭受的损失，因为每国人民对世界文化做出其自己的贡献；考虑到文化遗产的保存对世界各国人民都是非常重要，因此文化遗产必须获得国际性的保护"。《世界遗产公约》强调，"本公约缔约国，在充分尊重第一条和第二条中提及的文化和自然遗产所在国的主权，并不使国家立法规定的财产权受到损害的同时，承认这类遗产是世界遗产的一部分，因此，整个国际社会有责任合作予以保护"（第6条）。

此外，文化遗产的包容性日益受到关注。UNESCO 文化遗产立法工作重点，已逐渐由对国家层面具有重要利益的文化遗产的保护

（如武装冲突期间文化财产的保护及文物非法贩运的防范），发展到与地方和社区利益密切相关的文化遗产（如非物质文化遗产和文化表现形式多样性相关国际公约）的保护和利用方面。在世界遗产价值标准的更新和发展中，也体现了"人类共同遗产"的普遍性寓于各民族、文化族群或社区的地方文化多样性之中的理念，增进了其"突出普遍价值"的多样性和包容性。[33] 这一工作理念的转变体现和强调了文化平等——每个民族无论大小，尊严平等，其文化对全人类文化发展都具有重要价值，都具有普遍性，是人类共同遗产的有机组成部分；不同文化的相互尊重、相互依存、交往交融，是共享团结、促进人类文明可持续发展的重要基础和动力。

（三）"保护"内涵的不断发展

从 1954 年《海牙公约》到 2005 年《文化多样性公约》，随着半个世纪文化遗产保护理念和实践的发展，国际公约中文化遗产"保护"的内涵逐渐扩展和丰富，对各缔约国提出了越来越高的要求。

根据公约宗旨的不同，国际公约中文化遗产"保护"的内涵大致包括以下四个逐步递进的方面：第一层含义为"尊重"，即各国和国际社会有义务对体现人类文明发展成果的文化遗产予以尊重，不因占领、宗教、种族歧视或其他目的，对本国或他国的文化遗产加以破坏、掠夺或非法贩运，并采取措施禁止或防止此类行为的发

---

[33] 史晨暄：《世界遗产四十年：文化遗产"突出普遍价值"评价标准的演变》，科学出版社 2015 年版，第 109—110 页。

生；对于已经发生的破坏、掠夺和非法贩运行为，则应尽力予以矫正和救济。第二层含义为通过采取适当的法律、科学、技术、行政和财政等各方面措施，对文化遗产的本体及与之密切相关的生境和风貌加以保护和修复，主要目的在于将文化遗产的外在表现形式及其所包含的历史、文化、科学技术等方面的信息，全面真实地传给子孙后代，以实现文明的延续。第三层含义在于通过科学、合理和适当的方式，推进公众对文化遗产的接近、认识和享用，使公众能够全面理解文化遗产的价值及其所承载的文化利益，并切实受益。最后一层含义，也是可持续发展目标和文化多样性对文化遗产事业发展提出的最高要求，即将文化遗产视为经济社会可持续发展的重要资源，关注及正确处理文化遗产与其他可持续发展资源，与城市和社区发展之间的关系，通过文化遗产资源增进和保障人权、满足个体和集体发展需求。

三、联合国教科文组织文化遗产公约在国家层面的实施

国际公约是国际法主体为解决全球或特定区域在和平稳定，社会、经济、文化发展方面面临的共同阻碍或者其他关涉人类文明延续与发展重大利益的问题，经协商和博弈所达成的具有法律约束力的共识。国际公约中有关规则和要求，有赖于缔约国根据其具体国情和体制，以法律和政策予以落实。出于国家主权平等的考虑，当今世界大多数国家都坚持国际法和国内法体系"二元论"立场，即

一国加入某项国际公约,并不意味着其规则可作为具有强制力的法律规范直接在国内加以适用,而是需要将其转化为国内法规则,才能将其要求落到实处。总之,国际公约在国家层面的实施,离不开该主权国家的核心和主导作用。

由于文化领域与国家的历史传统、国家主权和安全有着极其密切的联系,UNESCO文化遗产公约在国家层面的实施更容易受到国家立场和国情的制约。例如,一些重要的文物市场国不仅在1970年《公约》的制定阶段就极力反对规定具有溯及力的条款,即使在加入该公约之后,在国内法层面也仅对部分公法措施加以落实;面对1995年《公约》对传统私法制度加以改革的要求,一些文物市场国干脆拒绝签署。在世界遗产保护领域,面对经济和城市发展的需要,一些缔约国的国内法制度和实践也并未采取"遗产保护优先"的立场,导致一些遗产地被列入《濒危世界遗产名录》,甚至最终从《世界遗产名录》中除名。在武装冲突情况下文化财产保护领域,尽管1954年和1999年两次通过议定书的方式以加强公约效力、促进公约有关制度的落实,但公约的一些关键制度在许多缔约国仍未得到落实。而2005年《文化多样性公约》的大部分条款并不具有严格意义上的法律规范效力,更多地体现为一种彰显缔约国采取积极措施促进和保护文化多样性的共识与政治宣言。

尽管如此,这些UNESCO文化遗产国际公约的出台在解决该领域国际合作面临的关键问题、提供有效的沟通和交流平台,以及提升国家层面的文化遗产保护管理和法治建设水平等方面,仍发挥了显著的积极意义。首先,多个公约和促进公约实施的国际法律文件反复多次确认一项法律规则，对于该规则在大多数国家（包括非缔约国）长时间反复实践后被确认为习惯国际法，从而获得对所有国家（包括非缔约国）的法律效力，具有重要作用。如1899和1907年《公约》以及1954年《海牙公约》反复确认的在战争中保护文化财产的基本原则，已被国际社会认可为国际习惯法规则[34]，适用于国际刑事司法机构对战争罪的审判中[35]；1970年《公约》所确立的非法转移文物应返还其原属国的基本原则，也被一些国家认可为习惯国际法义务，在有关司法判决中加以援引。[36]其次，通过国际公约建立的磋商和协作平台，对于不同国家间通过对话和协商解决公约未予明确规范甚至未予涉及的相关问题，发挥了重要作用。如UNESCO在1970年《公约》框架下建立的促进文化财产返

34　1995年12月，第26届红十字与红新月国际大会接受"保护战争受害者问题政府间专家组"的建议，委托红十字国际委员会编写一份关于可适用于国际性与非国际性武装冲突的国际人道法习惯规则的报告。该委员会与许多国际知名专家经过近10年的努力，终于完成了对国际人道法领域习惯规则的研究和归纳，于2005年正式出版了《习惯国际人道法》的报告。该报告第1卷为"规则"，是对适用于国际性和非国际性武装冲突的国际人道法习惯规则的全面分析；其中包含4个保护文化财产规则，将《海牙公约》的基本规则列为习惯国际人道法规则。参见《习惯国际人道法》，载红十字国际委员会网站：https://www.icrc.org/zh/doc/resources/documents/publication/pcustom.htm，2019年9月23日访问。

35　对纳粹战争罪行进行审判的纽伦堡国际军事法庭认为：尽管存在普遍参加条款，但1899和1907年《公约》明确规定的陆战规则无疑表明是对公约通过时的国际法的发展，"已经具有习惯国际法的效力，即便是对非缔约国的个人也具有拘束力"。参见：Victoria A. Birov, Prize and Plunder: The Pillage of Works of Art and the International Law of War, *New York University Journal of International Law and Politics*, vol. 30, 1997, p.208。

36　Alessandro Chechi, *The Return of Cultural Objects Removed in the Times of Colonial Domination and International Law: the Case of the Venus of Cyrene*, The Italian Yearbook of International Law, Volume XVIII, 2008, Martinus Nijhoff Publishers, 2009, pp.159-181.

还原属国或归还非法占有文化财产政府间委员会（简称"促进文化财产返还原属国政府间委员会"）为解决缔约国之间的文化财产纠纷、促进文化财产返还其原属国提供了一个谈判、仲裁及调停的平台。最后，国际公约中所倡导的保护理念和保护方法，也为国家层面不断完善其文化遗产保护管理法律制度、提升保护管理水平，提供了参考和借鉴。如《实施〈保护世界文化和自然遗产公约〉操作指南》适应遗产保护理念和实践发展，对世界遗产保护管理提出了新要求，从而促进了许多国家及时更新和完善世界遗产保护体制及相关法律制度。1970年《公约》中有关文物进出境管理和非法出口文物返还的规定，促使美国和欧盟等重要的国际法主体出台专门的公约实施法更新和完善其文物进出境制度；一些欧洲国家还根据1995年《公约》有关规定，修改了其适用于文物交易的善意取得、时效取得等私法制度。

中国具有悠久历史和丰富的文化遗产，作为UNESCO的重要成员国，积极支持UNESCO在文化遗产保护领域开展的各项工作，加入了除《保护水下文化遗产公约》之外的上述各项国际公约，并以《文物保护法》和《非物质文化遗产法》为核心，建立起一整套不同层级、不同领域法律规范相互配合的文化遗产法制体系。随着文化遗产保护管理经验的日益丰富和保护管理水平的不断提高，中国也通过积极参与文化遗产保护国际合作，积极承担其保护全人类共同文化遗产的责任。当然，我们也应该正视我国在落实某些文化遗产国际公约制度和要求方面存在的问题，在比较各国文化遗产国际公约实施机制差异性的基础上，理性分析我国相关法律制度与有关国际公约规定的差异,在维护我国主权、安全和国家利益的前提下,完善我国文化遗产法律制度,落实国际公约义务,同时以更加积极主动的姿态参与文化遗产国际治理,更充分地展现我国保护全人类共同文化遗产的大国意识和责任担当。

第一部分

文化遗产国际公约的制定与发展

武装冲突与文化遗产的国际法保护

钟　慧[*]

文化遗产[1]是全人类的宝贵财富，但常在武装冲突中遭到破坏和掠夺。国际社会早在 1899 和 1907 年颁布的《陆战法规和惯例公约》（简称"1899 和 1907 年《公约》"）中就规定了应在武装冲突中保护文化遗产。1954 年《关于发生武装冲突时保护文化财产的公约》（简称"1954 年《海牙公约》"）及其两个议定书更进一步完善了法律保护规则。随着国际法的不断发展，在武装冲突中保护和

---

[*]　钟慧，厦门大学法学院、南海研究院副教授。研究领域：国际法、海洋法、文化遗产法。

[1]　学界对文化财产（cultural property）和文化遗产（cultural heritage）的定义和区别都有深入的分析。1954 年《海牙公约》适用的是"文化财产"，但"财产"一词本身强调的所有权的排他性控制及经济价值，与保护文化财产的主要原因在于其文化、考古和情感价值，以及为"全人类文化遗产"这一主旨相违背，因此，在之后的国际条约中，例如 1972 年《保护世界文化和自然遗产公约》和 2001 年《保护水下文化遗产公约》，都使用了文化遗产（cultural heritage）这一概念。除法律文本另有规定，本文将使用"文化遗产"这一概念。

尊重文化遗产已经是国际社会的主要共识与法律规定的发展趋势。正如 1954 年《海牙公约》在序言中所做的声明：对于任何一个民族文化遗产的破坏，都将是对全人类文化遗产的破坏，因此，国际社会决心采取一切措施来保护文化遗产。

一、武装冲突中保护文化遗产国际法规则的演进

在历史上，战利品归胜利者所有是惯常的做法。这也意味着，破坏和劫掠敌人的财产，包括文化遗产，是战争的必然结果。然而从 17 世纪开始，国际社会开始逐渐认识到文化遗产在武装冲突中应该被区别对待，并开始谴责在武装冲突中掠夺和破坏文化遗产的行为。1648 年《威斯特伐利亚和平条约》规定应归还在三十年战争期间被掠夺的文化遗产。在 1815 年滑铁卢战役之后，盟国同样要求法国归还在拿破仑战争期间掠夺的文化遗产，并认为"掠夺艺术品的行为违反了正义原则和现代战争规则"。[2]虽然早期战时被劫掠文物得到返还的案例有限，但却反映了将文化遗产作为战利品的惯例已不再被普遍接受。

最早规定文化遗产免受战争影响的法律文件是为美国联邦军队在南北战争中使用而起草的《美国政府军队战场守则》（又称《利伯守则》）。《利伯守则》规定"教堂、博物馆或学术机构不能被

---

2 Wayne Sandholtz, Plunder, Restitution, and International Law, *International Journal Cultural Property*, vol.17, 2010, p.151.

没收、出售、赠送、肆意毁坏、损坏或私自侵占"(第35、36条)[3]。之后起草的1884年的《布鲁塞尔宣言》和1880年的《牛津手册》同样规定与宗教、慈善、教育、艺术和科学有关的财产应该受到保护。[4]虽然这些早期规则的约束力有限,但却为将禁止在武装冲突中破坏和掠夺文化遗产的思想纳入国际公约奠定了基础。

最早确立战时保护文化遗产免受武装冲突影响规则的国际条约是1899和1907年《公约》。该公约首先明确除非因战争需要,禁止毁灭或没收敌人的财产,包括文化遗产。除此之外,在包围和轰击中,应采取一切必要的措施,尽可能保全文化遗产,除非该建筑物被用作军事用途。而在后续占领期间,对于文化遗产的保护义务则不受军事必要条款的限制。这也意味着,在此期间,不得以军事必要为理由,没收、毁灭或者有意损毁文化遗产。虽然1899和1907年《公约》为武装冲突中保护文化遗产提供了法律基础,但由于其中仅个别条款针对文化遗产,并且规定得过于笼统,缺乏明确的法律责任条款,因此并未能有效制止两次世界大战中严重破坏文化遗产的暴行。两次世界大战期间,无论是远东战场还是欧洲战场,均有大量的文化遗产遭到破坏。侵华期间,日军不仅以炮火摧毁中国境内无数历史和艺术纪念物、教堂、历史建筑、古老城镇及其存放的艺术珍品,还大规模劫掠中国境内的重要考古遗址与

---

3 《利伯守则》全文参见红十字国际委员会网站:https://ihl-databases.icrc.org/ihl/INTRO/110?OpenDocument,2022年3月25日访问。

4 Lyndel Prott, The History and Development of Processes for the Recovery of Cultural Heritage, in Lyndel Prott (ed.), *Witnesses to History: Documents and Writings on the Return of Cultural Objects*, UNESCO Publishing, 2008, p.4.

文物典籍。而在欧洲战场，德国纳粹通过"征收""购买""紧急转移""赠与"等手段从其占领国攫取了大量文化珍宝，给这些国家造成了深重的文化灾难。

  针对战争期间的文化财产掠夺，战后签署的和平条约均规定应归还在战争期间从被占领国非法移走的任何文化遗产。[5] "一战"结束后，法国和比利时与德国的和解协议不仅规定德国必须将"一战"期间被移走的"战利品、档案、历史纪念品或艺术品"交给法国，同时还要求德国必须将在普法战争（1870—1871年）中掠夺的文化遗产返还给法国。"二战"正式结束之前，17个盟国和法国流亡政府就于1943年发布了《反对在敌人占领或控制的领土上犯下的剥夺财产行为的盟军间宣言》（简称《伦敦宣言》）严正声明，盟国将拒绝承认被占领领土上任何资产的转移为合法，不论是否为善意购买，也不论相关交易方的国籍为何。战争结束后，以美、英、法为代表的西方18国在巴黎召开赔偿会议，正式商讨德国对西方盟国的赔偿事宜，并最终通过《巴黎会议赔款最终法案》。依据该法，盟军占领德国西部期间，美国、英国与法国占领当局将分别成立归还文化遗产的专门委员会，致力于将"所有纳粹从盟国掠夺的艺术品和具有科学或历史价值的物品返还其合法所有人"。[6] 而作为轴心国的另一成员国，意大利依据1947年签订的《同盟国及其参与国对

---

  5 Jiri Toman, The Hague Convention — A Decisive Step Taken by the International Community, *Museum International*, vol.57, 2005, p.8.

  6 Lyndel Prott, The History and Development of Processes for the Recovery of Cultural Heritage, in Lyndel Prott (ed.), *Witnesses to History: Documents and Writings on the Return of Cultural Objects*, UNESCO Publishing, 2008, p.5.

意大利的和平条约》同样有义务向南斯拉夫和埃塞俄比亚返还文化遗产。

尽管如此,两次世界大战中文化遗产受到的破坏和掠夺已表明有关文化遗产保护的法律存在缺陷。为了加强对文化遗产的保护,制定一部内容详尽且具有广泛约束力的、专门用于保护武装冲突中文化遗产的国际公约就显得尤为迫切。在此背景下,1954年《海牙公约》和《关于发生武装冲突时保护文化财产的公约第一议定书》(简称《第一议定书》)正式通过。

1954年《海牙公约》在其序言中明确:"文化遗产的保存对于世界各民族具有重大意义","任何民族文化遗产的损害亦即对全人类文化遗产的损害",因此国际社会应"决心采取一切可能步骤以保护文化遗产"。为此目的,1954年《海牙公约》及《第一议定书》除了吸纳过去国际法律文件的已有成果,还创设了在武装冲突中有效保护文化遗产的新规则。1954年《海牙公约》为其调整范围内的所有文化遗产的保护创设了两项性质不同的法律义务,即对文化遗产的"保障"以及对文化遗产的"尊重"(第2条)。具体而言,这两项义务既包括积极性义务,也包括消极性义务;各国不仅在武装冲突期间,而且在和平时期,都须承担相应的法律义务。[7]除了一般保护制度,1954年《海牙公约》还对"极其重要"的不可移动文化遗产提供更高标准的特别保护。

作为第一个专门针对武装冲突中文化遗产保护的国际公约,

---

[7] Craig Forrest, *International Law and The Protection of Cultural Heritage*, Routledge, 2010, p.176.

1954年《海牙公约》标志着保护文化遗产免受武装冲突影响的当代国际法体系基本建立。但公约的缺陷也不可忽视，主要体现在规定军事必要作为保护文化遗产的例外。换而言之，缔约国可以援引军事必要来放弃对文化遗产的一般保护和撤回对文化遗产的特殊保护。虽然这一妥协是为了公约能获得尽可能广泛的参与，但由于公约没有对"军事必要"这一核心术语进行明确规定，导致其被随意扩大解释成为可能。而在实践中，1954年《海牙公约》也未真正成为保护文化遗产免受战火影响的坚强"蓝盾"：1980年两伊战争爆发，这场持续了8年的战争对两国境内的诸多文化遗产造成了严重的破坏；1990年伊拉克入侵科威特时，伊军公然洗劫科威特多家博物馆中的珍贵文化遗产；自1991年爆发的前南斯拉夫联盟武装冲突中，该地区众多的文化遗址同样受到了严重破坏与大肆劫掠。[8] 在此背景之下，1999年，国际社会在海牙召开了外交会议，通过了1999年《关于发生武装冲突时保护文化财产的公约第二议定书》（简称《第二议定书》），旨在对公约进行完善和补充。《第二议定书》是国际社会自1954年《海牙公约》之后，在保护武装冲突中的文化遗产方面最重要的新发展，也标志着战时保护文化遗产免受武装冲突影响的国际法趋于完善。

《第二议定书》在保留1954年《海牙公约》大部分规则的基础上，加强了对文化遗产的保护力度，例如：提出"军事目标"的概念，并通过严格界定以达到限制军事必要作为例外的目的；用"重点保

---

[8] 钟慧：《武装冲突中文化遗产的非法掠夺及其返还——试论一项新的国际习惯法的形成》，载《国际关系与国际法学刊》2018第8卷，第140页。

护"制度取代形同虚设的"特别保护"制度；设定了更加具体的刑事惩罚措施，包括对武装冲突中破坏文化遗产的个人刑事责任；[9]建立了专门保护文化遗产免受武装冲突影响的委员会，设立了文化遗产保护基金，强化了缔约国会议的职能等，从而为其有效实施提供了机制保障。《第二议定书》的通过与生效标志着保护文化遗产免受武装冲突影响的国际立法进一步完善。正如联合国教科文组织发布的研究报告所言：1954年《海牙公约》及其议定书作为文化遗产免受武装冲突破坏的国际文书是"完全有效，且具有现实意义的"(entirely valid and realistic)，其存在的问题在于执行过程中存在的障碍，而不是文书本身的固有缺陷。[10]

除了1954年《海牙公约》及其两项议定书以外，其他国际文书，例如1949年《日内瓦公约》及其议定书、1970年《关于禁止和防止非法进出口文化财产和非法转让其所有权的方法的公约》（简称"1970年《公约》"）、1995年国际统一私法协会《关于被盗或非法出口文物的公约》（简称"1995年《公约》"）与1998年《国际刑事法院罗马规约》、习惯国际人道法规则[11]、教科文组织的宣

---

9 参见《第二议定书》第四章"刑事责任与管辖权"。

10 Patrick Boylan, Review of the Convention for the Protection of Cultural Property in the Event of Armed Conflict (The Hague Convention of 1954), UNESCO, Paris, 1993, p.7, available at: http://unesdoc.unesco.org/images/0010/001001/100159eo.pdf, accessed 2021-10-20.

11 红十字国际委员会于2005年编纂了《习惯国际人道法规则》，其中明确了4条有关武装冲突中文化遗产的习惯规则（第38—40条）。例如，占领国须防止文化遗产从被占领领土非法输出，并且须将非法输出的文化遗产返还被占领土的主管当局。〔瑞士〕让-马里·亨克茨、路易丝·多斯瓦尔德-贝克（编）：《习惯国际人道法》（规则），法律出版社2007年版，第120—130页。

言[12]、联合国安理会的相关决议[13]和相关国际判决[14]，都为武装冲突中文化遗产的保护提供了重要的法律依据。

二、武装冲突中保护文化遗产的基本制度

为了减少武装冲突对文化遗产的破坏，1954年《海牙公约》及其两个议定书为战时文化遗产提供了三种保护形式：以"保障"和"尊重"为核心的一般保护，针对少数特别重要的文化遗产的特别保护（special protection）与重点保护（enhanced protection）。然而，武装冲突中文化遗产的保护并不是绝对的，而是受到军事必要的限制。虽然这一限制存在现实必要性，但如何定义和解释军事必要，从而严格限制军事必要例外的适用，则是实践中存在的主要问题。此外，除了战火的直接破坏，武装冲突期间文化遗产面临的另一主要威胁是对考古类遗址与博物馆及其艺术品的盗窃、掠劫和非法出口。针对以上问题，本节将以1954年《海牙公约》及其两项议定书为基础，结合1970年《公约》等相关国际文书和国内法律规定

---

12 例如，《教科文组织关于蓄意破坏文化遗产问题的宣言》，载教育部网站：http://www.moe.gov.cn/srcsite/A23/jkwzz_other/200310/t20031017_81411.html，2022年3月24日访问。

13 例如，联合国安理会于2003年5月针对伊拉克问题做出的第1485号决议，强调应尊重和保护伊拉克境内的考古、历史、文化和宗教遗产。

14 2016年9月27日，国际刑事法院对阿哈迈德·阿法奇·阿玛迪破坏马里廷巴克图文化遗产案（*The Prosecutor v. Ahmad Al Faqi Al Mahdi*）作出判决，认定被告人犯有战争罪，并要求其对案件的受害者作出赔偿。本案是国际刑事法院第一次针对破坏文化遗产行为作出的判决。参见：https://www.icc-cpi.int/CaseInformationSheets/Al-MahdiEng.pdf，2022年3月24日访问。

具体分析武装冲突中文化遗产保护的基本制度。

（一）"保障"和"尊重"文化遗产

为保护文化遗产免受武装冲突的破坏，1954年《海牙公约》对其调整范围内的所有文化遗产设立了一般保护，无论该文化遗产为可移动或不可移动财产。作为核心条款，公约第2条为文化遗产的保护创设了两项核心基本义务，即"保障"文化遗产与"尊重"文化遗产。就保障义务而言，各缔约国应在和平时期采取适当的预防性措施，以确保一旦武装冲突发生，文化遗产能够得到有效的保护。然而，1954年《海牙公约》仅规定各国应采取"适当的"措施，其表述过于概括，而具体的执行也有待各国自行理解与实施。因此，《第二议定书》为"保障"文化遗产提供了更为细化的措施，例如"编制目录，为保护文化遗产制定预防建筑物火灾或倒塌的应急措施，做好可移动文化遗产的移出或有效保护的准备工作，以及确定负责文化遗产保护的主管机构"（第5条）。考虑到各国保护文化遗产的政策和能力存在差异，《第二议定书》所规定的措施并不是强制性的，而是由各国采取"其认为适当的措施"来实施。

就"尊重"义务而言，1954年《海牙公约》第4条规定了四项具体内容：首先，交战方应避免使用文化遗产及其紧邻的周围环境，从而尽可能减少文化遗产在武装冲突中遭受毁损的可能性。即使冲突一方违背这一消极义务，交战对方也不得以此为借口对文化遗产展开敌对行为。这两项消极义务旨在保护文化遗产免受战火的破坏，但其局限性在于如果在"军事必要所绝对需要的情况下"，这两项义务得予以摒弃。[15] 相比较而言，第4条规定的另外两项义务不受军事必要条款的限制。具体而言，各国应禁止、防止及于必要时制止对文化遗产任何形式的盗窃、抢劫或侵占以及任何破坏行为，亦不得征用位于另一缔约国领土内的可移动文化遗产。此外，各国不得对文化遗产施以任何报复行为。

依据上述分析，1954年《海牙公约》的"保障"和"尊重"这两项义务既包括积极性义务，也包括消极性义务。同时，1954年《海牙公约》还将文化遗产的保护义务从武装冲突期间延伸至和平时期，从而督促缔约国不仅在战争期间减少对文化遗产的破坏，而且在和平时期提前采取预防性的措施以减少武装冲突对文化遗产的可预见的影响。鉴于此，通过对核心义务的规定，1954年《海牙公约》为其调整范围内的所有文化遗产提供了一项基本保护，以减少其受到武装冲突的破坏和影响。

（二）从"特别保护"到"重点保护"

除对其调整范围内的文化遗产设立一般保护外，1954年《海牙公约》还对"极其重要的"纪念物、博物馆、考古遗址、保存可移动文化遗产的保藏所以及其他不可移动文化遗产创设了特别保护制度。除了具有重大意义外，公约规定了受特别保护的文化场所应满足三个条件：第一，有别于一般保护直接适用的受公约保护的所有文化遗产，特别保护只适用于保藏所等不可移动文化遗产，并且

15　Craig Forrest, *International Law and The Protection of Cultural Heritage*, Routledge, 2010, p.180.

起始于该文化遗产被保存在登记入册的保藏所之后；第二，这些场所必须与任何大工业中心或易受攻击的地点有一定距离；第三，不得用作军事目的，这一要求既包括不得在其中进行与军事行动直接或间接相关的活动，例如驻扎军事人员或生产战争物资，也包括不得用于军事人员或物资的调用等临时使用。

就保护力度而言，特别保护与一般保护并未存在实质性区别，即都豁免于任何针对该文化遗产的敌对行为。这两类保护方式的主要差别在于军事必要例外的适用门槛与豁免解除两方面。首先，对于受特别保护的文化遗产适用军事必要例外，是指"只有在无可避免的军事必要的非常情况下并于此项必要存续期间，方得撤回豁免"（第11条），这样的要求明显高于该公约为受一般保护的文化遗产适用该例外设置的门槛，即"仅在军事必要所绝对需要的情况下"（第4条）。其次，为进一步限制军事必要的例外适用于受特别保护的文化遗产，1954年《海牙公约》还设置了两项程序性要件：第一，适用军事必要例外只能由指挥相当于师或更大规模部队的军官确定。第二，应于合理时间前将撤回豁免的决定通知对方缔约国，并说明理由（第11条）。此类规定的目的在于使撤回豁免的决定有机会得到更全面的审查，从而促使相关方在做出撤回豁免的决定时更加谨慎。就豁免解除，1954年《海牙公约》规定，如一缔约国在任何一项受特别保护的文化遗产上违反该公约的规定，例如将受特别保护的文化遗产用作军事目标，则交战对方缔约国有权解除豁免义务（第11条）。但值得注意的是，豁免解除并不是绝对的。前述情况下，豁免解除仅意味着将对方适用军事必要例外的门槛，从专门为受特别保护文化遗产所设置的更为严苛的标准，降低为受一般保护文化遗产所设置的较低标准。

虽然1954年《海牙公约》设立特别保护制度的初衷在于使少数极其重要的文化遗产受到更高程度的保护，但是从实践来看，特别保护制度并没有充分发挥其积极作用。例如，自2015年起，就再没有国家申请将保藏所设立为受特别保护的文化遗产，而目前只有奥地利、德国、墨西哥、荷兰和梵蒂冈五个国家将极个别文化遗产登记在特别保护名册上。[16] 导致这一情况的主要原因之一，在于特别保护制度的适用条件过于苛刻，例如要求受特别保护的文化遗产应与任何大工业中心保持适当距离（第8条）。此外，其模糊而主观的措辞，例如"无可避免的"军事必要、"适当"的距离、"大型"工业中心等，都在很大程度上限制了公约在实践中的有效适用。相关规定的复杂和冗长也意味着，任何希望将符合条件的文化遗产列入登记册的国家都需要做出相当大的努力。因此，不足为奇的是，只有极个别的国家寻求将文化遗产列在特别保护名册上。[17]

鉴于特别保护制度已陷入困顿，《第二议定书》设立重点保护制度，以改善在武装冲突情况下对文化遗产的保护。与特别保护制度不同，重点保护制度既涵盖不可移动文化遗产，也包括可移动文化遗产。文化遗产如果满足以下三个条件，可被纳入重点保护范

16　UNESCO, Immunity of Cultural Property under Special Protection, available at: https://en.unesco.org/node/341352, accessed 2022-03-24.

17　Craig Forrest, *International Law and The Protection of Cultural Heritage*, Routledge, 2010, p. 99.

畴：第一，对全人类具有最重大意义；第二，国内法律和行政措施将其视为具有特殊的文化与历史价值，并给予足够保护的文化遗产；第三，未被用于军事目的或用以保护军事设施（第10条）。由此可见，与特别保护制度不同，重点保护制度最大的变化在于并不要求所涉文化遗产与军事目标保持适当的距离，而是从国内立法和实践的层面强调所涉文化遗产的重要性。首先，重点保护制度不再局限于与易受攻击地点的距离，扩大了可以获得重点保护资格的文化遗产范围。其次，无论是特别保护或是重点保护，其能否在实践中获得有效实施，关键在于文化遗产所在国家以及该国政府是否重视并认可文化遗产的价值，并且采取有效措施保护文化遗产免受武装冲突的影响。如果该国重视文化遗产的保护，并已经在立法和行政措施方面采取了足够的保护措施，那么一个可能的结果就是该国不会主动将军事设施设置在文化遗产附近，亦不会主动将文化遗产用以军事进攻的目的，以减少文化遗产受到军事活动的破坏与影响。因此，《第二议定书》设定的重点保护制度更具有现实性，也更利于实现武装冲突中保护文化遗产的目标。

（三）军事必要与文化遗产的保护

虽然1954年《海牙公约》及其议定书规定了武装冲突中对文化遗产的保护义务，但该保护义务并不是绝对的，而是受到军事必要的制约。而武装冲突中文化遗产的保护要求限制军事例外的适用，从而尽可能减少武装冲突对文化遗产的破坏与影响。

首先，1954年《海牙公约》并没有将军事必要放在前言部分，而是将其规定在具体条文中，旨在表明该公约并不认为应该将军事必要作为原则来遵守，从而导致任何保护文化遗产的措施都有可能在军事必要的背景下被摒弃。[18] 其次，从具体条文来看，就一般保护而言，公约第 4 条规定除非在"仅在军事必要所绝对需要"的情况下，各国不应将文化遗产及其邻近区域用作军事用途，或者针对文化遗产进行敌对行为。就特别保护而言，公约第 11 条强调，"只有在无可避免的军事必要的非常情况下并于此项必要存续期间，方得撤回豁免"。虽然该公约规定了军事例外作为不履行公约所设定的一般保护义务的正当性依据，但其在措辞上使用"仅在军事必要所绝对需要的情况下"以及"无可避免的军事必要的非常情况"的区别，体现出该例外应予以严格限制适用的立法意图。尽管如此，由于 1954 年《海牙公约》没有对军事必要的定义做出明确界定，也没有对援用军事必要作为例外的具体条件设立最低标准，导致该规定在实践中可能落入军事指挥者自由裁量的范畴。因此，"军事必要"条款的嵌入不可避免地限制了 1954 年《海牙公约》实现其保护战时文化遗产的基本宗旨，也成为《第二议定书》完善该公约的重要议题。[19]

依据《第二议定书》的规定，重点保护只有在以下两种情况下才会解除：第一，因不再满足重点保护的资格条件，如用于军事目

---

[18] Craig Forrest, *International Law and The Protection of Cultural Heritage*, Routledge, 2010, p.106.

[19] Roger O'Keefe, *The Protection of Cultural Property in Armed Conflict*, Cambridge University Press, 2006, p. 67.

的或用于保护军事设施,因此被中止或取消了该项保护资格。第二,相关文化遗产的使用方式(by its use)已使其成为军事目标(第13条)。需要强调的是,《第二议定书》将军事目标的适用限定在文化遗产的"使用方式"上,从而减少文化遗产受到武装冲突破坏的情形。除此之外,受到重点保护的文化遗产只有在下列情况下才可成为进攻目标:(1)对该文化遗产进行进攻是唯一可以结束其成为军事目标的办法;(2)在选择进攻办法与方式上已采取了避免或尽量减少对该财产损害的一切可行的预防措施;(3)除因即时合法防卫的需要(而导致情况不允许以外),进攻命令由军事行动最高指挥当局发布,已提前通过有效手段向对方发出了警告,并且给对方以合理的时间设法改变有关情况(第13条)。

虽然武装冲突中文化遗产的保护受制于军事必要,但依据上述分析,1954年《海牙公约》及其议定书的发展体现了国际社会旨在平衡军事利益与文化遗产保护方面的努力。通过不断提高军事必要适用的条件,包括军事必要的实质性条件,以及设置判定援引军事条款的程序性条件,1954年《海牙公约》及其议定书都极大限制了军事必要作为例外免除武装冲突中文化遗产保护义务的情况。

(四)武装冲突中文化遗产的非法贩运及返还

第二次世界大战期间,在被占领领土上发生了针对文化遗产的盗窃、劫掠与系统性的输出,其规模之大,前所未有,已然成为武装冲突期间文化遗产面临的主要威胁。因此,1954年《海牙公约》第4条第3款明确规定"各国应禁止、防止及于必要时制止对文化遗产任何形式的盗窃、抢劫或侵占以及任何破坏行为。各国亦不得征用位于另一缔约国领土内的可移动文化遗产"。需要指出的是，相较于1954年《海牙公约》规定的其他保护义务，第4条第3款规定的义务不受军事必要条款的制约，这也就意味着交战方不得援引军事必要的理论，从而盗窃、抢劫或侵占以及破坏文化遗产。

在1954年《海牙公约》的基础上，《第一议定书》进一步要求缔约各方应防止1954年《海牙公约》保护的文化遗产在武装冲突期间从所占领领土内输出。考虑到在出口与抵达目的地之间，所涉文化遗产有可能经过一国甚至数国中转，而中转国不一定是1954年《海牙公约》及其议定书的缔约国，《第一议定书》要求缔约各方承允监管"直接"或"间接"从"任何"被占领土输入其自己领土的文化遗产（第2条）。为确保这一规则得以有效的执行，作为打击文化财产非法贩运的重要国际公约，1970年《公约》同样规定禁止从有关领土非法输出的文化财产的交易与流转。其中第11条规定"一个国家直接或间接地由于被他国占领而被迫出口文化财产或转让其所有权应被视为非法"。[20]鉴于此，如果被非法掠夺的文物进入的中转国或者目的国是1970年《公约》的缔约国，那么其非法流转行为也将受到公约的规制。这项规则的重要性在于扩大了文化遗产的保护范围，因为受约束的国家不再局限于"占领国"，而是1970年《公约》的所有缔约国。值得注意的是，由于目前已有140

20　Wayne Sandholtz, Plunder, Restitution, and International Law, *International Journal Cultural Property*, vol.17, 2010, p.168.

多个国家加入了 1970 年《公约》，其中包括美国、瑞士、日本等重要的市场国，因此，该规定将有力地打击从被占领土非法输出文化财产的行为。

除了明令禁止从被占领土输出文化财产外，《第一议定书》还进一步规定了此类文化遗产的战后返还。第 1 条明确规定，缔约国应于敌对行动终止时，向先前被占领土的主管当局返还处于其领土内的文化遗产，此项财产绝不应作为战争赔偿而予以留置。

虽然 1954 年《海牙公约》及其议定书都规定了禁止从被占领土输出文化遗产，并且此类文化遗产应该在战后予以归还。但实践中，在战争期间被掠夺文物是否能最终返还给原属国，很大程度上依赖于其持有人所在国或者文物交易市场国的国内法律政策。值得注意的是，主要的文物交易地所在国（比如美国、英国、瑞士等国）都就打击文化遗产非法贩运问题颁布了专门的法律，以致力于打击战时文化财产的非法贩运问题。[21] 2017 年，英国政府颁布《武装冲突中的文化财产条例》，从而正式签署 1954 年《海牙公约》以及其两项议定书。这项英国立法规定了新的文化财产罪，其中包括从事从被占领土非法出口的文化财产的相关交易；非法出口文化财产罪的最高刑期为七年。[22] 该《条例》对于任何艺术品经销商或拍卖行都是一项重要警告，督促他们在实践中对文化遗产的来源进行更有

---

[21] Hui Zhong, *China, Cultural Heritage and International Law,* Routledge, 2018, Chapter 5.

[22] UK Government, Cultural Property (Armed Conflicts) Bill, available at: http://www.legislation.gov.uk/ukpga/2017/6/contents/enacted/data.htm, accessed 2021-10-20.

效的尽职调查，拒绝从事有关在战争期间被非法掠夺的文物的交易，以免触犯《条例》相关规定。除此之外，2016年，德国联邦议院最终以绝对多数通过了新的《文化遗产保护法》。该法案对来自于武装冲突的地区或国家文物的交易实行了更为严格的控制和审查，并规定艺术品交易商必须出示合法来源证书才可以在德国交易该文物。2007年，荷兰政府颁布了《返还来自于被占领地区的文化遗产法》。该法在序言中声明其目的是为了归还在武装冲突期间从被占领领土掠夺的文化遗产，并在第三章详细说明了归还的法律程序。[23]2014年，瑞士联邦政府通过了《关于发生武装冲突、灾害和紧急情况时保护文物的联邦法》。[24]该法旨在"在发生武装冲突、灾害或紧急情况时保护文化遗产"，并采取切实可行的民事措施，以防止或减轻对文化遗产的任何损害。其中第12条规定，当文化遗产因武装冲突、灾害或紧急情况而受到威胁时，瑞士联邦政府可以向外国政府提供安全避难所（safe havens），以作为临时托管可移动文化遗产的安全场所。

综上，1954年《海牙公约》作为第一个专门针对武装冲突中文化遗产保护的公约，较为全面地规范了武装冲突期间各国的权利

---

[23] Marc-André Renold, Cross-Border Restitution Claims of Art Looted in Armed Conflicts and Wars and Alternatives to Court Litigations, available at: http://www.europarl.europa.eu/RegData/etudes/STUD/2016/556947/IPOL_STU(2016)556947_EN.pdf, accessed 2021-10-20.

[24] The Swiss Government, Federal Law on the Protection of Cultural Objects in the Event of Armed Conflict, Disaster and Emergency Situations, available at: http://www.unesco.org/culture/natlaws/media/pdf/switzerland/suisse_fedactprotcltprop_entof, accessed 2021-10-20.

与义务，构建了三种保护模式以减少武装冲突对文化遗产的影响。同时，在顾及各国的军事利益的基础上，该公约及其议定书通过对军事必要适用条件的明确界定，最大限度地保护文化遗产免受武装冲突的影响。除此之外，在1954年《海牙公约》的基础上，国际社会普遍采取了积极的措施打击武装冲突中文化遗产的非法贩运，以确保公约宗旨得以有效实现。

三、破坏和掠夺文化遗产的个人刑事责任

第二次世界大战结束后，文化遗产的国际法保护取得了重要的突破，除了起草颁布了第一个专门针对武装冲突中文化遗产保护的国际公约，更值得注意的一个突破就是将武装冲突中非军事必要破坏和掠夺文化遗产的责任拓展到了个人刑事责任领域。[25]在纽伦堡审判中，纽伦堡军事法庭指出，非出于军事必要而对文化遗产进行掠夺和损毁，违反了作为战争法规与惯例的1907年《陆战法规和惯例公约》。以该条为主要依据，负责劫掠各国文化珍宝的纳粹领袖阿尔弗雷德·罗森堡被处以绞刑。上述发展最终体现在1954年《海牙公约》第28条。虽然该条对于加强文化遗产的战时保护有重要的历史意义，但由于该条的措辞过于概括，导致各国在实施中有

25　M. Cherif Bassiouni, Reflections on Criminal Jurisdiction in International Protection of Cultural Property, *Syracuse Journal of International Law and Commerce*, vol.10, 1983, p.283.

很高的自主权。[26]并且，虽然该条允许各缔约国对违反1954年《海牙公约》的犯罪享有普遍管辖权，但由于此类管辖为非强制性义务，导致在1999年《第二议定书》颁布之前，没有一个缔约国依据该条对任何人提起刑事诉讼。

值得强调的是，20世纪90年代以来，文化遗产保护方面的国际刑法取得了重大进展：文化遗产犯罪不仅被明确列为战争罪行，责任人还被国际刑事法庭施以严厉的刑事处罚。[27]1993年，联合国安理会审议并通过了第808号决议，决定针对前南斯拉夫问题成立一个国际法庭，制裁严重违反国际人道法的行为。同年5月25日，联合国安理会通过了附有《前南国际法庭规约》的第827号决议，前南法庭成立，专门负责审判自1991年以来在前南联盟境内违反国际人道法的犯罪嫌疑人。依据《前南国际法庭规约》，"扣押、破坏或故意损坏专用于宗教、慈善事业和教育、艺术和科学的机构、历史文物和艺术及科学作品"属于违反战争法与惯例的行为。[28]以此为法律依据，前南国际法庭对多位有前述行为的责任人做出了有罪判决：[29]在"布拉斯基奇"初审判决中，法庭在分析布拉斯基奇的

---

26 霍政欣：《文化财产与武装冲突——1954年〈海牙公约〉及其第一议定书》，载红十字国际委员会网站：https://www.icrc.org/zh/document/cultural-property-and-armed-conflict-hague-convention-1，2021年10月20日访问。

27 Roger O'Keefe, Protection of Cultural Property Under International Criminal Law, *Melbourne Journal of International Law*, vol.13, 2010, p.339.

28 《前南国际法庭规约》第3(d)条。

29 1954年《关于发生武装冲突时保护文化财产的公约》及其1954年和1999年两项议定书的执行报告《1995年至2004年的活动报告》，载联合国教科文组织网站：https://unesdoc.unesco.org/ark:/48223/pf0000140792_chi，2021年10月20日访问。

犯罪构成时指出,他攻击了专用于宗教或教育事业的公共机构建筑物,而这些建筑物并不在军事目标周围,因此,其行为构成主观上的故意破坏或毁坏。[30] 在"科尔迪奇"初审判决中,法庭依据1954年《海牙公约》第1条及其《第一议定书》第53条,述及破坏或蓄意损坏专用于宗教或教育事业的公共机构建筑物问题。[31] 在"米奥德拉格·约基奇"案中,审判庭裁决,按武装冲突法规定,破坏或蓄意损坏专用于宗教、慈善、教育和艺术及科学事业的公共机构建筑物以及历史纪念物、艺术品和科学成果的行为属于犯罪。审判庭认为这种罪行侵犯了国际社会特别保护的价值。[32] 1998年,联合国设立国际刑事法院的全权代表外交会议通过了《国际刑事法院罗马规约》。依据此公约规定,在国际和非国际武装冲突中发生的、对"专用于宗教、教育、艺术、科学或慈善事业的建筑物、历史纪念物、医院和伤病人员收容所"的蓄意攻击构成战争罪,除非这些地方是军事目标。[33]

鉴于国际刑法在打击文化遗产犯罪方面已经取得了实质性突破,而1954年《海牙公约》的规定过于笼统,1999年《第二议定书》对武装冲突中破坏文化遗产的刑事责任进行了详细规定。其中

---

30 前南问题国际法庭,检察官诉蒂霍米尔·布拉斯基奇,判决书,2000年3月3日,第185段。

31 前南问题国际法庭,检察官诉迪里奥·科尔迪奇和马里奥·切尔凯兹,判决书,2001年2月26日,第354—362段。

32 前南问题国际法庭,检察官诉米奥德拉格·约基奇,判决书,2014年3月18日,第198段。

33 《国际刑事法院罗马规约》第8(2)(b)(九)条和第8(2)(e)(四)条。

第15条规定列举了严重违反议定书的几种情况，包括：第一，就受重点保护的文化遗产而言，任何故意将文化遗产作为进攻目标，或将该财产及其周围设施用以支持军事行动的行为；第二，对于其他受到公约保护的文化遗产，任何大量地破坏或攫取该文化遗产，或将其作为进攻目标，或偷盗、掠夺、侵占，或破坏该文化遗产的行为。《第二议定书》明确规定"各缔约国应采取必要措施，依据国内法对本条款所列之各种违约行为加以指控，并通过适当刑罚制止此类行为。在这样做时，缔约国应遵守法律的一般原则和国际法，尤其是遵守把个人刑事责任扩大到直接行为者以外之其他人的规则"。通过发展和完善刑事制裁措施，《第二议定书》在一定程度上改变了已有相关国际公约羸弱无力的局面，有利于督促各缔约国遵守1954年《海牙公约》及其议定书的相关规定。

而值得关注的是，2016年9月27日，国际刑事法院就"阿哈迈德·阿法奇·阿玛迪案"（以下简称"阿玛迪案"）做出判决，被告阿玛迪因破坏马里廷巴克图的十座文化遗址，违反《国际刑事法院罗马规约》，而被认为构成非国际性武装冲突下的战争罪，判处9年有期徒刑，并对案件的受害者做出赔偿。[34]值得注意的是，此前无论是纽伦堡法庭或是前南斯拉夫国际刑事法庭审理的涉文化遗产案件都是"混合式"案件，即在武装冲突中，被告同时实施了杀害、灭绝种族、破坏文化遗产等多个行为，这些行为共同构成了

34　Ana Filipa Vrdoljak, Prosecutor v. Ahmad Al Faqi Al Mahdi: Judgment and Sentence & Reparations Order, *International Criminal Court*, vol. 57, 2018, pp.17-19.

战争罪或危害人类罪。而相比之下，"阿玛迪案"的全部罪行都基于故意破坏文化遗产的行为。作为目前国际上唯一常设且具有普遍管辖权的国际刑事司法机构，国际刑事法院通过对破坏文化遗产行为单独构成国际罪行的正式确认，向国际社会表明了国际刑法在惩治文化遗产犯罪中的坚定态度，具有重要的历史意义。

四、国际社会对区域性武装冲突的应对——以伊拉克文化遗产保护为例

《国际刑事法院罗马规约》生效实施的半个多世纪以来，世界大战得以幸免，但地区性武装冲突中文化遗产遭到破坏和掠夺的事件仍持续发生。[35] 以伊拉克为例，自 2003 年美国入侵伊拉克以来，数千件文物从寺庙、考古遗址甚至博物馆被掠夺。针对大量文化遗产流失这一问题，联合国安理会第 1483（2003）号决议呼吁各国采取适当措施，归还伊拉克文化遗产。值得注意的是，该决议没有区分和平和战时情况，这使得伊拉克能够尽可能多地追回因武装冲突而被带走的物品。此外，该决议不仅适用于 2003 年以来非法转移的物品，也适用于 1990 年 8 月 6 日以来非法转移的所有物品。作为极少数具有追溯力的国际文书之一，该决议体现了国际社会打击

35　对于其他地区冲突中文化遗产的保护，参见：Marina Lostal, *International Cultural Heritage Law in Armed Conflict: Case-Studies of Syria, Libya, Mali, the Invasion of Iraq, and the Buddhas of Bamiyan*, Cambridge University Press, 2017。

武装冲突中文化遗产非法贩运问题的决心和共同承诺。[36]

为进一步执行2003年安理会决议,重要的艺术品交易市场国都发布了相关规定,以阻止伊拉克文化遗产被非法贩运至本国并进行交易。例如,日本文化厅曾发布专门公告,阻止日本的博物馆和研究机构接收可能被非法贩运的伊拉克文化遗产。[37]英国在战争爆发后立刻颁布了专门的《2003年制裁令》,明确禁止向英国进口任何非法移出的伊拉克文化遗产,并且规定非法贩运伊拉克文化遗产将面临最高7年监禁的刑事处罚。[38]值得注意的是,考虑到原属国在以往的文物追讨中通常面临缺乏明确的证据证明争议文物系非法出口这一困境,《2003年制裁令》改变了在诉讼过程中关于原属国需要承担举证责任的规定。具体而言,持有人应当证明其持有的伊拉克文物系合法从伊拉克出口,否则该文物交易将被视为非法。虽然这一措施只在英国国内适用,但伦敦作为重要的艺术品交易市场之一,其市场交易规则将有力地打击伊拉克文化遗产在英国的非法贩运。另一重要的文物市场国美国也采取了一系列措施打击非法贩运伊拉克文物的交易。自2008年,美国已经多次返还伊拉克文物,其中包括于2021年9月正式返还的一块有3600年历史的刻有《吉

---

[36] Wayne Sandholtz, The Iraqi National Museum and International Law: A Duty to Protect, *Columbia Journal Transnational Law*, vol.44, 2005, p.238.

[37] Shigeru Kozai and Toshiyuki Kono, Japan, in James Nafziger and Robert Paterson (eds.), *Handbook on the Law of Cultural Heritage and International Trade*, Edward Elgar Publishing, 2014, p.266.

[38] Patty Gerstenblith, Increasing Effectiveness of the Legal Regime for the Protection of the International Archaeological Heritage, in James Nafziger and Ann Nicgorski (eds.), *Cultural Heritage Issues*, Martinus Nijhoff Publishers, 2009, p.316.

尔伽美什史诗》残篇的泥板。[39]该泥板上面刻有苏美尔诗歌《吉尔伽美什史诗》的部分篇章，这部史诗是迄今为止世界上最古老的宗教文本。该泥板原本存放于伊拉克的一家博物馆，自1991年失窃并最终于2007年流入美国。2019年，美国司法部收缴了这块泥板，并最终决定将该文物返还给伊拉克政府。联合国教科文组织总干事奥德蕾·阿祖莱在华盛顿的归还仪式上发言指出，"这次物归原主的意义非凡，它打击了损害文化遗产并以此谋取不正当利益，或任其沦陷于恐怖主义之手的行径"，"通过归还这些非法取得的文物，伊拉克人民有了重新与其这一页历史篇章建立联系的机会"。[40]

除积极返还武装冲突期间被非法贩运的文化遗产外，国际社会还积极修复因武装冲突而受损的伊拉克文化遗产。2015年3月，联合国教科文组织"保护伊拉克文化遗产"新项目在巴格达启动。这一项目旨在保护当前处于风险中的伊拉克古代宝藏，通过发展和实施对于现有博物馆和古迹的应急方案，提高伊拉克专业人员的能力建设，以加强对伊拉克文化遗产的保护。[41]除此之外，2015年10月，英国宣布启动由大英博物馆负责的伊拉克紧急遗产管理项目。该项目旨在重建和保护因受到武装冲突影响的伊拉克文物和遗址。[42]

---

39 《美国将归还伊拉克有3600年历史的楔形文字泥板》，载界面新闻：https://www.jiemian.com/article/6624422.html，2021年10月20日访问。

40 同上。

41 《伊拉克叙利亚两国文化遗产受威胁 多国伸出援手》，载艺术中国：http://art.china.cn/haiwai/2015-05/04/content_7879042.htm，2022年3月23日访问。

42 UK Government, New Scheme to Protect Cultural Sites from Destruction, available at https://www.gov.uk/government/news/new-scheme-to-protect-cultural-sites-from-destruction, accessed 2021-10-20.

从伊拉克的案例不难看出,对武装冲突中的文化遗产提供保护是国际社会的主要发展趋势。国际社会对保护武装冲突地区文化遗产的承诺可以用英国援助伊拉克紧急遗产管理项目中的陈述来总结:"我们不能袖手旁观,无视这一骇人听闻的蓄意企图抹杀伊拉克所有社区丰富的文化遗产和归属感的行为。"[43]

五、结语

文化遗产是全人类的宝贵财富,对文化遗产的攻击远不止摧毁一些雕像、木材或纸张,其本质是对人类的尊严、历史和未来的攻击,破坏任何民族的文化财产就意味着"破坏全人类的文化遗产"。这也意味着保护文化遗产免受战争的影响和破坏也是国际社会应共同承担的责任。回顾发生武装冲突时文化财产法律保护的发展历程,可以清楚地看到国际社会普遍认为文化遗产应该受到尊重和保护,以及为在武装冲突情况下保护全人类共同文化遗产所做的诸多努力。

---

[43] UK Government, New Scheme to Protect Cultural Sites from Destruction, available at https://www.gov.uk/government/news/new-scheme-to-protect-cultural-sites-from-destruction, accessed 2021-10-20.

文物非法贩运及其返还的国际法规则

高 升[*]

历史和现实表明,战争会对人类文化遗产造成严重的破坏,而和平时期逐渐泛滥的文物盗窃和非法进出口对文化遗产则带来了更具毁灭性的威胁。在过去的半个多世纪,文物保护领域的国际努力围绕着遏制因盗窃或违反国内出口管制法而引发的文物非法贩运展开,一些与此有关的国际文件相继制定,这其中最重要的当属联合国教科文组织(简称 UNESCO)1970 年通过的《关于禁止和防止非法进出口文化财产和非法转让其所有权的方法的公约》(简称"1970 年《公约》")和国际统一私法协会(简称 UNIDROIT)1995 年出台的《关于被盗或非法出口文物的公约》(简称"1995 年《公约》")。1970 年《公约》要求缔约国采取措施控制文物的非法进

---

[*] 高升,山东科技大学文法学院教授。研究方向:国际私法、国际民商事争议解决、文化遗产法。

出口和所有权转让行为，强调通过国际合作促进对文物出口管制法的承认和非法流转文物的追还。1995年《公约》则主要解决文物原始所有人与善意取得人之间的利益协调问题，确立了被盗文物必须返还的国际法原则。上述两公约在打击文物非法贩运，促进非法流转文物返还方面确立了各自的规范，形成了国际公约框架下的文物保护和返还争议解决机制。

一、1970年《公约》：遏制文物非法国际流转的公法机制

1970年《公约》是世界范围内规范和平时期文物非法流转的第一次努力。该公约对"文化财产"做出明确界定[1]，针对文化财产的盗窃和非法进出口制定了基本的预防、保护和返还措施，建立起规范国际文化财产流转的基本原则。

（一）1970年《公约》的制定背景

文物的非法进出口及其所有权转让问题由来已久，但并未受到足够的重视。1960年联合国大会通过了《给予殖民地国家和人民独立宣言》，给予众多被殖民国家寻求独立的权利和保障，由此引发了民族解放和国家独立的浪潮。这些国家在独立后开始关注本国

---

[1] 参见1970年《关于禁止和防止非法进出口文化财产和非法转让其所有权的方法的公约》第1条。该公约附件还对受公约保护的文化财产类别进行了详细列举。

文化遗产的保护，渴望追回被殖民时期流失的文物，也对因持续遭受劫掠造成的文物流失深感担忧和无助。但流失文物目的地国并不配合，也不愿归还现存于其博物馆或由私人收藏者持有的文物。[2]

作为联合国专门机构，UNESCO一直将文化遗产保护作为其工作重点，在其直接参与和指导下，召开了一系列的国际会议，许多重要的宣言、决议和国际协议得以通过，加强了文化遗产保护领域的国际合作。自1960年代以来，UNESCO就一直站在打击非法贩运文物第一线。[3]1960年UNESCO第十一届大会做出决议，要在第十二届大会上提交一份关于采取适当措施防止文化财产进出口及其所有权转让问题的报告。1962年，第十二届大会决议再次指出，解决文化财产非法进出口及其买卖的最有效的手段是制定国际公约。

在此背景下，UNESCO于1964年4月委托一个专家委员会起草一份关于文化财产非法进出口问题的建议。同年11月召开的第十三届大会通过了《关于禁止和防止非法进出口文化财产和非法转让其所有权的方法的建议》，明确指出成员国应当采取更加有力的措施保护可移动文化财产。该建议虽然不具有法律约束力，但亦是文化财产领域重要的法律文件，对该领域国际法律原则的形成与

---

[2] Lyndel V. Prott, Strengths and Weaknesses of the 1970 Convention: An Evaluation 40 Years after Its Adoption, in UNESCO Doc CLT/2011/CONF.207/7, Paris, March 2011, p.2.

[3] Celebrate 50 Years of Fight against Illicit Trafficking, available at: https://en.unesco.org/news/celebrate-50-years-fight-against-illicit-trafficking, accessed 2021-11-12.

发展具有不容忽视的作用。[4] 该建议对制定 1970 年《公约》的影响较为明显，其中不少条款直接成为公约草案的组成部分。

1968 年，UNESCO 第十五届大会通过一项决议，决定正式成立公约起草委员会。1969 年 8 月，公约草案制定完成，随后分发给各成员国征求意见。根据各成员国反馈的意见书进行修正和完善后，公约草案提交给一个政府专家特别委员会进行进一步的研究，该委员会于 1970 年 4 月完成最终的草案文本并提交成员国大会审议。[5] 文物市场交易繁荣、文物持有量大的国家[6]对该公约的制定持消极态度，一直游离于公约起草进程之外。政府专家委员会虽由 61 个成员国代表组成，但英国和瑞士并没有派代表参加，而美国则一直持观望态度，直到随着国际环境的改变，所有的国际组织均呼吁美国政府与同属西半球的各国保持更好的关系时才改变其态度[7]，在公约审议的关键环节加入其中，对草案诸多条款明确持反对意见，积极推进草案内容的修改，并以退约相威胁要求各国承认其建议文本。各方经过多轮磋商最终达成妥协，UNESCO 于 1970 年 11 月 14 日在第十六届大会上通过了《关于禁止和防止非法进出

---

[4] Patrick J. O'Keffe, Commentary on the UNESCO 1970 Convention on the Means of Prohibiting and Preventing the Illicit Import, Export and Transfer of Ownership of Cultural Property, *The Institute of Art and Law*, 2007, p.4.

[5] The Operational Guidelines for the Implementation of the 1970 Convention (2015), available at: http://orcp.hustoj.com/operational-guidelines-2015/ accessed: 2021-10-20.

[6] 通常简称"持有国"（holding States）或"市场国"（art market States），与此相对应，文物资源丰富且主张追回流失文物的国家常被称为"来源国"（source States）。

[7] R. D. Abramson & S. B. Hutter, The Legal Response to the Illicit Movement of Cultural Property, *Law and Policy in International Business*, vol.5, 1973, pp.956-957.

口文化财产和非法转让其所有权的方法的公约》。该公约于 1972 年 4 月 24 日正式生效，迄今已有 143 个缔约国。[8]

（二）1970 年《公约》的主要内容

1970 年《公约》对文化财产非法进出口和所有权非法转让、缔约国设立国家机构保护文化财产、缔约国对文化财产出口应承担的责任、缔约国采取措施禁止进口被盗文化财产并返还非法出口的文化财产等问题，作了明确规定。

第一，明确了缔约国应该采取的国内保护措施。该公约第 5 条要求缔约国设立保护文化财产的国家机构，制订保护文化财产特别是防止重要文化财产非法进出口和非法转让的法律、法规，制订文化财产清单，监督考古发掘以确保文化财产得到原址保护，建立博物馆、收藏家、古董商普遍遵循的道德准则，采取教育措施，鼓励并提高对文化遗产的尊重。公约第 10 条要求缔约国努力通过教育手段，使公众进一步理解文化财产的价值并认识到偷盗、秘密发掘与非法出口对文化财产造成的威胁。

第二，规定了缔约国应该采取的控制文化财产非法流转的措施。这主要体现在公约第 6 条和第 7 条：一方面要求缔约国实施文化财产出口许可证制度，禁止没有出口证明文件的文化财产出口。另一方面要求缔约国采取必要措施防止其境内的博物馆和类似机构获取非法出口自其他国家的文化财产，同时禁止进口从本公约另

---

[8] 公约加入情况参见：https://en.unesco.org/sites/default/files/liste_etats_partis_convention_1970_en.pdf，2023 年 5 月 26 日访问。

一缔约国的博物馆或宗教的或世俗的公共纪念馆或类似机构中窃取的文化财产。以上条款构筑起了较为完善的文化财产进出口控制制度框架。

第三,确立了促进被盗和非法出口文化财产返还的措施。公约第 7 条(2)(b)规定,公约对相关两个国家生效后,根据文化财产原属缔约国的要求,其他缔约国应采取适当措施收回并归还从博物馆、宗教或世俗纪念馆或类似机构窃取的文化财产。收回和归还文化财产的要求必须通过外交部门进行,要求国须向不知情的买主或对该财产具有合法权利者给予公平的赔偿。第 13 条承认本公约缔约国有不可取消的权利,规定并宣布某些文化财产是不能让与的,因而据此也不能出口;若此类财产已经出口,务须促使这类财产归还给有关国家;保证本国的主管机关进行合作,使非法出口的文化财产尽早归还其合法所有者。

第四,建立了濒危文化财产救助的国际合作制度。国际合作是保护各国文化财产免遭枯竭的最有效的方法之一。公约第 9 条为相关国家提供了合作框架:具有考古学或人类学价值的文化财产正遭受掠夺而处境危急的缔约国,可以要求其他受影响的国家阻止此类损害的发生。收到请求的缔约国根据双边协议的要求,可以采取包括对有关的特定物资的进口及国际贸易实行管制等具体措施;若尚未达成协议,被请求国应当考虑采取临时性措施,避免对请求国造成不可弥补的损失。

此外,公约第 17 条还特别提及争议解决问题。该条第 5 项规定,经对公约实施有争议的两个以上的缔约国的请求,UNESCO

得进行斡旋，以促使他们之间的争议得以解决。

（三）1970年《公约》取得的成就和存在的问题

1970年《公约》为预防和遏制文化财产的非法流转提供了强大的推动力，实施以来取得了诸多重要成就。[9]随着该公约的诞生，文化财产的非法交易日益受到国际社会的关注。公约对缔约国博物馆和收藏机构的文化财产征集政策也产生了重要影响，不仅促成了立场对立、矛盾重重的国家在文化财产国际保护和返还问题方面达成妥协，也为今后国家之间在诸多事项上消除分歧、实现合作树立了典范。此外，许多缔约国尤其是文化财产市场国都通过了该公约的国内实施立法。除了较早签署该公约并制定实施法的加拿大、美国等文化财产市场国外，近些年来，作为文化财产交易重要市场国的英国、日本、瑞士、德国、荷兰等国都相继通过了控制文化财产非法进口及促进非法流转文化财产返还的国内立法。再者，在1970年《公约》框架下，有关缔约国还尝试通过达成双边协议的方式促进流失文化财产的返还，或以该公约为依据通过各国政府部门的密切合作，有力地遏制了文化财产的非法流转，促进了流失文化财产的顺利返还。

1970年《公约》虽是一个革命性的法律文件，但最终采纳的条款是各方利益妥协的结果，由此产生的后果便是未能促成各国遵循

---

9 在1970年《公约》实施40周年之际，有学者对其取得的主要成就进行了全面总结。参见：Lyndel V. Prott, Strengths and Weaknesses of the 1970 Convention: An Evaluation 40 Years after Its Adoption, in UNESCO Doc. CLT/2011/CONF.207/7, Paris, March 2011, pp.3-4。

统一做法，各国的国内实施立法也各有不同。公约的其他问题还包括：适用范围仅限于由成员国"明确指定"的文化财产；规定的进出口管制制度缺乏互补性；未赋予私人提出返还请求的权利，以及公约本身无溯及力等。此外，由于受到一些缔约国国内法律制度的限制，有关返还请求的时效问题未能在公约中规定，关于善意取得和补偿等的规定也备受指责。[10]所以，有学者认为，尽管1970年《公约》的目标是崇高的，但由于其用语含混且结构缺乏一致性等方面的问题，该公约实施效果不佳。[11]

二、1995年《公约》：文物国际返还的统一私法规则

1995年《公约》旨在促进文物的收回和返还，希望在尽可能多的国家引入"共同遵守的最低法律规则"，为有效打击文物非法交易做出贡献[12]，确保法律体系之间的差异不再成为刺激非法交易的动力。总体上看，1995年《公约》寻求在相互冲突的利益之间达成

---

10 为致力于全面支持实现打击文化财产非法贩运的更高形式的理解和国际合作，2015年召开的公约缔约国第三次会议通过了《1970年公约实施的操作指南》，旨在协助缔约国实施公约各项规定，加强和促进公约实施。但该《操作指南》仅具有辅助性作用，具体如何理解和适用仍由缔约国进行。Third Meeting of States Parties to the UNESCO Convention on the Means of Prohibiting and Preventing the Illicit Import, Export and Transfer of Ownership of Cultural Property (UNESCO, Paris, 1970), in C70/15/3.MSP/11, Paris, March 2015, p.8.

11 John Henry Merryman, Two Ways of Thinking about Cultural Property, *American Journal of International Law*, vol. 80, 1986, p.842.

12 1995年《关于被盗或非法出口文物的公约》序言。

妥协,目的是致力于制定一套为不同法律体系国家采纳的关于文物返还的统一规则,试图为遏制文物非法流转提供一套最优方案。

(一) 1995年《公约》的制定背景

1970年《公约》通过之初,大多数文物市场国都认为该公约对其施加了过多的义务而明显对文物的原属国偏爱有加,担心加入该公约会对本国艺术品及文物市场的发展不利,因此拒绝加入公约。国际社会迫切需要制定一个补充性的法律机制,在被盗和非法出口文物方面规定更明确的法律义务。有鉴于此,1980年代,UNESCO要求致力于促进国际范围内私法规则统一的UNIDROIT以1970年《公约》为模本,起草一个更容易让未加入该公约的文物市场国接受的国际公约。

1982年,UNESCO委托一个顾问组,专门考虑如何进一步加强国家对非法贩卖文物的法律管制。顾问组提出了许多建议,包括UNESCO应鼓励成立一个由私法专家组建的工作机构,拟订应对非法文物流转相关私法问题的公约。[13] 该建议在1983年UNESCO举行的一次专家会议上通过。考虑到UNIDROIT对动产转让的私法统一规则的制定有着丰富经验[14],1984年,UNESCO要求UNIDROIT着手研究适用于非法贩运文物的私法规则,以与1970

13　Lyndel V. Prott & Patrick J. O'Keffe, National Legal Control of Illicit Traffic in Cultural Property, in UNESCO Doc. CLT-83/WS/16, Paris, 1983, pp.155-130.

14　1968年,UNIDROIT发布《保护有体动产善意购买人统一法草案》,旨在统一各国有体动产所有权转移规则。

年《公约》形成互补之势。1988年，UNIDROIT理事会通过决议，决定设立一个研究小组，考虑制定文物保护国际私法问题方面统一规则的可行性和可取性。[15]该研究小组由来自各大法律体系的法律专家组成，在1988年至1990年期间举行了三次专家组会议，形成了《关于被盗或非法出口文物的公约草案》。1991年5月至1993年10月期间，在罗马举行的四届政府专家委员会会议对公约草案进行了审议。1993年5月，UNIDROIT理事会第73届会议认为该案文已经成熟，可以提交外交大会通过。1995年6月7日至24日，在罗马举行的外交大会通过了公约最终文本并开放供各国签署。1995年《公约》于1998年7月1日正式生效，目前有54个缔约国。[16] UNESCO全程参与了该公约磋商和谈判，并在各阶段讨论中发挥了关键作用，希望UNIDROIT所形成的任何文件都与1970年《公约》保持一致，向成员国传递1970年《公约》将继续适用的信号，鼓励成员国参与UNIDROIT正在开展的工作，并为与会者提供其在打击文物非法贸易，维护参与方利益方面的经验和信息。[17]

1995年《公约》从磋商、起草到最终通过，无时无刻不交织着矛盾和斗争，该公约也试图为平衡相互冲突的利益找到一个较好的

---

15 UNIDROIT Convention on Stolen or Illegally Exported Cultural Objects: Explanatory Report, prepared by the UNIDROIT Secretariat, available at: https://www.unidroit.org/english/conventions/1995culturalproperty/1995culturalproperty-explanatoryreport-e.pdf, accessed 2021-10-25.

16 Status–UNIDROIT, available at: https://www.unidroit.org/instruments/cultural-property/1995-convention/status/, accessed 2023-05-26.

17 Lyndel V. Prott, UNESCO and UNIDROIT: a Partnership against Trafficking in Cultural Objects, *Uniform Law Review*, vol.1, 1996, p.61.

解决方案。在被盗文物返还争议中，利益的一端是主张文物跨境自由流转的文物市场国，以及竭力维护权属现状的文物拥有者，他们极力主张限制公约适用的时间和空间范围；利益的另一端则是不遗余力遏制文物非法流转的文物来源国和千方百计追索流失文物的原始所有人，他们希望能够将公约中的有利规则尽可能地延伸适用的空间。该公约关于时效期间及善意取得补偿权的规定正是这种利益冲突和协调的生动体现。有评论者指出，1995年《公约》在"强制返还和对善意取得人的补偿之间达成了平衡"[18]，是在保护善意取得人的大陆法系和保护原始所有人的英美法系之间达成妥协的一个有益尝试。

（二）1995年《公约》的主要内容

1. 被盗文物应予返还原则的确立

从本质上讲，1995年《公约》的主要任务是通过在缔约国引入统一的文物返还机制来遏制文物的非法国际流转，从而实现保护缔约国文化遗产的目标。公约起草者全面分析了与被盗文物所有权取得有关的私法规则，关注的焦点集中在大陆法系国家倾向于保护善意取得人的制度上。在这一问题上，来自不同法系的许多文化遗产法专家都认为，唯一能够从根本上阻止文物非法交易的方法就

---

18 Ian M. Goldrich, Balancing the Need for Repatriation of Illegally Removed Cultural Property with the Interests of Bona Fide Purchasers: Applying the UNIDROIT Convention to the Case of the Gold Phiale, *Fordham International Law Journal*, vol.23, 1999, p.163.

是确保将被盗文物返还原始所有人，即使这要以改变欧洲许多国家法律体系中保护被盗物善意取得人的规则为代价。[19]

1995年《公约》的起草者注意并吸收了专家们的研究成果[20]，在公约第3条(1)明确规定了被盗文物应予返还的基本原则。公约没有区分该被盗文物属于私有财产还是公共财产，文物的取得是善意还是恶意。"善意"与否只是在涉及补偿问题时才予以考虑的一个因素，无论出于何种意图取得被盗文物的目前占有者，都必须将持有的被盗文物返还给其原始所有者。面对日益严峻的文物盗窃现状，这一原则的实施对维护文物原始所有者的利益而言是最现实的解决方案，也必定会对遏制文物的非法交易产生积极影响。

2. 非法出口文物的附条件返还

被盗文物返还的主要障碍是各国法律对善意取得问题的既有规定，而非法出口文物的返还面临的最大困难则是对外国出口管制法的承认和执行。根据1995年《公约》，非法出口文物所在的缔约国应其他缔约国的请求，承担相应义务返还从请求国非法出口的文物。然而，公约并非要求无条件返还一切非法出口的文物，缔约国

---

[19] Lyndel V. Prott, Commentary on the UNIDROIT Preliminary Convention on Stolen or Illegally Exported Cultural Objects as Revised June 1993, UNIDROIT 1993, Study LXX-Doc. 42.

[20] 代表性的研究成果如：Lyndel V. Prott & Patrick J. O'Keffe, National Legal Control of Illicit Traffic in Cultural Property; Gerte Reichelt, Second Study Requested from UNIDROIT by UNESCO on the International Protection of Cultural Property with Particular Reference to the Rules of Private Law Affecting the Transfer of Title to Cultural Property and also in the light of the Comments Received on the First Study, *Uniform Law Review*, vol.7, 1988。

的返还义务仅适用于其转移严重损害了缔约国特殊的文化利益的文物或经证明具有重要文化意义的文物。根据第5条(3)，缔约国遭受损害的"利益"包括：(1)有关该物品或者其内容的物质保存；(2)有关组合物品的完整性；(3)有关诸如科学性或者历史性资料的保存；(4)有关一部落或者土著人社区对传统或者宗教物品的使用。尽管公约对文物的界定范围十分广泛，但该条从很大程度上限制了公约的适用范围：一方面，请求国必须证明被转移的物品符合公约第2条关于"文物"的界定；[21] 另一方面，必须证明请求国在请求返还非法转移的物品方面存在重要利益。

3. 返还请求的时效限制

对于被盗文物的返还时效，1995年《公约》第3条(3)—(8)项作了具体规定，这也是公约起草过程中争议最激烈的部分之一。[22] 作为妥协，公约最终规定了两类一般时效期间，即相对时效与绝对时效，并为特殊种类的文物设置了例外时效规则。

公约第3条(3)规定，关于相对时效期间，自请求者知道被盗文物的所在地及该文物占有者的身份之时开始起算，返还请求可以在3年内提出。绝对时效期间自文物被盗之日起开始计算，一旦期间届满，请求者将无法提出返还请求。公约规定的绝对时效期间是50年，也就是说，在任何情况下，返还请求应自文物被盗时起

---

21 "文物"(cultural objects)系指根据宗教或世俗的原因，具有考古、史前史、历史、文学、艺术或者科学方面重要性，并属于1995年《公约》附件所列类别之一的物品。

22 The Law Reform Commission of IRELAND, Report on the UNIDROIT Convention on Stolen or Illegally Exported Cultural Objects (LRC 55-1997), available at: http://www.lawreform.ie/publications/data/lrc95/lrc_95.html, accessed 2022-03-25.

50年以内提出。公约第3条(4)和(8)两项规定的例外时效规则是指，对于请求返还构成"纪念地、考古遗址或公共收藏"之一部分的文物，以及部落或土著宗教文物或具有重要的社区意义的文物时，仅受3年时效的限制，即没有设置上限。

公约第5条(5)规定的非法出口文物返还时效与第3条(3)的规定基本相同，但没有类似于第3条(4)的规定，即为请求返还某一特定纪念地或考古遗址的文物或属于公共收藏品的文物设定特殊的时效限制。这是因为第3章规定的非法出口文物的返还程序仅适用于满足第5条(3)要求的具有重要文化意义的物品。

4. 公正合理的补偿

在被盗文物返还的问题上，1995年《公约》确立了强制返还的原则，从而在很大程度上保护了原始所有人的利益。为"抚慰"倾向于保护善意取得者的大陆法系国家，该公约第4条规定对归还被盗文物的拥有者给予公正合理的补偿，但前提是该拥有者不知道也理应不知道该物品是被盗的，而且能够证明在获得该物品时是慎重的。对于如何确定"慎重"，公约也给出了相应的衡量标准。

与被盗文物的返还补偿所要求的不同，关于非法出口文物，公约第6条没有提及购买人在取得争议文物时是否已尽注意义务，只是规定在获得争议物品时"不知道或者理应不知道"这一物品是非法出口物时即有权在归还该物时得到请求国公正合理的补偿。公约也未明确举证责任的承担。

5. 公约不溯及既往

溯及力问题是1995年《公约》起草过程中最具争议和最敏感

的话题之一。许多国家尤其是文物来源国认为，多数重要的文物都是在无法控制的情况下被转移境外的，任何直接或间接认可先前文物转移行为合法性的做法都是不能接受的。反对公约具有溯及力的主要是文物市场发达国家，认为赋予公约溯及力无论是从政治上还是法律上都面临无法逾越的障碍。

最终，公约还是在第 10 条明确了其不溯及既往性，但同时声明，公约不溯及既往不以任何方式证明公约生效前的非法交易的合法性，也不限制国家或者其他人根据公约框架外可援用的救济措施，对于公约生效前被盗的文物提出返还或者归还请求的权利。

（三）1995 年《公约》的主要缺陷

从总体上来看，1995 年《公约》为被盗和非法出口文物的返还提供了较好的救济途径。尽管公约的适用范围较为广泛，善意购买人的注意义务规定得也较为具体，而且还创设了私人诉权，但公约自身也存在种种缺憾。

第一，该公约尝试在一个法律文件中解决涉及不同法律领域的争议并不可取。被盗文物的返还是典型的私法问题，而非法出口文物的返还则属公法范畴，将两个法律领域的两套性质不同的法律规则统一放在一个公约中，不仅会导致公约涵盖的范围过于宽泛，也会使公约因某些用语含糊不定或理解上的差异而面临实施上的障碍，这一点可以从公约未对"被盗""国际性请求""占有人""请求人""公正合理"等术语作出明确界定加以证明。

第二，尽管与 1970 年《公约》相比，1995 年《公约》的补偿条款是一种改进，但仍未明确国内法院应该如何形成"公正合理"的补偿决定。由谁补偿、如何补偿以及补偿数额的多少都是需要明确的问题。

第三，由于1995年《公约》并无溯及力，该公约无法为其生效前被盗或非法出口的无以计数的文物提供法律救济。因此，1995年《公约》本身不能从根本上改变在其生效前发生的交易的非法性。

三、1970年《公约》与1995年《公约》之比较

1970年《公约》和1995年《公约》是具有重要历史意义的国际公约，创设了前所未有的国际法律原则，即针对违反来源国法律出口的文物进行交易是非法行为，缔约国有义务促进被盗或非法出口文物的返还。[23] 但两个公约也存在明显的不同之处。

第一，1995年《公约》对文物的界定与1970年《公约》基本相同，但并不要求受保护物品必须由缔约国"明确指定"，从而将更多的物品列入保护范围。

第二，与1970年《公约》集中关注政府行为不同，1995年《公约》为个人所有者创设了私人诉权，该公约第3条和第4条使用了

---

23 Geo Magri, The impact of the UNESCO and UNIDROIT Conventions and the EU directives on the international art market: an analysis fifty years after the introduction of the obligation to return stolen or illegally exported cultural goods, *Brazilian Journal of International Law*,17/2020(3), p.62.

"请求者""请求人"的表述，而不再仅仅局限于 1970 年《公约》要求的"缔约国"。因此，任何个人都可以根据公约提出权利请求。由于私人当事方可以根据公约提起返还诉讼，因此，他们就可以在衡量可能的补偿及诉讼支出后，根据自己的利益需求来决定是否提出权利请求。

第三，在善意取得人的求偿权问题上，两个公约也有所不同。1970 年《公约》在第 7 条（2）中仅规定了对善意取得人给予公平补偿，对何谓"善意"取得未给出任何参考标准。相比较而言，1995 年《公约》则列举了证明善意取得人在购买时已尽慎重义务所必须满足的标准。这一标准也成为判断当事人是否已尽慎重义务的基准原则，且其理念已超越公约本身，不仅被非缔约国所认可和采纳，甚至被纳入到一些国家（例如瑞士和荷兰）的国内立法中。[24]

第四，1995 年《公约》规定了法定时效和仲裁条款，这是 1970 年《公约》所没有的。1995 年《公约》规定的法定时效可以确保被盗文化财产的原始所有人及时提出权利请求，使公约具有了一定的灵活性，而仲裁条款则为争议的解决提供了一种对抗性较小的替代方法。

尽管两个公约存在诸多差异，但其目标是一致的，即促使国际社会积极加入到打击文物盗窃和非法贩运的努力中来。可以说，1970 年《公约》和 1995 年《公约》是文物保护国际立法的里程碑，

---

[24] Marina Schneider, The 1995 UNIDROIT Convention: An Indispensable Complement to the 1970 UNESCO Convention and an Inspiration for the 2014/60/EU Directive, *Santander Art and Culture Law Review*, 2/2016 (2), p.157.

奠定了有效应对文物非法流转国际合作的基石，是不同利益群体之间达成妥协的有益尝试，对打击文物非法贩运、支持原属国追索流失文物、促进各国完善其相关国内立法并建立国际合作机制产生了深远而积极的影响。但仅凭两部公约之力也无法完全解决文物非法贩运的所有问题，在国际公约框架内解决文物的非法流转问题受公约自身范围的限定，公约不溯及既往的特性使得一些历史上的争议无法获得公约救济，公约执行机制的缺乏也削弱了其实施效果。国际社会仍需共同努力，不断推动两公约规则的完善，促进其在各缔约国的统一实施，使其在更广泛的范围内得到认可和践行，从而在保护文物和促进非法流转文物返还方面持续发挥作用。

世界遗产制度的产生与发展

胡姗辰

"世界遗产"作为一个法律概念，是指根据联合国教科文组织《保护世界文化和自然遗产公约》（简称《世界遗产公约》）列入《世界遗产名录》(The World Heritage List)，并受该公约保护的在全世界范围内具有突出普遍价值的文化和自然遗产。作为迄今为止最具影响力的国际公约之一，《世界遗产公约》共有遍布六大洲的195个缔约国[1]，缔约国数量在文化遗产领域国际公约中排名首位。公约确立的世界遗产保护制度，集中体现了国际文化遗产保护理念与实践的发展，对各国的文化遗产保护制度与实践也产生了深远影响。

---

[1] 参见世界遗产中心网站：https://whc.unesco.org/en/statesparties，2023年5月26日访问。

一、国际社会共同保护
重要文化遗产的实践探索

20世纪50年代,"人类共同遗产"的理念在1954年《关于发生武装冲突时保护文化财产的公约》中确立下来。基于对某些正在遭受人为或自然因素破坏的具有重要意义的文化遗产的强烈关注,国际社会采取抢救措施,合作保护了一系列重要文化遗产。这些实践案例不仅促进了一系列专业国际组织的建立,也为《世界遗产公约》主要制度的建立奠定了实践基础。

(一)重要文化遗产抢救保护案例

20世纪50年代,面对不断上升的粮食和能源需求以及洪水漫坝等问题,埃及政府决定兴建阿斯旺高坝。这个项目将使尼罗河的水位上涨,创造出沿着尼罗河谷一直延伸到苏丹约五百公里长的巨大人工湖,距今已有3300余年历史的努比亚遗址[2]也将被淹没。为解决这一难题,埃及(当时的阿拉伯联合共和国)和苏丹政府积极与联合国教科文组织(简称UNESCO)展开交涉,请求UNESCO

---

2 努比亚遗址包含阿布辛贝勒等神庙建筑群,建造于公元前1275年埃及第十九王朝法老拉美西斯二世统治时期。阿布辛贝勒神庙殿堂内饰千姿百态的雕刻、浮雕图案和古埃及文学,描述了拉美西斯二世当政期间古埃及的生活情景、与赫梯人为争夺叙利亚地区统治权而会战于卡迭石城的战况以及努比亚地区人民的生活习俗,对于了解古代埃及历史、社会、文化都有很重要的价值。有鉴于此,努比亚遗址于1979年被联合国教科文组织列入《世界遗产名录》。

对抢救该区域古迹提供帮助和支持。在 UNESCO 的大力呼吁下，努比亚遗址的抢救保护得到 50 多个国家的积极响应和支持，从世界各地募集到超过 4000 万美元的保护经费，并由世界各地 40 多个考古团体参与，花费近 20 年时间，将该遗址中最重要的阿布辛贝勒神庙和其他神庙拆分后平移，从而成功留下了这一历史古迹。在这次国际拯救行动中，UNESCO 成立了专门执行机构以及信托基金，在管理协调各方资源，以及居中协调埃及、苏丹政府与提供财政援助和技术支援的参与国的关系等方面，都发挥了重要作用。[3]

努比亚遗址保护行动的巨大成功带动了 UNESCO 后续一系列的国际救援行动，包括拯救受洪水冲毁威胁的佛罗伦萨和威尼斯及其泻湖，以及对印度尼西亚婆罗浮屠庙宇群的修复等。国际社会合作保护人类重要文化遗产实践案例的不断增多，不仅强化了全人类共同遗产的保护理念，更为建立一种成熟稳定的文化遗产保护国际合作机制积累了有益经验。

（二）专业机构设立

在 1948 年召开的第三届大会上，UNESCO 就讨论过设立保护艺术品和历史古迹的国际信托基金，但未就此问题取得共识。努比亚遗址的成功保护，促使 UNESCO 意识到设立古迹遗址等不可移动文物保护专业机构的重要性。

1956 年，第九届 UNESCO 大会决议设立一个对世界范围

---

[3]〔美〕李光涵：《从国际主义到全球化——试论〈威尼斯宪章〉和"世界遗产"概念的衍变》，载《中国文物科学研究》2014 年第 2 期，第 36—37 页。

内具有重要意义的文化遗产进行研究和保护的机构"国际文化财产保护与修复研究中心"(International Centre for the Study of the Preservation and Restoration of Cultural Property, Rome, ICCROM)。[4]经过3年的筹备,该中心于1959年正式设立,总部设在意大利罗马,以保护古代建筑、历史遗迹和世界艺术珍品,培训专业队伍和改进修复工作为宗旨,成为UNESCO在文化遗产保护和研究领域的密切合作伙伴。[5]1964年,"第二届历史建筑建筑师和专家会议"在威尼斯召开,会议通过的《关于古迹遗址保护与修复的国际宪章》(即《威尼斯宪章》)成为文化遗产保护领域最重要的国际文件之一,对世界文化遗产保护基本理念与方法产生了深远影响。为贯彻该宪章的要求和精神,UNESCO在会上提议设立国际古迹遗址理事会(International Council of Monuments and Sites, ICOMOS)。ICOMOS于1965年在波兰华沙成立,致力于保护包括建筑、考古遗址、历史城镇、乡村、文化景观等在内的世界各地的不可移动文化遗产,广泛吸纳来自世界各国的组织和个人会员,成为这一领域最具影响力的全球性非政府组织。ICCROM和ICOMOS后来都成为世界文化遗产评估与保护的重要咨询机构。《威尼斯宪章》体现和总结了彼时文化遗产保护原则和方法的最新发展,为《世界遗产公约》奠定了理论和技术基础,成为UNESCO评估世界文化遗产的主要参照。

---

4 A Brief History of ICCROM, available at: https://www.iccrom.org/about/overview/history, accessed 2022-07-06.

5 同上。

二、《世界遗产公约》的制定过程

1965年,美国白宫会议呼吁,通过建立"世界遗产信托基金"的方式,更好地开展世界杰出自然风景区和历史遗址认定、保护管理的国际合作。[6] 该倡议正式提出了"世界遗产"（World Heritage）这一概念,将文化和自然遗产都包含其中,已经具备了《世界遗产公约》核心内容的雏形。为此,美国环境质量理事会（Council on Environmental Quality, CEQ）主席罗素·崔恩（Russell Train）在1967年世界自然基金会组织的"人与自然国际会议"上建议与世界自然保护联盟（International Union for Conversation of Nature, IUCN）[7] 和 ICOMOS 等组织密切合作。然而,美国提出的"世界遗产信托基金"和 UNESCO 设想的国际保护信托基金有着根本性的差别:"后者主要是作为一种为文化遗产募集保护资金的工具,而前者的设计则是植根于一份具有国际法形式的公约内,更广泛地为世界遗产保护服务的一种国际政府间的机制。"[8]

与此同时,UNESCO 也在1966年开始探索制定有关保护"少

6　Linking the Protection of Cultural and Natural Heritage, available at: https://whc.unesco.org/en/convention/, accessed 2022-07-06.

7　世界自然保护联盟在 UNESCO 的赞助和支持下于1948年成立,其成员既可以是各国的政府组织,也可以是民间非政府团体。该组织作为 UNESCO 的顾问机构,在《世界遗产公约》制定后也成为世界自然遗产评估和保护的专业咨询机构。

8　李光涵:《追溯〈世界遗产公约〉的历史渊源》,载"世界遗产之声"公众号2018年9月12日,2022年1月2日访问。

数几个具有普世价值和意义的文物和遗址"的国际机制。经过一系列专家论证，UNESCO决定在1970年第十六届大会上建议成立一个政府间专家委员会，以促进第十七届大会通过"一份保护具有普世价值文物和遗址的国际文件"。1972年，联合国在斯德哥尔摩举办了人类环境会议，IUCN向大会呈交了"世界遗产公约"议案。会议筹备秘书处综合UNESCO为制定保护文物遗址的国际文件所做的准备工作和IUCN的议案，最后建议UNESCO、IUCN以及联合国粮农组织（Food and Agriculture Organization of the United Nations, FAO）共同协商有关"世界遗产公约"的建议草稿。

经过多方对上述UNESCO、IUCN和美国建立"世界遗产信托基金"三套公约文本方案的博弈和修改，1972年11月16日，《世界遗产公约》终于在UNESCO第十七届大会上以75票赞同、1票反对和17票弃权获得通过，同时通过的还有《关于在国家一级保护文化和自然遗产的建议》。最终的《世界遗产公约》文本以UNESCO最初拟定的有关古迹和文化遗产保护的国际文件为基础，在IUCN方案的影响下将自然遗产也纳入公约的保护范围，并结合了美国文本进行调整。发达国家和发展中国家有关"世界遗产基金"资金贡献方式的分歧，也通过自愿缴纳和义务性缴纳双重制度并存的方式获得解决。[9]

---

9 李光涵：《追溯〈世界遗产公约〉的历史渊源》。

三、《世界遗产公约》的主要内容及实施机制

《世界遗产公约》旨在通过不同国家之间的紧密合作，共同对涉及全人类共同利益、对人类文明存续与发展具有重要意义的文化和自然遗产加以保护。该公约分为8章，共38条，其核心内容是建立受保护的世界文化和自然遗产名录，要求缔约国和国际社会承担起对这些世界遗产的保护义务，确保其得到妥善保护和合理利用，并作为人类文明可持续发展的重要资源传给子孙后代。

为最大限度减少分歧，凝聚和体现共识，增加公约的影响力和接受度，《世界遗产公约》文本的规定主要是原则性的，其主要制度的具体构架及实施，由公约设立的保护世界文化和自然遗产政府间委员会（简称"世界遗产委员会"）（第8条）制定《实施〈世界遗产公约〉操作指南》（简称《操作指南》）加以细化。该《操作指南》还设立世界遗产中心作为政府间委员会的秘书处（2021, paras.27-29）[10]。《世界遗产公约》于1975年正式生效，其首版《操作指南》制定于1977年。该公约颁布50余年来，《操作指南》历经近30次不断更新，从最初仅28段逐步增加至2021年最新版共290段。[11]

10　本篇中此类括注用以标明所引用《操作指南》的版本和条文。括号内前面的年份表示所引用《操作指南》最后修改的年份（因同一年多次修改而出现不同版本时，则在年份后面增加修改月份标注），后者段落序号则是所援引内容在该版《操作指南》中的位置。

11　Historical Development of The Operational Guidelines for the Implementation of the World Heritage Convention, available at: https://whc.unesco.org/en/guidelines/, accessed 2022-01-02.《操作指南》历次修改的不同版本，均可从该网址下载查看。

(一)世界遗产的范畴

《世界遗产公约》的保护对象是世界遗产,分为世界文化遗产和世界自然遗产;世界文化遗产主要包括纪念性建筑(monument)、建筑群(group of buildings)和遗址(site)三大类(第1条),世界自然遗产包括自然景观、特定的动植物生境区以及天然的自然名胜区域三类(第2条)。各类文化或者自然遗产所体现的价值有所区别,但都必须满足具有"突出普遍价值"(outstanding universal value, OUV)的标准。

公约《操作指南》进一步强调,尽管文化和自然遗产对于其所属民族国家和全人类而言都是无价且不可替代的财富,但其中仅有一部分才能因其独特性而被认为具有突出普遍价值并受到《世界遗产公约》保护(2021, para.4)。为此,《操作指南》在阐释世界文化遗产突出普遍价值、确定其价值评估标准方面做出不懈努力,主要包括对突出普遍价值的阐释、评价突出普遍价值的具体标准、真实性和完整性四部分。值得注意的是,《世界遗产公约》颁布50余年来,世界遗产制度也在其实施过程中不断发展,对世界遗产突出普遍价值的理解及其具体评价标准也处在不断变化之中。最新的2021年版《操作指南》将"突出普遍价值"阐释为"超越国界、对全人类今世后代具有共同重要性的文化和/或自然意义,因此该遗产的永久保护对整个国际社会来说至关重要"(2021, para.49),并列举了10条具体的评价标准(2021, para.77),包括6条文化遗产评价标准和4条自然遗产评价标准。

（二）保护名录制度

《世界遗产公约》设立了《世界遗产名录》和《濒危世界遗产名录》两个保护名录。公约对缔约国提出的各项保护要求和措施，主要都围绕列入这两个名录的世界遗产地的保护和利用展开。

1.《世界遗产名录》制度

《世界遗产公约》指出，保护世界遗产主要是其所在国家的责任（第 4 条），国际合作和协助都应以尊重遗产所在国主权为原则（第 6 条）。因此，应由缔约国从其自行制定的《世界遗产预备名录》(2021, paras.62-67)中确定候选遗产名单，向世界遗产委员会申报。在每年一度的世界遗产大会上，世界遗产委员会根据缔约国提交申报遗产的性质，在听取专业咨询机构及其有关专家出具的该遗产是否符合相关价值标准和列入条件的明确意见后进行评估，做出是否将该遗产列入《世界遗产名录》的决议（第 11 条第 1 段）。

世界遗产委员会对候选遗产是否列入《世界遗产名录》的评估，依据《操作指南》规定的价值标准和其他列入条件进行。确彰显突出普遍价值、满足真实性和完整性条件的，做出将该遗产地列入(inscribe)《世界遗产名录》的决议(2021, para.154)：符合《操作指南》列明 10 条价值标准(i)至(vi)中的一条或几条的，为世界文化遗产；符合价值标准(vii)至(x)中一条或几条的，为世界自然遗产；若遗产地同时符合至少一条文化遗产和至少一条自然遗产价值标准，则是世界文化和自然双遗产。世界遗产委员会经审议认为不具有突出普遍价值或者不符合真实性、完整性等资格标准的候选遗产，做出不予以列入（to be not inscribed）的决定（2021, para.158）。对一些或因申报文本对其突出普遍价值论述不充分，或因真实性、完整性和保护管理状况不完善，但尚有改进可能的候选遗产，委员会还有可能决议"建议补充材料"（referral）(2021, para.159）或"退回申报"（deferral）(2021, para.160）。

《世界遗产名录》是动态更新的。这意味着已列入名录的遗产地被证明丧失其突出普遍价值或真实性和完整性时，将会被世界遗产委员会从该名录中除名(2021, para.9)。例如，在2021年第44届世界遗产大会上，世界遗产委员会决定将2004年列入《世界遗产名录》的英国利物浦海上商城从该名录中除名。[12]

2.《濒危世界遗产名录》制度

《世界遗产公约》规定，世界遗产委员会应编制并及时更新《濒危世界遗产名录》，将已列入《世界遗产名录》，但因面临各种自然和人为危险而造成或可能造成其突出普遍价值减损的遗产地列入其中（第11条第4段）。《操作指南》进一步规定，列入《濒危世界遗产名录》的条件包括该遗产正在受到严重和特定危险的威胁，有必要为保护该遗产采取一些重大措施，且有关主体已为其保护请求国际援助(2021, para.177)。

当然，遗产地列入《濒危世界遗产名录》不仅意味着它可以申请并接受公约框架下的国际援助，更是对所属国应加强该遗产保护的严重警告：列入《濒危世界遗产名录》的遗产地，若其面临的

---

12 《英国利物浦海上商城被从〈世界遗产名录〉除名》，载新华网：http://www.xinhuanet.com/world/2021-07/22/c_1127680315.htm，2022年2月4日访问。

危险未在一定时间内得到消除或缓解，或其保护管理状况在一段时间内未得到改善，可能最终从《世界遗产名录》中除名。从这个角度看，进入《濒危世界遗产名录》也可视为世界遗产委员会对已列入《世界遗产名录》的遗产地保护和管理不力状况的监督机制，以及该遗产地可能面临从《世界遗产名录》除名的"红牌警告"。如前述被除名的利物浦海上商城早在2012年就已列入《濒危世界遗产名录》。

（三）缔约国的保护和公众教育责任

《世界遗产公约》明确规定，世界文化和自然遗产保护主要是其所在国家的责任（第4条），缔约国应为此目的竭尽全力，最大限度地利用其资源，为保护、保存和展出本国领土内的世界遗产采取积极有效的措施。具体而言，包括通过旨在使世界遗产在社会生活中起一定作用并将其保护纳入全面规划计划的总政策；在国内建立一个或几个负责世界遗产保护、保存和展出的机构，配备适当的工作人员和为履行其职能所需的手段；发展科学和技术研究，并制订出能够抵抗威胁本国自然和文化遗产危险的实际方法；采取为确定、保护、保存、展出和恢复这类遗产所需适当的法律、科学、技术、行政和财政措施；以及促进建立或发展有关保护、保存和展出文化和自然遗产的国家或地区培训中心，并鼓励这方面的科学研究（第5条）。此外，该公约还专设"教育计划"一章，要求缔约国通过一切适当手段，特别是教育和宣传计划，努力增强本国人民对世界遗产的赞赏和尊重（第27、28条）。

不难看出，公约文本有关缔约国责任的规定比较宏观，这一方面是充分尊重缔约国对其遗产保护和管理主权的需要，同时也考虑到各国相关管理体制、政策及其所面临现实问题的复杂性。《操作指南》也配合公约文本，通过两方面相互配合的制度设计，为缔约国世界遗产保护管理提供更加具体和明确的指导，促进世界遗产保护和管理水平不断提高：一是将候选遗产的保护和管理状况作为决定是否列入《世界遗产名录》的重要评估因素；二是对已列入名录的世界遗产明确保护管理要求，并建立全面的遗产保护管理监测系统。具体而言，《操作指南》对世界文化遗产保护管理的要求主要包括：划定遗产区以及足以保护遗产本体及周边环境风貌的缓冲区（2021, paras.99-107），长效的立法和/或传统的保护和管理制度（2021, para.98），制定并实施专门的保护管理规划并建立专门的保护管理体制或（和）机构（2021, paras.108-118bis），建立完善的监测体系（2021, para.113）等等。公约及其《操作指南》对世界文化遗产的合理利用也提出要求，要求缔约国采取措施推动世界遗产向广大公众开放，增进公众对世界遗产价值及其当代意义的了解，并促进公众参与世界遗产保护；发挥世界遗产的当代价值并注重遗产利用的可持续性，通过世界遗产保护和合理利用带动所在地经济社会全面协调可持续发展；在遗产保护和利用中遵守公平原则，尊重和保护遗产地社区居民正当权益（2021, para.119）；等等。此外，如前文所言，《濒危世界遗产名录》的设置，也可视为世界遗产委员会对缔约国世界遗产保护管理状况的监督机制。

（四）遗产监测制度

《世界遗产公约》及其《操作指南》要求对世界遗产建立有效监测制度。在国际层面，监测制度主要包括定期报告制度和反应性监测制度。

1. 定期报告制度

定期报告是指《世界遗产公约》的缔约国应每6年通过世界遗产委员会向UNESCO大会提交报告，说明该国为保护世界遗产通过的立法和行政规范，为实施该公约采取的其他行动，以及其领土范围内世界遗产的保护管理状况（第29条；2021, para.199）。定期报告制度是评估缔约国和世界遗产地贯彻和执行世界遗产委员会和世界遗产大会所通过政策的情况的重要工具（2021, para.202）。世界遗产委员会将仔细审查缔约国提交的定期报告中提出的问题，并就这些问题向缔约国提出建议。缔约国还应与世界遗产中心和相关咨询机构合作，根据委员会的战略目标制定长期区域后续计划并提交审查（2021, para.209）。这些行动计划一旦被采纳为定期报告的后续行动，委员会还应根据定期报告中确定的缔约国的问题进行定期审查（2021, para.210）。

2. 反应性监测

反应性监测是指世界遗产中心、教科文组织其他部门和咨询机构向世界遗产委员会报告特定世界遗产受到威胁的保护状况。对列入或将列入《濒危世界遗产名录》，以及拟除名的世界遗产也可适用反应性监测。因此，一旦发生特殊情况，或者开展可能对世界遗产的突出普遍价值或其保护状态产生重要影响的工程时，缔约国应提交专门的报告，进行遗产影响研究(2021, para.169)。

启动反应性监测程序后，世界遗产委员会有权要求缔约国在做出任何相关重大决策之前，尽快通过世界遗产中心向其报告该国计划在世界遗产的保护地带进行的可能影响其突出普遍价值的重大修复或新建项目的情况(2021, para.172)，并提交包含以下几方面内容的报告：第一，有关遗产被列入《世界遗产名录》的突出普遍价值及其完整性和/或真实性受到的任何威胁、损害或损失；第二，自前一次提交报告以来该遗产地面临的威胁是否有所变化或有显著改善的迹象；第三，针对世界遗产委员会先前关于该遗产保护状况的决定是否有任何后续行动(2021, para.173)。

世界遗产中心收到上述报告和相关信息材料以后，应结合公约咨询机构做出的评论意见，拟定报告提请世界遗产委员会审议。委员会在审议这些材料的基础上，可决议无需采取进一步行动、要求缔约国承诺在合理时间内采取必要的整治和恢复措施，或建议缔约国请求国际援助、按规定程序将该遗产列入《濒危世界遗产名录》，或直接建议大会将该遗产从《世界遗产名录》中除名。现有信息不足以支持委员会做出上述四种决定中任何一种的，委员会可决定授权世界遗产中心展开调查。如需采取紧急行动，委员会可以通过紧急援助请求，授权世界遗产基金为其提供资金(2021, para.176)。

（五）国际合作和国际援助

《世界遗产公约》明确规定，世界遗产是在世界范围内具有突出普遍价值的遗产,涉及全人类文明发展的重要利益,整个国际社会有责任合作予以保护(第6条)。有鉴于此,缔约国在必要时可利用所能获得的国际援助和合作,特别是财政、艺术、科学及技术方面的援助和合作(第4条),但国际援助与合作应以尊重所在国主权及其国内立法所规定的财产权为前提(第6条)。缔约国也有权在必要时就已列入《世界遗产名录》和《濒危世界遗产名录》的遗产地的保护、保存、展出或修复提出国际援助申请,由世界遗产委员会研究决定是否给予援助(第13条)。

《操作指南》中列明了国际援助按其优先顺序排列依次包括紧急援助、保护和管理援助以及预备性援助三类(2021, para.235),规定了世界遗产委员会协调和分配国际援助的基本原则;优先援助列入《濒危世界遗产名录》的遗产地(2021, para.236);除紧急援助外,缔约国拖欠世界遗产基金义务性或自愿性捐款则失去获得国际援助的资格(2021, para.237);除上述优先性排序外,委员会在决议和分配国际援助时还需优先考虑一些其他因素(2021, paras.238-240)。国际援助主要由根据《世界遗产公约》设立的世界遗产基金提供资金支持,世界遗产委员会每两年确定一次预算(2021, para.234)。

(六)世界遗产基金

《世界遗产公约》设立了世界遗产基金,公约及其《操作指南》对该基金的设立和运行作了规定,还制定了专门的《世界遗产基金财政规则》。

世界遗产基金是在《世界遗产公约》框架下为世界遗产的保护提供资助的一种信托基金。[13]缔约国应依据该公约及配套实施规则的规定,向该基金进行义务性或自愿性捐款;基金也接受来自其他国家、教科文组织、计划开发署等联合国机构或其他政府间组织,以及公共或私立机构或个人的捐赠、赠款,但对基金的捐款不得带有政治条件。对基金的捐款和向世界遗产委员会提供的其他形式的援助只能用于委员会限定的目的。委员会可接受仅用于某个计划或项目的捐款,但以委员会业已决定实施该计划或项目为条件(第15条)。

四、世界遗产制度的发展

世界遗产制度获得并保持其全球影响力,关键在于它能够顺应联合国不同时期提出的发展战略不断调整其列入规则和价值评价标准,对其希望建立的人类普遍价值观和"突出普遍价值"的概念进行反思,同时回应文化遗产保护实践的发展及其突出问题。《操作指南》的不断更新体现了世界遗产保护理念的发展,并推动了各缔约国文化遗产保护能力的提高。

(一)保护对象不断扩展,列入标准逐步变化

随着时代的发展和"文化"范畴的不断扩大,新兴文化遗产的

---

13 Financial Regulations for the World Heritage Fund, available at: https://whc.unesco.org/en/financialregulations, accessed 2022-02-04.

形态和类型日渐增多。《操作指南》正视和积极回应了这一发展趋势，在公约文本界定的三大类世界文化遗产框架下，先后确认和界定了历史城镇和历史中心（1987）、文化景观（1994）、运河遗产（2005）和文化线路（2005）几种文化遗产类型。2021年第44届世界遗产大会最新修订的《操作指南》在细化和完善文化景观的定义及其列入《世界遗产名录》具体条件的同时，删去了有关历史城镇和历史中心、文化线路和运河遗产这三类新型文化遗产的规定。鉴于"突出普遍价值"的内涵、评价标准及真实性、完整性条件并未发生显著变化，笔者认为，这一改变并不会对符合价值标准的上述三类遗产列入《世界遗产名录》产生实质性影响。

　　《操作指南》对世界遗产"突出普遍价值"及其评估标准的阐释也体现出UNESCO理念的发展。1977年6月初版《操作指南》用艺术成就、杰作、世界影响、非常古老、突出的历史重要性等描述来阐释"突出普遍价值"的具体内涵，[14]以是否"最好"来评估其突出普遍价值，且呈现以建筑遗产为主的明显偏向，加之欧洲国家在世界遗产申报中更为积极，致使很长一段时间内，世界文化遗产的类型和全球分布极不平衡。随着文化多样性的重要意义日益受到重视，原有价值标准更是广受诟病。冷战结束后，两级化体系逐步让位于不同国家之间的相互合作与依赖，UNESCO文化政策越发强调文化间的平等，用遗产范畴的多样化涵盖人类文化的多样

14　参见史晨暄：《世界遗产四十年：文化遗产"突出普遍价值"评价标准的演变》，科学出版社2015年版，第33—34页。

性，并承认文化的普遍性寓于多样性之中。"突出普遍价值"因此逐渐从"最好"的含义转向"代表性"概念，包容了文化多样性，体现在1992年以后《操作指南》的数次修订中：第一，文化遗产的各条价值标准均扩充了适用范围：标准（i）得以更广泛地适用于"人类的普遍文化"；标准（ii）和标准（iv）增加了对"技术遗产"的衡量，并将"发挥重要影响"修订为"人类价值的重要交换"，彰显不同文化间的平等；标准（iii）明确了与"活的文化"的联系；标准（v）识别了"人与环境的交互作用"；标准（vi）联系无形的"艺术或文学作品"，并明确了文化景观与自然遗产的联系。[15] 第二，吸纳了人类学中大"文化"的概念。人类学中的"文化"即人对自然的改造和调试，自然遗产和文化遗产无法截然分开。因此，2005年《操作指南》的修订改变了以往分别列举文化遗产和自然遗产价值标准的做法，将文化遗产的6条价值标准和自然遗产的4条价值标准合并列举在一个条文中（2005, para.77）。

（二）真实性、完整性内涵及其评估标准日益丰富全面

真实性和完整性是文化遗产保护的基本原则。早在《威尼斯宪章》中就有对于真实性原则的表述，要求文物古迹使用"不能改变该建筑的布局或装饰"，其修复"以尊重原始材料和确凿文献为依据"；"古迹不能与其所见证的历史和其产生的环境分离"，"各

15　史晨暄：《世界遗产四十年：文化遗产"突出普遍价值"评价标准的演变》，第122—123页。

个时代为一古迹之建筑物所做的正当贡献必须予以尊重"。[16] 真实性和完整性也是世界文化遗产遴选标准的重要组成部分，但其考量因素也随着保护理念与实践的变化而不断变化。

1977年《操作指南》指出，真实性是文化遗产地列入《世界遗产名录》必须满足的资格条件，其评估标准包括设计、材料、工艺和环境背景四个方面；对真实性的判断应包括对该古迹随着时光流逝而发生的所有具有历史和艺术价值的改变和添附的判断（1977.10, para.9）。这显然是对《威尼斯宪章》精神的继承。1980年《操作指南》在延续设计、材料、工艺和环境四要素的基础上，对有条件重建损毁遗产的行为进行了回应，强调"重建只有在其实施是基于完整和细致的原物档案，并且并非基于任何推测的情况下才被接受"（1980, para.18[b]），与此密切相关的直接案例即波兰华沙历史中心作为一个"二战"后重建的城市被列入《世界遗产名录》。1994年，文化景观成为世界文化遗产的一种新形态，同年修订的《操作指南》明确了此类遗产真实性标准应考虑其特色与构成两方面因素（1994, paras.40-41）。然而，上述真实性评价标准忽视了文化多样性因素对于遗产保护的影响，1994年《奈良真实性文件》弥补了这一不足。《奈良真实性文件》提出："一切有关文化项目价值以及相关信息来源可信度的判断都可能存在文化差异，……因此不可能基于固定的标准来进行价值性和真实性评判。"因此，

---

16 《关于古迹遗址保护与修复的国际宪章》中文译本，参见联合国教科文组织世界遗产中心、国际古迹遗址理事会、国际文物保护与修复研究中心、中国国家文物局主编：《国际文化遗产保护文件选编》，第52—54页。

"真实性评判可能会与很多信息来源的价值有关。这些来源可包括很多方面,譬如形式与设计、材料与物质、用途与功能、传统与技术、地点与背景、精神与感情以及其它内在或外在因素。"[17]1995年,《奈良真实性文件》被添加到《操作指南》附件中(1995, annex.4),2005年《操作指南》的正文部分也重申该文件为检验文化遗产真实性提供实践基础(2005, para.79)的重要地位,明确提出"出于对所有文化的尊重,必须将文化遗产放在它所处的文化背景中加以考虑和评价"(2005, paras.80-81);真实性的评估标准包括外形和设计,材料和实体,用途和功能,传统、技术和管理体制,位置和背景环境,语言和其他形式的非物质遗产,精神和感觉,以及其他内外部(影响)因素(2005, para.82)。这一阐释沿用至今。

完整性最初用于评估自然遗产的品质,随着文化景观被认可为文化遗产的一种新类型而逐步适用于文化遗产的评估中[18],在2005年《操作指南》修订后成为文化遗产地列入《世界遗产名录》的资格条件。文化遗产完整性评估主要应考虑候选遗产是否包括所有表现其突出普遍价值的必要因素、是否能完整地代表体现遗产价值的特色和过程,以及其受到发展的负面影响和/或缺乏维护的程度(2005, para.88)等因素;文化景观、历史村镇或其他活态遗产中体现其显著特征的种种关系和动态功能也应予保存(2005, para.89)。

---

17 《奈良真实性文件》中文译本,参见联合国教科文组织世界遗产中心、国际古迹遗址理事会、国际文物保护与修复研究中心、中国国家文物局主编:《国际文化遗产保护文件选编》,第141—143页。

18 史晨暄:《世界遗产四十年:文化遗产"突出普遍价值"评价标准的演变》,第48页。

(三)申报、评估和列入的规则和程序日益严格

《世界遗产公约》出台之初，国际社会还处于"冷战"格局之下，如何在两个阵营对立的国际形势下扩大公约影响和认可度是UNESCO及世界遗产委员会的首要挑战。为此，1977年初版《操作指南》对世界遗产申报和列入规则的设计以鼓励各国打破意识形态方面的分歧、广泛申报各类在人类文明发展史中具有重要意义的文化和自然遗产为主要目标，仅列举世界遗产委员会确立《世界遗产名录》的主要原则，包括：(1)委员会独立评估，不以符合世界遗产基金资助标准为条件；(2)文化遗产和自然遗产"突出普遍价值"标准相对独立；(3)列入《世界遗产名录》或任何国家提交审议的候选遗产总数不受限制；(4)已列入的遗产若失去突出普遍价值应及时除名；(5)《世界遗产名录》具有代表性，只列入从国际视野看具有重要意义、影响和价值的遗产的突出代表。(1977.06, para.5)

随着《世界遗产公约》全球影响力的不断扩大，世界遗产委员会每年收到的申报项目数量迅速上涨，不同国家申报文化遗产的数量和能力也极不平衡。为此，《操作指南》也进行了一系列适应性调整，强调审议各国申请时应考虑避免文化遗产和自然遗产比例失衡(1980, para.6[iv])；鼓励跨境遗产所在国联合申报(1983, para.13)；明确提出尚未有一项遗产列入《世界遗产名录》的国家在申报时可以向世界遗产委员会寻求帮助(1988, para.6[iv])。2000年第24届世界遗产大会做出《凯恩斯决议》，强制规定一国一年只能申报一个世界遗产项目；但对没有世界遗产项目的缔约国的

申报给予特别支持。[19]2004年第28届世界遗产大会对《凯恩斯决议》做出适当修改,容许一个缔约国每年提名两项世界遗产,但其中有一项必须是自然遗产项目。[20]2005年《操作指南》进一步明确,每年至多审议45个遗产列入、边界调整或系列提名项目;没有任何世界遗产项目的缔约国的申报,以及尚未有已列入同类型世界遗产的新的代表性项目,将获得优先考虑(2005, para.61)。2016年,世界遗产委员会进一步限制一国每年仅能新申报一项世界遗产,并宣布2018年起每年审议的新申报项目总数降至35项(2016, para.61)。2021年修订的《操作指南》又增加了预审程序(2021, para.60bis)。

与此同时,世界遗产的申报和评估程序也越来越严格和完善,主要体现在以下几个方面:第一,对申遗文本内容和形式的要求日趋严格、规范和全面。早期《操作指南》只对世界遗产申报书应包含哪些主要方面做出指导,随着申报数量的大幅增加,对申报书和提交审议的其他材料的形式要求越来越严格,对申报文本包含内容的要求也越来越丰富。第二,引入预备名录等前提条件。1980年《操作指南》要求缔约国编制本国的《世界遗产预备名录》(1980, para.7),1988年起,进入各国自行公布的《世界遗产预备名录》成为候选遗产申报列入《世界遗产名录》的前提条件(1988, para.7)。

---

19 Report of the 24th Session of the World Heritage Committee (Cairns, 27 November - 2 December 2000), available at: https://whc.unesco.org/en/decisions/1218, accessed 2022-01-20.

20 Cairns Decision Amended, available at: http://www.china.org.cn/english/2004/Jul/100337.htm, accessed 2022-01-20.

第三，指定咨询机构审议。1980年《操作指南》明确了ICOMOS在文化遗产项目审议程序中法定咨询机构的定位(1980, para.40)。随后《操作指南》的多次修改不仅将法定咨询机构参与审议的职责明确化、程序具体化和规范化，还在审议咨询环节鼓励引入更多非政府组织的参与(2005, paras.30-43)。第四，增加预审程序。2021年第44届世界遗产大会将2019年世界遗产委员会决议认可的两阶段申报程序的具体操作规则明确化和具体化，预审程序将成为未来申报过程的第一阶段(2021, para.122)。[21]

（四）对遗产保护和管理的要求不断提高

随着文化遗产保护理念和技术的快速发展，《操作指南》对于世界遗产保护和管理的要求也逐步提高。第一，不断强化法律措施和保护管理规划的重要作用：要求申报文本具体说明候选遗产已经或者计划实施的保护和管理法律措施(1980, para.32[ii])；鼓励遗产地所在国为其申报的每一处世界遗产制定专门保护规划(1983, para.18)；要求申遗国家提供本国文化遗产保护相关法律法规，为保护候选遗产制定专项法律法规，所在区域或历史街区的总体规划、土地利用规划、城市或区域发展规划或公共基础设施建设计划等附件材料(1984, para.41[f][iv])；从1988年起，申报文本中有关法制保护的信息不仅应包括法律法规文本，还应说明这些法律

21　孙燕、田芯祎：《〈操作指南〉迎来近年最大幅度修订》，载"清源文化遗产"公众号2021年8月1日，2022年1月19日访问。

法规在实践中如何发挥作用(1988, para.11)。第二,确立和逐步完善缓冲区等区域保护制度。"缓冲区"的概念自1980年《操作指南》首次明确提出(1980, para.12),其划定和保护管理要求在此后《操作指南》的数次修订中不断完善。第三,逐步提高对专门管理机构及其专业性的要求。1984年起,对遗产地管理体制的说明应全面地包含从国家到地方各级管理机构及其责任(1984, para.41[f][v])。1997—1999年《操作指南》的数次修订要求申遗文本包含候选遗产地"管理""影响因素分析"和"监测措施"等更多与保护和管理相关的内容,这些要求在后来《操作指南》的数次修订中日益明确化、具体化。第四,鼓励遗产地居民和利益相关者参与。1996年《操作指南》强调了申遗过程中遗产地居民与国家一起承担保护责任的重要性(1996, para.14)。2005年后《操作指南》的修订愈发强调保护和鼓励遗产地社区公众、土著居民和其他利益相关者平等和积极的参与(2005, para.124; 2021, para.119)。第五,要求遗产地增进公众接触和享用,带动所在地经济社会可持续发展。1980年《操作指南》要求申报文本具体说明候选遗产地为公众所接近和享用的情况(1980, para.33[ii]),以及遗产所在区域发展规划(1980, para.33[iv])。2005年《操作指南》进一步要求对世界遗产的利用应具有生态和文化上的可持续性,并以不减损其突出普遍价值、不破坏其真实性和完整性为前提(2005, para.119)。此后几次《操作指南》的修改在推进遗产地保护、管理和展示利用可持续性,以及应对自然灾害的技术和管理策略等方面不懈努力。

五、结语

《世界遗产公约》及世界遗产保护运动是 UNESCO 为实现其促进世界和平与发展的目标而发起的一项文化实践活动。世界遗产以"突出普遍价值"的概念构建"世界公民"的身份意识,从而通过文化建设推动全人类和平发展、团结进步的国际秩序的建立。世界遗产保护运动由 UNESCO 主导,缔约国、咨询机构等不同利益相关者共同参与、相互协调和制衡,其发展既与人类学、考古学、环境保护学等相关学科发展密切相关,并直接反映出文化遗产保护观念与实践的更新,更是人类哲学思想、历史意识、价值观等综合作用和不断发展的产物。多种影响因素呈现永恒的变化与平衡,从而构筑人类相互理解与协作的过程。[22] 因此,正如 ICOMOS 前主席、《世界遗产公约》起草者之一米歇尔·帕朗(Michel Parent)所言,世界遗产保护不仅仅是一套学术体系,而是一项包含司法、技术和实践等多方面性质的国际性事业。[23] 通过《世界遗产公约》,UNESCO 成功调动了缔约国的兴趣和努力,推动了国际社会协作保护全人类共同遗产的凝聚力和切实行动,并提高了缔约国的遗产

---

22 史晨暄:《世界遗产四十年:文化遗产"突出普遍价值"评价标准的演变》,第 66 页。

23 Final Report of the International Expert Meeting on the Revision of the Operational Guidelines for the Implement of the World Heritage Convention, Canterbury, UK, 10-14 April, 2000, WHC-2000/CONF.202/9, p.35, available at: https://whc.unesco.org/archive/2000/whc-00-conf202-9e.pdf, accessed 2023-03-26.

保护水平，促进了遗产地经济社会发展。《世界遗产公约》的成功也积累了通过国际机制保护更多全人类共同遗产的经验，极大增强了 UNESCO 对"以遗产为途径"战略的信心，推动了 UNESCO 文化遗产保护政策的发展，为 2001 年《保护水下文化遗产公约》、2003 年《保护非物质文化遗产公约》和 2005 年《保护和促进文化表现形式多样性公约》等一系列文化公约的产生奠定了坚实基础。总之，《世界遗产公约》是 UNESCO 倡导人类团结、开展国际协作的成功实践，推动了促进世界和平与发展的目标。《公约》及其不断更新的《操作指南》持续探索文化和自然遗产互动、人和遗产的关系、过去与未来的延续，使其能适应不断发展的新时代，推进人类文明可持续发展。

水下文化遗产的国际法保护

刘丽娜[*]

  1960年,水下遥控机器问世,人类开始探索海洋。从20世纪80年代开始,觊觎海底文化遗产的寻宝者开始打捞沉没于海底的沉船沉货,许多著名的历史沉船例如泰坦尼克号、海尔德马尔森号、黑石号等,都遭到了大规模商业打捞、破坏;沉船上载有人类文明的珍贵文物也常成为佳士得、苏富比等拍卖行的拍品。为了保护这些富有科学、历史、艺术价值的水下文化遗产免受破坏,联合国教科文组织(简称UNESCO)于1991年启动保护水下文化遗产的可行性研究。2001年,联合国教科文组织大会通过了《保护水下文化遗产公约》(简称《水下公约》)。该公约共35条,覆盖水下文化遗产保护的方方面面,填补了水下文化遗产领域国际法保护的空白。

---

  [*] 刘丽娜,西安交通大学法学院副教授。研究方向:文化遗产法、知识产权法、国际法。

截至2022年年底，公约已有72个缔约国。[1]

本文将讨论该公约的主要内容，及其在国际层面建立的实施机制，如为缔约国提供科技咨询支持，推动水下文化遗产区域保护，建立国际水下遗产保护国际标准，推动水下文化遗产保护实践最佳名录等。

一、公约制定的必要性及其过程

（一）制定《水下公约》的必要性

成千上万的船只乃至城市淹没在大洋中，他们的遗骸像"时光胶囊"一样尘封了宝贵的人类历史发展见证，世界最大的博物馆在深海海底，保存着人类某些特有的文明史、航海史。然而，1960年水下遥控机器问世以来，水下寻宝者就一直觊觎世界各大洋海底的文化遗产，这些人类宝贵的文化遗产遭受着盗捞、掠夺的风险。

相对陆上文化遗产保护的历史而言，人类对水下文化遗产的关注才半个世纪。据UNESCO统计，从20世纪80年代开始，有160多艘大型沉船遭到大规模商业打捞，平均每艘沉船有50万件水下文物遭打捞和买卖。如海尔德马尔森号（Heldmarsen）沉船、阿托卡夫人号（Nuestra Signora de Atocha）沉船、泰兴号（Tek Sing）沉船、泰坦尼克沉船等，几乎都遭到了不同程度的损坏。盗窃和掠夺

---

[1] 数据来源于联合国教科文组织网站：https://en.unesco.org/underwater-heritage/ratification，2023年3月26日访问。

是毁坏水下文化遗产的第一大杀手。

水下文化遗产是伴随着文化遗产概念发展而产生的新的国际文化遗产法保护对象，但在《水下公约》出台前，国际社会缺乏统一的水下文化遗产保护法律准则。水下文化遗产概念的出现，是物质文化遗产范畴细化的结果，更是文化遗产保护对象和保护范围不断扩大的结果，从对地面单一的纪念地、建筑群、遗址的保护，发展到对文化景观、遗址线路这样跨地区、集体型的文化遗产，乃至水下文化遗产的保护。水下文化遗产一方面具有与陆地文化遗产相似的科学、历史、艺术价值；另一方面长期处于"水下"，与自然环境、生态环境的关系更为密切，但具有不同于"海底自然资源"的属性。

虽然已有的海洋法、打捞法以及其他相关国际公约中都"隐约可见"水下文化遗产保护条款，但这些公约只关注其某一方面的保护，有些甚至与水下文化遗产保护的精神相悖。

联合国1982年《海洋法公约》在起草时讨论过水下文化遗产的所有权归属问题，但并未就此达成一致，最终只规定了相关原则。《海洋法公约》第136条、149条和303条都体现了有关水下文化遗产的规定。其中第136条和第149条涉及"区域"[2]内水下遗产的所有权问题。第303条规定了处理在海洋发现的考古和历史文物的四点原则，包括各国保护水下文化遗产的义务、合作原则、保护沿海国领海内文化遗产管辖权，以及公约并不影响其他打捞法

---

2 《海洋法公约》第1.1(1)条定义的"区域"是指国家管辖范围以外的海床和洋底及其底土。

或海事法规、不妨害其他保护水下文化遗产的国际规则等。总之,《海洋法公约》更多关注的是专属经济区和大陆架内自然遗产资源的权利分配,而非文化遗产资源的保护。

联合国国际海事组织1989年《国际救助公约》(International Convention on Salvage,1989)不适用于水下文化遗产,已体现在该公约第30条保留条款中。《国际救助公约》的目的是建立"及时有效的救助作业,以及对处于危险中的船舶和其他财产的安全和对环境保护能起重大作用"的海上运输法律制度,通过法律规定赋予海难救助人以报酬请求权,从而促使在海上面临丧失危险的货物或船舶得到救助,阻止掠夺,进而保全货物或船舶所有人的利益。

联合国教科文组织1972年《保护世界文化和自然遗产公约》(简称《世界遗产公约》)在对文化遗产进行界定时并未明确提及"水下文化遗产"这一类别,在《世界遗产名录》中也鲜有涉及水下的文化遗产地。2019年的《实施〈世界遗产公约〉操作指南》[3]规定的文化景观、历史城镇和历史中心、运河遗产、文化线路等4种"特殊类型文化遗产"也未特别提及水下文化遗产。值得注意的是,该公约《操作指南》考察一项文化或自然遗产是否具有"突出普遍价值"的评估标准之一是"传统人类居住地、土地使用或海洋开发的杰出范例,代表一种(或几种)文化或者人类与环境的相互作用,特别是由于不可逆变化的影响下变得易于损坏";或是否"突出代表了陆地、淡水、海岸和海洋生物系统及动植物群落演变、发展的

---

3 Annex 3, Guidelines on the inscription of specific types of properties on the world heritage list, WHC.08/01, 2008 Jan.

生态和生理过程",考虑到了与海洋等自然环境的联系。联合国环境规划署世界保护监测中心发布的《〈世界遗产名录〉中的湿地和海洋保护区的全球总观》也注意到了"自然遗产"与海洋等自然环境的密切关系。[4]但截至2021年,只有美国帕帕哈瑙莫夸基亚保护区(Marine National Monument)、西班牙伊维萨岛(Ibiza)、英国圣基尔达岛(St Kilda)、帕劳南环礁湖岩岛(Rock Island Southern Lagoon)这四处世界遗产地涉及海洋遗产,均属于文化与自然双遗产。然而,这四处世界遗产地都是海岛,除了雄奇壮美的自然景观、丰富多彩的生物多样性之外,均凭借第(iv)条价值标准"对某一文化传统或现存或已消失的文明的独特或至少是特殊的例证"列入《世界遗产名录》,亦与水下文化遗产没有直接关联。

总之,在联合国教科文组织2001年《水下公约》生效之前,已有相关国际公约中虽都"隐约可见"水下文化遗产相关条款,但缺乏统一的水下文化遗产保护国际法准则。因此,国际社会急需建立一套专门的水下文化遗产保护法律规则。

(二)《水下公约》的制定经过[5]

从1978年欧洲理事会起草的一份《水下文化遗产报告》,到1988年国际法协会(International Law Association, ILA)开始讨

---

4 联合国环境规划署世界保护监测中心:《〈世界遗产名录〉中的湿地和海洋保护区的全球总观》,1997年,第12页。

5 参见刘丽娜:《中国水下文化遗产的法律保护》,知识产权出版社2015年版,第3页。

论如何起草一份关于水下文化遗产保护的国际公约，再到 1994 年《保护水下文化遗产布宜诺斯艾利斯公约 (草案)》(简称《布宜诺斯草案》) 诞生，这期间不少国际和区域法律和文化遗产组织共同推动着水下文化遗产的立法工作。特别是 1997 年，第二十九届 UNESCO 大会启动了保护水下文化遗产的可行性研究，考虑如何保存出水文物等水下文化遗产保护的技术问题，以及如何防止水下文化遗产打捞和走私等法律问题。国际法协会随即将《布宜诺斯草案》提交给 UNESCO。1995 年，UNESCO 展开了对保护水下文化遗产的国际文书的初步可行性研究，主要解决应通过公约、宣言、建议等哪种形式的国际法文书保护水下文化遗产，应包含哪些保护内容，以及如何处理拟制定的国际法文件与其他相关国际法公约适用的关系问题。该可行性研究收到了来自德国、希腊、意大利、荷兰、菲律宾、英国、澳大利亚、法国、美国的意见，最终的研究报告作为 UNESCO 的一项决议[6]在同年 11 月获得通过。1996 年，UNESCO 开始筹划起草《水下公约》，并先后召开了 4 次专家会议，除了 UNESCO 缔约国外，还有国际海事组织 (International Maritime Organization, IMO)、联合国海洋事务和海洋法部门 (United Nations Division for Ocean Affairs and Law of the Sea, DOALOS) 等国际组织和有关机构参加。公约起草历史没有官方文本记录，但以下国际文件是形成《水下公约》的重要基础：

《水下文化遗产报告》：欧洲理事会在 1978 年起草了一份《水

---

[6] UNESCO Doc.28C/39.

下文化遗产报告》，第一次将"水下文化遗产"的概念引入国际社会。该报告界定了"水下文化遗产"的定义和法律保护的基本标准，如：受保护的水下遗产应在100年以上；沿海国应该建立200海里的"文化保护区"（cultural protection zone）保护水下文化遗产；强制性报告义务等。[7]"文化保护区"的设想扩大了以往相关国际法规则对水下自然资源的管辖权，为日后不同海域水下文化遗产保护国际法规则的形成奠定了基础。

"水下文化遗产的第848号建议"[8]：《水下文化遗产报告》之后，欧洲理事会很快又于同年通过了有关"水下文化遗产的第848号建议"。该建议分别在欧洲区域层面和国家层面规定保护水下文化遗产，并建议在国家层面优先采取保护措施。建议要求，在欧洲区域层面内起草一份公开签署的保护公约，确认200海里"文化保护区"制度，鼓励培训水下考古技术专家，以及在环境保护领域致力于自然和文化遗产的协调发展；国家层面的措施包括促进沿海国修改本国相关法令，使其符合欧洲区域水下文化遗产保护的标准。

《欧洲保护水下文化遗产公约（草案）》（以下简称《欧洲草案》）[9]：根据第848号建议起草的1985年《欧洲草案》是第一份专门保护水下文化遗产的区域层面国际条约。虽然该公约最终未获

---

[7] Janet Blake, The Protection of the Underwater Cultural Heritage, *International AND Comparative Law Quarterly*,1996,45(4), p. 821.

[8] Roberta Garabello, Tullio Scovazzi, *The Protection of the Underwater Cultural Heritage: before and after the 2001 UNESCO Convention*, Martinus Nijhoff Publishers,2003, p.216.

[9] 管松:《"无意中影响水下文化遗产的活动"法律问题研究》，厦门大学硕士学位论文，2007年，第6页。

欧洲理事会通过，但其第4—11条规定的就地保护原则、缔约国之间信息共享和国际协作原则、促进公众教育原则，以及要求控制非法发掘贩卖水下遗产并在可能时返还非法挖掘物等条款，均影响了联合国教科文组织制定《水下公约》的思路和内容。

《布宜诺斯草案》[10]：国际法协会在1988年成立了文化遗产法律委员会（Committee on Cultural Heritage Law），其成员包括阿尔及利亚、澳大利亚、加拿大、中国、丹麦、厄瓜多尔、法国、德国、希腊、匈牙利、印度、意大利、日本、荷兰、墨西哥、美国和英国，旨在起草一份有关保护水下文化遗产的国际公约。委员会于1994年向国际法协会第66次大会提交《布宜诺斯草案》并获得通过。国际法协会认为，UNESCO是通过该公约的最适当国际组织，因此决议由协会秘书长将该公约草案提交UNESCO考虑。《布宜诺斯草案》包括正文23条和一个附件。草案中特别值得关注的内容包括：水下遗产保护不适用救助法；禁止国民和船舶开展影响水下文化遗产的活动；处理扣押遗产的规则；加入、生效和退出公约等条款。附件是国际古迹遗址理事会（ICOMOS）的《保护和管理水下文化遗产宪章（草案）》。该公约草案较以往类似规定有了很大的进步，对水下文化遗产的界定涵盖了有考古价值的环境和自然环境，更为全面和具体，其保护范围和措施更加明确，还确立了"首选就地保护"原则。

《保护和管理水下文化遗产宪章》（Charter on the Protection

---

10 Roberta Garabello, Tullio Scovazzi, *The Protection of the Underwater Cultural Heritage: before and after the 2001 UNESCO Convention*, p.230.

and Management of Underwater Cultural Heritage)：ICOMOS 于 1991 年成立了国际水下文化遗产委员会（International Committee for the Underwater Cultural Heritage, ICUCH），旨在就水下文化遗产的确认、保存和保护等问题促进国际合作和提供相关咨询。委员会组织起草了《保护和管理水下文化遗产宪章》。该宪章草案于 1994 年成为《布宜诺斯草案》的附件，1996 年，ICOMOS 正式通过了该宪章。该宪章为保存水下文化遗产的国际行动设立了一套标准，如水下文化遗产项目的设计、资金、科学目标、调查方法和技术、遗产管理和维护等事宜。

《关于制定一份保护水下文化遗产的国际文书的初步可行性研究报告》（Feasibility Study for the Drafting of a New Instrument for the Protection of the Underwater Cultural Heritage, Paris, 23 March 1995)[11]：1995 年 UNESCO 第二十八届大会通过了该可行性研究报告，并强调：保护水下文化遗产应该不仅仅保护历史沉船和相关船货，还应该保护沉没的"人类居住区"（human settlements）等。该报告阐释了制定一份水下文化遗产保护国际公约的重要性。

在以上诸多草案文件和研究报告的基础上，《保护水下文化遗产公约》在 2001 年 11 月 2 日于联合国教科文组织第三十一届大会表决通过。该公约获得了 87 个国家的赞同票，俄罗斯、挪威、土耳其和委内瑞拉四国反对，另有巴西、哥伦比亚、捷克、法国、德国、瑞士、冰岛、以色列、荷兰、葡萄牙、瑞典、瑞士、英国、乌拉圭及

11　UNESCO DOC.146/ex/27.

几内亚比绍等15国弃权。截至2022年年底，该公约已有72个缔约国。

二、《水下公约》主要内容

《水下公约》是一项旨在对水下文化遗产实施保护的国际条约，公约尊重沉船残骸和海底遗址的文化价值，为其规定了各类保护措施，填补了国际文化遗产法领域的一项空白。该公约共35条，在对水下文化遗产进行界定的基础上，对其保护所涉各方面，如主权豁免、执行主管、制裁、争端解决、加入、退出、保留、生效等问题，以及与《海洋法公约》、打捞法、打捞物法的关系进行了规定。其中最重要的内容包括首选就地保护原则、非商业性打捞原则、国家豁免原则等主要保护原则，以及针对领海、毗连区、专属经济区、大陆架、公海（"区域"）等不同水域确立的保护制度。

（一）保护范围界定

《水下公约》第1条就该公约所保护的水下文化遗产的概念和范围进行了明确界定。根据该条规定，受该公约保护的水下文化遗产指的是至少100年以上，周期性地或连续地，部分或全部位于水下的具有文化、历史或考古价值的所有人类生存的遗迹，既包括遗址、建筑、房屋、工艺品和人的遗骸，及其有考古价值的环境和自然环境，也包括船只、飞行器、其他运输工具或上述三类物品的任何部分，所载货物或其他物品及其有考古价值的环境和自然环境，以及具有史前意义的物品。当然,海底铺设的管道和电缆或其他仍在使用的装置,都不应视为水下文化遗产。

为减少分歧、最大程度地争取不同国家间的共识和认可,《水下公约》未对水下文化遗产的所有权问题进行规定,而是根据水下文化遗产所处不同区域,赋予沿海国或相关缔约国不同的权利。后文将对不同区域内水下文化遗产的保护加以具体阐释。

(二)主要保护原则

1. 首选就地保护原则

首选就地保护原则确立于《水下公约》第2条第5款,其核心内容即"在允许或进行任何开发水下文化遗产的活动之前,就地保护应作为首选"。"就地保护"而非"异地保护"(ex situ)或发掘保护,是基于水下文化遗产保护的实际需要而制定的理性的、合理的规则。

保护文化遗产真实性是文化遗产法的基本原则。原址保护作为真实性原则的基本要求之一,确立于1964年《关于古迹遗址保护与修复的国际宪章》(《威尼斯宪章》)中。该宪章明确指出,"古迹的保护包含着对一定规模环境的保护。凡传统环境存在的地方必须予以保存,决不允许任何导致改变主体和颜色关系的新建、拆除或改动"。1987年国际古迹遗址理事会通过的《保护历史城镇与城区宪章》也指出环境对于体现文化遗产真实性的重要意义,提出要注重和强调在古迹周边建立缓冲地带。1994年《奈良真实性文件》对文化遗产真实性进行进一步阐释,提出对文化遗产真实性的判断应考虑文化多样性，结合文化环境进行。另一方面，就地保护（in situ conversation）原则也是1992年《生物多样性公约》确立的保护生物多样性的基本原则，基本内涵在于"在生物的原产地对濒危生物及其栖息地开展保护"。该原则作为生物多样性保护的重要方法之一已得到世界的认可。将文化遗产保护和生态保护理论中的保护策略引入水下文化遗产保护，符合水下文化遗产的特性，符合立法的科学原则。

采取就地保护原则保护水下文化遗产，是基于成本、保护措施的效果和遗产本身的重要性三者间平衡考量的结果：相比陆上遗址，水下文化遗产的考古和保护工作更加复杂，需要大量水下考古学家和技术的支持。然而，由于现有考古知识和适当保护措施的不足，水下文化遗产的发掘很容易就变成对遗产的破坏。例如当年打捞出水的英国著名的玛丽玫瑰（Mary Rose）沉船上一颗32磅的铁质炮弹，在与空气接触一定时间之后仅剩19磅。[12] 随后人们发现，温度上升使得浸泡在盐水中的盐分子干燥而破坏物质，使其迅速氧化变质。沉没的金属、瓷器、木材出水也都面临如此窘境。将首选就地保护确立为法律原则，一方面避免保存环境的改变使得遗产遭到变质或破坏，另一方面也可避免肆意打捞、污染等破坏水下文化遗产的行为。若对这些水下文化遗产实施异地保护或发掘保护，则需要采取进一步的保护措施。

---

12 UNESCO, Museums and Tourism of Underwater Cultural Heritage, First Section of Meeting of States Parties to the Convention on the Protection of the Underwater Cultural Heritage, Paris, 2010, p.24.

此外，就地保护要求为水下文化遗产建立保护档案，并在此基础上对水下文化遗产采取保护措施。这些措施有利于减缓水下文化遗产消亡速度，并确保日后管理保护的连续性。可见，选择就地保护的方式能够使水下遗址的侵蚀程度降到最低，从而确保遗址可被留作未来考古研究之用。

需要强调的是，就地保护原则虽是首选，但却不是保护水下文化遗产的唯一原则。该原则并不意味着禁止所有的水下文化遗产挖掘和岸上保护活动。是否选择就地保护需要根据遗址的特性、环境以及沉物的特性加以判断。

2. 非商业性打捞原则

一些主体只考虑水下遗产的商业价值，常常为了制造高价而刻意毁坏并遗弃其他打捞物，只将打捞到的奇珍异宝以拍卖等手段流转给私人收藏者，而无视沉船本身具有的考古价值。大部分私人缺乏恰当保护技术和方法，也致使打捞出水的文物进一步遭受损坏。1970年"阿托卡夫人号"沉船打捞事件[13]就是一个例子。为补救粗暴的打捞造成的沉船历史文化价值损失，该沉船被打捞后，打捞者成立了一个非营利性机构"海事遗产委员会"，专门从事水下考古及水下遗产保护。因此，考虑公众利益以及水下遗产的文化、历史、

13　1970年，美国的梅尔·费希尔打捞公司在美国佛罗里达州马克萨斯群岛附近发现沉船，在获得州打捞许可后，打捞了金银、旧式步枪及小型武器等。但由于打捞者只注重沉船内物品的商业价值，其打捞技术粗糙，严重破坏了这艘具有历史考古价值的"阿托卡夫人号"沉船。参见吴溪：《一半是宝藏　一半是梦想》，载《海洋世界》2007年第8期，第32—35页。

艺术价值，只有水下考古学家来实施打捞才能保持水下遗产的文化、历史、科学价值。

非商业性打捞原则确立于《水下公约》第2条第7款，即"不得对水下文化遗产进行商业开发"。作为该公约附件的《针对水下文化遗产之行动规则》第2条再次确认："以交易或投机为目的的水下文化遗产商业性开发及造成的无法挽救的失散，与保护和妥善管理水下文化遗产的精神格格不入。"

3. 国家豁免原则

国家豁免又称国家主权豁免，是国际法中一项重要的基本原则，是指国家的行为及其财产免受他国管辖。《水下公约》的法律规则和制度设计同样体现了这一原则。首先，该公约尊重了国家军舰和飞行器的主权豁免，在第2条第8款宣称"不改变任何国家对国家船舶和飞行器拥有的权利"。其次，第13条有关缔约国水下文化遗产报告的责任规定了"但书条款"，明确规定一国的军舰和国家飞行器可以不履行报告义务，即"享有主权豁免的军舰和其他政府船只或军用飞行器，在执行非商业性的和非针对水下文化遗产的正常任务时，没有根据本公约第九、十、十一和十二条之规定，报告发现水下文化遗产的义务"。

（三）不同区域的国家合作机制

《水下公约》针对不同水域的水下文化遗产设立的全面保护措施，让全球水域内的水下文化遗产获得与陆上文化遗产一致的保护。具体而言，该公约针对水下文化遗产所在不同水域赋予临海国不同程度的管辖权,并要求其履行不同的保护义务,从而全面有效地保护世界各地的水下文化遗产,开创了新的水下文化遗产国际合作保护模式。换言之,缔约国对其领海、毗连区、专属经济区、大陆架、公海("区域")内的水下文化遗产享有不同管辖权、履行不同的保护义务。

1. 内水、群岛水域、领海

按照国际法的属地原则,沿海国对其内水、群岛水域及领海具有绝对管辖权。《水下公约》肯定缔约国对此区域内水下文化遗产具有完全的开发、保护和管理权。该公约第7条第2款规定:"在不违背其他有关保护水下文化遗产国际协定和国际法准则的情况下,缔约国应要求开发内水、群岛水域及领海中的水下文化遗产的活动遵守《针对水下文化遗产之行动规则》中的各项规定。"同时,缔约国应履行义务用以防止其国民从事非法打捞、贩运水下遗产:首先,"缔约国还须采取一切可行措施确保其国民及船舶不参与任何不符合本公约的水下文化遗产开发活动"(第16条)。其次,一旦出现上述情况,缔约国应采取措施如扣押防止非法出口和/或打捞的水下文化遗产进入其国土、进行交易或被占有(第18条)。最后,各缔约国应对违反《水下公约》的情形实施制裁,如扣押非法打捞等,并开展合作以确保制裁得到实施(第17条)。

2. 毗连区

根据《海洋法公约》有关规定,毗连区不是国家主权管辖的范围,是为保护临海国家公共利益设置的特殊区域(第33条),是沿海国为"防止在其领土或领海内违犯其海关、财政、移民或卫生的法律和规章"以及"惩治在其领土或领海内违犯上述法律和规章的行为"行使必要管制,并进行惩治而划定的特殊海域。《海洋法公约》第303条第2款也规定了在此区域内水下文化遗产的保护措施:"为了控制这种文物的贩运,沿海国可在适用第33条时推定,未经沿海国许可将这些文物移出该条所指海域的海床,将造成在其领土或领海内对该条所指法律和规章的违反。"《海洋法公约》对毗连区的保护重在针对违反法律的水下文化遗产进出口贸易,赋予沿海国在毗连区行使排他性管辖权。而《水下公约》第8条规定缔约国可管理和批准毗连区内的水下文化遗产开发活动。可见,在毗连区水下文化遗产保护方面,《水下公约》比《海洋法公约》更为全面,除了消极的保护,还对其开发管理进行积极规范。

3. 专属经济区、大陆架、"区域"

在专属经济区、大陆架以及《海洋法公约》所规定的"区域"之内,《水下公约》确立了多种保护制度,为其中的水下文化遗产提供保护。

数据库制度:《水下公约》第19条第2、3款规定:"各缔约国允许与其他缔约国共享有关水下遗产的……发现、所处位置……发掘或打捞有关的科学方法和法律发展。"第4款指出,"缔约国应采取可行的措施,包括通过适当的国际数据库,公布有关违反本公约或国际法发掘或打捞的"水下文化遗产信息。因此,公约秘书处向教科文组织成员国发放了有关各国水下文化遗产情况的调查问卷,问卷中的问题涵盖并体现了上述条款的要求。秘书处建议各国设立自己的水下文化遗产数据库,并且在2015年第五次缔约国会议上通过的《保护水下文化遗产公约操作指南》[14]第 20.2 条中规定了相关数据应采用何种保密方式发送给秘书处。

报告制度：该公约采取的"报告制度"吸取了各国法律制度中水下文化遗产报告制度的优点。公约第 9 条[15]、第 11 条[16]分别对专属经济区、大陆架、"区域"内发现水下文化遗产的报告和通知进行了规定：要求缔约国国民在从事海洋活动时，向其所属国报告专属经济区、大陆架和"区域"内有关遗产的发现和活动情况；还要求缔约国随后通知其他相关缔约国、全体缔约国或者 UNESCO《水下公约》秘书处。缔约国共同做出努力，在其各自权限内，防止不适当的干预行动，并对有必要采取的干预行动加以管理。

协调国制度："协调国"根据公约第 10 条第 3（b）款及第 9 条第 5 款规定选定，是与沉船及残骸遗址联系最紧密的国家，尤其是文化、历史或考古方面联系最密切的国家。但在最密切文化联系国

---

14 《保护水下文化遗产公约操作指南》文本参见：https://unesdoc.unesco.org/ark:/48223/pf0000234177_chi，2022 年 3 月 25 日访问。

15 《水下公约》第 9 条［专属经济区和大陆架范围内的报告和通知］规定："1.所有缔约国都有责任按本公约保护其专属经济区内和大陆架上的水下文化遗产。因此：(a) 当一缔约国的国民，或悬挂其国旗的船只发现或者有意开发该国专属经济区内或大陆架上的水下文化遗产时，该缔约国应要求该国国民或船长报告其发现或活动；(b) 在另一缔约国的专属经济区内或大陆架上：(i) 缔约国应要求该国国民或船长向其，并向另一缔约国报告这些发现或活动；或 (ii) 缔约国应要求该国国民或船长向其报告这些发现或活动，并迅速有效地转告所有其他缔约国。"

16 《水下公约》第 11 条［"区域"内的报告和通知］规定："1.当一缔约国的国民或悬挂其国旗的船只在'区域'内发现水下文化遗产，或有意开发'区域'内的水下文化遗产时，该缔约国应要求其国民或船长向该缔约国报告他们的发现或活动。2.缔约国应向教科文组织总干事和国际海底管理局秘书长通知向他们报告的这些发现和活动。3.教科文组织总干事应及时将缔约国提供的这些信息通报给所有的缔约国。……"

与所涉水下文化遗产距离遥远的偶然情况下,由距该水下文化遗产最近的缔约国作为"协调国"最为实际,因此在专属经济区和大陆架等水域应优先考虑选择距离水下文化遗产最近的国家作为协调国,除非其拒绝承担这一责任。对于"区域",公约秘书处将通过咨询缔约国的方式指定一个协调国。《水下公约》第10条第5款和第12条第4款、第5款、第6款和第7款规定了协调国的权利和义务:"协调国"作为其他相关缔约国的代表,负责授权批准与水下文化遗产保护相关的一切活动,并对其进行控制和管理。此外,《水下公约》还赋予"协调国"额外的管辖权,"协调国"协调缔约国之间的合作并执行其决定时,应代表所有缔约国的利益,而不是只代表本国利益。该公约第10条第6款规定:"……协调国应代表缔约国整体而非其自身利益行事。任何此类行动本身都不得构成有违国际法(包括《海洋法公约》)的任何优先权利或司法权利的基础。"各国在有关各自利益的磋商中达成一致,由协调国负责对水下文化遗产实施具体的保护措施。

防止遗址紧急危险制度:《水下公约》第10条第4款和第12条第3款规定了位于专属经济区或"区域"内的沉船残骸或遗址面临近在眼前的危险而亟需尽快采取行动的保护规则。第10条第4款针对专属经济区水下文化遗产的紧急危险,规定缔约国"可以采取一切可行措施,和/或根据本公约发出一切必要的授权"。如果必要的话亦无需事先进行协商,以防止水下文化遗产面临任何紧迫危险,不论是人为活动抑或是其他原因导致的,包括掠夺。"在采取这种措施时,可请其他缔约国给予援助。"第12条第3款是针对

"区域"内水下文化遗产紧急危险措施的规定,即"如果必要的话,所有缔约国都有权在协商前采取措施,防止被淹没考古遗址面临紧迫危险"。在这些情况下,即使一国通常不得不在采取行动前与其他有利益关系的国家进行磋商,它也可以立即采取措施阻止掠夺或毁坏遗址的行为。

三、《水下公约》国际层面实施机制

《水下公约》于2009年生效,在提高公众意识、促进国家能力建设、推动国际间合作等方面,为各国水下文化遗产保护指明了国际发展的方向。在该公约框架下,联合国教科文组织在提供科技咨询支持、推动水下文化遗产区域保护、建立水下遗产保护国际标准、推动水下遗产实践最佳名录等方面做出了许多努力。

(一)建立科学技术支持

依照《水下公约》第23条第4款的规定,第一届缔约国会议第5/MSP 1号决议设立"缔约国会议科学和技术咨询机构"(以下简称"科技咨询机构")。根据该机构章程第1(e)条规定:"科技咨询机构应与在《水下公约》范围内开展活动的非政府组织,如国际古迹遗址理事会保护水下文化遗产国际委员会,以及缔约国会议授权的其他符合条件的非政府组织开展协商与合作。"由11名专家组成的科技咨询机构在2010年、2011年、2012年召开了三次科技咨询大会,在协助缔约国解决《水下公约》及附件《针对水下文化遗产之行动规则》涉及的科学和技术问题、推广水下文化遗产保护的最佳做法、加强非政府合作方面做了很大贡献。

科技咨询机构通过与经缔约国会议认可的非政府组织合作，向缔约国提供技术培训。对非政府组织的认可需要遵守该公约附件《针对水下文化遗产之行动规则》第5章的认证标准、认证方式与审查、认证程序。据此，2011年4月举行的第三届缔约国会议暂时性地认可了10个科技咨询机构合作的非政府组织[17]，包括水下考古咨询理事会（ACUA）、澳大利亚海洋考古研究所（AIMA）、德国水下考古促进会（DEGUWA）、航海考古研究所（INA）、联合航海考古政策委员会（JNAPC）、航海考古学会（NAS）、历史考古学会（SHA）、国际遗产活动中心（CIE）、ARKAEOS咨询公司[18]、海洋考古研究发展协会（ADRAMAR）等。此外，国际古迹遗址理事会保护水下文化遗产国际委员会（ICUCH）已经列入科技咨询机构章程第1(e)条，因此无须申请认证。

推广水下考古领域的最佳实践也是科技咨询机构的重要任务。科技咨询机构推广了一个水下文化遗产管理项目（Managing Cultural Heritage Underwater，简称MACHU Project），该项目免费为专业人士提供世界水下文化遗产地理信息系统，该系统还为公众提供介绍水下文化遗产历史背景资料的科普网站界面[19]。在第三

---

17 UNESCO, Third Section of Meeting of States Parties to the Convention on the Protection of the Underwater Cultural Heritage, UCH/11/3.MSP/220/INF5, Paris, 2010.

18 ARKAEOS是一家私人艺术咨询公司，重点关注古物、战后和当代艺术。参见：https://www.arkaeos.com/about，2022年3月25日访问。

19 MACHU Database, available at: http://www.machuproject.eu/; https://shiplib.

次科技咨询大会上，科技咨询机构还进一步讨论了水下考古与教育工作、潜水科考许可的协调，以及如何建立全球水下遗产数据库等问题。

此外，科技咨询机构还为各国水下文化遗产保护提供必要的咨询。[20]例如，委员会在第一次科技咨询大会中讨论了小岛屿国家修订国家立法的重要性，以及支持缔约国对偶然影响水下文化遗产的活动，如拖网捕鱼、港口工程、采矿和疏浚河道，进行行政干预的问题。在第二次科技咨询大会上，科技咨询机构分析了影响水下文化遗产保存的主要因素及其补救措施，以及当前世界水下考古的现状。此外，科技咨询机构对"二战"中遇难船只的养护也十分关注。

（二）成立区域水下文化遗产保护中心

2010年成立的克罗地亚扎达尔水下考古国际中心是UNESCO推进水下遗产保护的一项重要举措，是教科文组织资助的国际上第一个水下文化遗产保护二类中心[21]。克罗地亚是第一批批准2001年《水下公约》的国家，其水下考古在过去几年取得了长足的进步。克罗地亚扎达尔水下考古国际中心以促进欧洲和地中海地区水下文化遗产保护能力建设，为该地区水下遗产保护提供技术支持、培

---

org/index.php/collections/machu/, accessed 2022-03-25.

20　科技咨询机构参与咨询的详情，参见联合国教科文组织网站：https://en.unesco.org/previous-meetings，2022年3月25日访问。

21　"二类中心"（category II）是教科文组织为实现其区域战略目标，在地区设立、由地区成员国资助的文化、科学、教育等领域地方合作组织。目前世界范围内共有40多个二类机构，如北京的UNESCO国际农村教育研究与培训中心。

训、研究、合作等为目的,组织地区有关信息交流与知识共享。该中心遵守《水下公约》及其附件规定的基本原则,建立了一个高质量的勘查、研究和保护水下考古遗址的体系。中心开展了该区域内许多有关水下文化遗产保护的重大培训活动,实施了许多水下文化遗产保护、修复相关研究项目。中心的成立有利于欧洲和地中海地区的国家,特别是意大利、斯洛文尼亚、法国、德国等与亚得里亚海接壤的国家建立有效的水下文化遗产保护合作。

(三)建立水下遗产保护国际标准体系

1.《水下公约》附件《针对水下文化遗产之行动规则》及其《水下文化遗产行动手册》

无规矩不成方圆。水下文化遗产保护属于新型学科,水下考古、考古项目管理、出水文物保护、水下文物管理等工作都需要建立国际标准。《水下公约》附件《针对水下文化遗产之行动规则》(Rules Concerning Activities Directed at Underwater Cultural Heritage)为国际社会确立了考古工作的实践标准和道德指示;为考古项目的准备工作、专业参与人员所具备的水平和资历,以及所从事工作的资金和文献提供了参考标准。

根据 2009 年 3 月第一届缔约国会议第 7/MSP 1 决议要求,该公约秘书处与缔约国协商编制一份针对公约附件《针对水下文化遗产之行动规则》的《水下文化遗产行动手册》(Operational Guidelines for the Convention on the Protection of the Underwater Cultural Heritage, 2015 年以后正式中文译名定为《保护水下文化遗产公约操作指南》，简称《操作指南》）。该《操作指南》不是《水下公约》的后续协定，也不改写、修正或解释公约，仅旨在通过提供切实指导来促进公约实施。[22]2009 年，秘书处向缔约国及科技咨询机构发放调查问卷，就纳入该行动手册的内容提供意见。第二届缔约国大会成立了专门审议《针对水下文化遗产之行动规则》的工作组[23]，旨在对《操作指南》的内容进行修改和完善。

  2015 年的缔约国会议上通过的最新《操作指南》得到了公约科技咨询机构成员的全面支持。最新版《操作指南》共 7 章，是对《水下公约》及其附件的解读，更是各国适用公约的实际指导。第 1 章"导言"是对公约内容的说明。第 2 章"国家合作"阐释国家合作机制，如报告、通知和意愿声明；"协调国"的遴选、水下遗产业务保护等。第 3 章"执行保护"涉及最佳实践活动、信息共享等。第 4 章"筹资"涉及水下遗产保护的资金支持，如公约建立水下遗产基金，对特殊情况提供财务援助以及为执行国家合作机制筹措资金等。第 5 章"合作伙伴"旨在建立水下文化遗产保护的国家间合作，或与相关领域的国际非政府组织合作。第 6 章"对非政府组织的认可"涉及缔约国大会对非政府组织参与科技咨询机构工作的认证。第 7 章"《公约》的徽标"规定水下文化遗产保护的公共宣传中使用徽标事宜。附件则是各国有关水下文化遗产保护情况的"通

---

  [22] 根据 1969 年《维也纳条约法公约》中规定的解释通则，《水下公约》效力优先于《保护水下文化遗产公约操作指南》，如有争议，优先采用公约内容予以解释。

  [23] 工作小组由保加利亚、柬埔寨、克罗地亚、厄瓜多尔、格林纳达、伊朗、黎巴嫩、墨西哥、葡萄牙、罗马尼亚、圣卢西亚、西班牙和乌克兰等国组成。

知、报告和意愿声明表格"。

2.《潜水者道德准则》

针对1500万水肺潜水者无意间或无经验破坏水下文化遗产的情况，2011年《水下公约》第三届缔约国会议通过了《潜水者道德准则》（Code of Ethics for Divers）。该准则共15条，包括"不触碰遗址""遵守当地保护考古遗址的法律""不带走遗址文物""遵守遗址保护措施""发现并报告水下文物""不买卖水下文化遗产"等内容，鼓励潜水者支持《水下公约》。

（四）推动水下文化遗产"最佳实践范例"制度的实施

"最佳实践范例"（best practice）制度根据《水下公约》第20条[24]设立，旨在践行水下文化遗产保护精神，提升公众对水下遗产的认识、欣赏和保护，更好地保护水下遗产。"最佳实践范例"由公约各缔约国提供其本国水下文化遗产保护实践中的最佳做法，经前述科技咨询机构审查评估后，提交缔约国会议批准，纳入《最佳实践名录》。

根据UNESCO的要求，"最佳实践范例"须满足以下标准：第一，参与评估的水下文化遗产应符合《水下公约》第1条中有关水下文化遗产的定义，或虽存在不足100年，但根据提请审议的缔约国有关法律被界定为水下文化遗产；第二，该水下文化遗产在实践及法律层面，尤其是在实施法律保护层面都得到了良好保护；第三，

---

[24] 该条规定："缔约国应采取一切可行的措施，提高公众对水下文化遗产的价值与意义，以及依照本公约保护水下文化遗产之重要性的认识。"

有对于遗产的非破坏、友好的参访方式；第四，有完整体系确保该水下文化遗产的可持续性管理；第五，在该水下文化遗产的公众宣传和接近方面做了特殊而杰出的努力。除此之外，在认定"最佳实践范例"的过程中，在水下文化遗产的推广及应用等方面与所涉地方、国家以及国际层级的利益相关者合作也是不可少的审查评估条件。"最佳实践范例"还应着眼于根据公约和有关法律支持科学研究，并促进该领域能力建设，以妥善恰当保护水下文化遗产。值得注意的是，"最佳实践范例"受到动态监督：被指定为"最佳实践范例"并不意味着其永远被纳入《最佳实践名录》，而是自列入起存在四年有效期，有效期届满后需要重新通过评选程序再次获得认定。在上述标准指导下，2015年召开的《水下公约》第五届缔约国会议最终确定了"最佳实践范例"评选机制。截至2021年，已有12例水下文化遗产保护案例被认定为"最佳实践"。[25]

25　参见联合国教科文组织网站：http://www.unesco.org/new/en/culture/themes/underwater-cultural-heritage/underwater-cultural-heritage/best-practices-of-underwater-cultural-heritage/，2022年3月25日访问。

文化多样性和非物质文化遗产的国际法保护

胡姗辰

21世纪以来,联合国教科文组织(简称UNESCO)先后出台2003年《保护非物质文化遗产公约》和2005年《保护和促进文化表现形式多样性公约》,是UNESCO在《保护世界文化和自然遗产公约》(简称《世界遗产公约》)实践获得成功之后,对如何通过国际协作共同保护非物质形态、更广泛意义上的全人类共同文化遗产的探索。这两个公约的出台及其日益扩大的影响力,也反映了国际社会对全人类共同文化遗产以及文化多样性保护的热切关注。

一、知识产权制度保护传统知识和传统文化表现形式的局限性

世界知识产权组织(World Intellectual Property Organization,

WIPO）早在20世纪60年代就关注到民间传统文化艺术的保护问题，并逐步探索发展了一套对"传统知识"（traditional knowledge, TK）和"传统文化表现形式"（traditional cultural expressions, TCEs）加以保护的法律制度。

1967年修订的《保护文学和艺术作品伯尔尼公约》规定，对作者的身份不明但有充分理由推定该作者是某一成员国国民的未出版的作品，该国法律得指定主管当局代表该作者并有权维护和行使作者在本同盟成员国内之权利［第15（4）条］[1]，为传统文化表现形式的知识产权保护提供了最初的国际法框架。此后，WIPO在1976年《发展中国家突尼斯版权示范法》、1996年《表演与录音制品条约》（Performances and Phonograms Treaty，WPPT）、1999年《关于建立非洲知识产权组织及修订〈建立非洲-马尔加什工业产权局协定〉的班吉协定》（简称《班吉协定》）中对民间文学艺术作品的版权、邻接权的行使加以特别规定。WIPO还在2004年出台一份专门文件，提出将与传统文化表现形式相关的专利文件纳入可搜索的现有技术的范围，从而降低现有传统文化被授予专利权的可能性。[2]2000年，WIPO知识产权与遗传资源、传统知识和民间文化政府间委员会（WIPO Intergovernmental Committee on

---

[1]《保护文学和艺术作品伯尔尼公约》，参见中国保护知识产权网：http://ipr.mofcom.gov.cn/zhuanti/law/conventions/wipo/1/Berne_Convention.html，2022年1月24日访问。

[2] Traditional Cultural Expression: Defensive Protection Measures Related to the Industrial Property Classification Tools, WIPO/GRTKF/IC/6/3 Add, March 1, 2004. 转引自王云霞主编：《文化遗产法学：框架与使命》，中国环境出版社2013年版，第319页。

Intellectual Property and Genetic Resources, Traditional Knowledge and Folklore, WIPO IGC)成立。该委员会在广泛借鉴社区、国家和区域经验,并与成员国、土著人民及其传统和文化社区、民间社会组织代表加以协商的基础上,于2004年制定了《保护传统知识和传统文化表现形式以及知识产权和遗传资源的条款草案》,其核心理念在于传统知识和传统文化表现形式的保护,须依靠经改进的知识产权制度、反不正当竞争制度和合同法、侵权法、文化遗产法甚至习惯法等各种法律调整机制的相互配合,其国际标准应具有一定灵活性,以不同国家的法律机制为主。[3]

然而,很多不足以构成"作品"或者早已进入"公共领域"的传统文化表现形式,仍无法适用传统知识产权制度加以保护。为此,WIPO也努力探索针对此类传统文化保护的特别权利制度。1982年,UNESCO和WIPO共同颁布《保护民间文学艺术表现形式免受非法利用和其他损害行为的国家示范条款》(简称《示范条款》),为传统文化提供了一种"特殊权利"保护模式:保护对象方面,《示范条款》采用了范围更加广泛的"民间文学艺术表现形式"(expressions of folklore),包括口头表达、音乐表达、动作表达和有形表达,是由一国某社群或能够体现该社群传统艺术诉求的个人所发展和保持的,构成该国传统艺术遗产特征性要素的成果(第

---

[3] Draft Provisions/Articles for the Protection of Traditional Knowledge and Traditional Cultural Expressions, and IP & Genetic Resources, available at: https://www.wipo.int/tk/en/igc/draft_provisions.html, accessed 2022-01-26.

2条),突破了著作权法上"作品"的范畴;规定凡以营利为目的且在传统方式之外使用民间文学艺术表现形式的,须经相关社区主管机关授权同意(第3—4条);有关民间文学艺术表现形式的任何公开传播,必须以恰当方式标明其来源,提及其起源社区和(或)其地理位置(第5条)。[4]2002年,WIPO又与太平洋岛屿论坛秘书处(the Pacific Islands Forum Secretariat)合作制定了《太平洋地区保护传统知识和传统文化表现形式示范法》(Model Laws to Protect Traditional Knowledge and the Expressions of Culture)。该示范法界定了传统知识或者传统文化所有者的含义,即"一个群体、氏族或社区,或者被群体、氏族或社区承认的个人,根据习惯法和该群体、氏族或社区的实践,委托其保管或保护其传统知识或文化表现形式";并规定其所享有的权利分为两类,一类是精神性权利,包括对传统知识和传统文化的归属权,以及反对虚假归属和贬损其内涵的权利,另一类是传统文化权利,指在非习惯性使用范围内商业性和非商业性使用该传统知识或传统文化表现形式的排他性权利,包括复制、出版、表演、在线提供和创作衍生作品等权利。[5]特殊权利保护模式为一些国家提供了新的立法途径,但目前对发展中国家

---

[4] Model Provisions for National Laws on the Protection of Expressions of Folklore Against Illicit Exploitation and other Forms of Prejudicial Action, available at: https://wipolex.wipo.int/en/text/186459, accessed 2022-01-24.

[5] Pacific Regional Framework for the Protection of Traditional Knowledge and Expression of Culture, available at: https://cyber.harvard.edu/copyrightforlibrarians/Module_8:_Traditional_Knowledge#Pacific_Regional_Framework_for_the_Protection_of_Traditional_Knowledge_and_Expression_of_Culture, accessed 2022-01-26.

立法的影响仍非常有限。[6]

然而，WIPO 对知识产权制度的改进以及创设的特别权利制度，从本质上看，都是通过确认和保障非物质形态的传统知识保有者和传统文化传承者的正当民事权益，包括人身权利和财产权利的方式，防止这些非物质形态的文化财富被滥用，并以此激励其保有主体传承和利用这些文化财富的积极性。换言之，WIPO 的知识产权制度体系并未针对传统知识和传统文化表现形式的保护利用本身规定直接的干预和保障措施，其能否得到妥善保护和传承，仍有赖于其保有或传承主体的态度和行动。然而，实践中，这些非物质形式的传统文化保护和传承所面临的诸如传承主体后继无人、保护和传承条件和环境被破坏、开发利用过程中文化内涵被曲解等困难和问题，远非知识产权制度体系足以解决，而需要更加直接的公法层面的干预。简而言之，WIPO 的知识产权制度体系在传统文化保护中存在固有的局限性。

二、《保护非物质文化遗产公约》的制定及其实施机制

知识产权领域对无形的民间文学艺术和传统文化的关注推动了"非物质文化遗产"概念的形成。世界遗产保护的有益经验，以及 WIPO 制度框架下各种措施的局限性，也促使 UNESCO 考虑通

---

[6] Mrs. P. V. Valsala G. Kutty, National Experiences With the Protection of Expressions of Folklore / Traditional Cultural Expressions: India, Indonesia, Philippines. 转引自黄玉烨：《民间文学艺术的法律保护》，知识产权出版社 2008 年版，第 95—96 页。

过制定专门公约的方式，加强此类文化遗产保护中的国际合作。

（一）"非物质文化遗产"概念的提出及其最初保护实践

1982年墨西哥城的世界文化政策会议正式使用了"非物质遗产"（intangible heritage）一词。会议注意到1972年《世界遗产公约》为国际社会建立一种共同开展全人类重要文化遗产保护的稳定合作机制提供了有益经验，但未将非物质形式的传统文化纳入其保护对象。大会通过的《墨西哥城文化政策宣言》提出文化遗产包括有形和无形的作品，呼吁会员国和国际组织扩大其遗产保护政策，以涵盖整个文化传统，不仅限于其艺术遗产，还包括民间艺术和民俗，口头传统和文化习俗。[7]

自此，非物质形态的文化遗产，特别是与文化认同和生活方式密切相关的口头传统的保护日渐受到UNESCO的关注。1989年，UNESCO第二十五届大会通过了《保护传统文化和民间文学艺术建议书》，成为第一个旨在保护非物质文化遗产的法律文书。为推广该建议书，UNESCO实施了"活态人类珍宝系统"（Living Human Treasure system）项目[8]，有效增强了公众对非物质文化遗产的认识。此外，UNESCO在20世纪90年代还开展了一系列保护

---

[7] 1982: Mondiacult (Mexico), available at: https://ich.unesco.org/en/1982-2000-00309, accessed 2020-05-13.

[8] "活态人类珍宝系统"项目于1993年设立，2003年《保护非物质文化遗产公约》生效时终止。该项目旨在鼓励教科文组织成员国对有才华的传统文化传承者和从业者给予官方认可，从而帮助他们将自己的知识和技能传授给年轻一代。Living Human Treasures: a Former Programme of UNESCO, available at : https://ich.unesco.org/en/living-human-treasures, accessed 2022-01-27.

口头传统并促进其传承的专题活动。

  1991年UNESCO第二十六届大会通过一项决议，要求总干事与联合国秘书长共同设立世界文化发展委员会，负责起草一份"文化与发展"报告并提出相关建议。该委员会于1996年起草了题为《我们的创造多样性》的报告，再次指出《世界遗产公约》的适用范围存在局限性，非物质遗存，例如地名或当地传统，也是文化遗产的一部分；知识产权制度在处理活态创造性传统时也存在适用局限；该报告还讨论了在调查和决定哪些文化遗产可能和应该被保存时存在的难题。[9]次年，UNESCO总干事提出两项平行行动：宣布启动"人类口头和非物质遗产代表作计划"，并对发展一种保护传统文化和民间文学艺术的标准化机制的可行性开展研究。

  1997年6月，UNESCO文化遗产司在摩洛哥马拉喀什组织了一次关于保护民间文化场所的国际磋商会，参与磋商的专家们决定建议UNESCO设立一项国际荣誉，以引起人们对这种遗产形式的杰出范例的关注。同年，UNESCO第二十九届大会决议宣布各种文化表现场所或形式为"人类口头遗产"的组成部分，由总干事拟定并向执行局提交有关《人类口头文化遗产名录》及此类场所的遴选办法和标准，以及国际社会及公共文化艺术事业者为此类遗产保护应采取的措施和行动等问题的建议。[10]UNESCO执行局在1998

---

  9 1996: Report "Our Creative Diversity", available at: https://ich.unesco.org/en/1982-2000-00309, accessed 2020-05-13.

  10 Records of the General Conference, 29th session, Paris, 21 October to 12 November 1997, v. 1: Resolutions (chi), pp.64-65, available at: https://unesdoc.unesco.org/ark:/48223/pf0000110220_chi, accessed 2022-01-27.

年 11 月的第 155 届会议上通过了总干事提交的报告以及作为附件的《UNESCO 宣布人类口头和非物质文化遗产代表作条例》。该《条例》明确规定，UNESCO 宣布人类口头和非物质文化遗产代表作，并鼓励各国政府、非政府组织和地方社区开展鉴别、保护和利用其口头和非物质文化遗产的活动。该《条例》对"文化场所""口头和非物质文化遗产"等概念进行了定义，明确了 UNESCO 在遴选和保护《人类口头和非物质文化遗产代表作名录》中的口头和非物质文化遗产方面应承担的责任，以及评估和列入该名录的具体程序和标准等等[11]，掀起了一场保护非物质文化遗产的世界性运动。2001、2003 和 2005 三年，90 余个项目被宣布为人类口头和非物质文化遗产代表作。[12]《保护非物质文化遗产公约》于 2006 年生效后，依据公约第 31 条，UNESCO 不再宣布新的"人类口头和非物质文化遗产代表作"；已宣布为"人类口头和非物质文化遗产代表作"的遗产，均被纳入《人类非物质文化遗产代表作名录》。

（二）《保护非物质文化遗产公约》的制定

20 世纪 90 年代末，UNESCO 在华盛顿召开"1989 年关于保护传统文化和民俗的建议的全球评估：地方赋权与国际合作"的会

---

[11] Decisions adopted by the Executive Board at its 155th session, Paris, 19 October to 5 November 1998; Tashkent, 6 November 1998 (chi), pp.9-15, available at: https://unesdoc.unesco.org/ark:/48223/pf0000114238_chi, accessed 2022-01-27.

[12] 1997: Proclamation of Masterpieces and launching of studies on a standard-setting instrument, available at: https://ich.unesco.org/en/1982-2000-00309, accessed 2022-01-27.

议，提出在非物质文化遗产领域需要有法律约束力的文件。会议还建议新的法律规范机制保留"非物质文化遗产"一词。[13] 应会员国的要求，UNESCO总干事于2001年提交了关于通过一项新的规范化机制对传统文化和民间文学艺术保护进行国际层面规范的可行性研究报告。报告依据华盛顿会议建议使用"非物质文化遗产"代替了"民俗"，并第一次对此概念进行界定；还基于现有国际法未特别关注非物质文化遗产保护的事实，建议制定一项新的规范性文件，并提出拟制定的法律文件应坚持的四项基本原则，包括：(1) 创造和维护非物质文化遗产社区代表的创造性和活跃性；(2) 确保能够复现非物质文化遗产创造、实践和传播所涉意义、有利条件和技能；(3) 促进、鼓励和保护社区通过制定自己的管理和维持方法来持续实践其非物质文化遗产的权利和能力；(4) 保障文化认同和公平交流。[14]

2001年11月2日，UNESCO第三十一届大会通过了《世界文化多样性宣言》，其第7条指出，所有形式的遗产都必须作为人类经验和愿望的记录予以保存、加强并传递给后代，为制定保护非物质文化遗产的规范性文书奠定了基础。在该宣言所附的行动计划中，成员国决定制定政策和战略加强包括口头遗产在内的非物质文化遗产的保护。有鉴于此，大会正式决定：在非物质文化遗产领域努力制定一项新的国际规范性文书，最好是一项公约。

13　2000 onwards and the drafting of the Convention, available at: https://ich.unesco.org/en/2000-onwards-00310, accessed 2020-05-13.

14　同上。

2002年9月，UNESCO在土耳其伊斯坦布尔召开了主题为"非物质文化遗产：文化多样性的镜子"的第三届文化部长圆桌会议，通过了《伊斯坦布尔宣言》。该宣言分析了非物质文化遗产的重要价值及其保护、传承与发展在当代面临的诸多困境，指出非物质文化遗产保护和传承本质上是基于参与该遗产行为者的意愿和有效干预。为了确保这一进程的可持续性，政府有责任采取措施促进所有利益相关者的民主参与，使得非物质文化遗产得到表达和传播。与会代表提出应充分考虑非物质文化遗产范畴的复杂性，与相关国际组织密切合作制定适当的国际公约。[15] 同月，有关《保护非物质文化遗产公约（草案）》初稿的第一届政府间专家会议在巴黎召开。会议参考UNESCO在文化和自然遗产保护领域出台的具有影响力的国际公约和积累的经验，以自身在保护和促进无形的民俗传统方面已采取的一系列措施为基础，尤其考虑到《人类口头和非物质文化遗产代表作名录》所产生的广泛影响，决定创建一个由各国提名组成、旨在确保非物质文化遗产的知名度、促进文化多样性的非物质文化遗产国际名录。此外，专家们讨论并就非物质文化遗产的定义达成共识。[16] 随后进行的几次公约起草政府间会议，就成员国发挥作用以及国际合作与团结原则的重要性、建立灵活有效的保障机制、政府间委员会建立和保护非物质文化遗产基金等主要议题

15　Istanbul Declaration, Third Round Table of Ministers of Culture "Intangible cultural heritage – a mirror of cultural diversity" Istanbul, 16-17 September 2002, available at: https://unesdoc.unesco.org/ark:/48223/pf0000127652, accessed 2022-01-28.

16　2000 onwards and the drafting of the Convention, available at: https://ich.unesco.org/en/2000-onwards-00310, accessed 2022-01-28.

进行了探讨[17],讨论重点围绕非物质文化遗产的一般保护方法和保护机制展开,具体涵盖"保护"的内涵、促进公众接近和享用非物质文化遗产的措施、非物质文化遗产"振兴"的概念及其重要性、文化遗产有形要素与无形要素的关系、非物质文化遗产保护与尊重人权的关系等。[18]有关"社区参与"的讨论是贯穿《保护非物质文化遗产公约》起草和制定全过程的重要问题。[19]

2003年10月17日,《保护非物质文化遗产公约》(简称《非遗公约》)在UNESCO第三十二届大会上以120票赞成、8票弃权、0票反对获得一致通过。

(三)《非遗公约》的主要内容及其实施机制

《非遗公约》共九章,40条,体例结构与《世界遗产公约》类似。为其更好地实施,该公约建立了缔约国大会作为公约的最高权力机关(第4条),并建立政府间保护非物质文化遗产委员会(以下简称"政府间委员会")(第5条)作为落实公约规定和缔约国大会重要决议的执行机构。政府间委员会制定并提请缔约国大会审议通过了一系列具体规则,包含《实施〈保护非物质文化遗产公约〉业务指南》《缔约国大会议事规则》《保护非物质文化遗产政府间委员

---

17 2000 onwards and the drafting of the Convention, available at: https://ich.unesco.org/en/2000-onwards-00310, accessed 2022-01-28.

18 参见〔英〕珍妮特·布莱克:《国际文化遗产法》,程乐、袁誉畅、谢菲、梁雪译,中国民主法制出版社2021年版,第161—162页。

19 参见〔日〕爱川纪子:《联合国教科文组织〈保护非物质文化遗产公约〉的成型——一场关于"社区参与"的叙事与观察》,高舒译,载《中国非物质文化遗产》2020年第1、2期。

会议事规则》《保护非物质文化遗产基金特别账户财务条例》《保护非物质文化遗产的伦理原则》以及《紧急情况下保护非物质文化遗产的运作原则和模式》等。[20]

1. 保护对象和适用范围界定

《非遗公约》采取"概括定义+具体列举"的方式，对其保护对象"非物质文化遗产"进行了界定。公约所述非物质文化遗产指"被各社区、群体，有时是个人，视为其文化遗产组成部分的各种社会实践、观念表述、表现形式、知识、技能以及相关的工具、实物、手工艺品和文化场所"，具体包括：(1)口头传统和表现形式，包括作为非物质文化遗产媒介的语言；(2)表演艺术；(3)社会实践、仪式、节庆活动；(4)有关自然界和宇宙的知识和实践；(5)传统手工艺(第2条)。与世界遗产具有"突出普遍价值"不同，《非遗公约》强调非物质文化遗产对于创造、传播和再创造它的社区的认同感和连续性的重要性以及对文化遗产表现形式和传统的平等承认[21]，但局限于符合现有的国际人权文件，各社区、群体和个人之间相互尊重的需要和可持续发展的非物质文化遗产。

为明确其适用范围，《非遗公约》对"保护"一词也进行了定义，明确提出"保护"指采取措施确保非物质文化遗产的生命力，具体措施包括此类遗产各方面的确认、立档、研究、保存、保护、宣

20　Basic Texts of the 2005 Convention on the Protection and Promotion of the Diversity of Cultural Expressions, 2019 edition (chi), available at : https://unesdoc.unesco.org/ark:/48223/pf0000370521_chi, accessed 2022-02-03.

21　2000 onwards and the drafting of the Convention, available at: https://ich.unesco.org/en/2000-onwards-00310, accessed 2022-01-28.

传、弘扬、承传(主要通过正式和非正式教育)和振兴(第2条第3款)。

2. 保护名录制度

《非遗公约》参照《世界遗产公约》相关保护机制,建立了《人类非物质文化遗产代表作名录》(第16条)和《急需保护的非物质文化遗产名录》(第17条)制度。

《人类非物质文化遗产代表作名录》根据有关缔约国的提名,由政府间委员会经缔约国大会批准建立和公布。《实施〈保护非物质文化遗产公约〉业务指南》(简称《业务指南》)规定了该名录的列入标准,包括:(1)符合公约定义;(2)列入该名录有助于确保非物质文化遗产的公众接近程度、提高对其重要意义的认识,促进对话,从而体现世界文化多样性,并有助于见证人类的创造力;(3)对该非物质文化遗产的保护措施可起到保护和推广作用;(4)该申报得到相关社区、群体或有关个人尽可能广泛的参与,尊重其意愿,且经其事先知情并同意(I.2,para.2[R1-R4])[22]。根据《非遗公约》第31条规定,公约生效前宣布为"人类口头和非物质文化遗产代表作"的遗产直接纳入《人类非物质文化遗产代表作名录》。《业务指南》也对该类项目纳入程序,特别是与遗产所属国沟通和请求其授权的程序进行了规定(I.16, paras.57-65)。此外,《业务指南》将公约要求缔约国根据国情拟定并定期更新的非物质文化遗产名录(第12条)作为该国提名"人类非物质文化遗产代表作"项目的前

---

[22] 对《实施〈保护非物质文化遗产公约〉业务指南》的援引,遵循该《业务指南》自身的标号。

提条件(I.2，para.2[R5])。

《急需保护的非物质文化遗产名录》也由政府间委员会建立；其中的非物质文化遗产项目一般也由缔约国在其已建立的境内某一非物质文化遗产清单中提名申报(第17条第1段)，由委员会依照如下标准审核：(1)符合公约定义；(2)尽管相关社区、群体，或有关个人和缔约国做出了努力，但该遗产项目的存续力仍然受到威胁；或者该遗产项目面临严重威胁，若不立即保护，将难以为继，急需保护；(3)制订保护计划使相关社区、群体或有关个人能够继续实践和传承该遗产项目；(4)该申报得到相关社区、群体或有关个人尽可能广泛的参与，尊重其意愿，并经其事先知情同意(I.1，para.1[U2-U4])。在极为紧急的情况下，委员会也可与有关缔约国协商将有关的遗产列入该名录(第17条第3段)。与《濒危世界遗产名录》不同，《急需保护的非物质文化遗产名录》并非从《人类非物质文化遗产代表作名录》中产生，二者是相互独立的，一个遗产项目不可同时列入这两个名录(I.11, para.38)。

以上两个名录都是动态更新的。缔约国的请求，经相关社区、群体和有关个人同意，可将已列入上述两个名录之一的非物质文化遗产项目扩展至国内和/或国外的其他社区、群体和有关个人，或在国家和/或国际层面对该项目进行缩减(I.6, paras.16-17)。缔约国还可在证明符合相应列入标准的情况下，申请将一个遗产项目从一个名录转入另一名录；政府间委员会经评估其保护计划执行情况确认某一遗产项目不再符合所在名录列入标准的，应将该遗产项目从相应名录中除名(I.11, paras.38-40)。

3. 缔约国责任

《非遗公约》要求各缔约国采取必要措施确保其领土上的非物质文化遗产受到保护（第 11 条）。具体而言，包括：根据国情拟定并定期更新一份或数份非物质文化遗产清单（第 12 条第 1 段）；指定或建立各类非物质文化遗产主管或保护管理机构；鼓励开展相关科学、技术和艺术研究；采取适当的法律、技术、行政和财政措施促进非物质文化遗产传承表现场所和保护机构的建立并加强其专业性和持续性，确保有关主体和公众对非物质文化遗产的享用，同时对享用这种遗产的特殊方面的习俗做法予以尊重；等等（第 13 条）。在非物质文化遗产宣传和教育方面，缔约国也应向公众，尤其是向青年开展宣传和传播信息的教育计划，发展针对有关群体和团体的具体教育和培训项目，并采取非正式的知识传播手段不断向公众宣传非物质文化遗产受到的威胁以及根据本公约开展的应对措施，使非物质文化遗产在全社会得到确认、尊重和弘扬（第 14 条）。

为提升该公约在国家层面的实施效果，通过非物质文化遗产保护推进可持续发展，《业务指南》还专章就此问题进行了详细规定（VI.1-4, paras.170-197），呼吁缔约国承认非物质文化遗产在城乡环境中的动态性质，意识到非物质文化遗产保护与可持续发展之间相互依存的关系，在其各项保护措施中努力保持可持续发展三个方面（经济、社会和环境）的平衡，并保持它们与和平与安全之间相互依存的关系（VI.1, para.170）。

4. 公众参与制度

《非遗公约》十分重视公众参与，是"国际上第一个高度承认

'社区参与'必要性的文化遗产条约"[23]。公约要求缔约国在确认和确定其领土上的各种非物质文化遗产以及开展相关活动时,由相关各群体、团体和有关非政府组织参与(第 12 条第 2 款);特别是确保创造、延续和传承这种遗产的群体、团体,有时是个人的最大限度的参与,并吸收他们积极地参与管理(第 15 条)。为此,《业务指南》不仅将遗产社区、团体和个人的知情同意和广泛参与作为申报和评估某项非物质文化遗产是否列入前述两个名录的重要条件,并且在第三章就不同主体参与做出具体规定,明确了相关社区、群体和有关个人,以及专家、专业中心和研究机构在非物质文化遗产认定、调查和保护中的参与权和参与方式(III.1, paras.79-89),并就相关非政府组织参与非物质文化遗产保护及其自身建设和认定等作出规定(III.2, paras.90-99)。

5. 定期报告制度

根据《非遗公约》,缔约国还应按照政府间委员会确定的方式和周期,向其报告本国为实施公约而通过的法律、规章条例或采取的其他措施的情况(第 29 条)。《业务指南》亦通过专章细化缔约国向政府间委员会报告的内容、要求与程序,要求缔约国按区域轮换等方式,每六年向政府间委员会提交定期报告(V.104, paras.151-169)。

---

[23] 〔日〕爱川纪子:《联合国教科文组织〈保护非物质文化遗产公约〉的成型——一场关于"社区参与"的叙事与观察》(上),高舒译,载《中国非物质文化遗产》2020 年第 1 期,第 25 页。

6. 国际合作与国际援助

《非遗公约》还就国际合作的方式和基本原则，以及国际援助的范围形式、条件（第22条）和申请程序（第23条）及受援助缔约国的义务（第24条）等进行了规定。

《非遗公约》规定，非物质文化遗产保护领域的国际合作主要通过交流信息和经验，采取共同的行动，以及建立面向缔约国的援助机制等方式进行。缔约国应在不违背国家法律规定及其习惯法和习俗的情况下，承认保护非物质文化遗产符合人类的整体利益（第19条）。

列入《急需保护的非物质文化遗产名录》的遗产的保护、国家级保护名录的编制、保护非物质文化遗产的项目活动以及委员会认为必要的其他情况，都属于可依据公约申请国际援助的范畴（第20条）。国际援助主要通过协助开展相关研究、提供专家和专业人员、培训各类所需人员、制订准则性措施或其他措施、协助开展基础设施建设和营运、提供设备和技能，以及在必要时提供低息贷款和捐助等财政援助的形式进行（第21条）。《业务指南》也就国际援助的申请、资格和评审标准（I.4, paras.8-12）以及程序（I.14, paras.47-53）进行了规定。

7. 保护非物质文化遗产基金

《非遗公约》设立了保护非物质文化遗产基金，主要用于开展前述国际援助事宜。公约文本规定了该基金的性质和资金来源（第25条）、缔约国对基金的纳款义务（第26条）、基金的自愿补充捐款（第27条）和国际筹资运动（第28条）等。《业务指南》也设专章对资金资源的使用方针（II.1, paras.66-67）、增资办法（II.2, paras.68-78）进行了细化。基金的使用和管理还应依据《保护非物质文化遗产基金特别账户财务条例》进行。

8. 其他实施文件

2015 年，《非遗公约》政府间委员会第十届会议批准了《保护非物质文化遗产的伦理原则》，作为《非遗公约》及其《业务指南》和国家立法框架的补充。该《伦理原则》共 12 条，主要分为两个方面：一方面为尊重和保障非物质文化遗产保护、传承、传播相关主体的基本人权和其他正当权益，肯定了社区、群体和有关个人保护、实践和传承非物质文化遗产的权利（第 2、4、5、7、11 条）；另一方面是非物质文化遗产保护本身应遵循的基本理念，如发挥社区、其传承群体和有关个人的首要作用（第 1 条），尊重非物质文化遗产的活态性（第 8 条）等。[24]

2020 年，政府间委员会又补充拟定了《紧急情况下保护非物质文化遗产的运作原则和模式》。其核心理念在于：非物质文化遗产具有动态性和适应性，在其保护或利用中都应予以考虑和尊重。在保护受影响的非物质文化遗产和支持有关社区利用这一遗产进行应急准备和响应方面，参与应急管理的国家和国际利益攸关方均可发挥重要作用。[25]

24　Ethics and Intangible Cultural Heritage, available at: https://ich.unesco.org/en/ethics-and-ich-00866, accessed 2022-01-29.

25　《紧急情况下保护非物质文化遗产的运作原则和模式》，UNESCO《2003 年〈保护非物质文化遗产公约〉基本文件》，参见：https://ich.unesco.org/doc/src/2003_Convention_Basic_Texts-_2020_version-ZHO.pdf, 2022 年 1 月 30 日访问。

三、《保护和促进文化表现形式多样性公约》的制定与实施机制

文化多样性早在1945年《联合国教科文组织组织法》中就被提及[26],已成为国际法发展的一个重要价值目标。[27]《保护和促进文化表现形式多样性公约》(简称《文化多样性公约》)虽非严格意义上保护文化遗产的国际公约,但对于加强和完善文化遗产保护领域的国际法机制,特别是当代市场化背景下非物质文化遗产的保护利用,也具有重要意义。

(一)《文化多样性公约》的制定背景和过程

《文化多样性公约》是联合国教科文组织面对WTO自由贸易制度发展和经济全球化浪潮导致的当代文化和精神生活的趋同给文化多样性保护带来的不利影响,作出的积极回应。1995年,由时任联合国秘书长和UNESCO总干事创立的世界文化与发展委员会(the World Commission on Culture and Development)发布《我们

---

26 《联合国教科文组织组织法》第1条有关目的和功能的规定指出:"为了维护本组织成员国文化和教育制度的独立性、完整性和富有成果的多样性,禁止本组织干预基本上属于其国内管辖范围的事务";第5条有关执行局组成的条款提及:"大会并应照顾文化之多样性与地理分配之均衡。执行局委员不得同时有两人属于同一会员国国籍"。参见:UNESCO Constitution, http://portal.unesco.org/en/ev.php-URL_ID=15244&URL_DO=DO_PRINTPAGE&URL_SECTION=201.html, 2022年1月30日访问。

27 黄晓燕:《文化多样性国际法保护的困境及解决的新思路》,《法学评论》2013年第5期,第25页。

创造的多样性》的报告，分析了全球化市场对地方文化的可能危害，并提到制定一份不受现有国际法保护的文化权利清单。[28]2001年，UNESCO第三十一届大会通过了《世界文化多样性宣言》及其《行动计划要点》[29]。《世界文化多样性宣言》阐释了文化多样性的内涵和重要意义，首次承认其为"人类共同的遗产"；《行动计划要点》则列举了缔约国为促进宣言实施而采取措施、开展合作的重点事项清单，其中前两项即要求"对制定一份关于文化多样性的国际法律文件是否可行进行反思"；"促进在国家和国际一级制定最有利于保护和提倡文化多样性的原则、规范和实践活动以及提高认识的方法和合作方式"。

在决定如何通过国际法规则保护和促进文化多样性方面，教科文组织曾提出过几个可选方案：(1)出台文化权利的综合性文件，但这一提议引起许多成员国争论，未达成一致；(2)出台有关艺术家地位的文件，由于存在过多分歧，它也未得到实现，但其中一些方面在后来的公约文本中有所体现；(3)在WTO制度下制定现有文化产品贸易相关《佛罗伦萨协议》的新议定书，将适用范围扩展至服务贸易领域，但因文化产品与服务类别多样、不易分类，这一方案也最终搁浅。制定一项专门的文化多样性国际公约，成为最后

28　Victor Margolin, Review of Our Creative Diversity: Report of the World Commission on Culture and Development, *The Journal of Developing Areas*, vol. 31, Issue. 1.

29　Records of the General Conference, 31st session, Paris, 15 October to 3 November 2001, v. 1: Resolutions (chi), available at: https://unesdoc.unesco.org/ark:/48223/pf0000124687_chi.page=84, accessed 2022-01-30.

的选择方案。[30]

2003年10月，UNESCO第三十二届大会第32C/34号决议审议了关于对可否制定一份文化多样性准则性文件的相关技术与法律问题的初步研究的文件，决定就与保护文化内容和艺术表现形式多样性有关的文化多样性问题制定一项国际公约。[31]根据该决议以及UNESCO制定和通过国际文件的程序，总干事委托15名独立专家提出关于起草《保护文化内容和艺术表现形式多样性公约》的建议。受托专家经三次会议起草了一份公约文本。2004年7月，时任教科文组织总干事松浦晃一郎向成员国提交了公约制定必要性和可行性的初步报告，并附上该公约初步草案。此后至2005年6月，UNESCO就此公约文本与世界贸易组织、联合国贸易和发展会议（UNCTAD）以及世界知识产权组织等其他国际政府组织进行了磋商，征求其意见，并多次组织政府间专家会议进行讨论。2005年10月20日，UNESCO第三十三届大会以148票赞成，2票反对，4票弃权最终通过了《保护和促进文化表现形式多样性公约》。[32]

---

[30] Jan Wouters, Bart De Meester, UNESCO's Convention on Cultural Diversity and WTO Law: Complementary or Contradictory, Working Paper No.73 of Institute for International Law, April 2005, p.5, note 8. 转引自马冉：《〈保护与促进文化内容与表达形式多样性公约〉初探》，载《公民与法》2009年第3期，第28页。

[31] 《应否拟定一份关于文化多样性的国际准则性文件》，参见：https://unesdoc.unesco.org/ark:/48223/pf0000135650_chi，2022年1月31日访问。

[32] What were the stages that led to the adoption of the Convention?, available at: https://en.unesco.org/creativity/what-were-stages-led-adoption-convention, accessed 2022-01-31.

（二）《文化多样性公约》的主要内容和实施机制

《文化多样性公约》由序言、正文和附件三部分组成。序言部分将文化多样性定位为全人类共同文化遗产的重要组成部分；正文部分共七章35条；附件就缔约方有关公约争议解决的调解委员会机制进行了规定。[33] 该公约以文化平等、人权和基本自由保障为基石，致力于保护和促进通过文化活动、商品和服务传播与共享所体现出的文化表现形式，以保护和激发不同社会主体的文化创造力、从而促进文化多样性和可持续发展为宗旨，为知情、透明和参与性的文化治理系统提供了一个新框架。

《文化多样性公约》于2007年3月生效，缔约国迄今已达到152个，欧盟也以一个缔约方的身份加入了该公约。[34] 公约生效后，经2007年、2009年两届缔约方大会审议，该公约《操作指南》《缔约方大会议事规则》《政府间委员会议事规则》和《文化多样性国际基金特别账户财务条例》等一系列实施文件陆续通过，2019年第七届缔约方大会对部分文件进行了修改。

1. 关键概念界定

《文化多样性公约》将"文化多样性"界定为"各群体和社会借以表现其文化的多种不同形式。这些表现形式在他们内部及其间

---

[33]《保护和促进文化表现形式多样性公约》中文文本见联合国教科文组织网站：https://en.unesco.org/creativity/sites/creativity/files/2913_16_2005_convention_passport_coverint_ch.pdf，2022年1月31日访问。

[34]《文化多样性公约》缔约国数据来源于联合国教科文组织网站：https://en.unesco.org/creativity/convention/parties，2023年5月28日访问。

传承。文化多样性不仅体现为人类文化遗产通过丰富多彩的文化表现形式来表达、弘扬和传承的多种方式,也体现为借助各种方式和技术进行的艺术创造、生产、传播、销售和消费的多种方式"。该公约对"保护"的定义也采取了如《非遗公约》一样的广义理解(第4条)。

2. 基本原则

该公约确立了尊重人权和基本自由原则、主权原则、所有文化同等尊严和尊重原则、国际团结与合作原则、经济和文化发展互补原则、可持续发展原则、平等享有原则,以及开放与平衡原则等国际文化合作领域的八大基本指导原则(第2条)。

3. 核心理念与内容

《文化多样性公约》将其调整范围广泛界定为"与缔约方采取的有关保护和促进文化表现形式多样性的政策和措施"。从公约文本及其《操作指南》来看,主要指地方、国家、区域或国际层面在文化活动、产品与服务的创作、生产、传播、销售和享有等不同环节,针对文化本身或对个人、群体或社会的文化表现形式产生直接影响的各项政策和措施。公约调整对象的广泛性显著体现了公约"试图在当代经济一体化大潮流下为文化保护争取主权空间,同时诚恳地希望缔约方能够积极协调和合作,避免和消除贸易自由化与文化主权保护之间已经或可能存在的冲突与摩擦"[35]的努力。

在这一核心理念下,该公约及其《操作指南》对缔约方在国内

---

35 韩缨:《经济全球化与文化多样性的冲突与共存》,载《中国青年政治学院学报》2009年第6期,第87页。

层面与国际范围内的权利义务进行了区分,确认了国家在本国领土内采取措施保护和促进文化多样性的主权权利(第5条),列举了缔约方在政策规划、支持和正当权益保障、公众教育、鼓励民间社会积极参与并发挥其作用等方面可采取的各类措施和应注意的主要问题;并要求缔约方致力于加强双边、区域和国际合作,创造有利于促进文化表现形式多样性的条件,特别是关注发展中国家的特殊需要,致力于支持为促进可持续发展和减轻贫困而开展合作。为此,公约建立文化多样性国际基金(第18条),还特别规定发达国家应通过适当的机构和法律框架,为发展中国家的艺术家和其他文化专业人员及从业人员,以其文化产品和文化服务提供优惠待遇,促进与这些国家的文化交流(第16条)。

《操作指南》更是切实贯彻公约对民间社会作用与积极参与的重视,在明确界定"民间社会"、确认其在保护和促进文化多样性中的重要作用的同时,要求缔约方为民间社会获取有关保护和促进文化表现形式多样性的信息提供便利,通过设置专门而灵活高效的机制鼓励民间社会并以适当方式参与制定文化政策;《操作指南》还规定了关于接纳民间社会代表参加公约各机构会议的总体标准,鼓励其在该公约国际层面的实施中发挥积极作用。

《文化多样性公约》是第一个承认文化多样性可以作为政府政策目标的具有法律约束力的国际法文件,填补了国际文化政策合作与国家权利义务方面国际治理的空白。[36]虽然该公约大部分条款都

---

36 马冉:《〈保护与促进文化内容与表达形式多样性公约〉初探》,载《公民与法》2009年第3期,第29页。

不具备严格的法律规范的效力,但作为主要针对当代市场经济环境与全球化发展趋势下文化多样性保护面临的新挑战而出台的国际公约,《文化多样性公约》对于增进在当代主流文化的冲击下处于相对弱势地位的文化的传承和发展空间,促进不同文化之间的相互理解和交流,并以此激励和丰富当代文化艺术创造,推进文化多样性和社会可持续发展,具有重要意义。

四、《非遗公约》与《文化多样性公约》的关系

《保护非物质文化遗产公约》和《保护和促进文化表现形式多样性公约》的制定、通过和实施,都体现了 UNESCO 以及更广泛的国际社会在人权特别是文化权利保障的价值目标下,对于文化多样性在文明传承和发展中重要作用的认识。《非遗公约》将世界遗产保护的制度经验扩展至更加广泛多样的非物质文化遗产领域,通过一系列积极的措施使得许多受到当代流行文化挤占和侵蚀的传统的文化表现形式甚至生活方式得到保存、保护和传承,维护了构成人类文化多样性的不同文化要素;而《文化多样性公约》则在此基础上鼓励这些作为人类文明发展见证和精华的文化遗产融入当代社会建设发展中,并进一步激励面向当代和未来的文化艺术创造,为丰富和促进文化多样性、推动文明可持续发展提供了国家和文明间交流合作的法制规范和激励,以及完善该领域国际治理的基本框架。

(一)两项公约共同体现和完善文化领域国际合作的基本原则

尽管 UNESCO 自成立之初就将致力于推动各国之间在文化领域的合作作为其宗旨和目标，并坚持不懈地为此采取一系列措施，但由于文化事务与一国主权和传统存在更为紧密的联系，文化事务在很多国际交流合作领域被视为各国自主管辖的保留领域，国家间文化领域的交流与合作时常面临诸多阻碍。

UNESCO 通过推出文化遗产保护领域一系列国际公约，逐步确立了人类共同文化遗产的理念共识，并以此为基础确立了文化领域国际合作的一些基本原则，集中体现在《世界遗产公约》及世界遗产制度的广泛影响和不断更新发展中。《非遗公约》作为 UNESCO 借鉴世界遗产保护和管理的成功制度经验，弥补《世界遗产公约》仅保护物质文化遗产、未关注形式多样的非物质形态文化遗产之不足的成果，在很多方面秉持和延续了世界遗产保护的基本理念和原则，如非物质文化遗产与世界遗产一样，都是全人类共同遗产的组成部分，对于人类文明发展具有重要意义，是全人类共同关心的事项；缔约国在非物质文化遗产保护中承担着首要责任，国际社会为此做出的各项努力应以尊重缔约国的主权为前提；遗产社区在文化遗产的保护利用中具有主体地位；等等。此外，与世界遗产制度在不断发展过程中形成"普遍性寓于多样性之中"的价值标准相比，《非遗公约》是国际社会进一步认识到文化多样性在可持续发展中的重要意义的产物；公约关注到的各类非物质形态的文化遗产的保护与传承，更是保护和促进人类文化多样性的直接体现。

可以说,《非遗公约》是国际社会以保护和传承形态多样的非物质文化遗产为切入点,维护和增进人类文化多样性的重要措施和阶段性成果。

《文化多样性公约》立足广泛的文化概念,以及国家、区际及国际文化政策的视角,从整体上关注文化保护与发展的关系、文化保护发展与人权保障的关系、文化多样性与可持续发展的关系,确立了各国在本国文化保护和管理中享有主权;各国文化平等,在文化交流中应保持相互尊重;承认了文化产品和文化服务的多元价值属性;并承认以基本权利保障和人类文明可持续发展为价值目标,以此衡量和评价文化政策的合法合理性。这些基本原则以及公约对"将文化纳入可持续发展"和"为发展而合作"的阐释,既是UNESCO在推进文化遗产保护和文化多样性领域国际合作的既有经验的总结,也集中体现和完善了文化领域国际合作的核心基本原则。

(二)《非遗公约》为维护和增进文化多样性提供基础资源

《非遗公约》针对WIPO的知识产权和特殊权利制度等私法手段在保护各类非物质文化表现形式方面的不足,通过缔约国行政措施和国际社会协助与干预,抢救和保护在当代主流文化的冲击下濒临消失或者处于弱势的非物质文化遗产项目,为其传承和发展创造条件、提供支持,是保护这些不同文化在当代社会存续和发展、从而维护文化多样性的必要措施。与此同时,非物质文化遗产在世代传承的过程中也必然包含传承者的文化艺术创新,并因此产生了丰富的文化艺术作品;这些包含丰富文化多样性的非物质文化遗产

（包括其中的传统生活方式和节庆等），又可为当代新的文化艺术创作提供精神内核、灵感源泉和形式借鉴。可以说，通过《非遗公约》及其缔约国和国际社会的积极措施保护和传承下来的丰富多样的非物质文化遗产，正是当代和未来人参与文化生活、开展文艺创造的丰富资源宝库。从这个意义上说，《非遗公约》不仅构成《文化多样性公约》的要求和实施举措，更能为增进和促进文化多样性提供可资参考借鉴的重要基础资源。

（三）《文化多样性公约》为非物质文化遗产传承与发展提供当代路径

首先，在《非遗公约》框架下，只有被缔约国按公约要求列入其保护名录，以及经缔约国大会审议列入《人类非物质文化遗产代表作名录》《急需保护的非物质文化遗产名录》的非物质文化遗产项目才受到公约的保护和规制。《文化多样性公约》的出台及其对"文化多样性"的广泛界定，不仅将更多尚未列入国家或者《非遗公约》名录的非物质文化遗产的保护纳入了国际法框架，对与非物质文化遗产项目相关人员、技术以及文化衍生产品的关注和规范，也使得对非物质遗产的保护更加全面立体。

其次，《非遗公约》主要是针对WIPO已有的以私法为主的制度框架在传统知识和传统文化保护方面的不足，借鉴《世界遗产公约》的基本思路和制度确立的公法保护模式。而《文化多样性公约》以承认文化产品和文化服务的经济和文化双重属性为基础，是一种面向市场经济、面向文化创造与未来发展的文化保护和传承方式。

在这种保护理念和保护框架下，非物质文化遗产如何适应当代市场经济环境获得保护、传承与发展，如何更好地发挥其在塑造当代文化环境和激励文化创造中的积极意义，为人类文明可持续发展服务等更具现实意义的问题，将得到更多关注和更具针对性和全面性的制度保障。总之，《文化多样性公约》增进了非物质文化遗产保护方式的当代适应性。

此外，《非遗公约》虽呼吁缔约国确保遗产社区、团体和个人在非物质文化遗产调查、认定、保护和管理中的参与，但所涵盖的公众参与范围是较为有限的，因为它仅"适用于这些社区、团体和与他们自己的文化遗产有关的个人和实体"。相比之下，《文化多样性公约》是"第一个提到民间团体（和其他行动者）在实现公约本身目标方面的作用的文化遗产公约"，并在其《操作指南》中对民间社会及其作用和参与方式等内容进行了细致和明确的界定，不论参与主体和参与范围，都较《非遗公约》更加广阔。[37] 更进一步看，《文化多样性公约》作为回应自由贸易与文化多样性保护的成果，对于市场主体在其中的作用及其行为规范的关注，也是《非遗公约》未能关注和涵盖的。从这一意义上说，《文化多样性公约》扩大了非物质文化遗产保护发展中公众参与的范围。

（四）两项公约共同构筑更加完善的文化权利保障体系

尽管《经济、社会和文化权利国际公约》中已包含参与文化生

---

[37] 〔英〕珍妮特·布莱克：《国际文化遗产法》，程乐、袁誉畅、谢菲、梁雪译，第210—211页。

活、文化创造和享受文化发展成果的文化权利的明确规定[38],《公民权利和政治权利国际公约》也从平等和非歧视角度确认不得否认人种的、宗教的或语言的少数人同他们的群体中的其他成员共同享有自己的文化、信奉和实行自己的宗教或使用自己的语言的权利[39],但文化权利外延的广泛性和内涵的丰富性决定了其确立和实现需要更加具体的措施。《非遗公约》和《文化多样性公约》从不同的方面为之做出努力,相辅相成,以一系列具体保护对象和保护措施为抓手,共同构筑和完善文化权利保障体系。

与《世界遗产公约》强调世界遗产的突出普遍价值相比,《非遗公约》的保护对象包括许多文化群体的传统节庆和生活方式,以及在此过程中创造和发展出来的文化和艺术表现形式和成果,与文化身份的联系更为紧密。而对文化身份及其背后尊严的尊重和保障,是人权保护的核心目标和内容之一。因此,保护人权正是《非遗公约》制定的理论依据之一,公约使用"保护"(safeguarding)一词,也是为了体现非遗保护的人权保护意义[40]。该公约明确指出其"只考虑符合现有的国际人权文件,各群体、团体和个人之间相互尊重的需要和顺应可持续发展的非物质文化遗产"[41],无论是《人类非物质文化遗产代表作名录》的列入还是要求缔约国或国际社会为其保护和传承采取各项积极措施,都非常注重其传承主体(个体、

---

38 《经济、社会和文化权利国际公约》,第15条。
39 《公民权利和政治权利国际公约》,第27条。
40 Janet Blake, *Commentary on the UNESCO 2003 Convention on the Safeguarding of the Intangible Cultural Heritage*, Institute for Art and Law, 2006, p.35.
41 《保护非物质文化遗产公约》,第2条。

群体）以及遗产社区对该项文化遗产的认同。为此，公约特别强调，"缔约国在开展保护非物质文化遗产活动时，应努力确保创造、延续和传承这种遗产的群体、团体，有时是个人的最大限度的参与，并吸收他们积极地参与有关的管理"，并为促进该条实施召开了专门的专家会议[42]，以实现其在非遗保护传承中尊重和保障人权的目标。

《文化多样性公约》则在尊重文化表现形式与文化身份之间的密切联系的基础上，进一步将保护和促进文化多样性置于促进地方、国家和国际层面的和平与安全，为经济、社会、文化可持续发展提供资源和动力的更宏大的和动态的发展目标下，从根本上确认和强调文化多样性对充分实现《世界人权宣言》和其他国际法文件所主张的人权和基本自由所具有的重要意义。公约不仅在所确立的一系列基本原则中强调对人权和基本自由以及不同文化尊严的平等尊重、国际团结与合作、经济文化发展互补、文化表现形式和文明创造成果的平等享有和开放平衡，更要求各缔约国采取一系列激励和保障措施，从多样性保存、文化艺术创造、文化服务和文化产业等文化领域的各方面促进文化交流和文化繁荣，以达到丰富和促进文化多样性的目的。该公约所规范的"文化多样性"外延的开放性及其各项措施所涉领域的广泛性，都决定了其在文化权利的确

---

[42] The Report of Expert Meeting on Community Involvement in Safeguarding Intangible Cultural Heritage: Towards the Implementation of the 2003 Convention, 13-15 March 2006, Tokyo, Japan, http://www.unesco.org/culture/ich/doc/src/00034-EN.pdf, accessed 2016-04-05.

认和保障方面更具有全面和系统性意义，其广泛的调整范围和原则性的规定也为各缔约国根据本国实际情况自主采取各项增进和保障文化权利的措施留下了足够空间。从这个意义上说，《文化多样性公约》可以视为体现当代国际共识的全面推进和保障文化权利的纲领性文件。

综上，《文化多样性公约》通过保护和促进文化多样性对文化权利的平等保护与全面增进和保障，与《非遗公约》通过对在当代主流文化中处于弱势地位的文化传统及其表现形式的重点保护来保障少数族群的文化认同和文化尊严等基本权利和自由相互配合，共同构筑起国际法层面完善的文化权利保障体系，为各国采取各项增进和保障文化权利的措施、推动该领域国际交流与合作，提供了国际法规范标准和依据。

第二部分

实施联合国教科文组织文化遗产公约的国家实践考察

英国实施联合国教科文组织六项文化遗产公约的实践

索菲·维涅洪[*]
泽巴·法拉·哈克[**]

英国批准了联合国教科文组织(简称 UNESCO)六项文化遗产公约中的四项:1954年《关于发生武装冲突时保护文化财产的公约》(简称"1954年《海牙公约》")、1972年《保护世界文化和自然遗产公约》(简称《世界遗产公约》)、1970年《关于禁止和防止非法进出口文化财产和非法转让其所有权的方法的公约》(简称"1970年《公约》")和2005年《保护和促进文化表现形式多样性公约》

---

[*] 索菲·维涅洪(Sophie Vigneron),英国肯特大学法学院(准)教授。研究方向:艺术和文化遗产法。

[**] 泽巴·法拉·哈克(Zeba Farah Haque),英国肯特大学教学项目管理人员、国际环境法和人权法硕士。研究方向:国际公法、欧洲法、文化遗产法。

(简称《文化多样性公约》)。英国既没有批准2001年《保护水下文化遗产公约》(简称《水下公约》),也没有批准2003年《保护非物质文化遗产公约》(简称《非遗公约》)。

本文将介绍英国实施上述公约的情况,并探讨其中两项公约尚未得到批准的原因。对各项公约的分析都遵循评价UNESCO标准设定机制(standard setting instruments)(实施情况)的基本范式展开。[1] 这种分析方法分为三个层次:第一,公约的批准情况;第二,各项公约原则纳入国家法律体系(如果存在此类国内法规范)的情况;第三,国家一级立法的实施情况。这种评价主要是一项基于政府政策文件以及议会辩论情况开展的文本研究。

本文的意图并非详细分析这些公约或解释其条款,而是旨在分析其实施情况,或分析某些公约在英国未获批准的原因。该批判性研究表明,在文化遗产保护领域,英国并不愿积极主动地采取措施;对各项公约的特别批准也未从根本上改变现有立法和政策框架。

国际公约属于UNESCO设定标准的方式之一,这意味着其主要目的是支持在全球、区域和国家层面制定规范和标准。[2] 这些公约也常在政策层面和国家层面的谈判中被使用和提及。因此,这些规范和标准大多出现在议会立法(primary legislation,又译"一级

---

[1] UNESCO, *Evaluation by the Internal Oversight Service of UNESCO's Standard-Setting Work of the Culture Sector, Part II: 1970 Convention on the Means of Prohibiting and Preventing the Illicit Import, Export and Transfer of Ownership of Cultural Property* (April, IOS/EVS/PI/133 REV. 2, 2014), https://unesdoc.unesco.org/ark:/48223/pf0000226931.locale=en, accessed 2021-11-05.

[2] Ibid [24].

立法")或政府法令(secondary legislation,又译"二级立法")、政策文件或软法文书(准则和行为守则)中。这些形式多样的规范若能有效整合,对于改善国内层面文化遗产保护状况具有促进作用。

本文认为,实施所批准的四项文化遗产公约对英国法律的影响微乎其微。政府不愿打破现有的管理架构,且对经济利益,如艺术品市场、房地产行业发展的重视程度高于文化遗产保护。本文首先介绍英国遗产保护的制度和立法背景,然后分析英国已批准的四项公约,进而探讨尚未批准两项公约的原因,最后对各项公约的实施情况进行批判性分析。

一、英国签署 UNESCO 文化遗产公约的国家背景

本节通过对英国文化遗产保护的制度框架和法律框架进行背景分析,阐述批准和实施 UNESCO 各项文化遗产公约所带来的问题。

(一)管理体制

本部分回顾英国是如何批准上述各项文化遗产公约的。这一进程表明,英国遗产保护碎片化和一致性缺失的现象,一方面是由英国的宪制结构导致的,另一方面也是其地理和机构职能划分的结果。

首先,国际条约的谈判、签署和批准由英国政府负责。自 2010 年起,只有在公约的批准涉及国内法修改的情况下,议会才对此加

以干预。[3] 1970 年《公约》和 1972 年《世界遗产公约》是在这一规则生效之前批准的，2005 年《文化多样性公约》的批准未对国内法产生影响，因此议会并未加以干预。而 1954 年《海牙公约》的批准，则需要议会对 2017 年《文化财产（武装冲突）法》进行修改。

其次，规范框架的碎片化。由于英国没有成文宪法，不同规范之间缺乏明确的层级划分。除了通过一些具有历史和文化意义的宪法性法律（如 1297 年《大宪章》和 1679 年《人身保护法》）之外，议会还拥有至高无上的权力，甚至可以撤销国际条约（如 2018 年《（退出）欧盟法案》）。由于缺少成文宪法，任何具有宪法意义的法律都不包含遗产保护的内容。所有关于遗产保护的法律文件都是特别（ad hoc）通过的，亦未对不同法律规范加以系统汇编。这意味着，各项文化遗产公约的批准，并未真正促成该领域形成一致的规则，亦未导致任何现有政策的补充完善（1972 年《世界遗产公约》、1970 年《公约》和 1954 年《海牙公约》）或内容变更（2005 年《文化多样性公约》）。

第三，制度框架在地理和机构体系方面也呈现碎片化特征。英国不是一个联邦制国家，但自 20 世纪 70 年代以来，权力已下放至苏格兰（1998 年）、北爱尔兰（1972 年）和威尔士（1998 年）。苏格兰和北爱尔兰拥有议会立法权（一级立法权），可在包括遗产和规划在内的特定领域通过自己的法律。威尔士拥有法令制定权（二级

---

[3] Arabella Lang, *Parliament's role in ratifying treaties* (House of Commons, Library 17 February, Briefing Paper 855, 2017), https://researchbriefings.files.parliament.uk/documents/SN05855/SN05855.pdf.

立法权），可以改变威斯敏斯特（即英国议会或政府）通过的包括历史环境等特定领域的法律。然而，大部分适用于遗产保护的法律在英格兰和威尔士是相同的。再其次，英格兰有多个部门在遗产保护中发挥作用。最主要的部门是文化、媒体和体育部（Department for Culture, Media and Sport，DCMS），通过遗产（分类分级）登录（如登录建筑、列级古迹、世界遗产地）程序负责物质和非物质、可移动和不可移动的文化遗产的保护。社区和地方政府部（Department for Communities and Local Government，DCLG）通过制定规划政策参与建筑遗产保护。其制定的最新版《国家规划政策框架》（2021年）中列出了政府对英格兰的规划政策（包括通过规划保护登录建筑、列级古迹和世界遗产地）。DCMS与DCLG联合制定关于建筑遗产保护的公共政策。[4] 其他参与世界遗产地保护的部门包括皇家属地司法部（Department of Justice for the Crown Dependencies）、英国海外领土外交和英联邦事务部（Foreign and Commonwealth Office for the UK Overseas Territories），以及负责世界自然遗产提名的环境、食品和农村事务部（Department for Environment, Food and Rural Affairs, DEFRA）。[5] 国防部等其他部门也可能以遗产地所有人的身份参与到遗产保护中。

政府在遗产保护中发挥作用也有赖于多个机构支持。"英格

4　English Heritage, *The Protection & Management of World Heritage Sites in England, English Heritage Guidance Note to the Circular for England on the Protection of World Heritage Sites* (2009), para 4.2.

5　同上。

兰史迹"（Historic England，即曾经的"英格兰遗产"［English Heritage］）是一个由 DCMS 赞助的英国政府非官方公共管理机构，也是政府在文化遗产（遗产规划和认定）方面的首要咨询机构。国际古迹遗址理事会英国分会（ICOMOS UK）可就世界遗产提名和管理规划等事务提供建议。该组织曾定期组织英国世界遗产协调员论坛，以分享世界遗产保护的最佳实践。[6] 该论坛现由"英格兰史迹"组织，被称为"协调员团队"（the Coordinators Group），可就世界遗产地的提名及管理规划的编制提出建议，并可就规划（许可证）申请（的审批）提出意见。[7] 作为独立机构的联合国教科文组织英国国家委员会成立于 2004 年[8]，可就上述各项公约的实施以及其他与 UNESCO 有关的事项提供咨询意见。[9] 最后，三个主要机构直接管理英格兰和威尔士境内的大量文化财产和博物馆，分别是"英格兰遗产（信托）"组织[10]、威尔士议会历史环境部门和"国民信托"

6　Department for Culture, Media and Sport, *World Heritage for the Nation: Identifying, Protecting and Promoting our World Heritage* (*A Consultation Paper*) (2008), para 2.32.

7　English Heritage, *The Protection & Management of World Heritage Sites in England, English Heritage Guidance Note to the Circular for England on the Protection of World Heritage Sites* (2009), para 4.

8　Department for Culture, Media and Sport, *World Heritage for the Nation: Identifying, Protecting and Promoting our World Heritage* (*A Consultation Paper*) (2008), para 2.30. See also Department for Culture, Media and Sport, *World Heritage for the Nation: Identifying, Protecting and Promoting our World Heritage* (*Government Response to a Consultation*) (2010).

9　http://www.unesco.org.uk/about_us.

10　2015 年，原"英格兰遗产"组织经机构调整成立新的"英格兰史迹"，并分立出一个遗产管理和开放经营机构。该机构沿用"英格兰遗产"的名称，但是一个新的独立慈善信托组织，专门负责 400 多处国有古迹遗产的保护、管理和开放经营事宜。——译者注组织。"英格兰遗产"或(称)"国家遗产收藏馆"管理着约 400 处历史遗产。"国民信托"是一家成立于 1895 年的私人信托机构,至今已获得并为国家管理着许多文化财产。最后,在英国有多种类型的博物馆,包括(国家或地方的)公共博物馆,以及营利或非营利性质的私人博物馆。

(二)法律体系

本部分简要介绍英格兰境内建筑遗产和可移动遗产的(法制)保护情况。由于有关法律框架呈现碎片化特征,不同法规从未加以协调、梳理或汇编,英国遗产保护立法逐步形成了一个由相互重叠的相关法规和规章组成的庞杂体系。

1. 建筑遗产保护

最初,对建筑遗产的保护侧重于保护列级古迹(1882 年《古迹保护法》)和登录建筑(1944 年《城乡规划法》)免受破坏。后来,对未登录建筑和未经列级的考古遗迹加以保护的特殊保护规则也被制定出来,即通过规划政策而不是通过修改/增加受保护的列级古迹和建筑物名录来实现保护目标。有鉴于此,英格兰建筑遗产的保护呈现碎片化特征:列级古迹、考古遗址、登录建筑、保护区、历史公园和花园、古战场等,分别被记录在不同保护名录中,且相关保护措施相互重叠。

建筑环境的法律保护针对以下四类受保护建筑物/遗址进行:列级古迹和具有重要考古意义的区域、登录建筑、保护区和其他遗址(历史公园和花园、古战场)。对最后一类历史公园和战场的保护不是法定的。地方规划当局在审批规划（许可）申请时必须特别注意对该类遗址的"保护"，但这不是一项法定义务。遗产保护相关法规尚未被编纂成法典（英国法律中很少有法典），与建筑遗产保护相关的主要有：1979年《古迹和考古区域法》（针对列级古迹和考古区域）、1990年《（登录建筑和保护区）规划法》（针对登录建筑和保护区）。

除通过立法指定部分或全部建筑遗产外，建筑遗产的保护和管理还应用空间规划体系进行。[11]DCMS和DCLG制定的主要政策文件为：《国家规划政策框架202：§126-141"保护和改善历史环境"》。地方规划部门在编制地方空间规划时必须包含关于建筑遗产保护的规划政策和文件。[12]

英国还制定了专门刑法规范来保护建筑遗产。例如，列级古迹的所有人改变其列级古迹的外观须获得许可（1979年《古迹和考古区域法》第2节）；对于登录建筑也有类似规定（1990年《规划法》第7—9节）。然而，因破坏遗产而被提起公诉的情况并不多见。

2. 可移动遗产保护

英国不存在对可移动遗产/文物进行界定或保护的一般性法规。有关博物馆、可移动文物、出口管制的法律保护是分散的。

（1）博物馆

英国有两种公共博物馆：国家博物馆和地方博物馆。DCMS旗

---

11 UK policy on World Heritage Sites in DCMS, *World Heritage for the Nation: Information for Applicants for the New United Kingdom Tentative List* (March, 2010), information sheet 9, p. 17.

12 见下文"判例法对公约的引用"。

下有 22 个国家博物馆,但每个博物馆都有自己的董事会,其成员由首相或国务大臣任命。[13] 一些博物馆由其他部门管理(例如,战争博物馆由国防部管理[14])。"英格兰遗产"是一个慈善信托机构,管理着约 400 处历史遗迹(如巨石阵等)。地方博物馆由地方政府根据 1964 年《公共图书馆与博物馆法》设立和资助。

此外,英国还有各种类型的私人博物馆,包括慈善性质的(非营利)和商业性质的(营利性)博物馆。(例如)"国民信托"是一个完全独立于政府的慈善机构,为了公众利益管理文化遗产。有些博物馆则是商业机构,如位于伦敦的杜莎夫人蜡像馆。

博物馆可通过购买、交换、接受捐赠或遗赠等方式获取文物,并可在其权限范围内处置其文物藏品。设立博物馆的法律文件(如,适用于大英博物馆的 1963 年《大英博物馆法》,或者设立地方公立博物馆的信托文件)中对博物馆处分其文物藏品的权限有明确规定。某些情况下,文物藏品处分则受到更为严格的限制。例如,大英博物馆只能将复制品、赝品、损坏的物品、归还给原属社区的人类遗骸或纳粹时代掠夺艺术品退出馆藏。目前,英国禁止归还殖民期间获得的文物。此类文物返还必须通过议会特别立法加以实现。

---

13 英国的国家博物馆包括:大英博物馆、杰弗里博物馆、霍尼曼公共博物馆和公园信托、帝国战争博物馆、国家美术馆、利物浦国家博物馆、国家肖像馆、自然历史博物馆、皇家军械库博物馆、格林威治皇家博物馆、科学博物馆群、约翰·索恩爵士博物馆、泰特美术馆、维多利亚与艾伯特博物馆、华莱士收藏馆。DCMS, Executive Non-Departmental Public Body, https://www.gov.uk/government/organisations#department-for-culture-media-sport, accessed 2016-12-10.

14 Department for Culture, Media and Sport, *Understanding the Future: Museums and 21st Century Life* (*The value of Museums*) (2005b), 28.

(2) 可移动文物

英国法律未规定尚未发现文物的国家所有权。出土文物通常属于土地所有人和/或发现人,除非它们被认定为珍宝。

1996年《珍宝法》规定了珍宝的保护原则。珍宝的法律定义非常复杂,因为它修改了普通法对无主珍宝的定义(第1条)。珍宝是指属于以下四类之一的物品:(1)在被发现时有超过300年的历史且至少由10%的贵金属(金、银)制成,或在由10%贵金属制成的情况下由两枚或两枚以上的硬币构成,或在非由贵金属制成的情况下由10枚或10枚以上的硬币构成;(2)在同一发现中至少有两件属于铁器时代或更早时期的金属(非贵金属)物品,或一件属于铁器时代或更早时期的金或银物品;(3)根据普通法应被定义为珍宝的物品(由金或银制成);(4)与第(1)(2)或(3)类物品同时发现的物品,或,如果更早发现则应属于第(1)或(2)类的物品。

珍宝发现人有义务在发现珍宝后14天内向检验官报告,否则可能会受到起诉(第8条)。[15] 如果被发现的物品被认定为珍宝,其所有权首先属于特许经营者(如康沃尔公爵)[16],其次是王室,此时

---

15 对于在2010年发生的一起案例,国际冲突防范与解决委员会(CPR)在2011年裁定,该起诉不符合公众利益。关于该案件的完整描述,参见:Carolyn Shelbourn, A Tale of Two Prosecutions: Prosecuting Heritage Crime in England and the United States, a Cautionary Tale, (2014) 19 AAL 253。

16 《珍宝法》第5条对珍宝的特许经营人进行了明确定义。根据该条,珍宝的特许经营人是根据本法第4条或除本法外王室在无主珍宝发现地对该珍宝享有特许经营权的人的财产继承人。英国女王和康沃尔公爵应被视为珍宝的特许经营人,享有对本法第4条生效前曾属于兰开斯特公国(Duchy of Lancaster)和康沃尔公国(Duchy of Cornwall)的无主珍宝的权利。——译者注

王室将给予（希望获得该文物的）博物馆补偿发现人/所有人的选择权（第4条和第10条）。如果没有博物馆希望获得该物品，则该物品将被归还给其所有人。作为一项重要的改进措施，英国起草了一份行为守则（第11条）[17]，并启动了鼓励公众报告所发现的物品的"可移动文物计划"，不论它们是否符合珍宝的标准。[18] 该计划是自愿遵守的，即，对于所发现不属于珍宝的物品，即使发现者未加以报告，也不会受到处罚。

目前，《珍宝法》中有关珍宝发现的规则已有所改进。[19] 现在，博物馆可以获得不属于普通法所规范无主珍宝的文物。同时，为了威慑可能的"夜鹰"[20]，该法也设置了打击刑事犯罪的条款。但该法太过复杂，且在实施了20多年后的今天，其某些部分仍未生效（第8A条）。

（3）出境管制

出境许可制度由英格兰艺术委员会以及艺术品和出境审查委员会实施。后者由8名艺术史学家、律师和博物馆馆长组成，在一

17　Godfrey Cole, Hoards, Archaeology and the Law, (2012) 17 ibid. 223, 235.

18　The Portable Antiquities Scheme website (2016), https://finds.org.uk/, accessed 2016-09-21.

19　Janet Ulph and Ian Smith, *The Illicit Trade in Art and Antiquities: International Recovery and Criminal and Civil Liability,* (Hart 2012) 90.

20　Oxford Archaeology, *Nighthawks & Nighthawking: Damage to Archaeological Sites in the UK & Crown Dependencies caused by Illegal Searching & Removal of Antiquities* (2009), https://content.historicengland.org.uk/images-books/publications/nighthawks-nighthawking/nighthawks2.pdf/, accessed 2016-09-21.

　　["夜鹰"指使用金属探测器等工具对考古遗址进行盗窃活动的人。——译者注]

个咨询委员会和独立评审员(50人)的帮助下开展工作。

文化财产出境许可有三种类型。第一种是开放式个人出口许可(OIEL),允许个人在一段有限的时间内将一件物品带出国境。例如,一位专业音乐家可定期带着一把斯特拉迪瓦里小提琴去国外参加音乐会。第二种是开放式通用出口许可证(OGEL),允许个人出口同一类别的物品而无需为每件物品申请出口许可证。例如,古董商可以为定期出口价值低于1万英镑的相片申请OGEL。第三种是特别许可,仅许可个人出口一件特定物品。这是最常见的出境许可类型。

文化财产出境若满足以下四个条件则需申请特别出口许可证:

1. 在英国的存留时间:该物品在英国的存留时间必须超过50年,既可以是50多年前在英国制造的,也可以是50多年前进口到英国的。

2. 历史年代:根据物品类别的不同,文化财产的历史必须大于75年或100年。

3. 经济价值:文物没有价格要求,绘画应超过15万英镑。

4. "韦弗利标准"(Waverley Criteria):英国根据"韦弗利三标准"来认定具有国家重要性的物品。该标准以1951年英国出口政策阐释委员会的主席韦弗利勋爵的名字命名。这三个标准分别是:

· 历史标准:该物品是否与英国的历史、国家或地区生活密切相关,且该物品出境对英国而言是否是一种损失?

属于这一类别的文化财产必须具有突出的艺术、历史或考古价值，而不论其产地（英国或国外）在何处，只要它们因与重要人物、地点或事件相关而具有国家重要性。
- 美学标准：该物品是否具有突出的美学重要性？这是一种主观判断。
- 教育（学习）标准：该物品对研究艺术、学术或历史的某一特定分支是否具有突出意义？如果该物品与特定的人物、地点、事件、档案、收藏品或其组合相关，则该物品可能具有重要价值。

如果拟出境文化财产满足以上4个条件，则其出境将会被推迟2个月。在此期间，公共机构（通常是博物馆）可提出以公平的市场价格购买该物品。如果已筹集到足够资金，公共机构可征得其所有人同意购买该物品。2021年1月之前，物品所有人可以拒绝出售该物品，出口许可申请也可能因此遭到拒绝。2021年1月，政府出台了一项具有约束力的协议，根据该协议，如果物品所有人（在被告知出口延期后）希望继续申请出口许可，则其必须将该物品出售给公共机构。物品所有人同意出售的，该物品将被公共机构购买并留在英国；如果公共机构未筹集到资金，物品所有人则将获得出口许可证，可将其自由出口。每年都有数千件价值数十亿英镑的文化财产凭有效许可证获得出境，而被成功保留下来的不到12件。例如，在2020—2021年，在被认定为具有国家重要性的8件文化财产中，只有3件被保留下来，总价值为100万英镑，另外5件则获得出口，总价值达 3400 万英镑。[21] 英国出口制度存在的一个主要问题是缺乏足够的资金来购买符合"韦弗利标准"的具有国家重要性的物品。

总而言之，英国在文化遗产管理体制和立法方面缺乏连贯性，一些领域存在空白，而另一些领域则存在重叠。这是英国的宪法结构、其地理和机构职能划分，以及相关单行法的发展造成的。因此，批准联合国教科文组织的各项文化遗产公约为现有框架增加了额外规则，提升了其复杂程度。

二、英国已批准的文化遗产公约

英国已经批准了 UNESCO 六项文化遗产公约中的四项。本节将分析这四项公约在英国国内法中的实施情况，并评估其对现有规则的影响。这是用以分析各项公约在英国获得批准后，对于英国新的法律规则创造的影响的重要一步，既体现在公约与现有法律规则整合方面，也体现在公约的实施方面。本部分按公约获得批准的时间顺序逐个加以分析，试图说明，批准不同的公约并未对现有利益，特别是对艺术品市场和房地产开发领域，产生太大影响或减损。

（一）1972 年《世界遗产公约》

英国于 1984 年批准了 1972 年《保护世界文化和自然遗产公

---

21 Report of the Reviewing Committee on the Export of Works of Art and Objects of Cultural Interest 2020-21 (22 March 2022), 9, https://www.artscouncil.org.uk/publication/export-objects-cultural-interest-2020-21, accessed 2022-03-30.

约》。截至2021年，英国已有33处遗产地列入《世界遗产名录》，包括4处自然遗产地，1处混合遗产地和28处文化遗产地。利物浦海上商城（Liverpool Maritime Mercantile City）于2021年从《世界遗产名录》中除名，使英国成为继德国和阿曼之后第三个拥有被除名世界遗产地的国家。1986年列入《世界遗产名录》的巨石阵也可能由于计划修建一条穿越该考古遗址的隧道而很快会被列入《濒危世界遗产名录》。

英国并未为实施该公约制定特别立法（无论是一级立法还是二级立法），而是通过现行立法和规划条例加以实施。自1994年以来，英国政府一直通过将适当政策纳入地方规划文件，包括纳入核心战略（也即"三级规则"）的方式来履行保护和管理世界遗产地的义务，这是其认为的最佳方式。[22]

由于（遗产）保护和规划之间的历史区分，世界遗产保护的责任分别由文化、媒体和体育部（DCMS）以及社区和地方政府部（DCLG）承担。DCMS负责遗产和建筑环境，并负责就保护相关问题制定一般立法和政策框架，同时也是实施该公约的国家联络和协调机构。DCLG负责起草规划政策，包括近期的《国家规划政策框架》（2021）。该框架列出了为英格兰制定的政府规划政策，以及针对列级古迹、登录建筑物和世界遗产地的保护措施。DCLG还负责

---

22 Department for Communities and Local Government and Department for Culture, Media and Sport, *Circular on the Protection of World Heritage Sites* (*cancelled by the National Planning Practice Guidance, 6 March 2014*) (24 July 2009, Circular 07/09, 2009), para 9, https://assets.publishing.service.gov.uk/government/uploads/system/uploads/attachment_data/file/7698/circularworldheritage.pdf, accessed 2019-06-05.

监督总体规划事宜,包括国家和区域规划政策的制定、开发计划批准,以及规划许可的复议裁决和提级审批(Call-in procedure)。

地方政府作为规划者和决策者,在建筑遗产的保护和管理方面发挥着重要作用。首先,作为规划制定者,地方规划部门在编制地方空间规划时必须包含关于建筑遗产保护的规划政策和文件。如果在其管辖区域内有任何世界遗产地,则其必须在地方规划中纳入保护该遗产地突出普遍价值(OUV)、真实性和完整性的政策。他们在地方一级实施《国家规划政策框架》,并对其所确定的优先事项加以考虑,如世界遗产地等建筑遗产的可持续发展和保护事宜。

其次,作为决策者,地方规划部门负责发放规划许可。他们必须平衡城镇中心或农村社区的经济发展与其作为保护区或世界遗产地的保护(要求)之间的关系。根据国家政策和指南,地方规划部门应保护世界遗产地及其环境免受大型开发和微小的渐进式变化的影响。[23] 在以下三种情况下,考虑开发项目对历史建筑的影响是一项直接的法定义务:开发项目会对登录建筑物本体,其特殊建筑学或历史价值及其环境(即邻近的土地和建筑物)[24] 造成影响;计划开发的项目会对该地区的特征或风貌产生影响;[25] 对于煤矿开采,开发项目必须考虑到具有建筑学、历史或考古价值的遗址、建筑物、

---

23 Richard Harwood, *Historic Environment Law: Planning, Listed Buildings, Monuments, Conservation Areas and Objects,* Institute of Art and Law 2012, 150.

24 Section 66(1) of the Planning (Listed Buildings and conservation Areas) Act 1990.

25 Ibid., Section 72(1).

构筑物和物品的保护。[26] 地方政府在批准相关规划许可申请时有对历史环境加以考虑的间接义务[27]，必须就某些规划、登录建筑和保护区许可申请的审批咨询"英格兰史迹"的意见。[28] "英格兰史迹"的咨询意见之所以必不可少，有以下两个原因：一是"英格兰史迹"和 DCMS 可据此履行其（将相关信息）通知世界遗产委员会的国际义务，二是国务大臣（SoS）可据此进行相关规划许可的提级审批。[29]

2009 年《（英格兰）城镇和乡村规划（咨询）指示》（Town and Country Planning [Consultation] [England] Direction 2009）将对规划许可申请的提级审批程序扩展至世界遗产地。对于可能对世界遗产突出普遍价值、真实性或完整性产生不利影响的开发项目，以及"英格兰史迹"予以反对，但地方规划部门仍愿意批准的开发项目，可发起提级审核程序。[30] 其目的是让国务大臣有机会根据 1990 年《城乡规划法》第 77 条考虑所提出的申请，从而替代地方规划部

26　Section 53(2) of the Coal Industry Act 1994.

27　同上。

28　https：//www.gov.uk/government/publications/arrangements-for-handling-heritage-applications-direction-2015.

29　*R (on the application of Save Britain's Heritage) v Liverpool City Council* [2016] 806 EWCA Civ 22/06/2016 (CA civ) appeal of [2016] EWHC 48 (admin) per Slade LJ [67-68].

30　提级审批程序通过 1991 年《城乡规划（发展规划）条例》（Town and Country Planning [Development Plan] Regulations）（第 SI 1991/2794 号）引入。目前生效的条例为 2012 年《城乡规划（发展规划）条例》（第 SI 2012/767 号）。参见 2009 年《（英格兰）城镇和乡村规划（咨询）指示》（Circular, 02/2009, para 7）[已被取消并被 NPPG《保护和促进历史环境》（Conserving and Enhancing the Historic Environment）第 36 条取代]。http：//www.communities.gov.uk/publications/planningandbuilding/circularconsultationdirect, accessed 2019-05-20.

门成为决策者。[31] 该决定是程序性而非实质性的，目的是选择国务大臣还是地方规划当局成为（规划许可审批的）决策者。这是保护建筑遗产的关键要素之一[32]，但是否采纳建议则由国务大臣决定。[33] 然而，该权力很少被使用。国务大臣平均每年就8个案件作出决定，且在通常情况下会采纳规划督察员（planning inspector）的建议。[34]

最近涉及世界遗产地保护的案件是于2021年7月判决的"R（就拯救巨石阵世界遗产地有限公司的规划许可申请）诉交通大臣案"。[35] 拯救巨石阵世界遗产地有限公司通过提起司法审查，质疑国务大臣批准修建一条新道路的决定，该道路包括一条穿过巨石阵世界遗产地、长达3.3公里的隧道。其中一些问题涉及隧道的入口

31　1990年《城乡规划法》第77条规定了（规划许可的）提级审批程序。第77(1)条规定："国务大臣可以发出指示，要求将规划许可申请……转交给他，而不是由地方规划部门处理。"

32　Department for Communities and Local Government and Department for Culture, Media and Sport, *Circular on the Protection of World Heritage Sites* (cancelled by the National Planning Practice Guidance, 6 March 2014) (24 July 2009, Circular 07/09, 2009), para 8, https://assets.publishing.service.gov.uk/government/uploads/system/uploads/attachment_data/file/7698/circularworldheritage.pdf, accessed 2019-06-05.

33　The Town and Country Planning (Consultation) (England) Direction 2009, Circular , 02/2009, para 9 (cancelled and replaced by the NPPG Conserving and enhancing the historic environment para 36), http://www.communities.gov.uk/publications/planningandbuilding/circularconsultationdirect, accessed 2019-05-20.

34　Gabrielle Garton Grimwood and Cassie Barton, *Calling-in planning applications (England)* (House of Commons Library 31 January, Briefing paper 00930, 2019), https://researchbriefings.files.parliament.uk/documents/SN00930/SN00930.pdf, accessed 2019-05-20, 12.

35　*R (on the application of Save Stonehenge World Heritage Sites Ltd) v Secretary of State for Transport* [2021] EWCH 2161 (Admin) 2021 31 July (*Save Stonehenge v SST*) [2021] EWCH 2161 (Admin).

和出口，因为该隧道将穿过一些重要的和未受干扰的考古遗址和沉积物。原告提出了多项异议，包括1972年《世界遗产公约》对该诉求的适用性，以及该决定是否违反了其第4条和第5条。

法官裁决，尽管1972年《世界遗产公约》已获批准，但尚未被纳入英国法律，因此不能直接适用于该诉求。[36]此外，尽管2008年《规划法》第104(4)条提及"国际义务"，但该表述过于模糊，仅表示国际公约应"被视为一个重要的考虑事项，而非必须遵守的法律文件"。[37]因此，法院应"允许行政部门对该公约的含义有一定的裁量余地，且只有在其所持观点'站不住脚'或'不合理'的情况下才进行干预"。[38]这给决策者提供了一个广泛的解释范围，但其决策必须在合理的范围内。法院认为，该公约第4条和第5条是概括性和一般性规定，并没有规定"任何其他因素都不能超越的绝对保护要求"，而是要求缔约国采取适合其国情的政策。[39]法院补充说，这些条款的宽泛措辞与"国家应采用一种可平衡保护世界遗产地或其资源免受损害与其他目标和利益之间关系的管理制度，并在适当的情况下，优先考虑后者"这一要求相一致。[40]法院给出的结论是，国务大臣作为决策者采用了可接受的解释，并平衡了不同利益（世界遗产地保护与公共利益、经济发展、基础设施建设等）之间的关系，因此，这一司法审查的理由不成立。

36　Ibid [212].
37　Ibid [215].
38　Ibid [216].
39　Ibid [220].
40　Ibid [220].

然而，基于另外两个理由，这一诉求获得了成功。第一，国务大臣没有考虑受隧道施工影响的各指定遗产的重要性，以及施工对其的影响。[41] 这点可从以下事实得到证明：在平衡遗产保护和其他利益之间的关系时，国务大臣没有获得所需的足够信息。[42] 第二，在平衡各种利益关系时，国务大臣没有考虑其他替代性隧道方案，这是不合理的。[43] 基于这些程序上的理由，该决定被撤销。

总之，平衡遗产保护和经济增长／房地产开发之间关系的责任在于地方规划部门或负责开发的国务大臣，而不是负责文化的国务大臣。根据《国家规划政策框架》允许在公共利益（经济增长和住房需求）的合理理由下对世界遗产地造成损害的例外情况。因此，在通过规划来保护建筑遗产和世界遗产地时，1972年《世界遗产公约》是一个重要的考虑因素，且在作出关于遗产保护和世界遗产地的判断时，应兼顾遗产利益与其他利益之间的平衡。然而，一旦完成了对利益平衡的考量，即使其决定对世界遗产地或其环境有重大影响，也没有理由质疑该决定的合理性。利物浦的情况正是如此，由于在其遗产区及缓冲区范围内建造新建筑而从《世界遗产名录》中除名。司法管制对决策过程影响有限，其作用仅仅在于判断决策过程中是否进行了权衡，而不是判断决策结果的合理性。对遗产保护的重视程度低于对经济发展或住房需求等其他问题的重视程度是完全理性的。这表明，该公约的实施改善了对世界遗产地的保护，因为只有

41　Ibid [170].

42　Ibid [180].

43　Ibid [277].

在例外情况才允许损害发生，但这并不是一项绝对保护。

（二）1970年《公约》

英国于2002年批准了1970年《公约》。[44] 在此之前，该公约和1964年《关于禁止和防止非法进出口文化财产和非法转让其所有权的方法的建议》被认为是不切实际和不适当的。[45] 然而，诺曼·帕尔默（Norman Palmer）教授在2000年发表了一份影响深远的报告提出了不同看法，最终促成了该公约被批准。[46] 曾强烈反对批准该公约的各党派议员也开始支持该公约。[47] 本部分将分析针对该公约

44　Works of Art: Illicit Trading 6 November 2002, vol 640, col WA109, http://bit.ly/2MeYeLn, accessed 2019-07-24.

45　*Reports of Member States on the action taken by them to implement the recommendation on the means of prohibiting and preventing the illicit export, import, and transfer of ownership of cultural property (1964) and the Convention on the means of prohibiting and preventing the illicit import, export and transfer of ownership of cultural property (1970)* (15 September, 20C/84, 1978);House of Commons (National Heritage Committee), *Export of Works of Art: draft EC directive on the return of cultural objects unlawfully removed from the territory of a member state and the draft EC regulation on the export of cultural goods (First Session 1992-93)* (249-I, 1992)Q 188;UNIDROIT and UNESCO HC 9 February 2000, vol 344, col 222W, https://hansard.parliament.uk/Commons/2000-02-09/debates/ad9da036-1577-438a-bbbc-0d719e2efa01/WrittenAnswers, accessed 2019-07-23.

46　Norman Palmer, *Ministerial Advisory Panel on Illicit Trade* (Report) (Department of Culture, Media and Sport , 2000), para 55, https://webarchive.nationalarchives.gov.uk/20080306021800/http://www.culture.gov.uk/NR/rdonlyres/2BF7F816-AA1A-41BC-993F-1161F7E3A42A/0/Report_AdPanel_Illicit_Trade.pdf, accessed 2021-11-19.

47　Works of Art: Illicit Trading 6 November 2002, vol 640, col WA109, http://bit.ly/2MeYeLn, accessed 2019-07-24; Dealing in Cultural Objects (Offences) Bill Deb 4 July 2003, vol 408, col 667, http://bit.ly/2Y18UUL, accessed 2019-07-25; Illicit Trade in Antiquities 26 May 2004, vol 421, col 459WH, http://bit.ly/2y8Rgiy, accessed 2019-07-25.

提出的不同问题，以及该公约曾被认为不现实的原因。该报告还建议政府签订关于实施该公约的双边协议，但没有对此进行追踪。接着，本节将讨论英国为实施该公约而制定的2003年《文物交易（犯罪）法》。最后，本部分还将分析相关法院判例中法院对该公约的讨论，以及该公约对英国法律的影响。

议会各党派认为不应批准该公约的理由主要有五个，本文将逐个加以分析和反驳：首先，（公约）第1条中关于文物的定义被认为过于宽泛，将给海关带来无法承受的负担，因为海关必须对英国所有文化财产的进口进行管控。[48] 然而，第1条规定的公约适用范围仅仅为由国家明确指定的重要文化财产，且不同的欧洲法律文件的实施已经扩大了文物的范围，并已要求海关进行一些管控检查。第二项质疑涉及第5（b）条，该条要求缔约国制定和保存一份关于国家文化财产的详细清单，以及一份不应出口的国宝清单。（部分人认为）此类私有文物的清单目录并不存在，且政府反对起草这样一份清单，因为费用太高，行政负担太重。[49] 然而，由于英国实行文物出口许可证制度，因此涵盖所有禁止出口的文物的清单事实上是存在的。[50] 此外，英格兰艺术委员会实施的"文物指定计划"下也

---

48 *Cultural Property: Return and Illicit Trade* (*Seventh Report of the Select Committee on Culture, Media and Sport*) (HC 371-I, 1999-2000), para 73, https://publications.parliament.uk/pa/cm199900/cmselect/cmcumeds/371/37102.htm, accessed 2021-11-19.

49 同上。

50 参见：See Mrs Prott's comments to the Culture Committee, *Cultural Property: Return and Illicit Trade* (*Seventh Report of the Select Committee on Culture, Media and Sport*), para. 77. Patrick J. O'Keefe, *Commentary on the 1970 UNESCO Convention* (2nd edn, Institute of Art and Law 2007), 49.

对私有或公有的具有国家重要性的文物进行了清单式登记。这两份清单皆符合公约第5（b）条的要求。第三项质疑与公约第5（d）条有关,该条要求缔约国管控文物挖掘活动,并在可能的情况下保护所发现的文物。在英国,挖掘活动并非由国家管控,而由当地郡县或列级古迹的看守人管控。但帕尔默教授认为,即使国家不提供保护,而由公共机构提供保护,保护水平也是足够的。第四项争议涉及公约第5（e）条,该条要求缔约国执行利益相关方行为守则。英国虽未参与该守则的实施,但鼓励利益相关方参与。[51]这是英国自20世纪70年代初期以来的一贯做法,对公约第5条的广义解释符合这一要求。[52]第五个问题与公约第10条相关,根据该条,艺术品交易商必须对文物进行登记,其中包括文物的名称、卖家地址、物品描述和出售价格。这一条款被反对批准该公约的英国艺术市场联合会（British Art Market Federation）视为对艺术品交易的控制以及对交易自由的侵犯。[53]然而,正如帕尔默教授所称,登记是为了计缴增值税,且完全符合公约第10条的要求,因为每个缔约国皆可根据自己的规则进行登记。

帕尔默教授的报告发表之后,英国批准了该公约,但提出了三

51　Norman Palmer, *Ministerial Advisory Panel on Illicit Trade* (*Report*) (Department of Culture, Media and Sport, 2000), https://webarchive.nationalarchives. gov.uk/20080306021800/http://www.culture.gov.uk/NR/rdonlyres/2BF7F816-AA1A-41BC-993F-1161F7E3A42A/0/Report_AdPanel_Illicit_Trade.pdf, accessed 2021-11-19.

52　Ibid., para. 97.

53　*Cultural Property: Return and Illicit Trade* (*Seventh Report of the Select Committee on Culture, Media and Sport*) (HC 371-I, 1999-2000), para. 76, https://publications. parliament.uk/pa/cm199900/cmselect/cmcumeds/371/37102.htm, accessed 2021-11-19.

点保留。[54]其中的两点保留意见旨在通过将公约第1条对文物的界定限制在欧洲法律文件的范围内,以体现欧盟法律文件相对1970年《公约》的优越性。自英国退出欧盟以后,该保留意见变得多余,因为欧洲法律不再适用于英国。除了在北爱尔兰外,所有与文物流通有关的欧盟法律文件均已被撤销。第三点保留意见关于公约第7(b)(ii)条,根据该条,被盗文物的归还应按照英国的诉讼时效进行。然而,由于该公约中没有任何关于时效的规定,缔约国可采用各自的国内法。

1.1970年《公约》在国家一级的实施情况

帕尔默教授的报告建议通过刑事条款填补现行刑法在打击文化财产非法贩运方面的空白。[55]2003年《文物交易(犯罪)法》旨在填补刑法空白,因为盗窃罪的判定需要当事人有不诚实行为,即(从犯罪意图来看,)该人的行为不符合理性和诚实人的标准。另一项要求是,国家必须能够证明被盗物品的所有权,因此文化财产的国家所有权立法非常重要。同样,处理赃物罪行的判定需要当事人知道该物品是被盗的。例如,一位艺术品交易商不可仅因拍卖被盗文物而被起诉犯有处理赃物罪,因为他可能不知道该文物的出处。在处理赃物罪的起诉中,只有托克利·帕里(Tokeley Parry)一案

---

54 Norman Palmer, *Ministerial Advisory Panel on Illicit Trade* (*Report*) (Department of Culture, Media and Sport , 2000), para. 61, https://webarchive.nationalarchives.gov.uk/20080306021800/http://www.culture.gov.uk/NR/rdonlyres/2BF7F816-AA1A-41BC-993F-1161F7E3A42A/0/Report_AdPanel_Illicit_Trade.pdf, accessed 2021-11-19.

55 Ibid., paras. 66-73.

获得了成功。该案之所以成功，是因为帕里保存了一本日记，这本日记记录了他如何从其同伙舒尔茨（Schultz）那里获得被盗的埃及文物，以及如何在出售前，对这些文物进行修复的。[56] 在大多数情况下，不太可能证明定罪所需的犯罪意图或故意因素，因为未就文物提出质疑并不等于相信这些文物是被盗的，而且怀疑也不等同于相信。2003 年的《文物交易（犯罪）法》规定，处理有权利瑕疵文物的当事人必须知道或相信该文物有权利瑕疵。文物的定义很广泛，包括符合 1970 年《公约》第 1 条 [第 2（1）款] 定义的所有具有历史、建筑学或考古价值的物品。然而，文物必须有"瑕疵"，这可通过两步加以判明。首先，文物必须是从建筑物、构筑物或古迹上非法挖掘或转移的；其次，根据英国法律或有关国家的法律，这种非法挖掘或转移是一种犯罪行为。该定义的第一个要素将该法案的范围限制在从考古遗址挖掘或从建筑物分离的古物，并不适用于博物馆或私人收藏的意外发现或被盗文物，这大大缩小了该法的适用范围。

在英国法律体系中，根据以下条文移除文物是非法的：1973 年《沉船保护法》（适用于水下船只或船只上的文物）、1979 年《古迹和考古区域法》（适用于列级古迹以及具有重要考古意义的地区）、1986 年《军事遗迹保护法》（适用于军用船只或飞机）、1990 年《（登录建筑和保护区）规划法》（适用于登录建筑的损毁或移除）、

56　另参见：Tokeley, J. 2006, Rescuing the Past: the Cultural Heritage Crusade, Exeter: Imprint Academic。

1995年《商船法》(适用于沉船的移除)、1971年《刑事损害法》(适用于移除行为对文物造成损坏时)。

至今,只有一名从英国教堂拆除木护墙板并盗窃宗教文物的古董商被成功起诉。然而,该法并没有得到足够的司法检验,因为该古董商已经承认犯有盗窃、欺诈和交易瑕疵文物的罪行。[57]除该案外,该法自2003年通过以来,并未对文物交易产生太大影响,也没有任何交易商因购买或出售非法挖掘的外国文物而被起诉。"伊朗诉巴拉卡特案"本可以成为检验该法的绝佳机会,但该案最终未被起诉。[58]

2. 判例法对公约的引用

与1972年《世界遗产公约》类似,1970年《公约》尚未被纳入英国法律,因此不能直接被采用。但法官在不同的案件中援引了该公约,以"表明国际社会对保护国家遗产渴求的认可"。[59]司法部门正在认可国际合作原则并承认外国国家遗产法,包括与控制和限制其文化遗产出口有关的法律。在涉及伊朗吉罗夫特地区被盗和非法出口文物的"伊朗诉巴拉卡特案"中,上诉法院认可1970年《公

---

57 Steven Morris, Antique dealer who plundered churches for profit jailed; Christopher Cooper's most audacious theft was of pre-Restoration decorative oak panels from 15th-century Devon church, The Guardian (10 May 2016), https://www.theguardian.com/uk-news/2016/may/10/antique-dealer-plundered-churches-for-profit-jailed-christopher-cooper, accessed 2021-11-23.

58 *The Islamic Republic of Iran v Barakat Galleries* [2008] 3 WLR 486 2007 EWCA Civ 1374 21 December (CA) (*Iran v Barakat (CA)*). 伊朗成功宣称其对这些文物自始拥有所有权,该案后来在法庭外得到解决。

59 Ibid [163].

约》中的互相支持原则。[60] "杰迪诉苏富比拍卖行案"的争议焦点则是杰迪和皮什瓦伊（Pishvaie）与苏富比拍卖行之间的所有权冲突，涉案物品是一个昂贵的雕花石英花瓶。此案法官判定杰迪胜诉，因为他提供的关于占有权的证据更为可靠。然而，法官也指出了1970年《公约》的重要性，因为它确立了关于来源调查的标准。[61]

在近期的"哈吉诉威斯敏斯特地方法院案"中，高等法院裁定，允许伦敦警察厅进入拍卖行并扣押被盗和非法出口文物的搜查令是有效的。[62] 在2015年的一次武装抢劫中，一位土耳其私人收藏家收藏的一本珍贵的《古兰经》被盗。2017年，这本《古兰经》在伦敦佳士得拍卖行进行拍卖。同年，土耳其当局展开了针对该《古兰经》的非法出口调查。土耳其驻伦敦大使告知佳士得拍卖行，根据土耳其第2863号法律，《古兰经》应属于土耳其，且不应被出口，倒卖文物依该法规定属于刑事犯罪。佳士得随后取消了对《古兰经》的拍卖并向哈吉告知了这一消息，但《古兰经》继续留在该拍卖行。2020年，威斯敏斯特地方法院签发了一份搜查令，授权警方进入并搜查已存放《古兰经》两年的伦敦佳士得拍卖行，并没收该《古兰经》。曾请求佳士得出售《古兰经》的当前持有人哈吉因

---

60 Sophie Vigneron, Protecting Cultural Objects: Enforcing the Illicit Export of Foreign Cultural Objects, in Valentina Vadi and Hildegard Schneider (eds), *Art, Cultural Heritage and the Market, Ethical and Legal Issues*, (Springer 2014) 117.

61 *Jeddi v Sotherby's* [2018] EWHC 1491 (QB [commercial court]) (Butcher J) [55-57; 101].

62 *Al Hajjeh v Westminster Magistrates' Court* [2021] EWHC 2283 (Admin) 2021 13 August (Queen's Bench Division [Divisional Court]).

此提出司法审查申请，要求取消搜查令，并取回《古兰经》。法官裁决，在英国法律中，非法进出口文化财产并不构成犯罪，但《古兰经》是被盗财产，且存在这一"不可避免的推论"，即该物品一旦被盗并出售，则必然会被运出土耳其，不管当事人是谁，"处理赃物"在英国法律中都属一种犯罪行为。[63]此外，就伦敦警察厅正在调查的这起处理赃物案件而言，如果文物盗窃行为发生在英格兰或威尔士，则其有足够的理由签发搜查令。这一盗窃案件在土耳其也进行了调查，因此该搜查令是有效的。法官得出的结论是，哈吉的真正诉求并非被告法院签发的搜查令，而是该搜查令的签发将导致的该《古兰经》可能归还土耳其，致使其无法在土耳其主张对该被盗文物所有权的后果。土耳其政府已根据1970年《公约》第7（b）(ii)条（向英国）提出了归还要求。[64]这说明了刑法可促进1970年《公约》的实施，但诉讼必须以英国法律为依据。该案中，打击盗窃和赃物处理国际合作以2003年《犯罪（国际合作）法》第16条和1984年《警察和刑事证据法》第8条为法律依据。

上述案件表明，虽然1970年《公约》不能直接适用于诉讼，但法院愿意援引该公约来指示什么是可接受的行为，承认1970年之前被盗物品的出处，并逐步认可不同国家合作保护文物的国际原则。

（三）2005年《文化多样性公约》

2005年《文化多样性公约》是承认将追求文化表现形式多样

63　Ibid [53].
64　Ibid [18].

性作为政府政策的正当目标的第一个具有法律约束力的国际文件。在英国已批准的所有文化遗产相关公约中，2005年《文化多样性公约》是最快被通过的。该公约在2007年获得批准，并在生效后几个月内立即施行。它建立了一条连接文化表现形式五个要点的链条：创造、生产、分配/传播、获取和享受，并加强了各要点之间的联系。该公约并非旨在对文化多样性作出全面规定，而是侧重于规定文化活动、商品和服务形式的文化表现。[65] 它进一步强调各缔约方在实施过程中的主权。[66]

该公约规定的文化政策方面的义务由DCMS负责。DCMS和外交与联邦事务部（FCO）携手合作，以消除阻碍艺术品和历史文物自由流动的障碍，从而使美术馆和博物馆能够举办各种临时文化展览。[67] 促进文化自由流动的战略还包括最大限度地向公众免费开放国家博物馆和美术馆。苏格兰盖尔语国家计划，以及北爱尔兰2012年启动的第一个跨文化艺术战略，所有这些活动都是在2005年《文化多样性公约》批准后实施的。此外，威尔士在双语覆盖方面在英国名列前茅。在批准该公约后不久，英国发布了"创

---

65 UNESCO, 30 Frequently Asked Questions Concerning the Convention on the Protection and Promotion of the Diversity of Cultural Expressions.

66 Toshiyuki Kono (ed), *The Impact of Uniform Laws on the Protection of Cultural Heritage and the Preservation of Cultural Heritage in the 21st Century,* Martinus Nijhoff Publishers, 2010.

67 UNESCO'S 2005 Convention on the Protection and Promotion of the Diversity of Cultural Expressions: First Quadrilateral Report by the United Kingdom (September 2012), https://en.unesco.org/creativity/sites/creativity/files/periodic_reports/old/uk_report_ownformat_uk_2012_0.pdf, accessed 2021-09-15.

意不列颠报告",这是一份将文化与可持续发展联系起来的重要文件,肯定了文化和文化产业在实现可持续经济发展方面的重要作用。[68] 这样的认可也反映在《亨利文化教育评论》(Henley Review of Cultural Education),以及英格兰艺术委员会的长期战略中。

英国是一个多文化、多语言和多宗教的国家,保护文化多样性非常重要。尽管资金往往是该公约实施的一项重大挑战,但民间社会与政府携手在宣传该公约以减少对文化多样性的挑战方面发挥了重要作用,这在很大程度上推动了公约的实施。[69] 此外,为应对资金问题,政府还努力提高私营部门和个人捐款数额。实现该目标的一种方法是引入"配捐"(matched funding)概念,即私人捐款多少公共部门就投入多少——或在理想情况下超过私人捐款。采用该方法的一个例子是"催化剂:捐赠计划"。该计划是DCMS、英格兰艺术委员会和国家彩票遗产基金(National Lottery Heritage Fund,NLHF)发起的一项联合倡议[70],旨在为文化部门注入新资金,并通过建立新的捐赠基金或发展现有的捐赠基金,为艺术和遗产组织提供配捐资金,以帮助其提高可持续性和适应性,从而增加其年收入。[71] 例如,英格兰艺术委员会,"文化奥林匹亚",大英博

---

68 Creative Britain (2008) The National Archives, Department for Media, Culture and Spot, https://webarchive.nationalarchives.gov.uk/ukgwa/+/http://www.culture.gov.uk/images/publications/CEPFeb2008.pdf, accessed 2021-09-01.

69 UNESCO'S 2005 Convention on the Protection and Promotion of the Diversity of Cultural Expressions: First Quadrilateral Report by the United Kingdom (September 2012).

70 同上。

71 同上。

物馆的"朝圣"展览，菲茨威廉博物馆的"追寻不朽展览"，创意集体性国家印刷媒体实习项目，以及难民、寻求庇护者与媒体项目（RAM），都是公约成功实施的典范。

然而，促进表达多样性相关政策的实施还必须解决一些需作出主观判断的棘手问题，比如，多大程度的促进力度是适度的？用于促进文化多样性的资源是否应针对可能的弱势群体，还是整个社会？就取得的成果而言，什么才是鼓励措施和法律义务之间的正确平衡？

（四）1954年《海牙公约》

在通过《文化财产（武装冲突）法》（于2017年12月12日生效）之后，英国于2017年批准了1954年《海牙公约》，并加入了1954年和1999年的两项议定书。

在批准该公约时，DCMS（时为"数字、文化、媒体和体育部"，DDCMS）认为，现有的英国文化财产保护措施已经足够，没有必要增加新的措施。[72] 该公约第1条中的受保护文化财产清单与已指定保护的遗产清单相符，包括：[73]

• 所有被列为Ⅰ级（英格兰和威尔士）、A类（苏格兰）和A级

72　Department for Digital, Culture, Media and Sport, *Protection of Cultural Property in the Event of Armed Conflict. Implementation of the 1954 Hague Convention for the Protection of Cutlural Property in the Event of Armed Conflicts, its Protocols and the Cultural Property (Armed Conflicts) Act 2017* (November, 2017b), p. 7, https://www.gov.uk/government/publications/protection-of-cultural-property-in-the-event-of-armed-conflict, accessed 2018-01-23.

73　同上。

(北爱尔兰)的登录建筑;

- 英格兰和威尔士所有 I 级历史公园和花园;
- 所有英国的世界遗产,其中的世界自然遗产除外;
- 受英国政府、苏格兰政府、威尔士政府和北爱尔兰行政机构资助博物馆和美术馆的藏品;
- 英格兰的指定收藏品和苏格兰的认可收藏品(包括博物馆、美术馆、图书馆、档案馆和大学的藏品);
- 国家档案局、英国五个法定送存图书馆和英国电影协会国家档案馆的记录和藏品;
- 处于英国国家监护下的财产(包括英格兰"国家遗产收藏"中的财产;苏格兰大臣保管的财产;威尔士大臣保管的财产;北爱尔兰国家保管或监护的古迹)。

英国决定,蓝盾标志可用于国防部、英国国际红十字会和蓝盾国家委员会制作的传单、小册子和出版物,但不可任意用在各类不可移动文化财产上单独展示。[74]

《文化财产(武装冲突)法》全面实施 1954 年《海牙公约》的

---

74 英国 2017 年《文化财产(武装冲突)法》规定,蓝盾标志在英国境内的使用须经所在地有关职能部门许可,主要用于标记公约和该法第 1 条所规定清单中的可移动文物,以及根据公约和该法规定负有文化财产保护义务或责任的机构和人员。在不可移动文物保护相关事宜中使用该标志的,不仅应获得上述许可,还应将许可文件复印件与该标志一同展示。DDCMS 发布的 1954 年《海牙公约》和该法的实施指南(见作者引注)则进一步指出,蓝盾标志的使用依据公约第 17 条及其《实施细则》第 20 条加以管理,并须符合《文化财产(武装冲突)法》第三节的规定。除非有极有说服力的特殊理由,政府并不打算在和平时期授予与不可移动文化财产相关的蓝盾标志展示许可。——译者注

《第二议定书》，规定了若干严重违反该议定书的罪行（第3—7节），包括：攻击受重点保护的文化财产；利用受重点保护的文化财产或其周围环境来支持军事行动；对受该公约和该议定书保护的文化财产造成广泛破坏；使受该公约和该议定书保护的文化财产成为攻击目标；盗窃、掠夺、挪用或破坏受该公约保护的文化财产。

为实施该公约，《文化财产（武装冲突）法》还根据《第一议定书》第一部分和《第二议定书》第21（b）条的规定，将买卖非法出口的文化财产定为犯罪。该法第17条适用于该公约第1条定义的文化："对各民族文化遗产具有重要意义"的可移动文化财产。对罪行的确立受到艺术品市场代表的强烈反对，他们认为该限制是不适当的，增加了艺术品交易商触犯法律的风险。然而，这种情况不太可能发生，因为该法设定了三个很少能达到的门槛。首先，该法不具有追溯力，且罪行判定必须证明（此类财产的）非法出口发生在1956年8月7日《第一议定书》生效之后，出口时领土被占领，且进口发生在该法于2017年12月12日在英国生效之后。[75] 其次，对被占领领土的界定须符合《陆战法规和惯例章程》（1907年《陆战法规和惯例公约》附件）第42条中的定义，这大大限制了第17条的适用范围，因为它仅适用于极少数领土，而不适用于阿富汗、叙利亚、马里等冲突中的领土。[76] 再次，所要求的犯罪意图是"明

---

75 Department for Digital, Culture, Media and Sport, *Dealing in Unlawfully Exported Cultural Property. Guidance on the Cultural Property (Armed Conflicts) Act 2017* (November, 2017a), p. 7, https://www.gov.uk/government/publications/protection-of-cultural-property-in-the-event-of-armed-conflict, accessed 2018-01-23.

76 同上。

知有理由怀疑"文化财产已被非法出口。这意味着，起诉方必须在排除合理怀疑的情况下，证明"交易商当时所掌握的知识会使'有理性的人'怀疑文化财产是非法出口的"。[77]这是一个很高的门槛，因此不太可能成功起诉。

三、尚未批准的文化遗产公约

英国既未批准2001年《保护水下文化遗产公约》(《水下公约》)，也未批准2003年《保护非物质文化遗产公约》(《非遗公约》)。利益相关方一再要求政府重新审视其对该两项公约的立场。对此，DCMS声称，政府有更重要的优先事项要处理，但会在资源允许的情况下考虑并重新评估其决定。[78]

尽管如此，这些未批准的公约仍对现有规则产生了重大影响，特别是2001年《保护水下文化遗产公约》。本部分将探讨影响英国所持立场的根本原因，并探讨其不批准这些公约的立场的合理性。

(一) 2001年《水下公约》

2021年是2001年《保护水下文化遗产公约》通过20周年，但英国尚未批准该公约。本部分将回顾反对批准该公约的意见，然后

---

77 Department for Digital, Culture, Media and Sport, *Dealing in Unlawfully Exported Cultural Property. Guidance on the Cultural Property (Armed Conflicts) Act 2017* (November, 2017a), p. 7.

78 Hayley Roberts, The British Ratification of the Underwater Heritage Convention (2018) ICLQ 833.

指出批准该公约不会从根本上改变现行国内法，因为英国已接受该公约的大部分条款，特别是其附件《针对水下文化遗产之行动规则》。该规则以公约附件的形式，为管理水下文化遗产保护活动制定了标准。它包括关于项目设计、干预管理、参与人员资格、（考古）发掘的资金与文献资料记录、保护方法等方面的原则和指导方针。

首先，英国认为该公约对水下文化遗产的定义过于宽泛。英国的解释是，2001年《水下公约》要求缔约国对所有具有100年以上历史的水下考古遗址或沉船给予同等的高水平保护，这意味着英国领海中有1万多艘沉船和遗迹（符合这一标准），对所有这些沉船和遗迹加以保护是不可能的。因此，将现有相关法律框架（1973年《沉船保护法》和1986年《军事遗迹保护法》）的保护范围扩展至英国所有水下遗产是不可行的。[79] 此外，（该公约的）某些条款可能会要求英国出台新的政策、法律或行政措施，来保护考古档案或人类遗骸，规范打捞活动，建立报告和通知机制等。[80] 其次，英国认为，2001年《水下公约》第7（3）条和第10（7）条将威胁主权豁免原则。英国称，主权豁免原则与管辖权主张之间存在冲突，"2001年《水下公约》被视为对军舰和其他非商业性政府船只继续享有主权豁免权的直接挑战"。[81] 最后，英国认为该公约与联合国《海洋法公约》（UNCLOS）

79　Craig Forrest, *Maritime Legacies and the Law, Effective Legal Governance of WWI Wrecks,* Elgar Publishing, 2019.

80　UK National Commission for UNESCO, UNESCO Convention on the Protection of Underwater Cultural Heritage: Next Steps for the UK Government (Policy Brief 17, 2015).

81　同上。

不一致，且有可能造成管辖权不知不觉地扩张，这将破坏《海洋法公约》中规定的权利之间的微妙平衡。因此，英国认为，就位于专属经济区内和距离领海基线24海里以外的大陆架上的水下文化遗产而言，引入关于沿海国管辖权的新元素将会造成与《海洋法公约》的规定不一致。[82]英国解释称，这将赋予沿海国在其专属经济区内新的管辖权，且该管辖权将远远超出《海洋法公约》确定的范围。

有人提出，由于国内和国际水下文化遗产的开发，最初阻止英国投赞成票通过该公约的保留意见已不再有效。第一，英国通过了该公约的附件《针对水下文化遗产之行动规则》，且政府要求海事许可必须遵守该规则。此外还限制出于商业目的开发水下文化遗产。[83]第二，该公约区分了针对水下文化遗产的活动和间接影响水下文化遗产的活动。因此，规范和保护的范围比最初设想的要小得多。批准该公约后，英国可将其水域划定为寻宝者的"禁区"，从而更容易管理水下文化遗产。第三，英国不会被要求保护其领海内的所有沉船，且批准该公约也将有助于英国保护其在世界各地的历史沉船，包括军舰、其他国家的船只，以及英国宣布与之有"可证实联系"的船只。[84]第四，国内法和国际法之间的差异正在缩小，

---

[82] UNESCO Convention on the Protection of the Underwater Cultural Heritage: UK Explanation of Vote, UK Foreign & Commonwealth Office (2001).

[83] UK National Commission for UNESCO, UNESCO Convention on the Protection of Underwater Cultural Heritage: Next Steps for the UK Government (Policy Brief 17, 2015).

[84] British Academy, 2001 UNESCO Convention on the Protection of the Underwater Cultural Heritage (Honor Frost Foundation Steering Committee on Underwater Cultural Heritage 2014).

且最初对该公约存在担忧的几个主要海洋国家，包括西班牙、法国和葡萄牙等，目前都已经批准了该公约。爱尔兰、德国和荷兰也正在考虑批准该公约。[85]这表明，该公约正日益被确立为水下文化遗产国际法的主要框架。最后，批准该公约将有助于英国加强其对《海洋法公约》的解释，并使英国能够在该公约体系内提出自己的主张。这将最终推动英国遗产部门的国际化发展，确立其在大学教育和研究中的领导地位，并促进英国水下文化遗产领域受益于不断扩大的全球需求的相关行业的发展。[86]英国还可精简现有的临时安排，并释放将水下文化遗产视为宝贵社会和经济资源而获得的红利，以节省开支和提高经济效益。[87]

尽管许多利益相关方要求英国重新审视其立场，但 DCMS 认为，政府目前有其他重要的优先事项要考虑，但政府将在资源，包括人力和财力（资源）允许的情况下重新评估其决定。[88]政府不愿批准 2001 年《水下公约》，表明其仍不愿对英国水域的文化遗产追加更多投资和支出。

85　British Academy, 2001 UNESCO Convention on the Protection of the Underwater Cultural Heritage (Honor Frost Foundation Steering Committee on Underwater Cultural Heritage 2014).

86　同上。

87　同上。

88　https://hansard.parliament.uk/Commons/2017-10-31/debates/17103128000011/UnderwaterCulturalHeritage?highlight=convention%20cultural#contribution-6691876E-C318-44DB-ADB5-2492E2B9DA40, accessed 2021-11-11; Hayley Roberts, The British Ratification of the Underwater Heritage Convention: Problems and Prospects, (2018) 67 *International And Comparative Law Quarterly* 833.

（二）2003年《非遗公约》

2003年《非遗公约》将文化遗产的定义从物质文化遗产扩展至非物质文化遗产，即口述传统、表演艺术、社会习俗、仪式、节庆活动等活的表现形式，以及关于自然和宇宙的知识和实践或制作传统工艺品的知识和技能。英国是世界上尚未批准该公约的17个国家之一，这也是缺乏以英国为研究对象的关于该公约实施情况的文献的原因。该公约的批准一直是英格兰和苏格兰之间关系紧张的根源。苏格兰更认同非物质文化遗产，所以对苏格兰的研究非常丰富。从历史上看，英国其他构成部分（苏格兰、威尔士和北爱尔兰）更多地具有欧洲中心的文化渊源，所以它们很容易接受该公约，这同时也是英国政府不愿批准该公约的原因之一。[89]然而，尽管苏格兰是非物质文化遗产的倡导者，但作为英国的一个组成部分，苏格兰不能独立于英国批准该公约。拒绝批准该公约的主要原因是制度问题，以及监测和建立相关名录的费用。

英国缺乏参与该公约的政治意愿，体现在其主要遗产机构和政府机构使用的"权威遗产话语"（Authorized Heritage Discourse，AHD）中。这些机构更倾向于"美观的材料、物品、地点和场所"，而不是无形价值。[90]例如，无论是《英国遗产战略（2005—2010）：

---

[89] Ullrich Kockel, Turning the World Upside Down: Towards a European Ethnology in and of England, in Nic Craith, and Others (eds), *Everyday Culture in Europe: Approaches and Methodologies*, Ashgate Publishing Ltd., 2008.

[90] Laurajane Smith, *Uses of heritage*, Routledge, 2006, 29.

让过去成为我们未来的一部分》还是《英国遗产合作计划（2011—2015）》都未提及非物质文化遗产。英国已根据1983年《国家遗产法》、1979年《古迹和考古区域法》和1990年《（登录建筑和保护区）规划法》，建立起古迹、建筑物和遗址的整个保护框架，这阻碍了对其他价值的认可。[91]DCMS发布的《文化白皮书》通篇彻底忽略了"非物质文化遗产"这一概念，这清楚地表明英国仍坚定地围绕着遗产的物理和物质要素开展保护工作。2021年1月一份题为《文化和遗产资本估值：为决策提供信息的框架》的文件生动地表明，英国缺乏保护非物质文化遗产的政治意愿，因为该方案主要针对"有形资产"，而无形资产被排除在经济估值的范围之外。[92]将文化资本仅归为有形资产，并通过否认非物质遗产的经济价值而直接忽略非物质遗产，表明英国无意为非物质遗产提供新见解，也解释了英国尚未批准2003年《非遗公约》的原因。此外，尽管DCMS也进行了某些方面的保护工作（如推进短期展览等），但英国没有专门负责和致力于保护非物质文化遗产的法定机构。

另一个问题在于监测和建立名录的费用较大，且可能会造成不断变化的传统的固化。"英格兰史迹"表示，"英国已研究了该公约，并得出以下结论：(a)公约的监督和实施将非常困难；(b)（加入该公

---

91 Suzy Harrison, How is England's Intangible Cultural Heritage being Safeguarded? (Master of Arts, Nottingham Trent University 2013).

92 Valuing Cultural and Heritage Capital: A Framework towards Informing Decision Making, available at https://www.gov.uk/government/publications/valuing-culture-and-heritage-capital-a-framework-towards-decision-making/valuing-culture-and-heritage-capital-a-framework-towards-informing-decision-making, accessed 2021-09-04.

约）是对英国已在进行的努力的重复。"[93] "英格兰史迹"声称,建立名录是一项烦琐、昂贵且令人生畏的任务,它将文化错误地理解为(孤立的)原子式项目,且与保护的目标没有任何关系,对非物质文化遗产保护没有任何影响。[94] "英格兰史迹"反对以建立名录和保护的名义,"冻结"不断变化的、动态的文化实践。[95] 例如,英国的说唱剑舞传统上只是男性的舞蹈,但女性从20世纪70年代开始参与其中。虽然社区对这一改变持开放态度,并仍保护其真实性,而列入名录可能会将这一适合当代背景的动态、不断发展的传统,固化为代表过去的僵化传统。英国民俗博物馆则是一个正面的例子,它以一系列展览的形式存在于全国各地,没有固定地址。此外,住房社区暨振兴地方部（DLUHC）于2019年制定《国家规划政策框架》和2019年国家彩票遗产基金（NLHF）已将其重点从保护建筑环境转向重视社区享用、社会和文化利益以及遗产的合理利用。[96] 与其前身不同,国家彩票遗产基金甚至正式认可"非物质遗产"一词是指那些不可触摸、被认为是"非物质"的事物。当被多次问及该公约时,政府表示,由于非物质文化遗产的性质变化非常快,如果批准该公约,则可能需要设定严格的定义,并有可能引发方言等争议性话题的争论。

93　Alison McCleery and Others, *Intangible Cultural Heritage in Scotland: One Nation, Many Cultures* (Green Lines Institute 2009).

94　Richard Kurin, Safeguarding Intangible Cultural Heritage: Key Factors in Implementing the 2003 Convention, (2007) 2 *International Journal of Intangible Heritage*.

95　Richard Kurin, Safeguarding Intangible Cultural Heritage in the 2003 UNESCO Convention: a Critical Appraisal, (2004) 56(1-2) *Museum International*.

96　Johnathan Djabarouti, Stories of Feelings and Things: Intangible Heritage from within the Built Heritage Paradigm in the UK, (2021) 27(4) *IJHS* 391.

因此，尽管英国支持该公约的精神和目标，但不打算批准该公约。[97]政府充分认可英国非物质文化遗产的贡献，并继续鼓励社区为后代的利益传承这些实践[98]，但认为批准该公约"缺乏令人信服的商业案例"，也不确定这样做的收益是否大于成本。[99]

同时，根据 2003 年《非遗公约》第 2.1 条的规定，只有符合现行人权文件，以及符合各社群之间相互尊重要求的非物质文化遗产才受到公约保护。然而，英国国歌的第二段提出要"镇压反叛的苏格兰人"，尽管这首歌不再被传唱，但英国还有其他一些歌曲和故事并没有表现出对少数民族的尊重。[100]

反对批准该公约者提出的关于成本、监测和建立名录对遗产影响的论据是错误的，因为它们基于对非物质遗产原子式的错误理解，即批准该公约与"保护非物质遗产的目标关系不大"。[101]它们

97　HC DEB 25 June 2009: C1042 [Online] Available at: http://www.publications.parliament.uk/pa/cm200809/cmhansrd/cm090625/debtext/90625-0019.htm, accessed 2021-09-03; HC DEB 17 May 2012: C264W [Online] Available at: http://www.publications.parliament.uk/pa/cm201213/cmhansrd/cm120517/text/120517w0002.htm, accessed 2021-09-03.

98　Convention for the Safeguarding of the Intangible Cultural Heritage, https://questions-statements.parliament.uk/written-questions/detail/2017-03-27/HL6360 (UK Parliament, 27 March 2017).

99　Convention for the Safeguarding of the Intangible Cultural Heritage, https://questions-statements.parliament.uk/written-questions/detail/2020-06-02/HL5059 (UK Parliament, 2 June 2020).

100　Suzy Harrison, The Safeguarding of Intangible Cultural Heritage in England: A Comparative Exploration (PhD Theses, Nottingham Trent University 2009).

101　Richard Kurin, Safeguarding Intangible Cultural Heritage: Key Factors in Implementing the 2003 Convention, (2007) 2 *International Journal of Intangible Heritage*.

掩盖了英国缺乏给予非物质和物质文化遗产协调和平等保护的政治意愿及其努力的事实。批准该公约将有利于将公约原则纳入即将实施的国家战略、政策和立法，并将最终改善关于非物质遗产的体制框架以及非物质遗产保护本身。

四、批判性分析

（一）经济发展与文化遗产保护

对英国现行文化遗产保护制度的深入分析表明，尽管英国不断努力提高文化遗产的保护水平，但始终不愿加强文化遗产保护，并缺乏必要的政治意愿，议会对此也不感兴趣。多年来，经济利益一直胜过对文化遗产可持续性的保护力度。从近期巨石阵和利物浦的案例可明显看出英国对文化遗产的漠视。在保护不可移动文化遗产方面，英国的进展十分缓慢。城市规划中的经济和社会发展占据了主导地位，尽管这对世界遗产地造成了严重危害。

此外，英国多年来（在涉及1970年《公约》、2001年《水下公约》和2003年《非遗公约》时）反复强调的一个核心论点是国家需承担建立名录的费用。有人提出，名录对遗产保护制度没有任何实质性影响，这一有争议的观点进一步证实了英国重视经济而非遗产的状况。虽然建立名录的确会产生经济成本，但很明显，英国正在将其资源投入到促进经济开发，而非文化遗产保护领域。

维持经济利益与保护文化遗产之间的平衡是一项很微妙的工

作，并在很大程度上需要由地方政府来完成。尽管存在反对经济开发的提议，但这种提议很容易为了实现更广泛的公共利益而被推翻：就业、住房和经济增长，这些都是 DCLG 比 DCMS 更需要优先考虑的事项。然而，更大的问题在于保护文化遗产是否也属于公共利益的范畴，以及其可在多大程度上推动公共利益。必须指出的是，英国法院在评估对遗产资源有重大影响的规划许可证的有效性时，会避免公共政策争论。这表明，在解释公共利益背后的合理性时，人们会更多地关注其与经济利益，而非与遗产保护的联系。遗产的去语境化与经济利益相比，已在很大程度上被经济利益所超越。[102]

然而，多年来，1970 年《公约》和 1972 年《世界遗产公约》的基本原则已逐渐渗透至法院，并被法官援引。在近期的实例"哈吉诉威斯敏斯特地方法院案"中，法院援引 1970 年《公约》作为一种可接受的标准，尽管该诉求并不能直接基于该公约提出。[103]

（二）碎片化的法律和监管框架

英格兰对建筑遗产的保护呈现碎片化特征：列级古迹、考古遗址、登录建筑、保护区、历史公园和花园、古战场被记录在不同的登记册／名录中。因为缺乏协调一致的保护形式，相关保护工作相互重叠。英国在 2008 年制定了一项重要改革计划，以简化和统一

102　John H. Merryman, *The Public Interest in Cultural Property*, (1989) 77 *California Law Review*.

103　*Al Hajjeh v Westminster Magistrates' Court* [2021] EWHC 2283 (Admin) 2021 13 August (Queen's Bench Division [Divisional Court]).

各种登记名录，世界遗产地亦包括在内。该立法草案将世界遗产地列入历史资源登记名录，并要求地方规划部门列入其历史环境记录，以此认可世界遗产地的法律地位。然而，由于缺乏立法时间，该提案未被纳入 2008 年 11 月的女王讲话，也未能在 2010 年新政府成立后得到跟进，尽管建筑物和保护区的登录程序通过 2013 年《企业和监管改革法》得到了一些修改。[104] 这表明英国在此方面的进展非常缓慢。遗产保护框架的一致性问题，以及《国家规划政策框架》（NPPF）和《国家规划政策指南》（NPPG）的复杂性问题，都有待英国政府加以解决。

（三）资金和人力资源缺乏

对英国而言，批准 2001 年《水下公约》和 2003 年《非遗公约》都将是其在遗产保护方面迈出的积极一步。但除了政府缺乏政治意愿以及议会缺乏兴趣之外，还存在真正的资源问题。例如，从事建筑环境保护工作——如监测保护区的变化、认定和评估登录的建筑物等——的人员数量不足，而这些工作对于加强当前的保护制度至关重要。英国早在 2006 年讨论《遗产法案》时就已认识到这一问题[105]，但没有将其作为一种行动或义务进行进一步推进。此外，登录建筑和保护区认定也存在问题，对登录建筑的保护管控也明显

---

104 English Heritage, *The Protection & Management of World Heritage Sites in England, English Heritage Guidance Note to the Circular for England on the Protection of World Heritage Sites* (2009), para. 6.9.

105 House of Commons (Culture, Media and Sport Committee), *Protecting and Preserving our Heritage* (Third Report, session 2005-2006) (HC 912-1, 2006) [153-155].

不足。这意味着，世界遗产区内登录建筑的微小变化，可能会导致该遗产的突出普遍价值、真实性或完整性发生重大变化，并导致在英国发生更多像利物浦这样的案例。为解决这一问题，现在比以往任何时候都需要在这一领域进行更多的投资。更多的资金投入可促进整个机制进一步完善，并可将保护制度纳入一个统一的平台，以确保一致性和关联性。

五、结论

总体而言，在 UNESCO 六项文化遗产公约中，英国已批准其中四项，尚未批准剩余两项。未批准的两项公约在国际环境和保护英国濒危文化遗产方面变得越来越重要。为此，现在最需要的是英国的政治意愿和议会的兴趣，以确保积极参与并实施公约。但遗憾的是，这两者都不存在，这反映在国内法规则的碎片化方面。由于参与程度很低，英国的遗产保护仍面临风险，需要给予更多关注。同时，英国仍需回答如何处理可持续发展等一系列更加错综复杂和紧迫的问题。

美国文化遗产法与联合国教科文组织公约

李 源[*]

美国是联合国教科文组织(简称 UNESCO)的 37 个创始会员国之一,作为"二战"后综合国力最为强大的国家,在联合国教科文组织中发挥了重要的作用。一些公约的制定和在全球范围内的有效实施,需要美国的积极参与。本文将首先对美国文化遗产法的基本框架进行介绍,然后对美国实施联合国教科文组织文化遗产公约的情况,以及未能加入一些公约的情况进行阐述。

一、美国文化遗产法的框架

美国是普通法系的一员,其文化遗产法也具有鲜明的普通法

---

[*] 李源,中国人民大学和美国德保罗大学联合培养博士。研究方向:文化遗产法。

系特征，没有相对统一的成文法典，而是散布在数量庞大的各种单行成文法和判例之中。由于美国属于典型的联邦制国家，其文化遗产法体系由联邦法和州法共同构成。其中，文化事务一般属于各州法的管辖范围；而位于联邦所有的土地、属于联邦机构所有的文化遗产，跨州的艺术品和文化财产保护、开发和贸易，以及文化遗产的国际合作等事项，则属于联邦法的管辖范围。同时，所有相关法律规则都服从于具有最高法律效力的联邦宪法。美国文化遗产法的内涵和外延、内部各领域也没有权威的统一界定。但一些专家学者对文化遗产法进行了定义和划分，有的侧重于文化遗产的国际保护，有的侧重于文化财产和艺术品的交易，有的侧重于政府对文化遗产的保护。本章综合美国现有文化遗产法研究成果，将美国文化遗产法划分为以下四个领域。

（一）宪法与知识产权法中的艺术家权利规范

宪法领域与文化遗产保护利用相关的法律规则主要体现在联邦宪法中的言论自由条款对艺术家艺术表达的保护。根据联邦法院判例"伯里诉纽约市案"，艺术家的艺术表达、出版作品等行为同样属于言论自由的范畴，受到宪法第一修正案的保护。[1] 知识产权法则主要属于州法，艺术家对所创作的艺术品享有著作权。

（二）商法中博物馆等文化机构的商事关系规范

在美国，艺术品和文化财产市场主体主要包括作为非营利机构

1　*Bery v. The City of New of York*, 97 F.3d 689 (2d Cir. 1996).

的博物馆，以及营利性的拍卖行和经销商。

美国很多州的法律对博物馆等非营利机构进行了专门规定，博物馆必须有文化、教育、宗教等非营利目的，必须遵守"分红禁止"（nondistribution constraint）规则，即不得用博物馆的经营利润向其董事、馆长、职员等管理者分红，需要成立慈善性质的信托管理委员会或董事会进行管理。非营利博物馆不用向联邦政府纳税，信托管理者必须履行对博物馆非营利和慈善等目标的忠实义务。

艺术品商业机构主要包括拍卖行和经销商，以盈利为目标。艺术品所有者经常通过这些交易商来进行艺术品交易。为了维护艺术品市场的公平，美国各州法律一般规定从事艺术品交易的商业机构对交易委托人具有忠诚义务，不得损害委托人的利益或进行内部交易。艺术品作为一种特殊商品，交易在真实性、质量、价格等方面与一般财产交易不同，很多艺术品并不存在绝对客观的真实、合格的质量和公平合理的价格。因此，艺术品交易商一般也没有保证艺术品真实性和合理价格的义务。纽约州的"拉文那诉佳士得"（*Ravenna v. Christie's*）等判例确认，买家从拍卖行购买美术作品并进行估价，如果认为真实性、质量、价格不合理，并不一定有权就拍卖行的"不当陈述"（negligent misrepresentation）提出索赔。[2]

（三）财产法和契约法中的文化财产与艺术品交易规范

在财产法和契约法领域，以下几方面关键问题对文化财产和艺

2　Patty Gerstenblith, *Art, Cultural Heritage, and the Law: Cases and Materials*, Carolina Academic Press, 2012, p.370.

术品交易产生重要影响。

第一，跨州或跨国民事法律适用。美国艺术品交易市场主要集中在纽约、洛杉矶、芝加哥等大城市，而艺术品及其所有者则遍布全美甚至全球。然而，财产法和契约法一般属于美国各州立法的范畴。一旦出现纠纷，适用不同州甚至不同国家的法律，对案件结果有着重要影响。

第二，不承认被盗财产的善意取得。一般而言，普通法不承认善意取得相关规则，因为"任何人不能给别人自己没有的东西"（*nemo dat* rule）。作为普通法重要理论，该理论的一个重要推论是"盗窃者不能将被盗物的所有权转移给购买者"。[3] 无论购买人是否知情，财产的权利仍然属于原所有者。这一规则由"门泽尔诉李斯特案"[4] 以及"塞浦路斯希腊东正自治教会诉戈德伯格和费德曼艺术馆案"[5] 确立。鉴于文物艺术品流转的隐秘性与复杂性，该规则对于促进被盗文物艺术品返还其原所有权人十分有利。

第三，时效规则。原所有者不能"躺在自己的权利上睡觉"（sleeps on his rights）[6] 是普通法确立的又一个重要原则，各州有关民事诉讼时效的规定则是该原则的重要体现。若通过民事诉讼对流失文化财产进行追索，原告需要尽自己最大的努力发现文化财

---

[3] *Autocephalous Greek-Orthodox Church of Cyprus v. Goldberg & Feldman Fine Arts, Inc.*, 717 F. Supp. 1374 (S. D. Ind. 1989).

[4] *Menzel v. List*, 253 NYS 2d 43 (App. Div. 1964).

[5] *Autocephalous Greek-Orthodox Church of Cyprus v. Goldberg & Feldman Fine Arts, Inc.*, 717 F. Supp. 1374, 1379 (S.D. Ind. 1989).

[6] *O'Keeffe v. Snyder*, 170 N.J.Super. 75, 405 A.2d 840 (1979).

产被盗的事实，寻找被盗财产下落，并向持有人要求返还。美国各州法律规定的时效规则有所不同，最为重要的规则是由前述"门泽尔诉李斯特案"确立的"要求与拒绝规则"（Demand and Refusal Rule），即诉讼时效从真正的所有权人发现被盗财产并向财产的现持有人要求返还，而持有人拒绝返还之时开始计算。[7]实践中，原所有权人在诉讼追索流失文物前，往往面临着复杂的调查取证和与现持有人沟通的过程，"要求并拒绝"的时效规则在督促其行使权利的同时，也在一定程度上适应了文物追索的实际情况和困难。

（四）公法对文化遗产的保护

20世纪以来，美国联邦和各州越来越重视对文化遗产的保护，相继出台了诸多法律。在宪法之下，联邦和各州都有相应的法律，比如联邦法中的1906年《古物法》（Antiquities Act）、1966年《国家历史保护法》（National Historic Preservation Act）、1979年《考古资源保护法》（Archaeological Resources Protection Act）、1990年《美国原住民墓葬保护与返还法》（Native American Graves Protection and Repatriation Act）等等。美国各州、城市也都有基于本地情况制定的历史保护法律。

政府通过上述特别立法将个人所有财产认定为文化遗产进行保护，以保护和彰显其公益价值为目标对该财产的使用、修缮、交

---

7 Robert K. Paterson, Resolving Material Culture Disputes: Human Rights, Property Rights, and Crimes Against Humanity, in James A.R. Nafziger and Ann M. Nicgorski (eds.), *Cultural Heritage Issues: The Legacy of Conquest, Colonization, and Commerce*, Martinus Nijhoff Publishers, 2009, p.372.

易进行限制或提出要求，不可避免地涉及对个人财产权的限制，由此产生了公私权益冲突与平衡问题：政府是否有权以保护文化遗产、维护公众利益为理由限制甚至剥夺个人的财产权；政府有权采取什么样的保护措施，应适用什么样的程序；如果个人的财产权受到了限制，政府是否应当给予个人补偿，应该给予什么样的补偿。在解决这一关键问题方面，最根本的法律依据是联邦宪法第五修正案中的征收条款，以及第十四修正案中的正当程序条款。许多判例也确立了解决这一问题的重要法律规则。如在"宾夕法尼亚中央运输公司诉纽约市案"[8]中，联邦最高法院确立了历史保护领域的一个重要规则，即政府在给予相对人合理的补偿条件下，可以经正当程序，限制相对人的财产权，对文化遗产进行保护。

二、美国加入的联合国教科文组织文化遗产公约及实施情况

在美国法律体系中，国际公约占有非常重要的地位，其加入的文化遗产国际公约是其文化遗产法的重要组成部分。同时，美国长期以来都是世界上最大和最重要的文化财产和艺术品交易市场国[9]，对其他国家的文化遗产保护事业影响巨大，对于UNESCO文

---

8 *Penn Central Transportation Co. v. New York City*, 438 U.S. 104 (1978).

9 根据Statista公司在2021年8月的调查研究，美国占据了全球艺术品交易市场中42%的份额，其次是中国和英国各占据20%。参见：Statista Research Department, Art market worldwide - statistics & facts, Aug 5, 2021, available at: https://www.statista.com/statistics/885531/global-art-market-share-by-country/, accessed 2022-03-23。

化遗产公约的制定和发展也有着重要意义。

美国虽然是联合国教科文组织的创始会员国，但曾于1984年至2003年退出该组织。2018年12月31日，美国第二次退出联合国教科文组织的决定正式生效，原因是"美国对不断增加的拖欠联合国教科文组织会费感到担忧，认为教科文组织有进行根本性改革的必要，且教科文组织持续存在反以色列的偏见"。[10]虽然无法预测美国是否会重返联合国教科文组织，但其仍然具有观察员国身份，并且是UNESCO多个公约的缔约国，退出UNESCO并不影响其已经批准的国际公约在美继续实施。从1952年《国际版权公约》（Universal Copyright Convention）开始，截至2021年8月，美国批准了UNESCO的39项公约和协议中的18项。[11]其中，批准的文化遗产相关公约包括1954年《关于发生武装冲突时保护文化财产的公约》（简称"1954年《海牙公约》"）、1970年《关于禁止和防止非法进出口文化财产和非法转让其所有权的方法的公约》（简称"1970年《公约》"）和1972年《保护世界文化和自然遗产公约》（简称《世界遗产公约》）。

（一）1954年《海牙公约》在美国的实施

在两次世界大战中，文物和历史遗迹遭到了惨重的掠夺和破

---

10 The United States Withdraws From UNESCO, Press Statement, Heather Nauert, Department Spokesperson, October 12, 2017, available at: https://2017-2021.state.gov/the-united-states-withdraws-from-unesco/index.html, accessed 2022-02-06.

11 The Executive Board of UNESCO 212th Session, *Implementation of Standard-setting Instruments*, 16 August 2021.

坏，有鉴于此，国际社会在战后着手制定一套保护文化遗产的法律体系，第一部相关国际公约是1954年在海牙面世的《关于发生武装冲突时保护文化财产的公约》。[12] 然而，美国直至半个多世纪以后才着手加入这一公约。

尽管如此，美国确是最早起步对武装冲突状态下的文化财产加以保护的国家之一。1863年，美国总统林肯签署了《美国政府军队战场守则》(Instructions for the Government of Armies of the United States in the Field)，又称为《利伯守则》(Lieber Code)，这是最早开始关注战时文化遗产保护的规范性文件，为包括1954年《海牙公约》在内的战争状态下保护文化财产的法律规则的形成提供了重要基础。美国在1954年《海牙公约》的制定中发挥了重要作用，联邦政府一开始对签署这一公约也是态度积极的，在公约出台当年就同意签署。但美国军方一直持反对意见，认为这一公约会影响和限制美国的军事政策。美国政府因此一直没有将公约提交参议院审议批准。在冷战结束后，随着军事压力大为减轻，美国国防部撤回了对1954年《海牙公约》的反对意见。1999年，克林顿总统将1954年《海牙公约》及其《第一议定书》的一部分提交参议院对外关系委员会审议，同时提交了国务院起草的关于公约重要性的报告，提出了对批准公约赞同意见。[13] 2008年9月25日，参议

---

12 Patty Gerstenblith, *Art, Cultural Heritage, and the Law: Cases and Materials*, Carolina Academic Press, 2012, p.544.

13 U.S. Committee of the Blue Shield, The 1954 Hague Convention on the Protection of Cultural Property in the Event of Armed Conflict, available at: https://www.uscbs.org/1954-hague-convention.html, accessed 2021-12-12.

院批准同意加入1954年《海牙公约》。2009年3月13日，美国正式加入1954年《海牙公约》。但是，出于对军事政策的考虑，美国至今尚未批准该公约的两项议定书。

在长达半个多世纪的时间里，美国虽然未加入1954年《海牙公约》，但出于国际形象考虑，在其军事行动中还是在一定程度上执行了该公约的有关规定。例如，在2003年开始的伊拉克战争中，美国军队在文化遗产专家的帮助下，制定了禁止攻击的文化地域和文物储藏地清单，这些地点都没有成为军事目标。[14]但是，美国军队对伊拉克文化遗产的保护力度仍是不够的，在战争中，伊拉克博物馆、国家图书馆、国家档案馆、宗教图书馆等重要文化遗产地遭到劫掠甚至焚毁。此外，美国还通过蓝盾运动（the Blue Shield Movement）对武装冲突状态中的文化遗产进行保护。国家建立的"美国蓝盾委员会"（the U.S. Committee of the Blue Shield, USCBS）为美国军队进行保护文化遗产的培训，在军事行动中参与对文化遗产的保护行动，并为推动美国批准1954年《海牙公约》而努力。

2011年对利比亚的空袭行动是美国在批准1954年《海牙公约》后的第一次武装行动。美国蓝盾委员会会同考古学家制定了一份利比亚文化遗产地清单，在2011年3月北约设立禁飞区之前提交给美国国防部。同时，蓝盾国际委员会也向其他北约国家提交了

---

14 Patty Gerstenblith, *Art, Cultural Heritage, and the Law: Cases and Materials*, Carolina Academic Press, 2012, pp.554-555.

这些信息，北约各国将这些信息传递给军队，确保利比亚的文化遗产地在空袭中得到保护。[15]

（二）1970年《公约》在美国的实施

1. 1970年《公约》在美国批准和实施的历程

在文化财产市场国中，美国是较早启动批准实施1970年《公约》的国家之一。但在美国看来，1970年《公约》并不是一个可以自动实施的国际条约，而需要各缔约国的配套措施。因此，1970年《公约》允许并鼓励缔约国在该公约框架下创制管理措施，以补充和充实条约义务的内容。[16]1972年，美国参议院全票批准了1970年《公约》，但同时声明了一项保留和六项"谅解"（understandings）。其中有一项"谅解"规定，1970年《公约》在美国并不是自动生效的。这就意味着，除非美国制定了相应的国内法，否则1970年《公约》在美国就一直处于批准但未生效的状态。[17]这些"谅解"还提出，该公约没有溯及力，因此只有在美国制定相关国内实施法之后，公约才在美国有法律效力；而且，其他缔约国向美国请求返还文化财产时，应当提交必要的证据。美国众议院也

15　Patty Gerstenblith, *Art, Cultural Heritage, and the Law: Cases and Materials*, Carolina Academic Press, 2012, p.553.

16　Katherine D. Vitale, The War on Antiquities: United States Law and Foreign Cultural Property, *Notre Dame Law Review*, April 2009, p.1843.

17　Patty Gerstenblith, Implementation of the 1970 UNESCO Convention by the United States and Other Market Nations, in Jane Anderson and Haidy Giesmar (eds.), *The Routledge Companion to Cultural Property*, London and New York: Routledge Press, 2017, p.60.

对此议题展开辩论，并于1977年通过了批准加入该公约的法案。[18]虽然美国国会较为顺利地批准了该公约，但这六项"谅解"的提出，意味着1970年《公约》在美国的批准和实施之路都不会是一帆风顺的。

20世纪70年代末，美国众议院制定了1970年《公约》在美国的实施法案，但由于美国艺术品交易市场界的强烈反对，在参议院审议环节，以纽约州参议员丹尼尔·帕特里克·莫伊尼汉（Daniel Patrick Moynihan）为首的部分参议员倾力阻挠，该法案因难以达成广泛共识被搁置了很长一段时间。直至1982年12月，这部名为《文化财产公约实施法》（Convention on Cultural Property Implementation Act，CPIA）的法案终于制定完成。美国国会也阐释了颁布《文化财产公约实施法》的理由如下：

> 大部分专家都认为，近些年来，在越来越大规模的国际贸易的刺激下，对考古学和民族学材料以及文物的需求快速增长。但和其他商品不同，这些文物并不会通过产量的提升来满足需求，而是通过将新发现古迹中的文物投放到市场中。由于文物独特的起源和特征，这会引起严重的问题，这是一般国际贸易协议和美国贸易法律解决不了的……对文物的需求会导致对古迹和文物不可弥补的损害，践踏了所在国的文化遗产，

18　霍政欣：《1970年UNESCO公约研究：文本、实施和改革》，中国政法大学出版社2015年版，第113页。

伤害了全世界对历史的认知。美国作为重要的文物市场国,在美国发现那些被盗和非法出口的文化财产,会严重损害美国同文物原属国的外交关系,特别是这其中还有美国的盟友。[19]

美国是重要的文物市场国之一,长期作为文化财产非法国际交易的目的地会损害大批文物来源国的利益,进而影响美国同这些国家之间的外交关系。[20]同时,美国参议院也考虑到美国的古迹也面临着被掠夺和盗掘的危险。可以说,美国政府在防止和禁止文化财产的非法国际交易以及文物返还问题上,从总体上来说有着相对积极的态度,但又存在着矛盾的心理。最终,《文化财产公约实施法》于1983年1月由里根总统签署颁布实施。

2.《文化财产公约实施法》的内容

《文化财产公约实施法》所保护的对象是公约缔约国包括"考古或民族学/人种学材料"(archaeological or ethnological material of the State Party)在内的文化财产。其中,"考古材料"指的是具有文化价值并且具有250年以上历史的考古出土物品;"民族学/人种学材料"指的是对土著部落等前工业化社会群体具有特殊历史文化价值和文化遗产意义的物品。特别值得注意的是关于"考古材

---

[19] Patty Gerstenblith, Implementation of the 1970 UNESCO Convention by the United States and Other Market Nations, in Jane Anderson and Haidy Giesmar (eds.), *The Routledge Companion to Cultural Property*, p.62.

[20] Katherine D. Vitale, The War on Antiquities: United States Law and Foreign Cultural Property, *Notre Dame Law Review*, April 2009, p.1844.

料"250年历史门槛的规定：美国在同其他国家有关文化财产进出口限制的合作中，也主要是基于这个标准对文化财产的范围进行限定。在此基础之上，《文化财产公约实施法》在入境管理和限制方面规定了一系列措施，主要包括以下四套机制。

第一，基于1970年《公约》第9条的文化财产进口限制。1970年《公约》第9条针对的是那些"遭受掠夺而处境危殆"的文化财产，对这些文化财产进行保护意义重大，而该条规定却过于笼统且缺乏操作性。《文化财产公约实施法》设计了更具可操作性的规则：该法第303条规定，如果其他缔约国的文化遗产由于考古或人种学的材料遭受掠夺而处境危殆，而且采取了1970年《公约》所规定的文化遗产保护措施，除非有缔约国颁发的相应证书或其他文件证明出口行为并不违反该缔约国的法律，指定清单上的考古或人种学材料不得进口到美国。所谓指定清单，根据该法第305条的规定，指的是美国财政部长在咨询新闻署之后，应根据协议规定的进口或紧急进口限制措施，指定缔约国的考古材料或人种学材料清单；该清单是限制文化财产入境的依据。为了保障相关缔约国进出口限制得以实施，美国总统有权同相关缔约国签署双边或多边协议，以确定具体的文化财产进口限制措施。

第二，基于1970年《公约》第9条的文化财产紧急进口限制。《文化财产公约实施法》第304条规定，在第303条规定的进口限制之外，如果缔约国的一定类型的文化财产全部或部分地处于被劫掠、拆除、流失、损坏的危险之中，那么总统就可以启动文化财产的紧急进口限制。该条适用的文化遗产类型具体包括：新发现的对于理解人类历史具有重要意义的考古材料,来源于具有重大文化意义遗址的文化财产,以及构成某个文明的遗存部分的文化遗产。

第三,成立文化财产咨询委员会。《文化财产公约实施法》第306条成立了处理文化财产进出口事务的专家委员会,即文化财产咨询委员会(Cultural Property Advisory Committee)。该委员会由美国总统任命的11名委员组成,任期3年,其中,2名委员代表博物馆的利益,3名委员是来自相关学术领域的专家,3名委员是国际文化财产贸易方面的专家,3名委员代表公众利益。委员会的主要职责在于,对第303条规定的文化财产的一般进口限制,以及第304条规定的紧急进口限制,进行调查并形成报告,最终对相关进口限制措施进行审查。

第四,禁止进口机构中登记在册的被盗文化财产。根据1970年《公约》第7条的规定,从公约另一缔约国的博物馆、宗教的或世俗的公共纪念馆,或类似机构中窃取的文化财产,一律不得进口。该法第308条直接援引和重申了1970年《公约》的这一规定。相对于之前的美国相关法律而言,美国政府不需要再去证明进口人存在明知进口物被盗或故意实施任何错误行径,只要进口的文化财产符合第308条的规定,就可以进行扣押和没收,加强了文化财产的保护力度。[21]

根据《文化财产公约实施法》第310条的规定,对那些违反了

---

21 Patty Gerstenblith, Implementation of the 1970 UNESCO Convention by the United States and Other Market Nations, in Jane Anderson and Haidy Giesmar (eds.), *The Routledge Companion to Cultural Property*, p.62.

该法规定的进口管制措施而进口至美国的文化财产和其他指定民族学与人种学材料,应当予以扣押并没收。这些物品应当首先返还给其原属缔约国,或者其他对这些物品拥有"有效权利"(valid title)的主体。提出返还请求的缔约国的责任包括三个方面:应当承担相应的返还费用;应当提供相应的证据证明其权利主张;返还请求应当符合法无溯及力的要求。该法第311条还规定了美国政府应当承担举证责任,证明被扣押和没收的文化财产属于相关条款的保护范围之内,且没有溯及既往的情况存在。

《文化财产公约实施法》忽略了1970年《公约》第3条,以及第6条规定的出口限制,对公约所规定的文化财产出口限制等规定进行了保留,缩减了所规定的部分义务。[22]1970年《公约》第3条规定:"本公约缔约国违反本公约所列的规定而造成的文化财产之进出口或所有权转让均属非法。"该条款更多具有宣示性和原则性的意义,含义较为笼统,可能存在多种不同的理解。而美国在批准公约时提出第3项谅解规定:"按美国的理解,公约第3条不会修改文化财产所有人依公约成员国法律包含的财产权益。"这就意味着美国并不打算为了实施公约这一条款而去修改美国国内的相关财产法。由于财产法在美国更多属于州法的范畴,让联邦协调各州修改调整相关财产法,显然是一项无法实现的浩大工程。1970年《公约》第6条规定了缔约国应当对本国的文化财产出口实施许可证制度。而美国除了对属于土著人的考古材料规定了一些出口限

---

[22] 霍政欣:《1970年UNESCO公约研究:文本、实施和改革》,第119—120页。

制措施，长久以来并没有将本国的文化财产作为一种极为特殊的财产而施加过多的出口限制，在这一领域主要是遵循着自由贸易原则。因此，美国在通过实施进口限制以履行必要的国际义务之外，并不打算大范围修改对本国文化财产的保护制度。

3. 关于 1970 年《公约》的双边谅解备忘录

在实践中，美国政府实施 1970 年《公约》和《文化财产公约实施法》的重要方式是和其他缔约国签署双边谅解备忘录。在美国政府看来，由于 1970 年《公约》各缔约国文化财产保护情况之间差异很大，有必要实施相对个性化的措施，从而有效实施该公约。同时，美国政府需要其他缔约国履行好保护本国文化财产的义务，可以从源头上防范文化财产的非法进出口。因此，根据该公约第 7 条对文化财产国际流转的限制以及第 9 条关于缔约国之间合作的相关规定，同时根据《文化财产公约实施法》第 303 条赋予总统签署双边协议的权力，美国政府从 20 世纪 90 年代以来，与许多缔约国签署了关于防范文化财产非法进出口的双边协议。截至 2021 年 11 月，美国已经同阿尔及利亚、伯利兹、玻利维亚、保加利亚、柬埔寨、中国、智利、哥伦比亚、塞浦路斯、厄瓜多尔、埃及、萨尔瓦多、希腊、危地马拉、洪都拉斯、意大利、约旦、利比亚、马里、秘鲁共 20 个缔约国签署了双边谅解备忘录。[23]

---

23 https://eca.state.gov/cultural-heritage-center/cultural-property-advisory-committee/current-import-restrictions, accessed 2021-11-06.

（三）《世界遗产公约》在美国的实施

美国是《世界遗产公约》的第一批20个缔约国之一，于1973年12月7日正式批准加入。美国在该公约的诞生和发展中也一直扮演着关键的领导者角色，主要体现在两点：第一，积极参与起草该公约，并借助该公约，将美国的国家公园模式和理念推广到全球。第二，在公约的制定和实施中，强调并倡导将自然遗产和文化遗产结合起来，同等保护，这使《世界遗产公约》成为世界第一个既保护自然景观又保护人文景观的法律工具。[24] 截至2021年年底，美国有黄石国家公园等12处自然遗产、梅萨维德国家公园等11处文化遗产和帕帕哈瑙莫夸基亚国家海洋保护区1处双重遗产。

在实施该公约的初期，美国国家公园管理局（National Park Service）负责世界遗产的提名。因为国家公园管理局管理着一批美国最出众的自然和文化景观，这些是世界遗产的有力候选地，由国家公园管理局负责世界遗产的提名顺理成章。特别是1980年的《国家历史保护法》修正案明确规定，国家公园管理局管理的国家公园仅由联邦政府长期保护，这就不用考虑来自州政府等其他层级的政府，以及私人所有者的影响，因为联邦政府之外的土地所有者必须同意联邦政府将国家公园提名为世界遗产。[25] 但该法无法解决管理体制和所有权问题，历史城镇、历史区域很难被提名和入选，

24　National Park Service, World Heritage Sites in the United States: A Perspective from the National Park Service, available at: https://www.nps.gov/articles/world-heritage-sites-in-the-us.htm, accessed 2021-12-11.

25　同上。

这是因为这些地域中土地所有权主体众多，牵涉到的利益极为复杂，难以达成共识。

到了1982年，美国的世界遗产范围有所突破，美国联邦政府、地方政府和私人机构加强了在申报世界遗产方面的合作，候选遗产地不再局限于国家公园，提名了属于原住民部落所有的卡霍基亚土丘历史遗址（Cahokia Mounds State Historic Site）为世界文化遗产。1987年，美国提名了夏洛茨维尔的蒙蒂塞洛和弗吉尼亚大学（Monticello and the University of Virginia in Charlottesville）为世界文化遗产。蒙蒂塞洛是杰斐逊总统曾经的庄园，现由托马斯·杰斐逊基金会所有，弗吉尼亚大学则属于弗吉尼亚州政府，二者都是杰斐逊留下的宝贵遗产。基金会和州政府在申报美国联邦内政部管理的国家历史地标时就进行了合作，联邦、州和私人三方由此有了共同接受的保护规则，为申报世界遗产奠定了基础。

美国在实施《世界遗产公约》时特别注重与加拿大政府的合作。世界遗产委员会（World Heritage Committee）于2015年在最新一期关于北美地区（含美国和加拿大）实施《世界遗产公约》的报告中指出，位于北美的缔约国长久以来加强沟通与协作，成果显著。[26] 美国和加拿大在世界范围内率先实践世界遗产"跨境"理念，于1995年提名了地跨两国的世界遗产沃特顿冰川国际和平公园（Waterton Glacier International Peace Park）。

---

26 World Heritage Committee, Thirty-ninth session, Final Report on the Results of the Second Cycle of the Periodic Reporting Exercise for North America and Action Plan, 29 May 2015.

三、美国未加入的联合国教科文组织文化遗产公约

在联合国教科文组织文化遗产公约中,美国尚未加入的主要为2001年《保护水下文化遗产公约》、2003年《保护非物质文化遗产公约》和2005年《保护和促进文化表现形式多样性公约》。

(一)美国不加入《保护水下文化遗产公约》的主要考虑

《保护水下文化遗产公约》在公布之初有36个缔约国,截至2021年8月,有69个缔约国。美国对该公约的态度一直是支持肯定并且积极参与的。在公约制定的过程中,美国派出了一个包含了政府机构、博物馆、考古机构、娱乐性潜水组织和打捞业代表的代表团参与协商,表达了对保护水下文化遗产的支持,并希望公约能够和联合国《海洋法公约》等既有国际法规则保持一致。[27] 虽然美国的态度较为积极,但一直未能签署这一公约。和其他一些发达的航海国家没有签署该公约的理由大致相同,主要原因是担忧《保护水下文化遗产公约》同现有的国际法,特别是《海洋法公约》相矛盾,扩大了沿海国相关权利,同时对沉没船只和军舰所属国的权益

---

27 Ole Varmer, Jefferson Gray, David Alberg, United States: Responses to the 2001 UNESCO Convention on the Protection of the Underwater Cultural Heritage, *Journal of Maritime Archaeology*, Volume 5, Number 2, 2010, p.130.

保障不够。[28]

具体而言，美国代表团表达的问题核心在于，"船旗国"（flag States）是否可以不受限制地，在外国专属经济区和大陆架上打捞本国沉船，保障本国对沉船的所有权。根据国际法，在非某一国家领海范围内，不能辨明所有者的水下遗产属于无主物，适用先占原则；而如果沉船有明确的证据，例如旗帜、标志、文书登记，证明属于某一国家，那么所有权仍属于船旗国。《保护水下文化遗产公约》的第9条和第10条为沿海国家在专属经济区和大陆架创设了新的权利，包括打捞沉船在内的水下文化遗产的开发活动，应向沿海国进行报告和通知，沿海国可以与水下文化遗产的相关国家商讨如何进行保护，相关国家还可以指定"协调国"。根据这一规定，相关国家及其船只在其他国家的大陆架和专属经济区保护和开发水下文化遗产时，沿海国有权进行管理。美国方面将这些权利概括为"沿海国的延伸管辖权"（Creeping Coastal State Jurisdiction），认为这将打破《海洋法公约》下对各方权益脆弱的平衡，这一规则与美国的国内法，例如与《海洋法公约》相一致的《国家海洋保护区法》（National Marine Sanctuaries Act）相矛盾。[29]

同时，《保护水下文化遗产公约》第10条第4款关于"紧急危险的情况"的规定，赋予了沿海国在紧急危险的情况下"采取各

---

28 Ole Varmer, Jefferson Gray, David Alberg, United States: Responses to the 2001 UNESCO Convention on the Protection of the Underwater Cultural Heritage, p.131.

29 同上文，第132页。

种可行措施"的权力，美国认为这一条款没有规定在沿海国采取保护措施之前，必须征得船旗国的同意，这对沉船的保护措施是不充分的。[30]

总之，美国认为《保护水下文化遗产公约》赋予了沿海国家在其专属经济区和大陆架中诸多管理水下文化遗产的权力，这对船旗国的所有权是一种限缩。在这些问题上，英国、俄罗斯、日本等航海发达国家也表达了与美国类似的观点。这些国家长久以来航海事业发达，在世界各海域都有很多沉船。如果加入了《保护水下文化遗产公约》，打捞那些位于外国专属经济区和大陆架中的沉船将会遇到很多限制。尽管如此，美国在保护水下文化遗产问题方面，已经在公约框架之外签署了多份双边和多边协议，包括关于泰坦尼克号、拉贝尔号（*La Belle*）、阿拉巴马号战舰（CSS *Alabama*）和珍珠港外的日本 A 型小型潜艇（Type-A *Kohyoteki*）等作为水下文化遗产的沉船问题。[31] 这些协议都是美国与日本等其他未能加入《保护水下文化遗产公约》的国家签署的，主要涉及位于其他国家沿海下美国所有的沉船，以及位于美国沿海下其他国家的沉船，目的在于解决这些重要水下文化遗产的保护和开发问题，特别是规避公约所规定的"沿海国的延伸管辖权"。

30　Ole Varmer, Jefferson Gray, David Alberg, United States: Responses to the 2001 UNESCO Convention on the Protection of the Underwater Cultural Heritage, p.133.

31　同上。

（二）美国不加入《保护和促进文化表现形式多样性公约》的考虑

《保护和促进文化表现形式多样性公约》于 2005 年 10 月 20 日经第三十三届联合国教科文组织大会通过，于 2007 年 3 月 18 日生效。美国从公约的起草阶段开始，就表达了不加入这一公约的意愿。美国国务院于 2005 年 10 月 11 日发表声明，"基于个人可以自由地表达自我并与他人交流，美国是一个文化多元的国家，强烈支持文化多样性"。[32] 但是，美国不满意这部在它看来"匆忙出台"的公约草案，主要原因在于两个方面。第一，公约草案对"文化表现形式"的定义不够明确，可能会与自由贸易原则相冲突，缔约国可能会借由保护本国的"文化表现形式"，将一些商品、服务和农产品纳入到"文化表现形式"之中，进而实施贸易保护主义。同时，公约在这方面也没有与其他关于自由贸易的公约相衔接的规定。第二，公约草案在文化商品和信息的流动方面规定得较为模糊和矛盾，有些规定支持言论、信息和交流自由，但有些规定政府可以加以管制。例如，公约第 8 条授权缔约国政府在文化表现形式"面临消亡危险、受到严重威胁，或是需要紧急保护的情况"下，"采取一切恰当的措施保护……文化表现形式"。美国政府认为，应该对这些可能影响人权的保护措施的前提和具体方式规定得更为严格和

---

32 Fact Sheet, U.S. Department of State, Office of the Spokesman, October 11, 2005, available at: https://2001-2009.state.gov/r/pa/prs/ps/2005/54690.htm, accessed 2022-02-04.

清楚，否则就有可能限制言论自由和信息流动。这篇声明在最后点明了美国不加入这一公约的根本原因，在于基础理念的不同，美国政府更为重视公民的消极自由，而非这一公约所体现的积极自由："由各国政府来决定公民可以阅读、聆听和看到的东西，剥夺了公民基于自身价值判断作出选择的机会。"[33]

（三）美国与《保护非物质文化遗产公约》

与《保护水下文化遗产公约》和《保护和促进文化表现形式多样性公约》不同，美国没有加入《保护非物质文化遗产公约》并不是因为在法律规则上的争议，而更多是因为美国在联合国教科文组织出出进进，打乱了美国正式批准该公约的进程。2003年，《保护非物质文化遗产公约》出台，而在同年，美国刚刚正式重返联合国教科文组织，没有赶上成为第一批缔约国。而正当美国各方在推进加入该公约的时候，2011年，美国政府以联合国教科文组织接受巴勒斯坦为会员国为理由，停止缴纳会费。特别是2017年美国再一次决定退出联合国教科文组织，导致美国批准《保护非物质文化遗产公约》的进程又受到严重影响。[34]

虽然美国不是该公约的缔约国，但在百年来的实践中，美国发展出一套保护非物质文化遗产的成功经验。在联邦层面，联邦机构

---

33 Fact Sheet, U.S. Department of State, Office of the Spokesman, October 11, 2005.

34 William Chapman, Intangible Heritage in the United States: A History of Separate Initiatives, *International Journal of Intangible Heritage*, vol.14, 2019, p.69.

实施了多项非物质遗产保护项目，例如国会图书馆的美国民俗中心和美国记忆工程，史密森尼博物馆的文化项目、美国亚太中心、拉丁中心、民俗与文化遗产中心、风俗记录，全国教育协会的国家遗产伙伴计划，部落保护项目，等等。[35] 除了这些联邦层面来自政府的直接支持，美国各地也有相当多的各类实体进行保护。特别是由于近年来联邦资金的紧张，非联邦组织承担了越来越多的保护工作，在实践中遵循并践行《保护非物质文化遗产公约》的方法和发展趋势，它们的支持力度是最稳固的。[36]

总之，美国这些非物质文化遗产的保护措施和经验与《保护非物质文化遗产公约》的精神是一致的，该公约中的保护措施对美国相关实践也是良好的补充。因此，有学者建议美国批准加入《保护非物质文化遗产公约》，因为"2003 年《保护非物质文化遗产公约》的机制对保护美国文化遗产来说有着最佳的潜力"。[37] 甚至有学者认为，美国当前退出联合国教科文组织的现状，妨碍了美国通过《保护非物质文化遗产公约》并进一步参与对传统文化表达的保护，这是非常耻辱的。[38]

---

35 National Park Service, Tangible and Intangible Cultural Heritage, available at: https://www.nps.gov/articles/tangible-cultural-heritage.htm, accessed 2022-01-02.

36 William Chapman, Intangible Heritage in the United States: A History of Separate Initiatives, p.81.

37 Erin K. Slattery, Preserving the United States' Intangible Cultural Heritage: An Evaluation of the 2003 UNESCO Convention for the Safeguarding of the Intangible Cultural Heritage as a Means to Overcome the Problems Posed Intellectual Property Law, *DePaul Journal of Art, Technology and Intellectual Law*, Volume 16, Number 2, 2010, p.203.

38 William Chapman, Intangible Heritage in the United States: A History of Separate Initiatives, p.227.

法国与联合国教科文组织的文化遗产保护公约

克莱门汀·鲍里斯[*]
弗洛朗·卡尼尔[**]

  文化遗产保护受到国际社会的广泛关注，各级行政机构以及个人和社会组织特别重视文化遗产的保存和开发利用。从多方面战略角度看，文化遗产被视为身份认同的符号、社会关系的创造者和社会发展的动力。法律随着文化遗产概念的认可与变化不断发展。和其他国家与地区一样，法国也在国内制定了保护文化遗产的相关措施。自第二次世界大战以来，法国的文化遗产法还一直受到其他规范的影响。虽然法国是联合国教科文组织（简称 UNESCO）多个

---

[*] 克莱门汀·鲍里斯（Clémentine Boris），法国图卢兹第一大学教授。研究方向：国际公法、欧洲法、文化遗产法。
[**] 弗洛朗·卡尼尔（Florent Garnier），法国图卢兹第一大学教授。研究方向：文化遗产法、罗马法。

公约的缔约国，但是这些公约在法国国内的适用却受到限制，尤其是《保护世界文化和自然遗产公约》。国际关系的发展让我们可以从新的视野去理解文化遗产。在此情形之下，文化财产返还问题引发了一场伦理、政治和法律辩论。

一、不断发展的法律制度

法国比其他国家更早地制定了保护文化遗产的政策和立法。自18世纪末以及整个19世纪以来，法国创立了保护物质文化遗产的机构，并制定了相关法律。在历史古迹委员会的推动下，第一部保护文化遗产的立法——1887年3月30日《历史古迹与艺术品保护法》，对具有历史和审美价值的古迹和艺术品加以保护。之后出台的1913年3月31日法律从艺术或历史角度出发，用公共利益的标准取代了原法律规定的国家利益标准。法律还区分了（列级）历史古迹名录和登录古迹补充清单。1927年7月23日法律规定，具有"应予以保存的充分历史或艺术价值"的建筑列入补充清单。这些国内法主要适用于保护某些符合条件的特定类型文化遗产。

20世纪后半叶以来，国际社会已普遍认识到保护最能代表不同国家和人口所需文化元素的必要性，文化遗产的概念也随之不断丰富，法国文化遗产法亦在此影响下不断更新与发展，其保护范围不仅从文化遗产领域拓展至自然遗产领域，还从物质遗产领域扩展至非物质遗产领域。立法者通过1906年4月21日法律、1930年5月2日法律、1943年2月25日法律将景观纳入其保护范围；通过1962年8月4日的法律设立了保护区;通过2001年1月17日法律为考古领域设立了新规范;通过1985年1月9日关于山地遗产的法律、1988年1月3日关于海岸的法律、1993年1月8日关于动植物的法律对自然遗产加以保护;并通过1994年8月4日关于法语的法律将文化遗产保护的范围扩大到非物质遗产。最新有关文化遗产的重大立法是2016年7月7日关于创作、建筑和遗产自由的第2016-925号法律(简称"CAP法")。然而,在区际层面,欧洲委员会和欧盟并未对遗产保护问题表现出同样的兴趣,前者很早就开始重视文化遗产,而后者则显得不甚积极。

法国是欧洲委员会的成员国。欧洲委员会是一个国际区域合作组织,经常在文化领域开展活动。欧洲委员会倾向于采用制定规范的方式来保护文化遗产,并往往将其与人权保护联系起来。自1954年以来,欧洲委员会一直在推动欧洲文化公约的实施。20世纪60年代以来,在国家层面保护文化遗产的意识增强[1],不仅开始提高民众的认知,发展国家间的文化合作也得到重视。欧洲委员会于20世纪80—90年代间在文化遗产保护领域保持活跃,提出的建议、决议、宪章和公约构成了如今一套重要且共同的(国际法)文件[2]。2005年10月27日欧洲委员会的《文化遗产社会价值框架公

---

[1] 这一进程随着古迹保护清单(巴塞罗那,1965年)、古迹活化(维也纳,1965年)、历史中心(巴斯,1966年)、领土保护和综合整治(海牙,1967年)以及保护和利用政策(阿维尼翁,1968年)等问题的出现而加快。

[2] 如《保护欧洲建筑遗产公约》(1985年10月3日在格拉纳达签署)1987年12月1日生效;《保护欧洲考古遗产公约》(1969年5月6日在伦敦签署,1992年1月16日在瓦莱塔修订)1995年5月25日生效;以及《欧洲区域或少数民族语言宪章》(1992年)等等。

约》（又称《法罗公约》）更具创新性，认可了遗产社区的理念，并界定了"欧洲共同遗产"的定义[3]。

法国国内法规范框架在很大程度上受欧盟法律制约。法国是欧共体，即随后欧盟的创始成员国，欧盟法对法国国内法而言具有优先性和直接效力。关于文化事务的决定，欧盟有时由成员国一致通过，有时由特定多数通过（自2017年起）。欧盟行动支持法国行动；在文化事务上，欧盟仅有支持、补充和协调的权能，法国因此保留了很大一部分权力。但是，欧共体以及欧盟具有旨在实现流通自由，特别是货物和服务自由流动的经济事务管辖权。从这一视角出发，欧盟法律将文化产品视为商品。在1968年12月10日的欧共体诉意大利"艺术作品案"[4]判决中，欧共体法院裁定文化产品受货物自由流动原则保护。在艺术作品之后，所有可复制的文化产品，例如书籍、视听作品的物质载体、声音作品的物质载体等，随后甚至拓展到（文化）服务（如博物馆等），都被欧洲法官以这种方式加以判定。对于欧盟而言，文化遗产不是其主要的干预领域，相关法律制度的特殊性在区域内市场规则中只处于边缘地位，虽然原《（罗马）条约》第36条对共同原则做出了例外规定用以保护"具有艺术、历史或考古价值的国家珍宝"，但其实施却没有那么普遍。然而，根据欧盟委员会2001年9月26日的函件[5]，以保护欧洲文化

---

3 "共同遗产"指的是："（1）欧洲的所有文化遗产作为一个整体，构成记忆、理解、身份、凝聚力和创造力的共同来源……[但也指]（2）源于发展和过去冲突经验带来的，有利于在尊重人权、民主和法治的基础上发展一个和平与稳定的社会的理念、原则和价值。"

4 *Commission contre Italie*, affaire 7/68, Rec. 617.

5 Communication du 26 septembre 2001, COM [2001] 534 final.

多样性为名，国家可以在视听领域克减欧盟法律，通过提供援助来保护欧洲文化遗产。

欧盟法主要从两个方面来保护文化遗产，通过允许维护每个成员国的历史特性来保留国家遗产的特殊性。一方面，欧盟在成员国间促进了欧洲共同文化遗产的发展；另一方面，在"在多样性中得以团结"的政策下，欧盟根据其内部保护文化多样性的需求制定了法律。2000年《欧盟基本权利宪章》第3章第22条有关平等原则的条款规定"欧盟应尊重文化、宗教和语言多样性"。此外，该宪章也提出了"共同文化遗产"的概念。该宪章在序言中申明，欧盟"谅察其精神与道德文化；建立在不可分割及普世的人性尊严、自由、平等与团结的价值基础之上；基于民主与法治原则。欧盟致力于上述共同价值之发展与保存，但亦尊重欧洲人民文化与传统之多样性"。

在联合国教科文组织公约的普遍影响力之下，在文化遗产领域，欧洲委员会立法和欧盟相关立法拧成了一股绳。首先，两个机构开始从规范上进行统一。虽然欧共体，也就是后来的欧盟在这一领域采取的措施晚于欧洲委员会，但也对欧盟内部市场之外的文化领域，尤其是文化遗产保护问题产生了兴趣。20世纪70年代，在1972年巴黎峰会和1973年哥本哈根峰会后，萌生了一种新的、超越单纯的经济一体化政治意愿，更加关注"价值和非物质商品"。欧洲议会第一次在1974年决议中提出倡议，随后欧共体委员会也提出倡议，不仅将遗产问题作为文化认同的载体来促进共同遗产的发展，同时也将其作为发展经济的资源。尽管1992年《马斯特里赫特条约》赋予了欧盟机构在文化事务方面的权限,但欧盟机构也通过其在其他领域,如教育、青年、多语言、通信、经济统一、农业和可持续发展、就业、社会事务、视听、信息社会、研究、海洋政策等领域的行动,间接干预文化领域。

此外,欧洲委员会和欧盟之间通过联合行动更紧密地联系在一起。例如,欧盟通过"欧洲文化之都""欧洲遗产日""欧洲跨文化对话年"等举措,与欧洲委员会开展合作。欧盟也愿意在全球范围内与欧洲以外的国家和国际组织合作,特别是与联合国教科文组织合作。欧盟本身也是UNESCO《保护和促进文化表现形式多样性公约》的缔约方。欧洲文化路线就基于此背景建立。欧洲委员会于1987年发起该计划,用来推动欧洲不同国家的遗产和文化的结晶——跨越空间和时间的"欧洲共同遗产"这一概念的发展。据此,对欧洲文化遗产的理解包含物质、非物质和自然遗产等多个方面。目前欧洲有45条这样的路线,它们体现了欧洲委员会倡导的人权、文化民主、多样性和文化,以及跨文化对话等方面的基本价值观。

20世纪初,国际社会开始保护文化遗产,文化遗产保护政策逐渐全球化。法国参加并遵守了各种公约,包括1935年《保护艺术和科学机构以及历史古迹的罗里奇条约》,以及1954年5月14日通过的在武装冲突情况下保护"对每个民族的文化遗产具有重要意义"的财产的《关于发生武装冲突时保护文化财产的公约》(简称"1954年《海牙公约》")及作为该公约补充的《第一议定书》。为了加强保护,1954年《海牙公约》还于1999年通过《第二议定书》加以补充,但法国直到2017年3月20日才加入《第二议定书》。

20世纪60—70年代，联合国教科文组织推动了许多规范的制定，尤其是针对可移动文化财产流通，于1970年11月14日制定了《关于禁止和防止非法进出口文化遗产和非法转移其所有权的方法的公约》（简称"1970年《公约》"）。该公约规定了禁止和防止文化财产非法进口、出口和所有权转让的措施，自1997年起对法国生效。1995年6月24日，国际统一私法协会《关于被盗或非法出口文物的公约》（简称"1995年《公约》"）采用另一种方式对1970年《公约》进行了补充，该公约要求各国建立统一的法律和国际私法机制。但法国并未加入该公约。

不可移动文化遗产保护相关国际规范也在同一时期相继出台。建立世界遗产基金会的构想于1965年提出，用以保护"地方和景观"以及历史古迹。该基金会最终通过联合国教科文组织大会1972年通过的《保护世界文化和自然遗产公约》（简称《世界遗产公约》）得以建立。法国于1975年6月27日批准该公约。至2021年在福州举行的第44届世界遗产大会结束时，法国已有49项遗产列入《世界遗产名录》，包括42项世界文化遗产、6项世界自然遗产和1项混合遗产，还有33项遗产入选《（法国）世界遗产预备名录》，包括20项文化遗产、6项自然遗产和7项混合遗产。该公约还附有《实施〈世界遗产公约〉操作指南》（1977年），不仅用来促进公约的实施，还反映世界遗产委员会的相关决定。该《操作指南》提出设立管理体系作为保护和推广世界遗产的必要工具的设想，这对地方和国家提出了一个关键挑战。

2005年10月20日的《保护和促进文化表现形式多样性公约》

(简称《文化多样性公约》)是联合国教科文组织制定文化遗产国际公约的最新一步，将文化遗产法与经济问题相结合。法国于2006年12月18日批准该公约。该公约最初在促进国际贸易的框架内制定，构成了UNESCO自2001年其大会通过《世界文化多样性宣言》以来发起的规范制定进程的最新阶段。文化多样性构成"人类共同遗产"，而语言发展和多语言问题有助于促进文化多样性的形成。

2003年10月17日的《保护非物质文化遗产公约》（简称《非遗公约》）是促进文化多样性政策的另一方式。法国于2006年7月11日批准该公约。在批准该公约之前，法国已核实该公约的合宪性，认为该公约不违反法兰西共和国不可分割、法律面前人人平等和法兰西民族独特性原则。非物质文化遗产在传统法国法中并不存在，UNESCO公约推动了非物质遗产法在法国的发展。2016年CAP法将非物质文化遗产纳入其保护对象，并将保护重点放在非物质文化遗产的认定和管理中的少数族群参与和利益保障方面。迄今为止，已有500种文化习俗被列入法国的非物质文化遗产目录。

非物质遗产保护涉及语言问题。法语以外的语言传统上不受法国国内法保护。1992年法语作为官方语言被正式写入宪法（"共和国的语言是法语"）。随后的1994年8月4日法律重申法语是共和国语言，是"法国国家人格和遗产的基本要素"。法国国内的争论主要集中在尚未加入的欧洲委员会《欧洲区域或少数民族语言宪章》及其与法国国内法的冲突，而非法国国内法与联合国教科文组织相关规定方面。但近期出现了新的法规政策，在法国领土上使用时间超过法语并作为通用语言的语言，被2021年5月21日第2021-641号关于保护和促进区域语言的法律认可为保护对象。为此，该法被编入《遗产法典》第L1条，该条规定"语言遗产，由法语和地区语言组成"。

二、法国国内法体系适用 UNESCO 文化遗产公约现状及困难

法国法本身就很注重保护文化遗产。在此领域，法国国内法律体系并不完全以国际法为基础，而是采取更加积极的措施促进国际法规定的国际义务得以履行。因此，法国在制定国内法时包含了一些实施 UNESCO 相关公约义务的内容。

法国国内法基本保障了《世界遗产公约》规定义务的实施，法国设立各种机构、采用多种手段来监管其国际义务履行的后续行动同样也证明了这一点。2010年年初以来，法国鼓励地方文化遗产机构之间进行合作并优化问责机制。一项关于管理列入《世界遗产名录》的法国遗产的宪章要求，以可持续发展为基础加强对遗产的保护和开发利用。该宪章通过制定总体框架和指导方针来协调行动，并规定每一个申请或者已经列入《世界遗产名录》的遗产地都应制定和实施上述总体框架和指导方针。最新的2016年CAP法对世界遗产的保护做出了规定，明确了世界遗产法在法国法中的地位。该法第一次在立法层面明确了法国遗产地列入《世界遗产名录》的

问题，同时还规定要对分布于几个城市或地区的跨区域遗产（例如所谓的线性遗产）采取符合其特点的保护措施。新《遗产法典》的第 L612-1 条明显体现了法国对履行 1972 年《世界遗产公约》的承诺。该条规定了列入《世界遗产名录》中的遗产地的保存、保护和开发利用原则，并要求地方政府及其组织团体设立公约要求的保护机构。《实施〈世界遗产公约〉操作指南》中的许多建议都因此转换成了国内法。

非物质遗产保护的情况则体现出法国的立法成效有时远低于政府的相关有效实践。法国法基本不涉及非物质文化遗产保护的问题，即便自《保护非物质文化遗产公约》生效以来，法国非物质文化遗产的法律地位也较低。但政府却很重视本国的非物质文化遗产，不断认定非物质文化遗产项目、加大保护力度。设立于文化部及其建筑和遗产司的民族学部门，以及非物质文化遗产清单的建立，都很好地证实了政府对非遗的重视程度。

然而，司法实践表明，《世界遗产公约》在法国的适用受到限制。法国判例迟迟不愿意承认该公约的效力，认为联合国教科文组织的文化遗产保护公约在法国不能直接适用。法国最高行政法院认为，"《保护世界文化和自然遗产公约》第 5 条的规定……只在公约缔约国之间产生义务，而对国内法律却不产生任何影响"[6]。在巴黎上诉法院看来，最高行政法院的判决指的是整个公约，认为公约"仅在签署国之间产生义务，对个人无法直接适用"。因此，不能

6　Conseil d'État, 6e et 1re sous-sections réunies, *Association architectes du patrimoine*, 26 novembre 2010, *Rec.* n° 331010.

援引该公约作为反对布朗利博物馆建设的理由。[7] 很多判例[8]也证明，即便法国很重视《世界遗产公约》，但不意味着该公约可以设立缺乏国内法依据的法律义务。

UNESCO其他文化遗产公约的实施也有赖于将部分国际责任转化为国内法而实现。例如，水下文化遗产国际公约的发展并未引起法国国内法对有关规则的明确纳入。然而，近几十年来，国际法显著发展。一些国家已经将1982年联合国《海洋法公约》解读为允许其将文化事务方面的管辖权扩展到传统的领土范围之外。2001年11月2日的《保护水下文化遗产公约》对水下文化遗产保护的法律依据和规则进行了补充。法国于2013年2月7日批准了这一公约。该公约通过确立一个不同于领海的空间用以保护位于公海的文化遗产免遭掠夺和破坏。该公约还拒绝适用打捞法和发现物法，并在认可国家与特殊文化要素的联系的情况下，将大部分保护权力赋予沿海国。由于法国拥有世界上第二大的海洋区域，这些规定对于法国而言具有重要意义。国内法层面，1989年12月1日第89-874号法律确定了海洋文化财产的概念[9]，规定了相关法律制度，还规定在领海以及在联合国《海洋法公约》第303条第2款所述"区域"（即毗连区）中发现的海洋文化财产归法国所有。2016

---

7 CAA Paris, 1re chambre–Formation B, 26 septembre 2006, *Comité des quartiers Mouffetard et des bords de Seine*, n°03PA01892.

8 CAA, Nantes, 2e chambre, 22 juin 2010, n°09NT02036 ; CAA, Nantes, 2e chambre, 2 février 2010, n°09NT00194.

9 Loi 89-874 du 1er décembre 1989, Titre II et dans le même sens : Ordonnance n° 2004-178 du 20 février 2004 relative à la partie législative du Code du patrimoine, *JORF* n°46 du 24 février 2004, art. L532-14.

年的CAP法又明确了非法开展水下发掘活动的刑事制裁，从而使得水下考古遗产与陆地考古遗产的保护制度保持一致。

联合国教科文组织1954年5月14日在海牙通过的《关于发生武装冲突时保护文化财产的公约》也影响了法国法的发展。面对武装冲突时文化遗产保护的要求，法国法也制定了新的相关措施。法国于1957年批准了1954年《海牙公约》，公约第28条要求各国制定一套规范性的镇压措施[10]。武装冲突情况下保护文化财产的国际规则一直只是公认的习惯，直到2010年代才形成了成文立法。（在武装冲突中）攻击文化财产的行为也已经被定为刑事犯罪。2010年8月9日法律在《刑法典》中增加了第461-15和461-16条，规定了对在武装冲突中进行抢劫的具体处罚，并规定了盗窃、破坏以及隐匿行为构成战争重罪或轻罪的要件。2016年6月3日的法律又加强了对有组织犯罪、恐怖主义和资助恐怖主义行为的打击，完善了提高和保障刑事诉讼效率的法律规则，并规定了对非法进出口自"转移时属于恐怖组织行动区的领土"盗窃的文化财产的刑事制裁。2017年，法国批准了1954年《海牙公约》的《第二议定书》，该议定书不再仅仅关注国家的刑事管辖权，而是规定了犯罪行为。根据该议定书第15条，五种故意实施的行为严重违反1954年《海牙公约》及其《第二议定书》，这些罪行必须在国内法中被定罪。但目前而言，法国尚未批准2017年5月19日在欧洲委员会框架内起草的欧盟《关于文化财产犯罪的公约》（即《尼科西亚公约》）。该公

10　第28条规定："缔约各方承允在其普通刑事管辖系统内对违犯或教唆违犯本公约的任何人，不论该人属何国籍，采取一切必要步骤予以诉追并施以刑罚或纪律制裁。"

约不仅希望利用 UNESCO 公约的普遍性[11]来推动欧洲法律制定相关制裁措施，还将明确欧洲法和法国法之间的关系，并消除传统上双重定罪所带来的障碍。

　　欧盟及其法律制度有时会强化文化领域国际法的要求与义务。欧盟主要通过对经济事务和文化产业等领域的干预来促进国际法对文化遗产的保护。这一区域性国际组织在《文化多样性公约》制定过程中发挥了重要作用，并成为该公约的缔约方。为了保护音像领域的文化身份，欧盟法还依据联合国教科文组织的公约加以解释[12]。

三、有关文化财产返还问题的讨论

　　在国内和国际法律文本中，归还（restitution）和返还（retour）两个词有很大的理解空间，因此总是相混淆。两者的区别可能在于将物品转移给其原始所有者的方式。法国法中没有关于归还的定义，但它可以被定义为"在提出要求后或在自愿的基础上（如通过保管或租借合同[13]）将文化财产移交到其所有者手中"。归还涉及对个人财产权的质疑。在国际法领域，文化财产的返还涉及两个国家。文物返还有两种情况。一种是涉及文物非法出口后通过诉讼

　　11　例如，所使用的可移动文化财产和不可移动文化财产的定义都是来源于 1970 年《公约》和 1972 年《世界遗产公约》中。

　　12　Cour de Justice de l'Union Européenne CJUE, *Unión de Televisiones Comerciales Asociadas (UTECA) contre Administración General del Estado*, Aff. C-222/07, 5 mars 2009.

　　13　M. Cornu, C. Wallaert et J. Formageau (dir.), *Dictionnaire comparé du droit du patrimoine culturel*, Paris, 2012, p. 846.

返还原物的情况，此类返还必须区别于两国因密切的外交关系而进行的自愿归还。另一种情况则虽看上去与文化财产所有权法律问题相关，但实际上是将文物纳入公共馆藏[14]而产生的伦理和政治利益问题。例如1980年，法国和伊拉克就将古巴比伦法典碎片借给巴格达博物馆达成长期协议。

自1997年1月7日以来，法国成为联合国教科文组织1970年11月14日《关于禁止和防止非法进出口文化财产和非法转让其所有权的方法的公约》的缔约国。该《公约》第3条特别规定："本公约缔约国违反本公约规定而造成的文化财产进出口或所有权转让均属非法。"但1970年《公约》不具有追溯力，无法为法国目前处理的诸多返还请求提供答复依据。并且该公约还不能直接在法国适用，因为法国法一部分内容早于该公约在法国生效的时间，另有一部分内容却晚于该公约在法国生效的时间。严格说来，法国法并不以返还问题为重点，其宗旨主要在于保护国家文化遗产，以及欧洲文化遗产和第三国的文化遗产。1992年12月31日第92-1477号法律规定了文化产品出口的管制制度，具有历史、艺术和考古价值的文物出口需要获得许可证书。但是从国家领土出口和从欧盟领土出口所需许可是不一样的。《刑法典》第311-4-2条通过打击盗窃和侵犯文化财产的恶意行为加强了出口的管控。欧盟法对国际法的贡献也在于强化打击非法进出口和盗窃问题，但它没有对归还前殖民地文化财产的问题作出回应。欧盟制定了两项法律：一项

---

14 例如战利品、探索和科学研究"收藏品"，以及通过拍卖或收藏家捐赠、遗赠获得的文物等。

是1993年3月15日第93/7号《关于归还从成员国境内非法出口的文化财产指令》；另一项是2019年4月17日第2019/880号《关于文化产品进出口的条例》，主要侧重于在联合国安理会政策框架下打击资助恐怖主义的行为。法国《遗产法典》第L112-1、L112-2、L112-8和L112-10条规定将这些法律规范纳入了国内法体系。

面对外国提出的文物返还请求，返还问题如今成为国际和法国国内的热点问题。对法国来说，最优先的问题是前非洲殖民地文化财产返还问题。2017年11月28日瓦加杜古演讲之后，共和国总统在2018年11月收到了《非洲文化遗产归还：迈向新的伦理关系》的报告（简称为"萨沃伊-萨尔报告"）。这一报告是对共和国总统确保文物保护和流通的政治和外交意愿的回应。2010年以来，这个问题在法国重新引起了人们的关注。对于与公共领域相关的文化遗产保护原则，"萨沃伊-萨尔报告"提供了一种新的法律和外交工具。过去的解决方案和该报告所倡导的解决方案都是围绕文化财产的所有权而制定的。因此，该报告区分了法国公共馆藏中的非洲文化财产的几种情况，并提出了相关建议。该报告还提供了一种新的解决方案，即在法国法体系中"建立一个特别程序来确定返还途径"（第61、66—67页）。报告作者建议在《遗产法典》第一卷第一篇第二章中增加有关这一程序的规定。在作者看来，倡导"依法解除列级"的解决方案，符合公共藏品所适用的国家所有权不可转让原则。该报告作者主张缔结一项双边协议来明确对法律克减的内容，以便能够返还财产并加强文化合作。因此，"根据国际条约应返还的文物应从国有财产中解除列级"。

文化财产是公共收藏的一部分，适用公有制的相关规则。就国内法而言，公共收藏品受国家所有权不可让与和不受时效约束原则的制约和保护。这些原则的宪法价值已得到确认。[15] 这些文化财产通过三种方式得到保护：作为属于公法人的法国博物馆[16]的收藏品，作为国有可移动文物，以及作为国宝[17]。收藏品受2004年《遗产法典》有关法国博物馆收藏品的规定（第L111-1和L451-5条）和2006年《公共财产法典》相关规定（第L2112-1和L3111-1条）的保护。博物馆藏品在被解除列级前是不允许出口和归还的，这也是争议的焦点。在"萨沃伊-萨尔报告"之前或之后，法国已通过特别法宣布将某些文物解除列级。宣布对属于公共财产的可移动文物解除列级的特别立法必须符合宪法保护国家财产的要求。法国立法者在2002年将霍屯督维纳斯的遗骸返还南非[18]，然后在2010年将毛利人的头像从博物馆收藏中移出，交给新西兰[19]。根据一项特殊的仅限于人体遗骸的法律，上述两种情况下的文物返还得以实现。向贝宁共和国和塞内加尔共和国返还文化财产的情况仍然如此。[20] 最高行政法院在其2020年3月3日的意见中明确指出，"任何未转化为国内法生效的国际法规则都不能适用于文化财产的返还"。

---

15 Décision n° 2018-43 QPC du 26 octobre 2018.
16 "法国博物馆"不是某个具体的博物馆，而是法国博物馆体系的统称。
17 Avis n° 399752 du Conseil d'Etat du 3 mars 2020.
18 Loi n° 2002-323 du 6 mars 2002.
19 Loi n° 2010-501 du 18 mai 2010.
20 Loi n° 2020-1673 du 24 décembre 2020.

意大利文化遗产法对联合国教科文组织文化遗产公约的回应

萨布瑞娜·费拉齐[*]

在意大利,文化遗产法有着悠久而丰富的历史,传统上可追溯至15世纪的教皇诏令[1]。但由于受古希腊文化的影响,意大利

---

[*] 萨布瑞娜·费拉齐(Sabrina Ferrazzi),意大利维罗纳大学法学院比较私法博士后。研究方向:文化遗产法。

[1] Lorenzo Casini, 'La tutela dei beni culturali in Vaticano' (2002) 4 Giornale di diritto amministrativo 430 ff. 三个教皇诏令特别值得关注:教皇马蒂诺五世(Pope Martino V)于1425年颁布的 Etsi de cunctarum 诏令确立了"Maestri delle strade"的职位,与古罗马的 aediles 地位相当;教皇皮奥二世(Pope Pio II)于1562年颁布的 Cum almam nostram urbem 诏令禁止破坏或损毁古代公共建筑及其遗迹;教皇西斯托四世(Pope Sisto IV)于1471年颁布的 Cum provida 诏令禁止从教堂建筑上偷窃大理石装饰和其他装饰物。还应该提到年代更近一些的1820年帕卡诏书(editto Pacca)。该诏书以红衣主教巴托洛米奥·帕卡(Bartolomeo Pacca)命名,这应该是第一次在该领域进行统一的法律干预。该诏书制定了一套全面的规则,涵盖了设立专门委员会、确立清单责任以及文物(包括当时的当代艺术品)的国际和国内流通等。

〔教皇诏书以拉丁文书写,传统上以颁布诏书的教皇的名字和文本开头(即第一句的第一个词)来标识。作为长句的一部分,这些词不是标题,而且由于意思不完整,通常不翻译,仅用以标识具体的诏令。——译者注〕

文化遗产法的起源亦很容易与古罗马时期对艺术的特别关注相关联。[2] 例如罗马爱国奉献学院（the Roman institute of the *dicatio ad patriam*）的设置，为公共空间和平民放置在该空间的雕像之间建立了一种特殊联系。[3]

悠久的历史传统使意大利法律体系经多年发展形成一套规范文化遗产体系不同方面的重要规则。与此同时，文化遗产的保护在国际层面也得到了加强。事实上，自1948年1月以来，意大利一直是联合国教科文组织（简称UNESCO）中较活跃的成员，历年来签署了许多国际条约，缔结了若干双边协定。

一、意大利文化遗产法律框架

意大利现行文化遗产法律体系以1948年意大利共和国宪法为基础。意大利宪法以1919年《魏玛宪法》为范本设置了一条专门针对文化遗产的规则[4]，其第9条规定："（1）共和国鼓励文化、科学与技术研究的发展。（2）共和国保护国家自然景观、历史与艺

---

2 罗马人充分意识到了这种影响。正如古代拉丁诗人阿提奥（Oratio）（公元前1世纪）的名言所示："希腊，[被罗马人]征服，征服了野蛮的胜利者，把艺术引入了拉齐奥乡村（Graecia capta ferum victorem cepit et artes intulit agresti Latio）。"

3 On the *dicatio ad patriam*, see Marco Falcon, *'Dicatio ad Patriam'. La collocazione in pubblico di beni privati nella riflessione dei giuristi romani* (Jovene 2020).

4 需要指出的是，意大利宪法可以追溯到1947年底，是在1946年6月2日意大利共和国诞生后，根据关于君主制/共和制的公民投票结果制定的。《魏玛宪法》第150条规定："美术、历史及自然纪念物与自然景观，受国家之保护及照管。"

术遗产。"[5]

该条由两款组成：第一款指出文化本身是一种价值，需要在社会中得到支持和鼓励；第二款指出政府在保护自然和文化遗产方面的特定职责。[6]这两款紧密相连，在法理上是辩证联系的。因此，必须从动态视角看待文化遗产的保护问题。也就是说，保护遗产不仅是目标本身，同时也是促进意大利社会发展的工具。

这一规定与民主原则、平等原则、个人主义原则、共和政体以及其他基本原则一起，共同构成意大利宪法的基本原则。[7]这样的基本原则组合表明，文化是意大利政府应当提倡的核心价值之一。这一观点得到宪法法院的明确支持。1986年的一个非常著名的判决确认了宪法第9条的作用，将审美-文化要素确立为国家应当推动发展的、独立于包括经济因素在内的其他方面的核心价值。[8]

---

5 第9条原文为：(1) La Repubblica promuove lo sviluppo della cultura e la ricerca scientifica e tecnica. (2) Tutela il paesagio e il patrimonio storico e artistico della Nazione。

参见：Paolo Carpentieri, 'La tutela del paesaggio e del patrimonio storico e artistico della Nazione nell'articolo 9 della Costituzione'(2005), https://www.giustizia-amministrativa.it; Francesco Santoro Passarelli, 'I beni della cultura secondo la Costituzione', *Studi per il XX anniversario dell'Assemblea costituente* (Vallecchi, 1969) vol. II, p. 135; Aldo Maria Sandulli, 'La tutela del paesaggio nella Costituzione' (1967) Rivista giuridica dell'edilizia II, 70; Francesco Saverio Marini, 'Profili costituzionali della tutela dei beni culturali'(1999) Nuova Rassegna 633。

6 传统上将这种区别解释为文化活动（第一款）和文化财产（第二款）之间的区别。

7 意大利宪法由四个部分组成：1.基本原则（第1—12条）；2.公民权利与义务（"第一部分"，第12—54条）；3.共和国机构（"第二部分"，第55—139条）；4.过渡性决定和最后决定（第I—XVII条）。

8 Corte Cost., n. 151/1986, available in the webpage https://www.cortecostituzionale.it/actionPronuncia.do。

在此框架下，1999年，意大利颁布1999年12月29日第490号法令（Testo Unico n. 490/99），将以前零散的法律保护系统化。2004年，随着意大利《文化财产与景观法典》（Codice Urbani，以下简称《法典》）的制定，文化遗产法得到进一步改革。[9]

这些法律规范构建了以各种行政权力和行政措施为基础的文化遗产保护的有机体系。其中，《法典》规定对物品中存在的文化利益进行核查并申报，授权公权力干预影响文物的行为，要求采取保护措施，并规范文化财产的流通和转让。为了确保这些法律规范得到遵守，《法典》还规定了针对不同情形的刑事或行政制裁措施。

在行政权力的行使方面，意大利文化部发挥着核心作用。文化部最初设立于1974年，其设立理念在于将意大利文化遗产的管理工作委托给一个具体的部门，以确保能够系统有效地保护文化这一对意大利极为重要的根本利益。意大利文化部拥有错综复杂的组织体系，其运作不仅局限于中央一级，还有赖于各地方建立的一系列分散的组织结构。[10]意大利全国共有43个考古、艺术和景观的特别监管机构（Superintendences），是迄今为止最重要的文化遗产地方机构。各监管机构在其管辖范围内行使文化遗产的编目和保护职能，负责对可能影响文化遗产的活动进行审批。此外，它们还开展文化遗产调查、宣传、教育、培训和研究活动。它们还可以接受文物的出口申报，并对可能违反《法典》的行为进行调查，其权

9　Legislative decree n. 42/2004.
10　文化部组织结构目前由第169/2019号总理法令（DPCMn.169/2019）规定。

力内容非常广泛多样。[11]

需要记住的是，除了国内和全球层面，作为欧盟成员国，意大利还受到欧洲法律体系的管辖。就文化遗产领域而言，欧盟最重要的文件包括关于欧盟成员国之间非法转移文物返还的2014/60/EU号指令和欧盟关于引进和进口文物的(EU)2019/880号条例。此外，欧盟关于承认和执行民商事裁决的(EU)1215/2012号条例（即《布鲁塞尔第一条例》修订本）第7(4)条首次在欧洲层面引入了旨在促进文物返还的特别最高管辖权（a special head of jurisdiction）。

为便于读者了解《法典》体系，我们对其结构和总体内容进行了总结：

表1 意大利《文化财产与景观法典》大纲

第一部分：总则	第1—9条
第二部分：文化财产	第10—130条
第一编：保护	第一章：保护对象（第10—17条） 第二章：监管与检查（第18—19条） 第三章：保护与保存（第20—52条） 第四章：国内流转（第53—64条） 第五章：国际范围内的流转（第65—87条） 第六章：探查与发现（第88—94条） 第七章：征用（第95—100条）
第二编：享用和强化	第一章：文化遗产的享用（第101—110条） 第二章：强化文化财产的原则（第111—121条） 第三章：档案文件的查阅与保密（第122—127条）

---

11 这些部门的完整职能清单见第169/2019号总理法令第41条。

（续表）

第三编：过渡性规定和最后规定	（第128—130条）
第三部分：景观资产	第131—159条
第一编：保护和强化	第一章：总则（第131—135条） 第二章：景观资产的认定（第136—142条） 第三章：景观规划（第143—145条） 第四章：受保护财产的监督与管理（第146—155条） 第五章：首次应用和过渡性规定（第156—159条）
第四部分：处罚	第160—181条
第一编：行政处罚	第一章：与第二部分有关的处罚（第160—168条）
第二编：刑事处罚	第一章：与第二部分有关的处罚（第169—180条） 第二章：与第三部分有关的处罚（第181条）
第五部分：法律的过渡性规定、废除和生效	第182—184条

二、联合国教科文组织文化遗产公约在意大利的实施

文化遗产保护在意大利法律体系中占有重要地位，从而使得国际层面的保护在意大利得到广泛落实。事实上，意大利是世界上加入联合国教科文组织主导的公约和协定最多的国家，加入了其39个公约和协定中的28个。[12] 在这些公约和协定中，意大利批准了

12　参见：See UNESCO, *Implementation of Standard-Setting Instruments – Part I. General Monitoring Comprehensive Report by the Director-General on Unesco's Standard-Setting Instruments*, Paris 16 August 2021, 212 EX/23.I.INF, Annex II.

联合国教科文组织全部6个文化(遗产)领域的国际公约。[13]

(一)1954年《关于发生武装冲突时保护文化财产的公约》(1954年《海牙公约》)

在1954年关于武装冲突情况下文化财产保护的国际会议通过1954年《海牙公约》及其《第一议定书》并开放签字的第一时间,意大利就签署了这两份国际文件,其批准文书于1958年交存于联合国教科文组织。[14]2009年,意大利批准了《第二议定书》。[15]对这三个文件,意大利没有作出任何声明或提出任何保留。

事实证明,1954年《海牙公约》机制的落实并非易事。尽管各方在文化财产保护的许多方面已经做出重大努力并取得重要成果,但和平时期各项保障措施的充分实施仍存在具体障碍,特别体现在避免将军事目标设在文化财产附近(《海牙公约》第3条,《第二议定书》第5条和第8.b条)方面。事实上,意大利文化遗产丰富,但领土空间相对狭小,国家领土上的文化财产十分密集,以至于不可能使每一个军事目标都与文化财产保持足够的距离。

但是,意大利政府在传播1954年《海牙公约》义务方面进行了大量卓有成效的努力,使军队和民众认识到保护文化遗产的重要性。通过实施一套以军事院校和研究机构的具体培训计划为基础的综合方案,教育方面的问题已得到解决。事实上,意大利采取的

---

13 值得注意的是,在意大利未能批准的11个法律文书中,7个事实上是区域公约,由于地理原因,意大利无法加入。

14 Law n. 279/1958.

15 Law n. 45/2009.

各项活动措施远超出 1954 年《海牙公约》规定制度的要求，即使在该公约规定的事项范围之外，意大利也有许多军事专家致力于培训和支持外国当局和利益相关方（对武装冲突中文化遗产加以保护）。例如，意大利在科索沃、伊拉克等地的文化维和任务中发挥着领导作用。[16]这些专家意见促使意大利政府与联合国教科文组织签署了一份谅解备忘录（2016 年 2 月 16 日，罗马），旨在建立意大利"为遗产而团结"（Unite4Heritage）运动特别工作组，以回应面临危机或自然灾害的国家提出的支持请求。[17]值得注意的是，该备忘录明确承认该特别工作组是具体落实 UNESCO 呼吁建立的一个用以迅速动员和合作实施其文化公约的专家名册机制的一种方式。[18]意大

---

[16] Paolo Foradori, 'Protecting Cultural Heritage during Armed Eonflict: the Italian Contribution to *Cultural Peacekeeping*' (2017) 22(1) Modern Italy 1 ; Paolo Foradori, Serena Giusti, Alessandro Giovanni Lamonica, 'Reshaping Cultural Heritage Protection Policies at a Time of Securisation: France, Italy, and the United Kingdom' (2018) 50(3) The International Spectator 86.

[17] *Memorandum of Understanding between the Government of the Italian Republic and UNESCO on the Italian National 'Task Force in the framework of UNESCO's Global Coalition Unite4Heritage'*. On the memorandum, Marina Mancini, 'The Memorandum of Understanding between Italy and UNESCO on the Italian "Unite4Heritage" Task Force' (2016) 26 Italian Yearbook of International Law 624; Gianfranco Gabriele Nucera, 'Il Memorandum d'intesa tra il governo italiano e l'UNESCO per l'istituzione di una task force per la protezione dei beni culturali' (2016) Ordine internazionale e diritti umani 210.

[18] UNESCO, *Reinforcement of Unesco's Action for the Protection of Culture and the Promotion of Cultural Pluralism in the Event of Armed Conflict*, Paris 2 November 2015, 38 C/49, 55. UNESCO, *Resolution n. 48 adopted by the General Conference at its 38th session (Reinforcement of Unesco's Action for the Protection of Culture and the Promotion of Cultural Pluralism in the Event of Armed Conflict)*, Paris November 2015, 38 C/Resolutions.

利是第一个响应 UNESCO 该项号召的国家。这再次显示了意大利深深根植于其传统的民族价值观对文化遗产保护的特别关注。

意大利"为遗产而团结"运动特别工作组的职能包含多个方面：评估文化和自然遗产的损害和面临的风险；制订包括紧急保护措施在内的行动计划；通过提供技术监督和培训协助国家有关职能部门和利益相关方实施应对措施；支持请求国将面临风险的文物转移到安全地带；调动意大利主管部门（Carabinieri TPC，保护文化遗产宪兵队，以下简称"文化遗产宪兵队"）打击文化遗产的非法贩运。

对于《第二议定书》要求对侵害文化财产的相关罪行进行刑事制裁的规定，意大利已经通过该议定书的批准文书（Law n. 45/2009）引入了这些罪名。[19] 应受惩罚的罪行包括（在武装冲突中）攻击和毁灭文化财产（第 7 条）、非法使用文化财产（第 8 条）、毁坏或掠夺文化财产（第 9 条）、侵吞和破坏文化财产（第 10 条），以及一切改变文化财产用途的行为（第 12 条）。此外，非法出口或转让受保护的文化财产（第 11 条）和非法进行考古发掘的行为（第 12

---

19 Anna Maria Maugeri, 'La tutela dei beni culturali nell'ambito di conflitti armati: la l. 16.4.2009 n. 45 (Ratifica del II Protocollo della Convenzione dell'Aja per la tutela dei beni culturali del 1954)' (2010) 1 La Legislazione penale 5; Pierpaolo Rivello, 'La nozione di reato militare alla luce dell'art. 14 della legge 16 aprile 2009 n. 45, relativa alla protezione dei beni culturali in caso di conflitto armato'(2009) 4-6 Rassegna della Giustizia Militare 1; Federico Sperotto, 'Legislazione di guerra e diritto dei conflitti armati nell'ordinamento italiano'(2012) Diritto penale contemporaneo, https://www.penalecontemporaneo.it/upload/13334033991333384227articolo%20sperotto.pdf, at 16-17.

条)也被视为犯罪。

还有两方面事项值得特别关注。第一，对于受重点保护的文化财产，意大利在适用1954年《海牙公约》及其议定书规定的基于军事必要的豁免规则时，要求此类豁免仅能经国防部长评估同意。这一限制并非意大利立法者提出，而是国防部的要求。[20] 第二，意大利的一项协调法规规定，即使在通常应适用《战争军事刑法典》的情况下，上述刑事制裁条款也同样适用（第15条）。通过这一规定，无论犯罪主体为军人还是平民，意大利都能对这些犯罪行为进行制裁。

（二）1970年《关于禁止和防止非法进出口文化财产和非法转让其所有权的方法的公约》(1970年《公约》)

意大利于1975年批准了联合国教科文组织1970年《公约》，未作任何声明或保留。[21] 意大利《文化财产与景观法典》虽没有为执行该公约增设专门的法律规则，但在第87bis条确认，公约适用范围内的事项缺乏国内规则或国内法规则与国际公约相关规则相冲突时，应优先适用国际公约规则。特别法律规则的缺乏并不影响意大利打击非法贩运文化遗产的效果，因为意大利历来存在一系列成熟的规定和有效的实践。

例如，意大利的出口管制立法可以追溯至19世纪初。目前，

20　Stato Maggiore della Difesa, 'Direttiva sulla protezione dei beni culturali in caso di conflitto armato' 2012, SMD-UGAG-002/12, at 16.

21　Law n. 873/1975.

文化遗产出口管制受《文化财产与景观法典》第65条及其后续条款的规范，这些法律条款根据所涉文物具体类型的不同规定了一系列不同的规则。简而言之，文物永久出境的合法性存在三种情形：(1)绝对禁止出口；(2)凭自由流转证书(attestato di libera circolazione)出口，自由流转证书由地方出口主管部门根据所涉文物的性质和背后的价值对其文化意义进行评估后颁发；[22] (3)无需许可即可出口(尽管如此，仍需提交一份文物可自由出口的自我声明)。

第一种情况，其出口禁令主要适用于公有文化财产和文化部已声明其文化价值(dichiarazione di interesse culturale)的私有文化财产。第二种情况，自由流转证书主要适用于时间超过70年、价值超过13500欧元但未被宣布有文化价值的文物，以及具有文化价值的档案、超过25年的照片和电影、古董汽车等。[23] 为考古文物(archaeological goods)申请此类自由流转证书时，还需附上证明其合法拥有或其来源合法的文件。[24] 相反，第三种情况，经自我声明自由出口大体上适用于未达到特定价值或年限的、未被宣布有文化价值的文物。

22　The Ministry of Culture's guidelines on the evaluation can be found in the Ministerial Decree n. 537/2017. On the topic, Christian Ferrazzi, 'Articolo 68 – Attestato di libera circolazione' in Maria Alessandra Sandulli (ed) *Codice dei beni culturali e del paesaggio* (Giuffrè 2019) 675.

23　2007年改革提高了经济方面的门槛，但不适用于考古遗迹、部分被破坏的遗址、古版书和手稿、档案。

24　第一部意大利文化遗产法可以追溯到1909年。因此，所有私人持有的意大利出土文物必须在1909年之前获得。

此外，文物要转移出欧盟还需要获得其出口许可证。[25] 违反上述规则将构成刑事犯罪。[26]

从更广阔的视角来看，意大利议会目前正在讨论一项旨在改革文化遗产保护领域刑事法律规范的法案[27]，其目的在于汇集《意大利刑法典》中（与文化遗产相关）刑事犯罪的所有现行规定加重刑罚，并规定新的犯罪行为和加重处罚的情节。目前，专门的文化遗产犯罪范围已经相当宽泛。事实上，根据意大利法律，接收非法文物，盗窃，侵吞，洗钱，以及违反转让、进口和出口规则，伪造，掠夺，破坏，污损，毁坏文物等行为，都构成犯罪。2017年，意大利还签署了欧盟《关于文化财产犯罪的公约》（即《尼科西亚公约》），但该公约目前尚未生效。

为了遵照联合国教科文组织1970年《公约》的目标，防止非法贩运文物，意大利将许多资源投入到国内外相关调查活动和教育培训项目中。文化遗产宪兵队在这一方面发挥着核心作用。文化遗产宪兵队是一个高度专业化的部门，在意大利各地拥有16个不同的大区分支机构。文化遗产宪兵队拥有数百名警官，是欧洲最大

---

25 关于欧盟规则及其在意大利的实施，参见：Manlio Frigo, 'Italy' in James A.R. Nafziger and Robert Kirkwood Paterson (eds) *Handbook on the Law of Cultural Heritage and International Trade* (Edward Elgar 2014) 234。

26 更多的细节参见：Arianna Visconti, 'The Reform of Italian Law on Cultural Property Export and Its Implication for the *Definitional Debate*' (2019) 2(5) Santander Art and Cultural Law Review 159。

27 A.S. n. 882 - Disposizioni in materia di reati contro il patrimonio culturale, Legislatura 18ma, Dossier n. 286, https://www.senato.it/japp/bgt/showdoc/18/DOSSIER/0/1298241/index.html?part=dossier_dossier1.

的专门警察部队,也是世界上第一支为专门保护文化遗产而创建的警察部队。[28] 文化遗产宪兵队与意大利其他国家警察部队、海关署、文化部,以及国际刑警组织、外国警察部队和世界各地的公共及私人利益相关者有着积极合作。[29]

此外,意大利文化遗产宪兵队还开发了一个非法文化财产数据库,它不仅涵盖意大利刑事管辖范围内的文物,还包括外国要求纳入其中的文物。该数据库包括620多万件文物,可在线访问(http://tpcweb.carabinieri.it/SitoPubblico/search),也可通过免费应用程序"iTPC"进行访问。仅在2020年,意大利文化遗产宪兵队就收回了超过48.3万件文物。[30]

2005年,意大利还成立了隶属于文化部的文化遗产返还委员会(Comitato per la restituzione dei beni culturali)。该委员会与文化遗产宪兵队、外交部和司法部合作,在联合国教科文组织1970年《公约》、国际统一私法协会1995年《关于被盗或非法出口文物的公约》(简称"1995年《公约》")[31] 和欧盟法框架下开展工作,共

---

28 文化遗产宪兵队成立于1970年《公约》出台的前一年,即1969年。
29 对伊拉克打击文物非法贩运提供持续支持是一个重要例子。在欧洲顾问团(EUAM伊拉克,官方网页 https://www.euam-iraq.eu/team)中,意大利宪兵的西尔维奥·梅莱(Silvio Mele)中校目前担任文化遗产保护的高级战略顾问。EUAM Iraq met with the Iraqi Minster of Culture, 4 August 2021, https://eeas.europa.eu/delegations/senegal/102961/euam-iraq-met-iraqi-minister-cuture_hy.
30 Comando Carabinieri TPC, 'Attività operativa 2020', https://media.beniculturali.it/mibac/files/boards/be78e33bc8ca0c99bff70aa174035096/PDF/attività-operativa-2020c.pdf.
31 《关于被盗或非法出口文物的公约》由第213/1999号法律批准。

同打击文化遗产的非法贩运,并推动其返还。

意大利保护文化遗产的政策还包括缔结双边协议,如与中国(2006年)、美国(2001年签订,2021年续签)和瑞士(2006年)签订了双边协定。在过去二十年中,文化部也与外国文化机构签订了一些协议,以克服文化遗产相关诉讼可能存在的风险和不确定性。[32]对此,意大利参议院最近通过一项决议明确提出将文化外交作为文化遗产返还的首要工具,并要求政府关注以下四个目标,为打击文化遗产的非法贩运提供支持[33]:第一,要求政府采取相关举措,以使意大利公共广播和电视行业推动这一领域公众认识的提高;第二,鼓励将司法考古学*课程纳入与文化有关的大学课程体系,使这一领域的专业人员在学生时代尽早接触不能忽视的、根深蒂固和普遍存在的犯罪现象;第三,针对未来检察官和法官的相关培训课程,颁布足够的文化遗产法方面的培训法令;最后,修改《刑事诉讼法典》,使文化遗产调查活动更加专业化。

---

32 关于这类协议,参见:Tullio Scovazzi, 'The Agreements between the Italian Ministry of Culture and American Museums on the Return of Removed Cultural Properties' in Simona Pinton and Lauso Zagato (eds) *Cultural Heritage – Scenarios 2015-2017* (Edizioni Ca' Foscari 2017) 119。

33 Senato della Repubblica, RISOLUZIONE DELLA 7a COMMISSIONE PERMANENTE (Istruzione pubblica, beni culturali, ricerca scientifica, spettacolo e sport), Doc XXIV, n. 47, 14 July 2021. 在对非法出口文物返还问题的研究和讨论结束后批准。

* 司法考古学(judicial archaeology)是一门致力于将考古学、文化遗产学知识运用于司法领域的新型课程。为了让考古学家、艺术史学家、文化遗产保护专家能够更好地在法庭上提供证据,需要让考古学家和文化遗产学者在学生时代就学习相关法律知识,尤其是司法审判知识。——编者注

（三）1972年《保护世界文化和自然遗产公约》（《世界遗产公约》）

意大利于 1978 年批准《世界遗产公约》，没有提出保留或作出声明。该公约取得了巨大的成功，拥有 195 个缔约国。尽管意大利只有 30.1 万平方公里领土，却有 58 个遗产地被列入《世界遗产名录》，数量居全球首位。[34]

为响应该公约《操作指南》中有关为每个世界遗产地制定适当管理规划（§132）的要求，意大利颁布了第 77/2006 号法律，规定"为保护和使用被列入《世界遗产名录》、受联合国教科文组织保护的意大利遗产地及文化、景观、环境利益要素实施特别保护措施"。

根据第 77/2006 号法律，"管理规划的范围"（piani di gestione）是为了确定各项行动的优先顺位，并具体说明其实施要求。此外，管理规划还确定了与追求互补目标的各具体项目，如对当地旅游体系的规范建立联系的适当方式。该法提出了一些旨在保证世界遗产地可持续管理、建立游客流量和文化服务之间平衡关系的支持措施。这些措施特别注重对相关世界遗产地不同组成部分的具体问题进行研究。此外，这些支持措施还包括提供广泛的服务，如文化援助、清洁服务、游客接待和交通等方面的具体方案。最后，有关措施还包括促进、保护和提高世界遗产地及其区域内的食品和葡萄

34　绝大多数世界遗产地（53 个）为文化遗产地。完整清单可在以下网址查阅：https://whc.unesco.org/en/statesparties/it。

酒传统。上述支持措施的资金主要来自国家资助机制,资金分配标准和分配程序由文化部长发布通知予以明确。[35]2020年,意大利设立了17个资助项目,资助总额达到约177.6万欧元。

此外,意大利还成立了一个特别咨询委员会,就世界遗产地及其构成要素相关事项为文化部提供咨询。[36]

在意大利,世界遗产地的管理并非某个单一主体的责任,而是由多个不同主体分工负责,每个主体都在其特定的机构职能和管辖区域范围内承担责任。首先是文化部,还包括意大利的不同地方部门(地区、省和市),以及教会机构、山区社区、公园管理机构或其他地方公共管理机构等;还可以设立专门公共机构对(某些)世界遗产地进行管理。

例如,世界文化遗产地罗马历史中心,由于其规模、功能(它不仅是一项极其重要的文化财产,而且是一个活态的首都城市)及其跨国财产的地位,是一个管理起来特别复杂的遗产地。事实上,罗马历史中心受到意大利和梵蒂冈立法的共同保护。从意大利方面看,其法律保护包括国家级、地区级和市级相关规则。文化部、拉齐奥大区和罗马教区之间就罗马历史中心的管理达成了协议。[37]2017年,文化部关于建立"罗马斗兽场考古公园"(Parco archeologico del Colosseo),即一个负责管理世界遗产地一部分(主

---

35 Circolare del Segretariato Generale del MIBACT n. 24/2019.

36 该委员会正式名称为:联合国教科文组织世界遗产地及其构成要素管理规划与地方旅游系统咨询委员会(Commissione consultiva per i piani di gestione dei siti e degli elementi UNESCO e per i sistemi turistici locali)。

37 罗马教区是由教皇在其主教任期内直接管辖的教会地区。

要是斗兽场、古罗马城市广场、尼禄金宫）的外部执行办公室的决定引发了广泛讨论。[38] 有人向意大利行政法庭提起诉讼，指控文化部不仅侵犯了市政当局对该遗址的管理权，还将70%的相关收入归于考古公园，从而减少了可用于世界遗产地的相当一部分可支配资金。一审行政法庭[39]判决文化部长令违反了机构间忠诚合作原则，超越了法律赋予的权力。但是意大利最高行政法院[40]推翻了这一判决，确认了文化部行为的合法性。[41]

总体而言，意大利文化遗产管理受到舆论批评的情况并不少见，回顾世界遗产委员会对庞贝古城和威尼斯现状的特别关注即可见一斑。[42] 尽管威尼斯于1987年就已被列入《世界遗产名录》，但由于各种影响因素，直到2021年，联合国教科文组织对其政府治理、法律框架、管理体制和海洋运输基础设施等方面的问题仍表示担心。[43]

38　D.M. n. 15/2017.

39　TAR Lazio, n. 6719/2017.

40　Consiglio di Stato, n. 3666/2017.

41　关于该案，参见：Maria Rosaria Calamita, 'L'influenza della Convenzione UNESCO per la tutela del patrimonio culturale e naturale su alcune recenti pronunce del giudice amministrativo - Il caso del McDonald's alle Terme di Caracalla'(2020) 8 Giustamm.it 〈https://www.giustamm.eu〉6。

42　Tullio Scovazzi, 'La Convenzione per la protezione del patrimonio culturale e naturale mondiale nella sua applicazione ai beni culturali', in Andrea Cannone (ed) *La protezione internazionale ed europea dei beni culturali* (Cacucci 2014) 1, 15 ff.

43　UNESCO, '2021 State of Conservations Report – Venice and Its Lagoon', https://whc.unesco.org/en/soc/4102. 得益于2021年7月采取的大力行动，意大利立法者才避免威尼斯被列入《濒危世界遗产名录》。关于这一事件最近的报告，参见：Lorenzo Casini, 'La salvaguardia di Venezia "città acquatica": dall'utopia alla realtà' (2021) 2 Aedon, http://www.aedon.mulino.it/archivio/2021/2/casini_venezia.htm。

事实上，意大利极为丰富的文化财产与有限的可支配资金不能完全匹配。此外，意大利的遗产保护体制还涉及相关法律文件（如管理规划）的协调这一关键性问题。意大利的国内法体系有着极其缜密的行政结构，包含众多主体，每个主体都在其机构职能和管辖区域范围内行使权力，但遗产保护管理相关法律文件可能难以在国内法体系下被赋予直接的约束力。[44]从全球视角来看，这一点尤其如此，国家需要通过直接控制管理规划及其实施的方式履行保护世界遗产地的国际责任。

（四）2001年《保护水下文化遗产公约》（《水下公约》）

意大利于2009年批准2001年《保护水下文化遗产公约》[45]，同时宣布按照该公约第9条第1款(b)项的规定，在其专属经济区或大陆架区域内发现或针对该区域水下文化遗产的活动，将根据该公约第9条第1款(b)项(ii)的要求，由有关船舶的国民或船长直接向其报告，由其迅速有效地转告其他缔约国。

在2001年《水下公约》生效前，意大利对水下文化遗产的法律保护远不及对传统文化遗产的保护那样详细。考虑到意大利是世界上沿海扩张（约8300平方公里）处于前20位的国家之一，这

---

44 Antonio Cassatella, 'Tutela e conservazione dei beni culturali nei Piani di gestione Unesco: i casi di Vicenza e Verona' (2011) 1 Aedon, http://www.aedon.mulino.it/archivio/2011/1/cassatella.htm#testo8; Antonio Bartolini, 'Beni culturali (diritto amministrativo)' (2013) VI Annali – Enciclopedia del diritto § 7.

45 Law n. 157/2009.

是相当令人惊讶的。[46]

传统上,涉及水下文化遗产的案件都依据一般动产的规则处理,因此,这些规则只处理被发现物品的所有权问题。有关法律规则区分了意外发现与专门探查:如果是意外发现,应当适用《航海法典》(第 510、512、513 条);如果是专门探查,则适用在 1999 年第 490 号法令和现行《文化财产与景观法典》生效之前致力于文化遗产保护的主要立法,即第 1089/1939 号法律(第 43、50 条)。适用《航海法典》或是第 1089/1939 号法律的不同,会影响被发现物品的所有权、奖励金额、发现报告和侵吞该物的处罚规则。[47]

有趣的是,目前施行的 2004 年《文化财产与景观法典》的起草明确参照了 2001 年《水下公约》的内容,尽管那时该公约尚未在意大利获得批准。该《法典》第 94 条规定:"在国家水域边界向外延伸 12 海里范围内海域的海床发现的具有考古和历史价值的物品,根据 2001 年 11 月 2 日在巴黎通过的联合国教科文组织《保护水下文化遗产公约》附件《针对水下文化遗产之行动规则》加以保

---

[46] 国际上最著名的意大利水下文化遗产的案例之一是盖蒂青铜雕塑(Getty Bronze)案。在这个案例中,亚历山德拉·兰乔蒂(Alessandra Lanciotti)提出了"水下文化遗产所有权的困境"。参见: The Case of the Getty Bronze' in Silvia Borelli and Federico Lenzerini (eds) *Cultural Heritage, Cultural Rights, Cultural Diversity. New Developments in International Law* (Martinus Nijhoff Publishers, 2012) 301; Tullio Scovazzi, 'Un atleta non ancora giunto a destinazione' (2019) 2 Rivista di Diritto Internazonale 511。

[47] 公约生效前意大利有关判例,参见: Tullio Scovazzi, 'The Application of "Salvage Law and Other Rules of Admiralty" to the Underwater Cultural heritage: Some Relevante Cases' in Roberta Garabello and Tullio Scovazzi (eds) *The Protection of the Underwater Cultural Heritage – Before and After the 2001 UNESCO Convention* (Martinus Nijhoff, 2003) 19。

意大利文化遗产法对联合国教科文组织文化遗产公约的回应　261

护。"[48] 在此框架下，批准《水下公约》是意大利向前迈出的新一步，但该公约的实施并未达到应有的效果。例如，考虑到文物的潜在经济价值，意大利立法者提出的制裁（第 157/2009 号法律）似乎不够严厉，不足以确保符合 2001 年《水下公约》第 17 条的要求。实际上，未履行报告义务仅处以 1 年以下监禁，并处 310—3099 欧元罚款；在意大利境内引进或交易未经公约授权返还的文物，仅处以 2 年以下监禁，并处 50—500 欧元罚款。[49]

根据最新消息，意大利新设立了对水下文化遗产的保护、管理和改善具有特别自主权的机构"国家水下文化遗产管理局"（Soprintendenza nazionale per il patrimonio culturale subacqueo）。[50] 该管理局设于塔兰托，在那不勒斯和威尼斯设有运营中心，并与意大利全国的考古、艺术和景观特别监管机构相互关联。希望这个新设机构能够促进意大利水下文化遗产的保护。

（五）2003 年《保护非物质文化遗产公约》（《非遗公约》）

意大利于 2007 年批准《保护非物质文化遗产公约》。[51] 目前，

48　关于这一条，参见：Alberto Lucarelli, 'Art 94 – Convenzione UNESCO sulla protezione del patrimonio culturale subacqueo', in Maria Alessandra Sandulli (ed) *Codice dei beni culturali e del paesaggio* (Giuffrè 2019) 901。

49　Art 10, Law n. 157/2009. 关于第 157/2009 号法律，参见：Alberto Frigerio, 'L'entrata in vigore in Italia della Convenzione UNESCO 2001 sulla protezione del patrimonio culturale subacqueo'(2010) 2 Aedon, http://www.aedon.mulino.it/archivio/2010/2/frigerio.htm。

50　该特别管理局根据第 169/2019 号总理法令设立。

51　Law n. 167/2007.

《文化财产与景观法典》第 7bis 条明确提及该公约，确认非物质文化遗产表现形式由该法典予以规范（与文物适用相同规则），但前提是非物质文化遗产表现形式可体现在动产或不动产中。之所以进行限制，是因为该《法典》的适用范围限于规范物质形式的文化遗产。因此，这些规则并不适用于非物质表现形式本身。

因此，对纯粹的非物质文化遗产的保护实际上被委托给地区一级。[52] 一些地区，例如翁布里亚（2007 年）和莫利塞（2008 年）等地已经通过了特别立法。此外，在撒丁岛等地区，对非物质文化遗产的关注可以追溯至 2003 年《非遗公约》诞生之前。事实上，早在 1972 年，撒丁岛地区就成立了一个专门的研究所（即努奥罗地区民族志高等研究所），致力于传统文化实践的研究和保护。

文化部、意大利各地区分支部门、国家和地方服务中心和有关机构（特别监管机构、档案馆、图书馆、专门研究所）等共同构成一个整体，与文化中心和机构，以及非政府组织和基金会合作开展（非物质文化遗产）研究和保护活动。

根据 2003 年《非遗公约》第 12 条，意大利编制了国家非物质文化遗产名录，收录了意大利非物质形式的文化遗产。[53]

---

52 Pier Luigi Petrillo, 'La tutela giuridica del patrimonio culturale immateriale. Spunti comparati' in Enzo Catani, Gianluca Contaldi and Fabrizio Marongiu Buonaiuti (eds) *La tutela dei beni culturali nell'ordinamento internazionale e nell'Unione europea* (eum 2020) 117.

53 名录可在以下网址获得：https://catalogo.beniculturali.it/search/typeOfResources/DemoEthnoAnthropologicalHeritage?category=Bene+immateriale。数据收集方法可参见文化部的非物质文化遗产编目指南：http://www.iccd.beniculturali.it/getFile.php?id=5972。

列入联合国教科文组织《人类非物质文化遗产代表作名录》的非物质文化遗产，在国家层面由第 77/2006 号法律和第 15/2017 号部门备忘录（D.M.）管理，并为其提供保护资金（来源的法律路径）。需要注意的是，相对于本国广泛、多样的地方传统，意大利被列入《人类非物质文化遗产代表作名录》的数量（14 个）相当有限。

（六）2005 年《保护和促进文化表现形式多样性公约》

2007 年，意大利批准联合国教科文组织《保护和促进文化表现形式多样性公约》，未作任何保留或声明。[54] 文化多样性中的物质文化遗产部分，可以在意大利《文化财产与景观法典》第 7bis 条中找到前述提及《非遗公约》同一条的明确适用规则。因此，对于体现文化多样性价值的文物，只要其存在有形的表现形式，就受到该《法典》的保护。

反之，对于未被意大利法律视为文化财产（beni culturali）的文化表现形式的促进，则适用许多不同的规定和措施，涵盖意大利经济和文化体系的所有部门和层级。

在最相关的领域，值得一提的是对语言少数群体的保护，包括受到特别立法（第 482/1999 号法律）保护的 12 个"历史语言少数群体"，分别为阿尔巴尼亚人、加泰罗尼亚人、日耳曼人、希腊人、斯洛文尼亚人、克罗地亚人以及讲法语、法兰克-普罗旺斯语、弗留利语、拉汀语、奥克西坦语和撒丁语的人。此外，有两个大区实行

54　Law n. 19/2007.

双语。事实上，特伦蒂诺－上阿迪杰大区的官方法令和诉讼程序以意大利语和德语进行，瓦莱达奥斯塔大区的官方语言则是意大利语和法语。

为了给本土文化活动提供机会，意大利设立了专项基金。例如2017年，意大利为支持创作过程和文化表达设立了表演艺术基金（Fondo Unico per lo Spettacolo）。该基金为国家剧院、制作公司、表演艺术家、木偶和影像剧公司、纪念活动等提供三年期项目或海外巡演的资助。

三、结论

通过前文的简要介绍可以看出，尽管意大利批准了联合国教科文组织的所有文化（遗产）公约，而且意大利文化遗产法覆盖的范围十分广泛，但监管和执行体系并不总是尽如人意，在非物质文化遗产的保护等某些特别领域似乎尤其如此。传统上被认为更完善、更规范的事项也仍需进一步改善。事实上，正如上述UNESCO有关威尼斯世界遗产地的报告所述，其保护工作并不总是像国际标准所要求的那样有效。在列入《世界遗产名录》三十多年后，仍有一些迫切的问题需要解决，如遗产地管理、治理及其法律框架。因此，即使意大利文化遗产保护体系存在优秀的实践范例（如文化遗产宪兵队），意大利及其世界文化遗产的全面保护仍有许多工作要做。

大量不同的中央和地方机构权力高度分散，使根本核心利益不能得到有效落实。因此，2019年，文化部已经进行了自身结构性改革。[55] 此类改革也引入新设立的国家水下文化遗产管理局，这似乎是水下遗产保护领域的积极发展。然而，应该指出的是，这只是多年来对文化部结构和权力进行不同程度改革（1974、1998、2006、2007、2009、2013、2014、2016、2018、2019、2021）的最近一次干预。文化部这样一个文化遗产领域关键机构持续不断的改革表明了意大利立法者对文化遗产保护的持续关注，但同时也表明，作为文化遗产领域领跑者的意大利，并没有在组织结构上取得令人满意的平衡，以协调各方利益。

55　经第 123/2021 号总理法令（DPCM n. 123/2021）修改。

联合国教科文组织文化遗产公约在德国的实施

郭 萍[*]

目前,德国已经加入的联合国教科文组织(简称 UNESCO)文化遗产相关国际公约主要有五部[1],分别为 1954 年《关于发生武装

---

[*] 郭萍,旅德学者,中国人民大学法学博士、北京工业大学博士后。研究方向:文化遗产法。

[1] 目前,德国还没有加入国际统一私法协会于 1995 年制定的《关于被盗或非法出口文物的公约》(简称"1995 年《公约》")。一些公开资料显示,德国未加入的原因主要有两个:第一,1995 年《公约》的某些要求(如要求成员国间就被盗或非法出口文物制定统一规则且成员国国内法院应当受理有关文物返还的请求、无需经过国内法转化可直接适用于成员国等)过高,会使成员国承担过重的责任,可能对成员国造成的影响也未知;第二,欧盟成员国加入 1995 年《公约》的紧迫性不强。在欧盟成员国内部,已于 1993 年发布了《关于归还从成员国境内非法出口的文化财产的 93/7/EWG 号指令》(EU-Richtlinie 93/7/EWG,该指令于 2014 年更新为 2014/60/EU 指令,后又于 2016 年被汇纂至《可移动文物保护法》中),其内容已完全覆盖 1995 年《公约》第三章内容,亦即欧盟成员国内部间已有相关规则可供遵守和执行。参见:Deutsche UNESCO-Kommission, Illegaler Handel mit Kulturgütern. URL: https://www.unesco.de/kultur-und-natur/kulturgutschutz/illegaler-handel-mit-kulturguetern(abgerufen am 22.04.

冲突时保护文化财产的公约》、1970 年《关于禁止和防止非法进出口文化财产和非法转让其所有权的方法的公约》、1972 年《保护世界文化和自然遗产公约》、2003 年《保护非物质文化遗产公约》和 2005 年《保护和促进文化表现形式多样性公约》。[2]

本文将在对德国文化遗产相关立法的法律渊源、行政管理框架进行分析后，就上述四部国际公约在德国的实施状况进行概述及简要分析。

2022); Deutscher Bundestag, Nationaler und internationaler Kulturgüterschutz. WD 10 - 3000 - 072/15, S.32. URL: https://www.bundestag.de/resource/blob/481346/c9b5b6b866b 3868b340df495bf0d13d5/WD-10-072-15-pdf-data.pdf(abgerufen am 20.04.2022)。

[2] 此外，德国联邦议院于 2020 年 3 月表示拟于 2021 年底加入 UNESCO《保护水下文化遗产公约》，以更好地保护位于北海和波罗的海专属经济区内的水下文化遗产（Unterwasserkulturerbe）。作为这一承诺的实施步骤，2021 年 9 月，修订后的《德属北海及波罗的海专属经济区空间管理条例》(Verordnung über die Raumordnung in der deutschen ausschließlichen Wirtschaftszone in der Nordsee und in der Ostsee [AWZROV]) 及其附件《德属北海及波罗的海专属经济区空间规划》(Raumordnungsplan für die deutsche ausschließliche Wirtschaftszone in der Nordsee und Ostsee，以下简称"《规划》"）等法律文件相继生效。《规划》2.2.1、2.5 等条款明确提出：对海洋进行经济性开发时应当尽量减少对水下文化遗产造成的损害。参见：Bundesministerium des Innern, für Bau und Heimat , Bundesamt für Seeschifffahrt und Hydrographie: Raumordnungsplan für die deutsche ausschließliche Wirtschaftszone in der Nordsee und Ostsee (01. 09. 2021), URL: https://www.bmi.bund.de/SharedDocs/gesetzgebungsverfahren/DE/ verordnung-ueber-die-raumordnung-in-der-deutschen-ausschliesslichen-wirtschaftszone- in-nordsee-und-ostsee.html.(abgerufen am 20. 01. 2022)。从德国自 2020 年至今开展的一系列涉及水下文化遗产的立法活动来看，其加入 UNESCO《保护水下文化遗产公约》指日可待。

一、德国文化遗产保护的法律渊源和行政管理结构

在德国,可移动文物、不可移动文物和非物质文化遗产分属不同行政部门管理,在法律渊源上也不尽相同。

(一)文物保护的法律渊源和行政管理结构

从法律渊源来看,德国文物保护相关立法可以分为三类:一类为德国国内法(Nationales Recht),包括联邦立法和各州立法,前者如2016年《可移动文化财产保护法》(Kulturgutschutzgesetz),后者包括州文物立法、档案立法中涉及文化财产类档案的相关规定,等等;第二类为欧盟法(Recht der Europäischen Gemeinschaft),而欧盟法又分为可直接适用的欧盟法和间接适用的欧盟法;第三类为国际法,即为德国加入的各类文化遗产相关国际公约。其中,间接适用的欧盟法和国际法需要通过转化为国内法的方式实现在德国国内的适用。

与中国情况类似,行政管理在德国文物管理手段中占据重要角色。德国的文物行政管理由文化财产保护(Kulturgutschutz)和古迹保护(Denkmalschutz)两类事务共同构成,联邦州(以下简称"州")承担了大部分文物行政管理职能,联邦有权参与的行政事务范围十分有限。

第一,联邦和州共同承担文化财产保护职能。文化财产

（Kulturgut）分为可移动文化财产（bewegliches Kulturgut）和不可移动文化财产（unbewegliches Kulturgut）。[3] 联邦在文化财产保护领域负责两类事务：一是负责可移动文化财产中的国家级文化财产（Nationales Kulturgut）永久出境审批，即国家级文化财产的永久出口必须取得联邦文化和媒体专员（Beauftragte der Bundesregierung für Kultur und Medien）审批许可，确保此类文化财产不非法流转到境外；二是促成非法流转到德国境内的外国文化财产返还原主国。除此之外的其他可移动文化财产行政管理事务，如确定本州《国家级文化财产名录》[4]、处理文化财产相关行政审批，等等，由各州负责。[5]

德国允许对可移动文化财产进行买卖，前提是这些可移动文化财产不属于禁止销售或禁止进、出口的文化财产类型。在德国，古董商人、拍卖企业、艺术品中介等，都是从事可移动文化财产销售的最主要群体。

第二，古迹保护原则上属于州事务，联邦仅能以项目资助形式

---

3 "可移动文化财产"可大致对应中国文物行政管理语境中的"可移动文物"，"不可移动文化财产"则可大致对应"不可移动文物"。

4 许多国家级文化财产属于私人所有。这些私人享有所有权的国家级文化财产须在取得所有权人同意的前提下才能列入《国家级文化财产名录》并公布。

5 在2016年《可移动文化财产保护法》颁布前，受联邦保护的可移动文物主要为登记在《国家珍贵文化财产名录》（Länderverzeichnisse national wertvollen Kulturgutes）中的国家珍贵文化财产（National wertvolles Kulturgut）；该法颁布后，公立博物馆、图书馆、档案馆等机构收藏的可移动文物和国家珍贵文化财产一同被纳入"国家级文化财产"（Nationales Kulturgut）体系受到保护。参见：Kulturgutschutz Deutschland. Nationales Kulturgut, URL: http://www.kulturgutschutz-deutschland.de/DE/AllesZumKulturgutschutz/Kulturgutschutzgesetz/Kernpunkte/NationalesKulturgut/nationalesKulturgut_node.html;jsessionid=712A8D0305D95A8F435E9AFFF81589DD.2_cid351(abgerufen am 24.01.2022)。

参与其中。[6]在联邦有限的古迹保护权限中，通过各种资助项目参与国家级文化遗迹（nationale Kulturdenkmäler）的保护管理是其工作重点。[7]值得注意的是，虽然许多文献（甚至官方文件）中直接将"古迹"（Denkmal）等同于"不可移动文化财产"，但各州对于"古迹"这一概念的外延界定其实不尽相同，所涵盖的具体文物类型也存在差异[8]。

第三，在不可移动文化财产行政管理系统内部，通常在州至市、县层面分别设立古迹管理机构（die Oberste Denkmalschutzbehörde，一般为由州设立的遗迹保护管理局[Denkmalamt]）、区高等古迹管理机构（die Höheren Denkmalschutzbehörden）[9]、基层古迹管理机构（die Untere Denkmalschutzbehörde）；级别较高的机构与下一级别机构间没有行政隶属关系，但是上一级机构可以为下级机构提供业务指导，不同级别机构的具体职能也存在差异。德国不可移动文化财产行政管理机构架构及主要职能如图1所示：

6　DNK, Denkmalschutz national, URL: http://www.dnk.de/beim_Bund/n2290(abgerufen am 18.Oktober 2021).

7　参见：Deutscher Bundestag. Kulturgüterschutz in Deutschland Regelungen und Problembereiche vor dem Hintergrund eines künftigen Kulturgutschutzgesetzes, August 19., 2015, WD 10 - 3000 - 071/15。

8　例如，巴伐利亚、黑森州等联邦州的古迹立法涵盖了可移动的地下遗迹，如人类或动植物残骸；萨克森自由州、萨尔州等联邦州的"古迹"还可有条件地包括档案等可移动文化财产（在该档案未受档案、艺术立法保护前提下）。

9　处于中间层级的高等古迹管理机构并非所有州都会设立，如图林根州古迹行政管理即仅有最高古迹管理机构"州古迹保护和考古管理局"（Das Landesamt für Denkmalpflege und Archäologie）和基层古迹管理局两个层次。

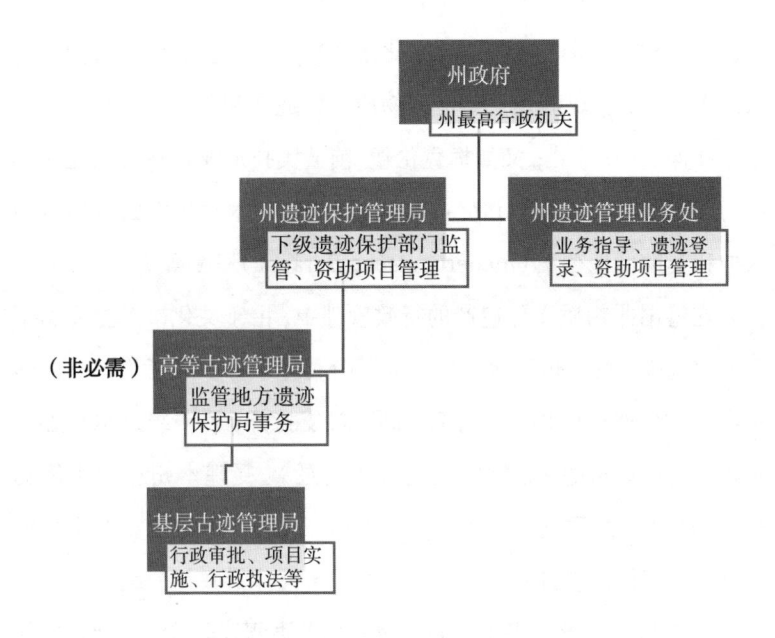

图 1　德国州及地方政府古迹管理行政架构及职能图

（二）非物质文化遗产保护法律渊源和行政管理结构

在德国，非物质文化遗产保护的法律渊源在联邦一级主要为经联邦立法公报（Bundesgesetzblatt）公布的德语版 2003 年《保护非物质文化遗产公约》（Bekanntmachung des Übereinkommens zur Erhaltung des immateriellen Kulturerbes vom 7. Juni 2013）；在州一级，许多联邦州颁布的立法中均涉及非物质文化遗产保护相关内容，这些内容同样是德国非物质文化遗产立法的法律渊源，如北莱茵-威斯特法伦州在其 2021 年 12 月 14 日颁布的《文化法典》（Kulturgesetzbuch für das Land Nordrhein-Westfalen）第 4 条中明确提出，"文化遗产保护是州文化事务的重心，包括……保护和传承艺术、文化表现形式。州促进物质文化遗产和非物质文化遗产的保存和保护……"[10]；又如梅克伦堡-前波美拉尼亚州在其州宪法第16条中规定，"州保护和促进文化、体育、艺术和科学的发展……保护和资助低地德语（niederdeutsche Sprache）"[11]；等等。

在德国非物质文化遗产的行政管理中，由于文化事务主要属于州主权范围，联邦州仍然承担了大部分具体事务。除了为本州内的非物质文化遗产保护提供经费、制度等支持外，州一级还承担如下职能：建立本州的《非物质文化遗产名录》、受理本州相关主体提交的《联邦非物质文化遗产名录》申请、组织本州的独立专家小组对申请进行第一轮评审、将评审出的结果推荐给联邦一级，等等。

联邦则主要承担提供经费资助、组织协调等职能。此外，参与《联邦非物质文化遗产名录》的确立也是联邦的一项重要职能，其具体工作内容包括：联邦和州一级共同确定该名录的遴选标准，受理州提交的列入该名录的申请，组织协调联邦相关部门、其他机构合作完成申请项目是否列入该名录的二次审核和公布工作，等等。

在行政管理之外，半官方性质的联合国教科文组织德国委员会（Deutsche UNESCO Kommission）也与联邦相关部门合作，组织专家委员会对《联邦非物质文化遗产名录》进行二次评审，并从该目

---

10 § 4 Kulturelles Erbe ‖KulturGB NRW. 该法典于2021年12月始得汇纂完成并颁布，其有关非物质文化遗产的规定来源于2014年12月18日发布的《文化、艺术和文化教育促进发展法》(Gesetz zur Förderung und Entwicklung der Kultur, der Kunst und der kulturellen Bildung in Nordrhein-Westfalen [Kulturfördergesetz NRW])。

11 § 16 Förderung von Kultur und Wissenschaft ‖ GVOBl. M-V S. 372.

录中筛选、推荐申报联合国教科文组织《人类非物质文化遗产代表作名录》《急需保护的非物质文化遗产名录》及《优秀保护实践名册》。此外，提供专家建议资助非物质文化遗产保护相关项目、会议或工作坊，组织相关主体参与非物质文化遗产保护实践等，也属于该机构职能范围。[12]

二、德国加入的五部 UNESCO 文化遗产相关国际公约的实施情况

如前所述，德国已加入五部 UNESCO 文化遗产保护相关公约，以下对这些公约在德国的实施情况进行简单介绍。

（一）1954 年《海牙公约》在德国的实施

德国于 1967 年加入 1954 年《关于发生武装冲突时保护文化财产的公约》。该公约在德国的国内法转化以 2016 年《可移动文化财产保护法》的颁布为标志可以划分为前、后两个阶段。

2016 年《可移动文化财产保护法》颁布前，1954 年《海牙公约》在德国的国内法转化成果主要为 1967 年公布的《1954 年〈关于发生武装冲突时保护文化财产的公约〉实施法》(Gesetz zu der Konvention vom 14. Mai 1954 zum Schutz von Kulturgut bei bewaffneten Konflikten，简称《1954 年〈海牙公约〉实施法》)。《1954

---

12 Deutsche UNESCO Kommission, Unser Beitrag, URL: https://www.unesco.de/kultur-und-natur/immaterielles-kulturerbe/unser-beitrag (abgerufen am 24.April 2022).

年〈海牙公约〉实施法》共4条，就联邦和州在公约实施方面的责任划分、联邦层面相关部门的具体职能、该法在柏林的特别适用、生效时间等作出规定。

1997年，德国将可移动文化财产保护措施纳入《公民保护和灾害救助法》（Zivilschutz- und Katastrophenhilfegesetz，简称"ZSKG法"）法律保护体系，并指定联邦国民保护和灾害救助局（Bundesamt für Bevölkerungsschutz und Katastrophenhilfe，简称"BBK"）为1954年《海牙公约》在联邦层面的执行机构，作为联邦代表与各州开展合作，负责包括国家级文物或档案的缩微胶片制作及保管、保护标志设立和使用、文化财产保存场所修建等相关事务。ZSKG法在其第八章"可移动文化财产保护措施"（Maßnahmen zum Schutz von Kulturgut）中将可移动文化财产保护的法律适用指向《1954年〈海牙公约〉实施法》，直接规定："本法有关可移动文化财产保护措施，适用《1954年〈海牙公约〉实施法》相关规定。"[13]

随着2016年《可移动文化财产保护法》颁布，《1954年〈海牙公约〉实施法》和其他两部有关文化财产返还、禁止文化财产非法进出口的立法同时废止，所涉法律规定内容被纳入《可移动文化财产保护法》体系内，相关部门的行政管理职能保持不变。[14]

（二）1970年《公约》的国内法转化

德国于2007年加入1970年《关于禁止和防止非法进出口文

---

13 §25 Kulturgutschutz ‖ZSKG.
14 Art.10 ‖ Gesetz zur Neuregelung des Kulturgutschutzrechts.

化财产和非法转让其所有权的方法的公约》。

1. 公约在德国适用的两个阶段

1970年《公约》在德国的国内法转化同样以2016年《可移动文化财产保护法》的颁布为标志划分为两个阶段。

在2016年《可移动文化财产保护法》颁布前，1970年《公约》的国内法转化主要体现为2007年颁布的《UNESCO1970年〈关于禁止和防止非法进出口文化财产和非法转让其所有权的方法的公约〉和欧共体1993年〈关于归还从成员国境内非法出口的文化财产的93/7/EWG号指令〉实施法》，也称《文化财产返还法》（Kulturgüterrückgabegesetz，简称"2007年《文化财产返还法》"）。2007年《文化财产返还法》明确了德国联邦和州在文化财产返还事务上的权限划分以及文化财产进、出口审批程序，其内容相较《1954年〈海牙公约〉实施法》而言更加具体。该法共5章22条，就保护对象、主管机关、返还文化财产所有权问题适用法律、原主国有权提出返还请求的情形、文化财产返还的执行和文化财产扣押、文化财产所有权归属、文化财产返还补偿、文化财产返还追索期限、文化财产进口审批程序、违反强制性规定的法律责任等内容作出规定。

2016年，德国联邦政府将涉及文化财产流转规制的国内法（包括《1954年〈海牙公约〉实施法》、2007年《文化财产返还法》）和德国签署的国际或欧盟相关条约或协定（如1954年《海牙公约》及其议定书、2014/60/EU指令[15]）进行整合和汇编，出台了《可移动

---

15 2014/60/EU指令由93/7/EWG指令更新而来。

文化财产保护法》(简称"KGSG法")。

2.KGSG法的主要内容

2016年出台的KGSG法的保护对象为具有显著价值、代表德国民众身份认同的重要文化财产。该法也为其他国家流失到德国的文化财产提供保护。与此前立法相比,KGSG法的修改内容主要可概括为如下四个方面:

其一,完善文化财产返还机制。对于那些已经被非法进口到德国的文化财产,该法就将其归还原主国的原则和机制作出规定。此外,对于由于被盗等原因流失境外的德国文化财产,该法将请求返还时效由此前的30年延长至75年。

其二,对私人所有文化财产流转作出规定。根据该法,私人文化财产所有权人还可以将其收藏的文化财产租借给公共文化财产展示机构并从中获利,且可随时要求收回;此外,如果私人文化财产所有权人基于某些特定原因要将其藏品经由文化财产保存机构(如博物馆)出售,这类行为可由各州的文化基金会(Kulturstiftung)进行协调。

其三,文化财产出口要求有所变化。首先,扩展了文化财产出口审批的地域范围。KGSG法生效前,只有出口到欧盟以外国家的文化财产才需要进行出口审批;KGSG法则要求即使欧盟国家间出口文化财产也须获批。其次,提高了保护对象的门槛。以油画为例,根据KGSG法,仅有问世至今超过75年、价值高于30万欧元的油画才需要申请出口许可;而如果根据此前适用的欧盟116/2009号指令,问世超过50年、价值高于15万欧元的油画的出口即必须申请许可。

其四，部分文化财产行政许可被取消、简化或内容被更改。KGSG法在一定范围内取消、简化、更改了部分文化财产出口相关行政许可，如部分文化财产相关报批程序被直接取消，或缩短许可审查期间至10个工作日内，国家间馆际互借取得概括许可的最长期限延长至5年，等等。

3.KGSG法的实施状况及法律地位

KGSG法的主要保护对象是可移动文化财产，立法旨意主要在于防止可移动文化财产的非法流转，是德国首次将联邦层面涉及可移动文化财产保护的几部立法进行汇纂并整合的成果，弥补了此前立法存在的若干漏洞，简化了行政审批流程，被认为是"德国可移动文化财产保护立法的改革"。[16]

从保护对象来看，受到KGSG法保护的文化财产范围大大扩展。由于该法的出台，受德国法律保护的国内文化财产由此前共计2700余件国家珍贵文化财产和国家珍贵档案[17]扩展到所有的国家级文化财产，未登记为前两类保护对象的公立博物馆、档案馆、图书馆的所有馆藏也都纳入该法保护范围；此外，该法明确规定，不

---

16 基于1954年《海牙公约》要求缔约国颁布禁止文化财产非法进出口的立法，原西德联邦政府曾于1955年出台了一部《防止德国文化财产流失法》(Gesetz zum Schutz deutschen Kulturgutes gegen Abwanderung)，这部法律是2016年联邦《可移动文物保护法》的前身。

17 Staatsministerin für Kultur und Medien, Fragen und Antworten zum neuen Kulturgutschutzgesetz, URL: https://www.bundesregierung.de/breg-de/bundesregierung/staatsministerin-fuer-kultur-und-medien/kultur/fragen-und-antworten-zum-neuen-kulturgutschutzgesetz-422696(abgerufen am 01.11.2021).

止文化财产本体，文化财产的配件（Zubehör）、装饰（Ausstattung），或者是其中的设备（Inventar，主要指建筑遗产内的设备）也都是其保护对象。

另外，KGSG法的颁布还填补了此前立法存在的一些漏洞。例如，该法颁布之前发生过若干起原属德国的珍贵文化财产被运至英国境内（当时英国还属于欧盟成员国），而后行为人利用英国法律对于其他欧盟国家所有文化财产的出口并无限制规定的漏洞，将这些珍贵文物流转至美国的案例。KGSG法弥补了这一漏洞，规定文化财产在欧盟成员国之间流转也须履行审批程序，由此起到了保护德国本国珍贵文化财产、使其免于被流转至国外的作用。又如，此前德国海关主要是根据其他国家提供的禁止出口文物清单对进口到德国的文化财产进行审查，KGSG法公布后，则改为要求进口到德国的文化财产须具备原主国出口许可；此外，KGSG法还新增了要求德国境内从事文化财产销售的主体承担对待售文物合法性进行审查的义务（审查内容包括其是否为被盗、非法进口或非法发掘的文化财产）的规定，等等。

从实施效果来看，自KGSG法颁布至2021年4月，仅巴登-符腾堡州这一个联邦州就共签发文化财产出口到欧盟成员国的许可850个、非欧盟成员国许可580个；查获8批次非法进口文化财产，并且促成其中一批次文化财产返还原主国。[18]

---

18 但由于受新冠疫情影响，该批次文化财产返还的正式移交程序被暂缓。参见：Frau Präsidentin des Landtags von Baden-Württemberg Muhterem Aras MdL, Kleine Anfrage des Abgeordneten Nico Weinmann FDP/DVP, Drucksache 16 / 10074(vom 29.April 2021)。

KGSG法的实施在艺术品和古董销售从业群体中引起了较大反响。2021年8月，德国联邦宪法法院官方网站上公布了一则诉KGSG法规定违宪案件的判决结果。这起诉讼的原告为数名艺术品经纪人、古董商人和拍卖人，他们请求认定KGSG法的第21条第（二）项、第24条第二款有关某些特定文化财产的进、出口必须取得许可的规定，以及第28条、第40条有关禁止进口非法出口到德国的文化财产、禁止来源非法的文物在德国进行商业流通的规定违反了《基本法》（Grundgesetz）第12条第一款有关职业自由、第14条第一款有关财产权受国家保护的规定。理由是：一方面，许可审批往往耗时较长，会使原告在与国际上的其他艺术品贸易同行竞争时处于不利地位，由此损害了原告的职业自由权；另一方面，KGSG法要求原告在销售艺术品时尽到必要的注意义务，会给原告带来额外的经济负担，因此构成对其财产权的侵犯。联邦宪法法院最终判定不予受理该诉讼，并要求原告首先向专业法庭（Fachgericht）提起诉讼；待专业法庭澄清本案所涉事实后，联邦法院方得继续进行违宪审查。[19]

在2021年8月13日由慕尼黑市行政法院判决的一起行政诉讼中，法院认定海关对非法出口文化财产进行行政扣押的行为合法。该案原告为一名在美国拍卖会上购得价值约2000欧元的史前钱币的男子。德国海关扣押了该男子购买的钱币，理由是这些钱币极有可能由战乱国家非法出口至美国，且男子无法提供该钱币来

---

[19] 1 BvR 1727/17. 截至2022年3月29日，并未查见原告向专业法庭提起旨在澄清相关事实的诉讼。

源合法的证明。法院最终驳回原告请求，并认定该男子行为违反KGSG法第30条有关进口的合法性证明，以及第28条有关进口禁令的规定；而海关行为符合KGSG法第33条有关主管机关保护义务和第35条有关文化财产扣押解除的规定。[20]

（三）1972年《世界遗产公约》在德国的实践

德国于1977年加入1972年UNESCO《保护世界文化和自然遗产公约》。截至2021年10月，列入联合国教科文组织《世界遗产名录》的德国世界遗产共51处，其中自然遗产3处、文化遗产48处，无自然和文化双遗产。

1. 德国世界遗产相关立法体系

德国世界遗产保护制度除了个别世界遗产地颁布了专门立法外，主要以各世界遗产地公布的《世界遗产管理规划》和具体管理章程为主要表现形式，州文化遗迹立法是这些管理规划和章程的总括性法律依据。

第一，与许多欧洲国家类似，在德国，世界遗产管理并不以专门立法作为主要法律保护形式，而主要经由政府公布的《世界遗产管理规划》或相关土地利用规划等规划形式来实现。《世界遗产管理规划》与其他政府发布的法律文件一样具有法律约束力。为世界遗产编制管理规划是《实施〈世界遗产公约〉操作指南》第108条提出的强制性要求。不过，因为这一规定作为强制性的申报要求在2005年才出现在《操作指南》中，许多在此之前已经申报成功的世

20　Urt. v. 22.04.2021, Az. M 30 K 19.6111.

界遗产并没有管理规划。如1994年申报成功的奎德林堡,其世界遗产管理规划在多次修改后,最终于2016年才得以公布。

此外,许多世界遗产管理机构还颁布了内部管理章程,这些管理章程可大致划分为综合性管理章程和经费管理章程两类。典型的世界遗产综合性管理章程如《柏林-波茨坦文化景观古迹保护区保护章程》[21];经费管理章程如德国世界遗产地洛尔施修道院(Kloster Lorsch)制定的经费管理章程《世界遗产洛尔施修道院基金会章程》[22]。

第二,德国16个联邦州都颁布了州古迹保护法,这些古迹保护法的具体规定同样适用于世界遗产。除一般性规定外,石勒苏益格-荷尔斯泰因州、下萨克森州、莱茵兰-普法尔茨州、萨克森-安哈尔特州这4个联邦州还在本州遗迹立法中规定了适用于世界遗产的特别条款。

第三,巴伐利亚州雷根斯堡市为该市的世界文化遗产——雷根斯堡旧城(含施塔特阿姆霍夫 [Altstadt von Regensburg mit Stadtamhof])颁布了专门立法,这是德国目前唯一一部专门针对特定世界遗产公布的地方性规章。《雷根斯堡老城保护建设控制规章》(Satzung über örtliche Bauvorschriften zum Schutze der Altstadt von

---

[21] 该规定全称为《根据1991年列入〈世界遗产名录〉要求制定的柏林-波茨坦文化景观古迹保护区保护章程》(zum Schutz des Denkmalbereichs Berlin-Potsdamer Kulturlandschaft, gemäß Eintragung in die Liste des Kulturerbes der Welt [World Heritage List der UNESCO] vom 1. Januar 1991)。

[22] Satzung der Stiftung UNESCO - Weltkulturerbe Kloster Lorsch. http://www.stiftung-kloster-lorsch.org/satzung.html(abgerufen am 29 März 2022)。

Regensburg）颁布于 2007 年，包括前言、15 条法律条文正文、附件共三部分，主要目的在于对世界遗产范围内的建筑、广告设施的新建、改建、扩建等建设行为进行规制。

2. 德国世界遗产相关立法特点

概括来说，德国世界遗产立法呈现出如下特点：

第一，以管理规划作为主要法律保护手段。以管理规划作为世界遗产的主要法律保护手段，是德国世界遗产立法的主要特点。为了规范世界遗产管理规划的编制，2009 年，德国世界遗产委员会公布了《世界遗产管理规划编制指南》，以规范和统一本国世界遗产管理规划的编制。管理规划与联邦、州、区域、地方相关立法和规划相衔接，同时充分考虑世界遗产的特殊性。

第二，在管理中不特别强调世界遗产的特殊性。整体来看，德国对于世界遗产的关注度远不及中国，许多已经申报成功的世界遗产，并没有将"世界遗产"这一身份作为"卖点"，也没有为其专门成立管理组织或进行专门立法，而是普遍通过基金会对世界遗产管理经费进行统筹。

第三，以保护为主，同时注重世界遗产的活用与更新。无论是从雷根斯堡立法还是从许多已经公布的世界遗产管理规划来看，以遗产保护为中心是德国世界遗产立法十分突出的特点。城市发展、公众参与、节能环保等虽然也重要，但其重要性次于世界遗产本体和周边环境保护。

3. 德国世界遗产管理中出现的一些争议和讨论

虽然德国民众普遍认同文物应该得到保护，但世界遗产管理并非总能与城市现代化进程和谐共处，也发生过如世界遗产地德累斯顿易北河谷（Dresdner Elbtal）于2009年被世界遗产委员会除名之类的极端个案。在该事件中，围绕是否兴建一座横跨易北河的森林宫大桥（Waldschlösschenbrücke），地方各党派、世界遗产委员会、民间自然和文化保护组织、普通民众等群体间各项利益诉求纷繁交错，引发了一系列政治和法律纠纷。最终，全民公投中多数票同意修建大桥，导致于2004年列入《世界遗产名录》的文化景观德累斯顿易北河谷在2009年被世界遗产委员会除名。

于世界遗产委员会、德国政府文化部门官员、自然和生态保护者等主体而言，围绕森林宫大桥修建展开的讨论"造成了社会分裂"，"德累斯顿易北河谷"因该桥修建而被除名甚至被他们称为德累斯顿市的"黑暗时刻"；但对于许多普通民众来说，森林宫大桥的修建联结了两个城区，不仅节省了上班族通勤时间，且能极大缓解老城区交通压力。[23] 因此，也不难理解何以在2005年的全民公投中有67.9%的民众同意修建大桥。2013年大桥落成当天，累计数十万民众自发前往大桥参加落成庆典。[24] 虽然此后联邦行政法院、欧盟法院均认定森林宫大桥修建时所作环境影响评价存在诸多

23　S. HORNIG，NEUE STUDIE BELEGT：Waldschlösschenbrücke spart uns 10 Minuten!，URL: https://www.bild.de/regional/dresden/waldschloessenbruecke/walschloesschenbruecke-spart-10-minuten-37779648.bild.html(abgerufen am 12.September 2021).

24　Alexandra Gerlach，UNESCO-Beschluss vor zehn Jahren, Dresdner Elbtal verliert Welterbe-Titel, https://www.deutschlandfunk.de/unesco-beschluss-vor-zehn-jahren-dresdner-elbtal-verliert.871.de.html?dram:article_id=452073(abgerufen am 21.Oktober 2021).

瑕疵，且民间屡屡传出该大桥可能因此被拆毁的消息，但对于大桥落成的积极评价至今仍不时见诸报章。有观点认为：在被除名的十余年间，德累斯顿市游客量并未减少，世界遗产被除名事件对于当地旅游的负面影响其实十分有限；而且，德累斯顿易北河谷被除名也并未影响此后德国其他世界遗产的申报。[25]

此外，由于文化事务主要属于州职能范围，世界遗产的管理状况很大程度上受到州经济、人口等因素影响，客观上导致某些位于经济欠发达地区的世界遗产虽然遗产本体受到了较好保护，但其管理的可持续性则存疑。例如，1994年被列入《世界遗产名录》的位于原东德的奎德林堡市即面临由于城市人口本身老龄化程度较高、城市常住就业人口较少而导致的房屋空置率较高的困境。[26]一方面，世界遗产的身份使得该市获得了来自联邦、国际上的许多资助，该市的许多历史建筑得到了妥善保护，也使得该市有信心将文化旅游规划为支柱产业之一；另一方面，世界遗产的身份对于该市经济、社会发展的正面影响并不显著，城市发展中存在的固有问题无法通过世界遗产管理得到全面解决。

（四）2003年《保护非物质文化遗产公约》在德国的实践

德国于2013年加入2003年《保护非物质文化遗产公约》（简

---

25 Derwesten. Zehn Jahre ohne Welterbetitel: Dresden ist gut besucht, https://www.derwesten.de/reise/bitte-huebschen-10-jahre-nach-dresdner-welterbe-aus-mehr-touristen-und-neuer-anlauf-id226283863.html(abgerufen am 19.Juni 2021).

26 郭萍、杨昌鸣、李长明：《德国历史城镇保护管理的特点与问题——以奎德林堡市为例》，载《中国文化遗产》2021年第2期。

称《非遗公约》)。为履行加入2003年《非遗公约》所承诺的"拟定非物质文化遗产清单"义务，德国要求在联邦一级建立《联邦非物质文化遗产名录》；州一级也可以酌情建立本州的非物质文化遗产名录。在联邦和州两级建立非物质文化遗产名录是德国履行《非遗公约》义务的主要表现形式。

《联邦非物质文化遗产名录》每年申报一次，包含文化表现形式（Kulturformen）申报和非物质文化遗产优秀示范项目（Modellprogramme zur Erhaltung Immateriellen Kulturerbes，其德语名称有时也写为"Gute Praxisbeispiele der Erhaltung Immateriellen Kulturerbes"）申报两类。其中，文化表现形式共五类，即音乐、语言和表演艺术（Musik, [Körper-] Sprache & Darstellende Kunst）、传统仪式、节庆活动（Bräuche und Feste im Jahreslauf）、有关自然界和宇宙的知识和实践（Mensch und Natur）、传统手工艺（Handwerk）和社会实践（Leben in Gemeinschaft）；非物质文化遗产优秀示范项目的评选对象为优秀且具有较强借鉴性的非物质文化遗产保护实践，并不是非物质文化遗产本身，申请人应在申报表中注明申报哪一类项目。从目前已公布的《联邦非物质文化遗产名录》来看，虽然这两类项目的评审重点不同，数据也是分别统计，但非物质文化遗产优秀示范项目都是针对同时申报的文化表现形式所开展的。

《联邦非物质文化遗产名录》的申报流程可分为以下四个层级：第一个层级为州一级，即以州为单位，本州内的个人、群体和社区向州行政主管部门提出将某项非物质文化遗产列入《联邦非物质文化遗产名录》的申请。州一级主管部门受理后，委托独立专家小组对申请进行评估。与此同时，州一级也可以建立本州的非物质文化遗产名录[27]。第二个层级为德国各州文教部长联席会议（Kultusministerkonferenz [KMK]）负责对各州提交上来的申请进行汇总后转交给德国UNESCO委员会专家评审小组。第三个层级为专家评审小组负责"根据事实和客观标准"（nach sachlichen und objektiven Kriterien）对受理的申请进行评估。第四个层级为德国各州文教部长联席会议及联邦文化和媒体专员这两个机构负责确认并公布专家评审结果。

目前，被列入《联邦非物质文化遗产名录》的共131项[28]，包含117项文化表现形式和14项列入《非物质文化遗产保护优秀示范项目名册》的项目。

在上述官方体系之外，各类民间社团、机构承担了非物质文化遗产管理的大量基础性工作。目前大部分在册的联邦非物质文化遗产的传承或管理主体均为协会，如传统射击习俗的传承主体为欧洲传统射击习俗共同组织"（Europäische Gemeinschaft Historischer Schützen）和德国传统射击联合会（Deutscher Schützenbund e.V.），萨克森州山地游行和登山庆典的传承主体为萨克森州矿工、冶炼厂和矿工协会（Sächsischer Landesverband der

---

27　目前，巴伐利亚州、北莱茵-威斯特法伦州、萨克森州、萨克森-安哈尔特州这四个联邦州建立了本州的非物质文化遗产名录。Ministerium für Bildung und Kultur, Immaterielles Kulturerbe. URL: https://www.saarland.de/mbk/DE/portale/kulturportal/kulturpolitik/ike1/ike1_node.html (abgerufen am 29.März 2022).

28　数据来源：Deutsche UNESCO Kommission, Immaterielles Kulturerbe in Deutschland. URL: https://www.unesco.de/kultur-und-natur/immaterielles-kulturerbe/immaterielles-kulturerbe-deutschland/verzeichnis-ike (abgerufen am 28. März 2022).

Bergmanns-, Hütten- und Knappenvereine）及其下属分会，等等。[29]

（五）2005年《保护和促进文化表现形式多样性公约》在德国的实施

德国于2007年加入2005年《保护和促进文化表现形式多样性公约》（简称《文化多样性公约》）。

作为《文化多样性公约》的发起国之一，德国自加入该公约以来一直致力于保障本国艺术、文化表现形式的多样性及其自由发展，并为公民了解这些艺术、文化表现形式创造条件。[30]进而言之，联邦和州政府主要管理手段可分为三类：其一为通过基金会资助具体项目，促进文化发展；其二为建立濒危文化表现形式预警机制，保障不同文化类型的存续；其三则为在基础设施建设、各层级教育中融入文化多样性发展目标。

第一，通过基金会资助文化类项目，是德国政府实施《文化多样性公约》的主要形式之一。在联邦一级，德国建立了联邦文化基金会（Kulturstiftung des Bundes），主要资助具有国际影响力的当代文化和艺术类创意项目。该基金会还为其他独立基金会提供经费支持，受益者如艺术发展基金会（die Stiftung Kunstfonds）、表演

---

29 Deutsche UNESCO Kommission, Bergparaden und Bergaufzüge in Sachsen, URL: https://www.unesco.de/kultur-und-natur/immaterielles-kulturerbe/immaterielles-kulturerbe-deutschland/bergparaden-sachsen (abgerufen am 24. April 2022).

30 Auswärtiges Amt,2020–Dritter Staatenbericht.https://www.auswaertiges-amt.de/blob/2425672/113ad6feec990fdbfa455b3dfdaac6b3/staatenbericht2020-data.pdf (abgerufen am 03.August 2022).

艺术基金会（Fonds Darstellende Künste）等。在州一级，则建有州文化基金会（Kulturstiftung der Länder），主要职能是支持博物馆、图书馆、档案馆购买优秀的艺术作品和文化财产。

此外，联邦、州、市镇三级政府在其职能范围内分别资助特定文化项目，也是德国实施《文化多样性公约》的重要措施，例如音乐领域自2006年启动的资助项目"CREOLE"。该项目持续至2017年，通过每年举办音乐比赛（后改为音乐节）的形式，项目邀请德国境内具有不同文化背景的乐队在其音乐节上表演，且为其中的优秀乐队提供奖金支持其艺术创作。[31] 又如2006年启动的专用于资助流行音乐、摇滚乐和爵士乐的"Initiative Musik"项目，是德国文化领域公私合作的典型，其形式为由联邦文化和媒体专员负责出资（每年提供1600万欧元经费），音乐行业相关机构则负责专业事项。"Initiative Musik"项目下设5个子计划，被纳入联邦政府的"文化新生"（Neu Start Kultur）框架内，目前已资助超过3000个具体项目。自2020年新冠疫情在德国暴发以来，该项目将大量资金用于补助在疫情中受困的现场音乐表演行业。[32]

第二，除了直接提供经费支持外，建立文化多样性监测保障系统也是德国实施《文化多样性公约》的重要措施类型。从2013年开始，德国文化委员会开始实施"文化守望项目"（Culture Watch），定期确定"文化委员会濒危文化机构红名单"（Rote Listen gefährdeter

---

[31] creole-globalemusik.creole–Globale Musik aus Deutschland. http://www.creole-globalemusik.de/(abgerufen am 23.August 2022).

[32] Initiative Musik. WILLKOMMEN BEI DER INITIATIVE MUSIK. https://www.initiative-musik.de/ueber-uns/ (abgerufen am 23.August 2022).

Kultureinrichtungen des Deutschen Kulturrats，简称"红名单"），将面临生存困境的文化机构、协会和项目根据其存续困难程度划入5个危险等级内，并将相关信息在《政治与文化》（*Politik & Kultur*）杂志上予以公布。"红名单"的公布使这些濒危机构所在的社区更明确获知该机构的价值和濒危状态，便于这些机构获得针对性的帮助。例如，在2013—2015年公布的50所濒危机构中，有20所借由"红名单"公布获得了社区的额外资助，得以度过危机。[33]

第三，将文化多样性发展这一目标融入基础设施建设、教育中，也是德国实施《文化多样性公约》的方式之一。具体举措如兴建或改建了许多文化场馆内的无障碍设施，资助学校和校外机构就文化融合、文化应当关注种族和性别平等相关内容进行普及，等等。

从上述措施来看，将"可持续发展"和文化结合、重视文化领域的数字化，是德国实施《文化多样性公约》的两个突出特点。

首先，将"可持续发展"与文化表现形式多样性的保护与促进紧密结合。2010年，"以可持续发展理念发展文化多样性和教育"的理念被首次明确提出；自2017年德国确定其"可持续发展战略"以来，文化作为"（经济）可持续发展驱动力"的作用进一步得到强化[34]，其中具体表现如文化创意产业已经成为德国经济发展的强劲

---

[33] Auswärtiges Amt, 2016 – Zweiter Staatenbericht. https://www.unesco.de/sites/default/files/2018-01/160714_Zweiter%20Staatenbericht%202016%20DE_FINAL.pdf(abgerufen am 25.Juli 2022).

[34] Auswärtiges Amt, 2020–Dritter Staatenbericht.https://www.auswaertiges-amt.de/blob/2425672/113ad6feec990fdbfa455b3dfdaac6b3/staatenbericht2020-data.pdf (abgerufen am 03.August 2022).

动力，又如德国自 2017—2021 年通过"文化可持续专项基金"资助了 89 个与文化可持续发展相关的民间项目[35]，等等。

此外，文化领域的数字化自德国加入《文化多样性公约》以来越来越受到关注。例如，自加入该公约后，各种公共图书馆通过更新硬件、接入各类公共文化网络等形式，成为各种文化表现形式的数字化展示和存储场所；2008 年，德国建立了名为"TRADUKI"的数字化网络，专事欧洲范围内书籍和文献的翻译工作。又如，自 2011 年开始，联邦政府、州政府和电影产业推广机构均持续投入资金用于规模较小、营收较差的影院的数字化工作，等等。[36]

三、结语

德国加入前述五部 UNESCO 文化遗产保护国际公约，并根据公约要求通过制度保障、财政支持、人员投入等方式所开展的各项管理活动，是德国当前整体文化战略的组成部分。此外，德国对于是否加入相关公约的考量受到欧盟立法、地缘政治和其他情况存在相似性国家的影响。例如，其不加入国际统一私法协会 1995 年《关于被盗或非法出口文物的公约》，并对加入 2001 年《保护水下文化

---

35 Rat für Nachhaltige Entwicklung. Fonds Nachhaltigkeitskultur. https://www.nachhaltigkeitsrat.de/projekte/fonds-nachhaltigkeitskultur/(abgerufen am 28.August 2022).

36 Auswärtiges Amt, Erster periodischer Bericht der Bundesrepublik Deutschland. https://www.unesco.de/sites/default/files/2018-01/Erster%20Staatenbericht%20DE.pdf(abgerufen am 01.August 2022).

遗产公约》的可行性进行反复论证的原因之一，即在于与其在文物保有状况、海洋地缘政治关系上存在相似性的英国、美国等国家均未加入这两部公约。

从主体分工层面考察，德国文化事务的行政管理权限主要在联邦州一级，这一方面赋予了州极大的文化自主权，另一方面也使得物质文化遗产和非物质文化遗产的经费、人员投入情况受到州综合发展水平影响，呈现不均衡状态；联邦参与文化事务的主要形式为各种形式的经费和制度支持，同时在跨州和国际事务中承担协调职能；此外，各类社会组织、个人高度参与文化相关事务，也是其中突出特点之一。

基于上述五部公约的不同保护要求和目标，德国有针对性地采取了不同的实施方式。如其履行1954年《海牙公约》和1970年《公约》的形式主要为通过法典汇编将涉及文化财产非法进出口相关的法律进行国内转化，明确所涉行政许可事项、法律所禁止的行为及其罚则，并通过各级宪法法院、行政法院的司法实践强化法律的权威性，以履行加入这两部公约时承诺承担的义务。而在实施《世界遗产公约》和《非遗公约》时，其主要采取积极保护形式，通过制定管理规划、确立联邦和州非物质文化遗产名录等形式来履行公约义务。对于《文化多样性公约》的要求，则通过更广泛的法律和政策相互配合、采取更多样化的手段加以实现。

波兰文化遗产法与联合国教科文组织文化遗产公约的实施

艾丽西亚·雅吉尔斯卡-布尔杜克[*]
皮奥塔·斯泰克[**]

一、引言

波兰于1946年11月6日加入联合国教科文组织(简称 UNESCO)。[1]此后,波兰一直积极在 UNESCO 建立的国际平台内开展合作。波兰是多个文化(遗产)公约理事机构的成员,积极参

---

[*] 艾丽西亚·雅吉尔斯卡-布尔杜克(Alicja Jagielska-Burduk),法学博士,联合国教科文组织"文化财产法教席"主持人。

[**] 皮奥塔·斯泰克(Piotr Stec),波兰奥波莱大学法学院教授。研究方向:行政法、文化遗产法。

1 Poland(unesco.org) Dz.U. 1947 nr 46 poz. 242.

与关于公约发展的讨论,推进公约间的协同作用,并促进公约与时俱进、应对新的挑战和风险。目前,波兰是2003年UNESCO《保护非物质文化遗产公约》保护非物质文化遗产政府间委员会成员国(2018—2022年)和1970年UNESCO《关于禁止和防止非法进出口文化财产和非法转让其所有权的方法的公约》附属委员会的成员国(2021—2025年)。

执行UNESCO的文化(遗产)公约有着极其重要的意义。国家层面的活动包括修订国家法律以应对当前趋势和文化及文化遗产面临的新威胁,引入新的标准制定工具以及开展其他执行公约的具体项目措施。这些活动皆是成员国履行UNESCO文化(遗产)公约确立的国际义务的重要组成部分。除立法活动外,各成员国的义务还包括教育[2]、国际合作和定期报告。

2021年11月,联合国发布了两份针对未来几年的战略文件:第41届联合国大会通过的《2022—2029年中期战略》[3]和《2022—2025年方案和预算》[4]。这两份文件都提到了文化遗产以及文化对社区活力的影响、对(经济)复苏进程的支持作用,特别是在和平建设中的作用。此外,文化也被认为是抗击新冠疫情的支柱之一。因此,现在比以往任何时候都更需要加强公约的执行力与国际合作。

---

[2] A. Jagielska-Burduk, M. Pszczyński, P. Stec, Cultural Heritage Education in UNESCO Cultural Conventions. *Sustainability*, 2021, 13(6):3548. https://doi.org/10.3390/su13063548.

[3] Draft Medium-Term Strategy for 2022-2029 (41 C/4) - UNESCO Digital Library.

[4] Draft Programme and budget for 2022-2025 (41 C/5) - UNESCO Digital Library.

二、波兰的文化遗产法

波兰的国家遗产及其保护有着非常复杂的历史。一些影响文化资源完整性的事件使人们永远改变了对文化资源的看法。波兰的文化遗产保护起源与统治者和贵族收集纪念品的活动密切相关。在波兰分裂时期,科学和艺术界发起了所谓的自下而上的倡议,即培养波兰文化和收集过去纪念品的活动,是波兰文化遗产保护历史中的重要一笔。

1918年10月31日,摄政委员会颁布了一条关于保护艺术和文化历史古迹的法令,这是波兰独立后颁布的第一项关于保护历史古迹的法案。[5] 该法令将古迹分为可移动古迹、不可移动古迹、考古发掘和发现文物。此外,该法令还对保护职能部门干涉古迹所有权行使的权力进行了限制。国家保护对象包括列入保护清单的古迹,以及尚未列入该保护清单,但至少有50年历史,且可作为过去时代艺术和文化证明的可移动和不可移动古迹。在2018年即该法令颁布100周年之际,波兰特别指出了该法令的普适性以及对当前波兰文化遗产法律体系发展趋势的引领作用。[6]

---

[5] Decree of the Regency Council of 6 March 1918 on the Care of Art and Cultural Monuments, Polish Official Journal (Dz. U.) 1918, no. 16, item 36.

[6] Dekret Rady Regencyjnej z 1918 r. o opiece nad zabytkami sztuki i kultury z komentarzem czyli eseje o prawie ochrony dziedzictwa kultury, red.K. Zeidler, M. Marcinkowska, Wydawnictwo Uniwersytetu Gdańskiego 2017, p. 276.

1928年颁布的关于古迹保护规定的法令[7]，是依照当时尚在起步阶段的欧洲古迹保护法律文化的精神制定的。制定该法令时所参考的法律被意大利和奥地利等其他国家一同引入。当时所通过的大多数文化遗产法律（如意大利[1909]、法国[1913]、德国[1920]和奥地利[1923]等）都提到了私人所有者的权利范围，以及实施文化遗产保护机制的公共利益。

此后出台的相关立法是1962年的《文化财产和博物馆保护法》。[8]该法将以前不为人知的"文化财产"的概念引入了文化遗产保护领域。[9]该法中关于古迹（zabytek）的定义与前几项法令有很大不同。因此，在"文化财产"（cultural property）和"古迹"（monument）这两个法定概念之间形成了一种特别联系（后者的含义范围较窄）。"文化财产"一词直接来自国际法（特别是1954年《海牙公约》）。此外，该法确立了考古文物具有国家所有权的规定，这似乎是参考联合国教科文组织考古遗产发展问题辩论结论的结果。[10]

现行2003年《古迹保护与监护法》（简称"APGM法"）[11]保留

7　Ordinance of the President of the Republic of 6 March 1928 on the Care of Historical Monuments. Polish Official Journal (Dz. U.) 1928, no. 29, item 265.

8　Act on Protection of Cultural Property of 15 February 1962, consolidated text. Polish Official Journal (Dz. U.) 1999, no. 98, item 1150.

9　《古迹保护与监护法》第3.1条规定，古迹是"由人类创造或与人类活动有关的，可作为过去一个时代或事件的见证，且因其历史、艺术、科学价值，对其保护符合社会利益的不动产或动产或其部分或集合"。

10　Recommendation on International Principles Applicable to Archaeological Excavations, adopted by the General Conference at its ninth session, New Delhi, 5 December 1956.

11　该法案译文可在联合国教科文组织国家法数据库"国家文化遗产法目录"中查看，参见：https://en.unesco.org/cultnatlaws/list。

了"历史古迹"一词,以规范可移动古迹、不可移动古迹和考古古迹。文化遗产持有人始终被放在核心位置,他们参与保护至关重要。波兰宪法法院[12]在分析国家保护历史遗迹的责任的基础上指出,除提供行政和法律框架外,国家还有义务通过支付某些费用(如养护、清查和重建费用)来参与古迹保护。该判决意见可被视为将文物所有权转变为一种新型所有权的第一步。在此类新型所有权中,私人所有者和国家都有义务为后代的利益保护此类财产。

波兰的文化遗产和由此导致的文化政策的发展深受分裂时期遭受的损失以及两次世界大战及随后实施的国有化法令的严重影响。在上述各个不利的历史时期,文化机构的工作人员和其他社会成员都参与了文化遗产保护,并为随后出现的波兰历史保护组织的发展做出了贡献。

实际上,这也是一个不断对法律规定进行修改的机会,使各项单行法律最终有机会纳入未来可能出台的《遗产法典》中。从这个意义上说,目前的形势应视为一个持续的过程。可以说,各方就各项法案开展工作并与利益相关方协商,探索建立国家层面的法律框架模式(博物馆、图书馆、古迹和档案馆),以便今后通过一部统一的法律对所有问题进行规范和调整。

第二次世界大战后,由于波兰的不可移动遗产遭到破坏,波兰人民积极参与老城重建和波兰考古学家参与国际努比亚神庙法

---

[12] Verdict by the Constitutional Tribunal dated 8 October 2007, K 20/07, OTK-A 2007/9/102, Dz.U.2007/192/1394.

拉兹遗址修复的辩论引起了广泛关注。波兰新近参与的有关文化遗产管理的讨论体现在对世界遗产委员会通过的建议（麦纳麦第42届世界遗产大会；巴林，Decision，42 COM 7）的关注。该文件确立了优秀实践范例[13]并被欧盟[14]和联合国教科文组织文件[15]所引用。

三、联合国教科文组织文化公约与波兰

波兰已经批准联合国教科文组织六个文化公约。

编号	公约名称	批准文件
1	《关于发生武装冲突时保护文化财产的公约》 《第二议定书》	《波兰官方公报》(Dz. U.) 1957年，第46期，第212条 《波兰官方公报》(Dz. U.) 2012年，第248条
2	《关于禁止和防止非法进出口文化财产和非法转让其所有权的方法的公约》	《波兰官方公报》(Dz. U.) 1974年，第20期，第106条 《波兰官方公报》(Dz. U.) 1974年，第20期，第1248条
3	《保护世界文化和自然遗产公约》	《波兰官方公报》(Dz. U.) 1976年，第32期，第90条

13　A. Tandon, E. Harrowell, E. Selter, PATH – Peacebuilding Assessment Tool for Heritage Recovery and Rehabilitation, Rome, ICCROM 2021; PATH – Peacebuilding Assessment Tool for Heritage Recovery and Rehabilitation, ICCROM.

14　Council Conclusions on EU Approach to Cultural Heritage in Conflicts and Crises, 9837/21 Brussels, 21 June 2021.

15　参见：https://whc.unesco.org/en/news/1826。

(续表)

4	《保护水下文化遗产公约》	《波兰官方公报》(Dz. U.) 2021年，第1303条
5	《保护非物质文化遗产公约》	《波兰官方公报》(Dz. U.) 2011年，第172期，第1018条
6	《保护和促进文化表现形式多样性公约》	《波兰官方公报》(Dz. U.) 2007年，第215期，第1585条

（一）《关于发生武装冲突时保护文化财产的公约》（1954年《海牙公约》）

波兰于1957年批准了《关于发生武装冲突时保护文化财产的公约》，并于2012年批准了公约的《第二议定书》。值得注意的是，波兰的扬·扎赫瓦托维奇（Jan Zachwatowicz）教授参加了通过本公约的海牙会议，是该公约确立的文化遗产识别标志（蓝盾）制度的设计人。蓝盾标志标记受本公约保护的财产，使其在全球范围内广为人知，用来保护古迹免受军事行动的破坏。

蓝盾委员会根据1954年《〈海牙公约〉第二议定书》的规定运作，是一个类似于红十字会的组织，旨在保护受到武装冲突威胁的文化财产。波兰蓝盾委员会成立于2002年，委员会任务之一是促进关于保护武装冲突期间与和平时期受到威胁的文化财产的波兰法律和国际法的实施，特别是1954年《海牙公约》及其《第二议定书》的实施。

2019年，波兰建立了一个新的机构，可在开展武装冲突情况下保护文化财产相关研究和知识传播方面发挥重要作用。文化和国家遗产部与国防部的代表签署了一项关于建立一个濒危文化遗产国际培训与研究中心的合作协定。[16]

面对新冠疫情，UNESCO不得不在1954年《海牙公约》框架下寻求新的合作方式，合作的重要性也更为显著。2020年，1954年《海牙公约》通过66周年纪念会议指出，新冠疫情的发生限制了机遇，各国需加强合作与行动。为此，会议提出成立一个在线协调小组的想法，以协调全球和区域各主体在冲突地区开展的文化遗产保护活动。

（二）《关于禁止和防止非法进出口文化财产和非法转让其所有权的方法的公约》（1970年《公约》）

1970年UNESCO《关于禁止和防止非法进出口文化财产和非法转让其所有权的方法的公约》自1974年4月30日起在波兰生效，被认为是防止文化财产非法交易的里程碑。[17] 该公约确立了保护物质文化遗产的三大支柱：预防措施、返还程序与国际合作。向善意购买人支付补偿的义务和提出索赔的期限受文物所在国法律的管辖。这可能会导致一系列问题，如非法出口文物购买者的善意问题

16　DECISION No. 166/MON of the Minister of National Defense of 22 October 2019.

17　L. V. Prott, *Strengths and Weaknesses of the 1970 Convention: An Evaluation 40 Years after Its Adoption. Background Paper, for Participants in the meeting The Fight against the Illicit Trafficking of Cultural Objects The 1970 Convention: Past and Future*, Paris, UNESCO Headquarters, 15-16 March 2011, CLT/2011/CONF.207/7.

及由此产生的补偿问题,以及对追诉时效期限的解释问题等。[18]该公约不具有追溯力,只规范公约生效后发生的情形。该公约还有助于为打击文化财产,特别是可移动文物的非法贩运制定标准并建立国际合作框架。为落实该公约,UNESCO采取了包括修订《国际文化财产经销商职业道德准则》等一些重要举措,促进与艺术品市场主体的合作,并建立尽职调查和来源确定标准。例如,一起涉及一份被卖给波兰国家图书馆的从圣潘捷列伊蒙(Saint Panteleimon)修道院盗窃的中世纪希腊手稿的案例即引入了1970年《公约》的适用,涉案手稿根据该公约规定被返还给其合法所有人。[19]

波兰定期向秘书处提交报告。这些材料是非常有用的资源,可从报告的范围和国家立法的演变,看出成员国在执行该公约方面的进展。波兰的第一份报告于1978年[20]提交,最近一份报告于2019年[21]提交。在批准该公约时,波兰法律规定了出口许可证制度,并

---

[18] *Protecting Cultural Objects: Before and After 1970*, Institute of Art and Law Ltd, Builth Wells, 2017, p. 107, and pp.158-163.

[19] W. Kowalski, *Nabycie własności dzieła sztuki od nieuprawnionego*, Kraków 2004, pp. 198, 245-246, K. Zalasińska, in: K. Zalasińska (Ed.), Konwencje UNESCO w dziedzinie kultury, Warsaw 2014, p. 215.

[20] Reports of Member States on the action taken by them to implement the Recommendation on the Means of Prohibiting and Preventing the Illicit Export, Import and Transfer of Ownership of Cultural Property (1964) and the Convention on the Means of Prohibiting and Preventing the Illicit Import, Export and Transfer of Ownership of Cultural Property (1970), 1978, 20 C/84 + ADD.1 & 2 + ADD.2 CORR.

[21] 2019-National Reports by States Parties and other Member States on measures taken in application of the Convention (unesco.org), https://en.unesco.org/news/2019-national-reports-states-parties-and-other-member-states-measures-taken-application.

建立了受保护文化财产清单。[22] 自该公约出台以来,波兰专家就一直在有关公约执行的讨论和打击非法贩运文物活动中表现出参与积极性。[23] 在批准该公约时,波兰在文化财产领域有约束力的法律为《文化财产保护法》。自 1987 年以来,波兰一直通过提交定期报告来陈述其所采取的措施和取得的新进展:"有关职能部门对某些非法进口文化财产的行为实施严厉的惩罚措施,并规定文物保护部门有义务为追回从博物馆或类似机构被盗的艺术品提供援助。同时,有关部门正在制定关于要求古董商记录交易物品来源信息的方案。自批准 1970 年《公约》以来,博物馆的数量增加了一倍;向公众宣传相关信息也促进了公约的执行。"[24] 在控制文化财产出口、对艺术品经销商发放许可证和考古发掘监管方面,波兰也作出了很大努力。[25] 另一个重要里程碑是波兰在行政系统内设立了几个新的机构,包括公共收藏品保护中心、考古遗产保护中心和国家古迹研究

---

22 Reports of Member States on the action taken by them to implement the Recommendation on the Means of Prohibiting and Preventing the Illicit Export, Import and Transfer of Ownership of Cultural Property (1964) and the Convention on the Means of Prohibiting and Preventing the Illicit Import, Export and Transfer of Ownership of Cultural Property (1970), 1978 20 C/84 + ADD.1 & 2 + ADD.2 CORR. pp. 8-9, 26.

23 Proposals for the implementation of the Convention on the Means of Prohibiting and Preventing the Illicit Import, Export and Transfer of Ownership of Cultural Property, 1983, 22 C/93, p. 1.

24 Reports of Member States on the action taken by them to implement the Convention on the Means of Prohibiting and Preventing the Illicit Import, Export and Transfer of Ownership of Cultural Property (1970), 1987, 24 C/24 + ADD. 1, p. 13.

25 Reports of Member States on measures they have adopted to implement the Convention on the Means of Prohibiting and Preventing the Illicit Import, Export and Transfer of Ownership of Cultural Property (1970), 1995, 28 C/35 + ADD.1 + ADD.2, Addendum 2, p.1.

保护中心。[26] 目前，波兰有以下几个相关职能机构：国家博物馆和公共收藏品研究所[27]、国家文化遗产研究所[28] 和国家乡村文化和遗产研究所[29]。随后提交的关于与海关部门合作的报告还提到了相关国际机构与文物保护部门负责人及警察总署长官之间签订的协议（2005 年）。警方、海关和边防人员可在互联网上查看全国被盗或非法出口文物清册。对于在第二次世界大战中损失的文化遗产，波兰已（在互联网上）建立了第二次世界大战遗失文物清单。[30]

波兰法律框架还受到欧盟法律的影响。作为欧盟成员国，波兰执行了欧盟理事会 1993 年 3 月 15 日关于归还从某一成员国的领土非法转移的文物的 93/7/EEC 号指令（简称"第 93/7 号指令"）[31]。波兰还根据欧盟理事会 1992 年 12 月 9 日关于文物出口的（EEC）3911/92 号条例[32]〔现为 2008 年 12 月 18 日关于文物出口的（EEC）

26　Reports of Member States on measures they have adopted to implement the Convention on the Means of Prohibiting and Preventing the Illicit Import, Export and Transfer of Ownership of Cultural Property (1970), 2003, 167 EX/20 + ADD.1 + ADD.2, p. 3.

27　Start page - WPiA (nimoz.pl), https://www.nimoz.pl/en.

28　National Institute of Cultural Heritage (nid.pl), https://www.nid.pl/en/.

29　O nas - Narodowy Instytut Kultury i Dziedzictwa Wsi(nikidw.edu.pl), https://nikidw.edu.pl/o-nas/.

30　Examination by the Executive Board of the New Report by Member States and other States Parties on Measures Taken to Implement the Convention on the Means of Prohibiting and Preventing the Illicit Import, Export and Transfer of Ownership of Cultural Property (1970), 2007,177 EX/38, Annex II, p. 36.

31　Council Directive 93/7/EEC of 15 March 1993 on the return of cultural objects unlawfully removed from the territory of a Member State, OJ L 74, 27.3.1993, pp. 74-79.

32　Council Regulation (EEC) No 3911/92 of 9 December 1992 on the export of cultural goods, OJ L 395, 31.12.1992, pp. 1-5.

116/2009 号条例³³]对出口管制制度进行了调整。欧洲议会新修订的 2014 年 5 月 15 日关于归还从成员国领土非法转移的文物的 2014/60/EU 号指令及经修订的欧盟理事会第 1024/2012 号条例³⁴,则被纳入波兰 5 月 25 日《国家文化财产返还法》(Journal of Law No. 1086)。³⁵这一法案"指定了负责对在波兰共和国境内和境外实施文物返还的主管部门,对非法从波兰共和国出口文物进行诉讼的程序,以及非法从某一欧盟成员国流出、现位于波兰共和国境内的文化财产的返还程序"。³⁶

33　Council Regulation (EC) No 116/2009 of 18 December 2008 on the export of cultural goods (Codified version), OJ L 39, 10.2.2009, pp. 1-7.

34　Directive 2014/60/EU of the European Parliament and of the Council of 15 May 2014 on the return of cultural objects unlawfully removed from the territory of a Member State and amending Regulation (EU) No 1024/2012 (Recast), OJ L 159, 28.5.2014, pp. 1-10.

35　P. Stec, Postępowanie w sprawach zwrotu dóbr kultury wywiezionych nielegalnie z terytorium państwa członkowskiego Unii Europejskiej – zagadnienia wybrane, W: K. Zeidler (red), Prawo ochrony zabytków, Warszawa – Gdańsk 2014, ss.395-406; P. Stec, Odszkodowanie z tytułu zwrotu dobra kultury w konwencji UNESCO z 1970 r., konwencji UNIDROIT z 1995 r. oraz dyrektywie 93/7/EWG, W: J. Pisuliński, P. Tereszkiewicz, F. Zoll (red.), Rozprawy z prawa cywilnego, własności intelektualnej i prawa prywatnego międzynarodowego. Księga pamiątkowa dedykowana Profesorowi Bogusławowi Gawlikowi, Warszawa 2012, ss. 247-268; P. Stec, Dyrektywa 93/7/EWG z perspektywy dwóch dekad funkcjonowania, Santander Law and Culture Law Review 1/2015; P. Stec, The Lady or the Tiger? Legal Pitfalls of Implementing the Return of Cultural Goods Directive, Santander Art and Culture Law Review 2016 2/2016; P. Stec (2010), Zwrot dóbr kultury wywiezionych bezprawnie z terytorium UE, Prawo Europejskie w Praktyce 7-8; A. Frankiewicz-Bodynek, P. Stec,Defining "National Treasures" in the European Union. Is the Sky Really the Limit?;Santander Art and Culture Law Review, 2019, 2/2019 (5), ss. 77-94.

36　Polish report 2019, Olech, UNESCO 1970 Convention-Periodic Reporting Form 2019.

（三）《保护世界文化和自然遗产公约》

波兰于 1976 年加入 1972 年 UNESCO《保护世界文化和自然遗产公约》，是最早签署该公约的国家之一。[37] 两年后，克拉科夫古城以及波奇尼亚和维利奇卡皇家盐矿两处遗产地被列入《世界遗产名录》。如今，波兰有 17 处世界遗产，包括老城镇、城堡和教堂，工业和自然遗产，以及一个纪念纳粹暴行受害者的独特遗产地，还包括四个跨境世界遗产。

波兰没有针对世界遗产的专门立法，世界遗产保护根据国家法律制度进行，世界文化遗产的保护主要适用不可移动文物保护法律制度。不可移动文物属于不动产，其部分或集合是人类的劳动成果或与人类的活动相关，是过去一个时代或事件的见证，且因具有历史、艺术、科学价值，其保护符合公共利益（《古迹保护与监护法》[APGM]，第 1 条）。对不可移动文物的保护主要通过列入古迹名录和建立文化公园两种方式进行。受上述两种方式保护的古迹可被认定为历史古迹。这是对不可移动文物最高形式的保护。根据《古迹保护与监护法》第 15.4 条，文化和国家遗产保护部长可向世界遗产委员会提交将某一古迹列入《世界遗产名录》的申请。国家层面的保护程序涉及与利益相关方和专家合作。

进一步审视波兰的世界遗产地不难发现，波兰在推动对遗产构成的新理解和创新遗产管理和保护模式方面走在了世界前列。首

---

[37] Dz.U. z 1976, Nr 32, poz. 190.

先要提到的是波兰首都——老城华沙。"二战"期间,这座城市几乎完全被纳粹德国摧毁。战争结束后,波兰人民肩负着从废墟中重建华沙老城和附近皇家城堡的艰巨任务。由18世纪艺术家贝尔纳多·贝洛托(加纳莱托)(Bernardo Bellotto [Canaletto])创作的城市景观画被用于重塑建筑原始风貌的参照。[38] 从工艺上说,华沙老城并不是一个真正时间久远的老城,它是战后重建的。但由于高质量的重建工作以及对地方特性的完美保护,世界遗产委员会决定将其列入《世界遗产名录》。[39] 加纳莱托景观画的使用将艺术家的想象力和实际的历史表现连接在一起,这也是该遗产地非物质层面的价值。此外,老城和皇家城堡是波兰首都和国家的核心,因此,此次重建也体现了波兰可克服一切困难重新崛起的民族信念。

另一处值得一提的遗址是德国纳粹奥斯维辛-比克瑙集中营。这是一个由德国人在其占领的波兰领土上建造的死亡集中营,是纳粹暴行的象征。虽然它不是让人类引以为豪的遗产象征,但仍被列为世界遗产,以纪念受害者,并为后代敲响警钟。[40] 需要特别说明的是,该遗产地在列入《世界遗产名录》时仅基于《实施〈保护文化

38　P. McCouat, "Bernardo Bellotto and the Reconstruction of Warsaw", Journal of Art in Society http://www.artinsociety.com/bernardo-bellotto-and-the-reconstruction-of-warsaw.html (accessed 12.12.2021); D. Mersom, Story of cities #28: how postwar Warsaw was rebuilt using 18th century paintings, The Guardian 22 Apr. 2014; https://www.theguardian.com/cities/2016/apr/22/story-cities-warsaw-rebuilt-18th-century-paintings (accessed 12.12.2021).

39　K. Piotrowska - Nosek, in: K. Zalasińska (Ed.), Konwencje UNESCO w dziedzinie kultury, Warsaw 2014, pp. 277-278.

40　Ibid., p. 278.

和自然遗产公约〉操作指南》列明的标准（vi）这一条价值标准，因此具有独一无二的地位。1979年世界遗产委员会作出的一项决定明确指出："委员会决定将奥斯维辛集中营作为一个独特的遗址列入《世界遗产名录》，并严格限制其他类似性质的遗产地列入。"[41]这一决定是针对国际古迹遗址理事会的报告做出的，因为人们就与晚近的世界冲突以及与此记忆相关的遗产地的提名产生了争论。[42]

由于其动荡和复杂的历史，一些世界遗产地是与邻国共同管理的。波兰有四处此类跨境世界遗产地，分别与白俄罗斯、乌克兰和德国共同管理，是进行跨国遗产保护的先驱。这四个世界遗产地的性质不同，在管理和法律方面也面临不同的挑战。相对而言最容易管理的是位于喀尔巴阡地区、由波兰与乌克兰共同管理的独特的采尔克瓦斯（Tserkvas）木制东正教教堂建筑群。该建筑群由16座教堂组成，其中8座位于波兰境内，8座位于乌克兰境内，由于每块场地都属于独立的不动产，因此其管理并不要求复杂的法律规则。而另一个遗产地穆斯考尔公园（Mużakowski/Muskauer Park）的情况则略显复杂。该景观公园建于19世纪，是一位德国王子最喜爱的项目，也是目前世界范围内设计最好的英式风格公园之一。如今，内塞河将该公园一分为二：一部分属于德国，另一部分属于波兰。该公园的管理由德国和波兰机构在联合管理规划框架下共同

---

41 Decision of the World Heritage Committee 3 COM XII.46 UNESCO World Heritage Centre - Compendium, cc-79-conf003-3e.pdf(unesco.org).

42 Evaluations of World Heritage Nominations related to Sites Associated with Memories of Recent Conflicts, ICOMOS, pp. 5-6. ICOMOS_Discussion_paper_Sites_associated_with_Memories_of_Recent_Conflicts.pdf.

进行。[43]第三个跨境世界遗产地是比亚沃维耶扎森林/别洛韦日斯卡亚原始森林（Białowieża Forest/Belovezhskaya Pushcha），其管理最为复杂。该遗产地是位于波兰-白俄罗斯边境的完整的中欧森林的典型范例，有着独特的动植物群，是波兰和白俄罗斯两国共同申报的世界遗产项目，由该两国分别对其境内部分进行管理。通过一系列协商，两国制定了管理和养护规划，并成立了跨境指导委员会。但两国间的合作并非易事，至今，两国尚未就遗产联合管理规划达成一致意见。[44]位于喀尔巴阡山脉和欧洲其他地区的世界遗产地山毛榉古代原始森林（Ancient and Primeval Beech Forests）则并不存在这一问题。该森林覆盖18个国家，由每个国家负责管理其境内部分。

最后值得一提的是与波兰采矿业有关的世界遗产地。采矿业曾是波兰的主要工业之一。目前，波兰有三个相关世界遗产地：科舍米翁奇的史前条纹燧石矿区（the Krzemionki Prehistoric Striped Flint Mining Region）、可追溯到中世纪的维利奇卡与博赫尼亚皇家盐矿（the Wieliczka and Bochnia Royal Salt Mines），以及工业革命时期的塔尔诺斯克山铅银锌矿及其地下水管理系统（Tarnowskie

---

43　F. Hansell, B. Furmanik, *Muskauer Park/ Park Mużakowski*, Conference report: Perspectives of Transboundary Cooperation in World Heritage. Sharing experiences in and Around Germany, Bonn 2017, pp. 28-29, available at https://www.unesco.de/sites/default/files/2018-01/confernce_report_perspectives__of_trnsboundary_cooperation_in_world_heritage_2017.pdf (accessed 12.12.2021).

44　See National Audits Office of the Republic of Poland report *Ochrona przyrody i gospodarka leśna w Puszczy Biłałowieskiej* of 2019, available at https://www.nik.gov.pl/aktualnosci/nik-o-puszczy-bialowieskiej.html.

Góry Lead-Silver-Zinc Mine and Its Underground Water Management System）。最后一个遗产地尤其值得关注，因为位于遗产所在地的不动产部分属于非政府组织，部分属于公共机构。目前，遗产所有者正致力于创建一个独特的国家与非政府组织遗产联合管理系统。

（四）《保护水下文化遗产公约》

2020年12月24日，波兰关于批准于2001年11月2日在巴黎通过的《保护水下文化遗产公约》的2020年10月27日法案正式生效。[45]波兰是该公约的72个签字国之一。由于波兰近期才批准该公约，因此很难在广泛的范围内对波兰的公约实践进行讨论。然而，学术研究和考古文化遗产的保护模式已深深根植于波兰以国家所有权模式为基础的法律框架中，这些经验无疑将成为波兰履行该公约规定的义务的有效模式。

水下考古遗迹保护，即位于波兰海洋区域以及内陆水域的考古遗迹保护的重要性也应加以强调。波兰水下考古遗产极其丰富[46]，由于挖掘技术的发展和水文变化，越来越容易接近，导致这些水下资源日益处于危险之中。[47]在批准该公约后，水下文化遗产将得到

45　Act of 27 October 2020 on the Ratification of the Convention on the Protection of Underwater Cultural Heritage, Polish Official Journal (Dz. U.) 2021, item 1303.

46　Zob. m.in. B. Gadecki, *Wraki statków-mogił wojennych jako zabytki podlegające szczególnej ochronie*, Ochrona Zabytków 2014, nr 2, s. 109.

47　O. Jakubowski, M. Trzciński, *Przestępczość przeciwko dziedzictwu kulturowemu – charakterystyka zjawiska*, w:B. Gadecki, O. Jakubowski, M. Trzciński, K. Zeidler, *Praktyczne aspekty zwalczania przestępczości przeciwko dziedzictwu kulturowemu*, red.M. Trzciński, Gdańsk2019, ss. 151-152.

比过去更好的保护。[48]

《保护水下文化遗产公约》的批准无疑可进一步保护水下考古遗址免受非法获取。然而，如果它们已出口至波兰边界以外，则会出现问题。有鉴于此，笔者建议批准 1995 年国际统一私法协会（UNIDROIT）《关于被盗或非法出口文物的公约》（简称"1995 年《公约》"），因为根据该公约的规定，在符合文物发掘地所在国法律的情况下，"发掘"这一概念也适用于水下考古。因此，1995 年《公约》也可在有效保护水下文化遗产方面发挥作用。

为阐释有关波兰考古遗产的争论及其结果，以下几方面问题值得关注。首先，缔结《保护水下文化遗产公约》将如何影响国家法律框架。有观点说："加入 2001 年《保护水下文化遗产公约》后，各缔约国有必要正式和充分地确认作为水下文化遗产的历史文物具有禁止流通属性（*rex extra commercium*），以便将其完全排除被出售的可能性。鉴于《古迹保护与监护法》第 35 条第 1 段已经规定考古财产具有的特殊所有权，这一要求可通过在该法中纳入相关条文加以实施。根据该公约有关条款，引入该法的新条文至少须具有保护被列为水下文化遗产的物品不被作为商品进行流通、出售、购买或交换的效果。"这一观点强调了将物品的禁止流通属性与水下遗产联系起来的必要性，并重点提到了第 17 条，该条规定了对违规行为进行制裁的义务，即："由于水下文物被认定为禁止流通

---

[48] K. Zeidler, M. Trzciński, *Wykład prawa dla archeologów*, Warszawa 2009, s. 147.

物，因此有必要针对占有、流转、协助处置或隐匿水下文物的行为制定惩罚措施。如果适当补充《古迹保护与监护法》有关条文，明确规定文物古迹的禁止流通属性，则该法同时应包括对违反这一规定的行为的制裁措施。"

值得一提的是，在 UNESCO-UNIDROIT 的《关于尚未发现的文物国家所有权的示范条款》中也提到了水下考古遗产。在解释"尚未发现的文物"的定义时，该《示范条款》指出，《保护水下文化遗产公约》中提出的适用于缔约国的文物所有权与该文件中提出的所有权不同。

目前，很难评估波兰法律对《保护水下文化遗产公约》实施范围的实际影响。波兰所面临的关键问题是如何利用该公约保护文物不被用于商业活动。我们仍在等待波兰法律中增加强化水下文化遗产保护的新规则。从海洋中获得的文化遗产应受到特别法律程序的规制，该程序应确保此类遗产的安全，保护其不被用于商业用途或交易，并且适用与构成国库财产一部分的文物的国家所有权规定不同的法律规则。然而，正在考虑的解决方案可能与出土或埋藏考古文化遗产的国家所有权规则相类似。博物馆可经申请获得国家财政部所移交文物的所有权。在此情况下，财产权转让应基于主管部门（对于考古文化遗产，主管部门可能是部长或区域/省古迹保护机构负责人）的行政决定。

（五）《保护非物质文化遗产公约》(《非遗公约》)

不同国家的法律规定了不同的非物质文化遗产保护模式。这取决于遗产的性质、有权实践该遗产的社区以及遗产的历史背景。有人提出，以物质为中心的保护方法已发生了明显转变，现有保护路径建立在对非物质文化遗产的卓越价值加以认可的基础上。[49] 值得注意的是，"2003年《非遗公约》的新颖性应通过对国家观念和体制发展历史，以及国家政策措施的演变加以评估。"[50] 非物质文化遗产可被视为一个国家的软实力。[51]

由于"非物质文化遗产"这一概念过于广泛，没有一个通用标准可用作对此类人类活动进行法律保护的工具。它既不是传统意义上的知识产权，也未被商业化开发，所以没必要通过知识产权来赋予非物质文化遗产保有者对此类文化遗产的垄断权。然而，此类遗产的特定表现形式（如使用传统技术创建的对象）可被授予版权或授予表演者权利（如由一群艺术家表演的民间舞蹈），或者被许可使用受保护地理标志（如传统花边制作）。

波兰于2011年批准了2003年《保护非物质文化遗产公约》。[52]

---

[49] Cornu M, Vaivade A (2020) Introduction: Dialogues between International and National Laws Relating to Intangible Cultural Heritage. In: Cornu M, Vaivade A, Martinet L, Hance C (eds) *Intangible Cultural Heritage under National and International Law. Going Beyond the 2003 UNESCO Convention*. Edward Elgar Publishing, Cheltenham–Northampton, pp. 1-11, https://doi.org/10.4337/9781839100031.00008.

[50] Vaivade A, Wagener N (2017) National Laws Related to Intangible Cultural Heritage: Determining the Object of a Comparative Study, SAACLR 2(3):91-108, p. 101. https://doi.org/10.4467/2450050XSNR.17.024.8425.

[51] Hanna Schreiber Niematerialne dziedzictwo kulturowe jako element soft power państw, e-Politikon, Kwartalnik Naukowy Ośrodka Analiz Politologicznych Uniwersytetu Warszawskiego, XVIII, 2016 pp. 54-78.

[52] Polish Official Journal (Dz.U.) 2011, Nr 172, item1018.

根据文化和国家遗产部的决定，由一个政府机构即国家文化遗产研究所负责制定非物质文化遗产保护计划[53]，并管理波兰非物质文化遗产名录[54]。根据《古迹保护与监护法》第6条第2段规定，"建筑物、广场、街道和定居点的地理、历史和传统名称也可以受到保护"。但如果其物质表现形式符合文物的标准，则可以作为可移动文化财产加以保护。在《古迹保护与监护法》第6条第1款第2部分（g）项给出了多个示例，包括民间艺术品、手工艺品及其他民族志物品。与法律框架并行，波兰还根据该公约规定的国际义务制定了国家非物质文化遗产名录。非物质文化遗产保护的主管负责人是文化遗产部部长。在非物质文化遗产项目提名过程中，非物质文化遗产委员会将作为一个咨询机构参与其中。目前，波兰正在制定关于非物质文化遗产的法律框架，以便将该框架纳入文化遗产法的总体规范框架。[55]

目前，波兰非物质文化遗产名录中包括多种不同的传统，如基督圣体游行、各种手工艺（如玩具制作和花边制作）、风俗以及格但

---

53 Information on the draft programme can be found on the Institute website https://niematerialne.nid.pl/Ochrona_dziedzictwa/system_ochrony_w_Polsce/zagadnienia_ogolne/.

54 Accessible at https://niematerialne.nid.pl/Dziedzictwo_niematerialne/Krajowa_inwentaryzacja/Krajowa_lista_NDK.

55 H. Schreiber, Niematerialne dziedzictwo kulturowe – brakujące ogniwo w systemie ochrony dziedzictwa kulturowego w Polsce.Między terra incognita a terra nullius?, [w:] A. Rottermund (red.), Dlaczego i jak w nowoczesny sposób chronić dziedzictwo kulturowe.Materiały pokonferencyjne, Polski Komitet ds. UNESCO, Warszawa 2014: ss.157-174.

斯克的钟琴音乐会等。由于篇幅有限，本文无法对所有波兰列入名录的非物质遗产项目一一详述。为展示波兰不同地区以及各项传统之间的复杂性和相互关系，我们以奥波莱省的传统蛋画为例。对煮熟的硬鸡蛋（或更晚近时期，除去蛋黄和蛋清，仅保留鸡蛋壳）进行染色和装饰的传统与复活节有关，且在波兰以及中东欧其他地区享有盛名。鸡蛋是新生命和繁荣的象征。在奥波莱地区，人们使用两种基本的装饰技术：一种是使用锋利的工具在染色的蛋壳（kroszonkarsttwo）上刻画图案；另一种是可制作更复杂图案的蜡染（batik）技术，但该项技术几乎彻底失传了，直至20世纪50年代，随着波兰人从现在的乌克兰地区迁移至奥波尔斯基地区，这种技术才被重新引入。后来，这些饰品（也是该地区的一大特色）被用来装饰当地制造商生产的陶瓷。将这些饰品转移至瓷器和其他材料上的技术本身就是一种艺术形式。如今，这三种技术仍在使用，并成为该地区的标志，至今已被列入波兰非物质文化遗产。

波兰有四项非物质文化遗产入选《人类非物质文化遗产代表作名录》。第一项是克拉科夫的耶稣降生场景（szopka）传统，它于2018年入选该名录[56]。在接下来的几年里，有两项联合申报遗产成功入选，分别为：2020年列入的树林养蜂文化（波兰、白俄罗斯）[57]；

56　13.COM 10.b.29 Nativity scene (szopka) tradition in Krakow - intangible heritage - Culture Sector - UNESCO.

57　15.COM 8.b.42 Tree beekeeping culture - intangible heritage - Culture Sector - UNESCO.

2021年列入的放鹰捕猎，这是一项活态人类遗产[58]。2021年，基督圣体节游行的花毯传统也被列入该名录[59]。

（六）《保护和促进文化表现形式多样性公约》

全球化的积极和消极影响引发了对文化多样性的讨论。不可否认，技术发展、贸易自由化和服务市场对文化产品产生了很大的影响。在全球范围内保护多样性意味着不仅要保护各个国家的文化，还要保护少数民族的文化。文化多样性保护的原则是在这个大众文化占主导的时代，激励人们采取行动，保护高雅文化。国际社会对这一原则的采纳尤为重要，因为国家在文化领域的积极政策不仅可促进文化产业领域的经济发展，还可影响社会凝聚力和激发个人创造力。

波兰于2007年批准了2005年UNESCO《保护和促进文化表现形式多样性公约》[60]。该公约本身可被视为一个"文化保护"工具，因为它授予签署国就促进某些文化表现形式采取措施的权力，或更适当地说，可将该公约作为一个法律手段，来保护民族和少数民族的文化安全。[61]波兰采取了多种手段保证文化表现形式的多样性。

58　16.COM 8.b.14 Falconry, a living human heritage - intangible heritage - Culture Sector - UNESCO.

59　16.COM 8.b.33 Flower carpets tradition for Corpus Christi processions - intangible heritage - Culture Sector - UNESCO.

60　Polish Official Journal (Dz. U.) 2007, No 215, item 1585.

61　P. Stec, A. Jagielska-Burduk, EU Cultural Security Law in An Educational Context, Sustainability 2021, 13(7), 3947; https://doi.org/10.3390/su13073947.

一些手段通过法律，主要是少数民族保护法和媒体法加以规定，而另一些手段则是行政管理实践和社会变革的产物。

2005年《少数民族、少数族裔和区域语言法》[62]认定波兰有9个民族和4个少数民族。两者之间的区别是，少数族裔不是一个拥有自己国家的民族的一部分。[63]此外，波兰法律还授予在官方场合使用少数民族和族裔语言的权利，包括使用村庄和乡镇的双语名称等。少数民族和族裔在学校学习语言会得到补贴，其文化活动也受到国家支持。还有一种地方语言（卡舒布语，kaszubski），它不属于波兰方言，而是一种独特的语言，其使用者自认为是波兰人。有两个最突出的示例，一个是维拉莫维尼（Wilamowianie）族群（居住在波兰南部一个小村庄并使用自己独特的语言"wymysorys"的一小群日耳曼移民后裔），另一个是新兴的西里西亚民族运动。前者符合少数族裔的条件，但由于未知原因，尚未被列入法定少数族裔名单。后者则涉及新兴的身份认同，西里西亚地区的方言传统上被归类为波兰方言之一，而近年来，西里西亚人呼吁将其确定为一个独立少数族裔。[64]

波兰《媒体法》[65]要求电视台为最初以波兰语创作的作品预留

---

62 Ustawa z dnia 6 stycznia 2005 r. o mniejszościach narodowych i etnicznych oraz o języku regionalnym, consolidated text: Dz. U. z 2017, poz. 823.

63 National Minorities，少数民族，指居住在波兰的拥有自己民族国家的民族，比如德国人、乌克兰人、比利时人等；Ethnic Minorities，少数族裔，指居住在波兰的不拥有自己民族国家的族裔，比如罗姆人、莱姆科斯人等。——译者注

64 Cf. P. Stec, A. Jagielska-Burduk, op. cit. at 3.3.

65 Ustawa z 29 grudnia 1992 o radiofonii i telewizji, consolidated text Dz. U. z 2017, poz. 1414 as amended.

33%的播放时间,广播电台以波兰语播放至少33%的歌曲和类似艺术表现形式,且其中60%的歌曲应在下午5点至午夜的时间段播放。唯一的例外是以少数民族语言播放的节目。根据该法,电视台播放的内容中应有50%以上来自欧洲。此外,还存在关于保障独立制作节目播出时间的规定。

四、结论

波兰在执行UNESCO文化遗产公约和参与有关公约演变的国际辩论中发挥着非常重要的作用。波兰的法律文化影响着这些公约的执行方式和动向。最重要的是一点是,波兰正努力按照最新的国际标准调整其国内法律规范框架,以为子孙后代保护文化遗产。

执行UNESCO文化遗产公约是一项复杂而富有挑战性的任务。这是一个持续的过程,且在日常工作中偶尔会遇到一些障碍和意想不到的情况,通常需要根据具体情况进行个案处理。与此同时,波兰积极开展相关立法行动,以在国家层面实现各个文化公约之间的协同作用。

必须指出的是,每个国家执行文化公约的节奏并不相同。这取决于各个国家的法律历史和法律框架,以及其履行公约中规定的国际义务的可能性。

此外,从联合国教科文组织所有文化(遗产)公约的加入情况不难看出,公约批准是一个漫长而复杂的过程。因此,公约秘书处不仅在批准公约时至关重要,在协助各国执行公约、能力建设,以及引入新的标准制定模式等方面也发挥着重要作用。尽管公约以一种可在不同的法律文化中执行的方式拟定，但从另一方面来看，它也有助于推动各国探索自己的遗产保护模式，以适应各自国家的不同需求。

澳大利亚文化遗产法与联合国教科文组织文化遗产公约的实施

安娜·菲利帕·弗尔多利亚克[*]

一、引言

澳大利亚的文化遗产法反映了澳大利亚作为一个殖民国家（settler States）的特征。澳大利亚联邦于1901年根据英国议会法案在威斯敏斯特成立[1]，代表了1788年建立的前英国殖民地，其第一批"遗产"法就反映出这种殖民的影响。这片被殖民的大陆有着世界上历史最悠久的活态文化。这里生活着土著居民和托雷斯海

---

[*] 安娜·菲利帕·弗尔多利亚克（Ana Filipa Vrdoljak），澳大利亚悉尼科技大学法学院教授，联合国教科文组织"文化遗产与国际法教席"主持人。研究方向：国际法、文化遗产法。

1 Commonwealth of Australia Constitution Act 1900 (UK), Section 9, at https://www.legislation.gov.uk/ukpga/Vict/63-64/12/contents/enacted.

峡岛民(或原住民),他们有自己的法律和习俗,代表着300多个语言群体。[2]这一历史背景和政治框架造就了澳大利亚的文化遗产保护法律制度。

澳大利亚文化遗产法的发展可分为三个相互交叠、相互影响的历史时期。殖民时期的文化遗产法受到英国和殖民地文化遗产保护法律和习俗的相互渗透和持续影响,体现在土地所有权和博物馆、图书馆和档案收藏的法律保护等多领域,这一时期的痕迹在澳大利亚联邦和州一级法律体系中依旧存在。[3]"澳大利亚"时期从20世纪30年代开始,这个新建国家越来越多地参与到本国外交事务中,包括缔结文化领域的条约与加入国际组织。[4]土著时期则始于殖民地化之前数千年并延续至今,土著居民和托雷斯海峡岛民形成了关于文化保护的法律和习俗,并参与制定了国家和国际法规范。[5]

澳大利亚的联邦政治结构决定了本国的文化遗产受到联邦、州或领地、地方(市)各级法律和法规的制约。根据1977年《澳大利亚联邦宪法》(简称《宪法》),联邦议会在文化或文化遗产方面没有被明确赋予立法权(第51条),该立法权为州和领地所保留。但在对外事务、与其他国家的商业贸易,以及知识产权方面,联邦政

---

2 R Quiggin, Maintain, Control, Support, Protect and Develop Cultural Heritage, in L Behrendt, C Cunneen, T Libesman, and N Watson (eds) *Aboriginal and Torres Strait Islander Legal Relations* (2e), Sydney: Oxford University Press, 2019, pp.183-212.

3 P Cane, L Ford and M McMillan (eds), *Cambridge Legal History of Australia*, Cambridge: Cambridge University Press, 2021.

4 1946年,澳大利亚成为联合国教科文组织的创始成员国,且在此后一直是其成员国。英国也是联合国教科文组织的创始成员国,但于1985年退出,并于1997年回归。

5 Quiggin, n.2.

府可根据《宪法》赋予的权力，批准条约并制定关于文化遗产的国家法律。澳大利亚遗产委员会（AHC）于1975年由联邦政府成立，负责管理国家自然和文化遗产名录。[6]该委员会于2004年被澳大利亚遗产理事会所取代。[7]为规范文化遗产保护管理所涉各方面，包括保护土著居民和托雷斯海峡岛民的文化遗产，各州和各领地已制定并实施了一系列法律法规。[8]1997年签署的《关于联邦和州在环境事务中角色和责任的首脑协议》规定了联邦、州和地方政府在遗产地提名、保护和管理方面的责任；1999年联邦《环境保护和生物多样性保护法》和《澳大利亚遗产战略》则规定了具体实施措施。[9]当前战略所强调的政府间责任分工基于"辅助原则"，即"只有在当地或直接管辖的政府无法作出有效决策时，中央政府才可就遗产保护等问题作出决定"。[10]但如下文所述，土著居民和托雷斯海峡岛民在其文化遗产决策方面发挥的作用仍然要受到联邦和州法律

---

6 Australian Heritage Commission Act 1975 (Cth); C Lloyd, *The National Estate: Australia's Heritage,* Sydney: Cassell, 1977.

7 Australian Heritage Council Act 2003 (Cth).

8 参见：B Boer and G Wiffen, *Heritage Law in Australia*, Oxford: Oxford University Press, 2006, pp 179-308; Parliament of the Commonwealth of Australia. Joint Standing Committee on Northern Australia, A Way Forward: Final Report into the Destruction of Indigenous Heritage Sites at Juukan Gorge, Canberra, October 2021, pp. 100ff, at https://nativetitle.org.au/sites/default/files/2021-10/AWayForward.pdf。

9 Heads of Agreement on Commonwealth and State Roles and Responsibilities for the Environment signed in November 1997, at https://www.awe.gov.au/environment/epbc/publications/coag-agreement; Commonwealth of Australia, Australian Heritage Strategy (December 2015), at https://www.awe.gov.au/sites/default/files/documents/australian-heritage-strategy-2015.pdf.

10 Australian Heritage Strategy, n. 9 at p.7.

的限制。2016年开展的一项独立评估发现，此种"共享"遗产管理模式导致了两个后果[11]：监管的重复和交叉增加了企业和社区的负担，并导致有限资源的低效配置；在某些情况下，不同责任主体期待其他主体（如私人所有者）承担保护责任而导致的消极履职或相互推诿，使得一些遗产没有得到必要的保护。[12]

本文集中介绍了当前澳大利亚联邦一级文化遗产法律概况，分四个部分来阐述联邦立法对国际文化遗产法主要进展的回应，包括：(1) 在武装冲突与和平时期对古迹和遗址的保护，包括1954年《关于发生武装冲突时保护文化财产的公约》（简称"1954年《海牙公约》"）和1972年《保护世界文化和自然遗产公约》（简称《世界遗产公约》）；(2) 可移动文化遗产，包括联合国教科文组织（简称UNESCO）1970年《关于禁止和防止非法进出口文化财产和非法转让其所有权的方法的公约》（简称"1970年《公约》"）、国际统一私法协会1995年《关于被盗或非法出口文物的公约》（简称"1995年《公约》"）和2001年《保护水下文化遗产公约》（简称"2001年《水下公约》"）；(3) 非物质文化遗产，包括2003年《保护非物质

---

11 在根据《宪法》第51(xxvi)条行使关于土著居民和托雷斯海峡岛民及其文化遗产的"种族"权力时，联邦政府会遇到种种问题。参见：*Kartinyeri v Commonwealth* (1998) 195 CLR 337 (Hindmarsh Island Case); L Behrendt and T Lee, Kartinyeri v Commonwealth [1998] HCA 22, in N Watson and H Douglas (eds), *Indigenous Legal Judgments: Bringing Indigenous Voices into Judicial Decision Making,* London: Routledge, 2021, pp.131-149。

12 R Mackay. Australia. State of the Environment 2016. Heritage. Independent Report to the Australian Government Minister for the Environment and Energy, Canberra: Commonwealth of Australia 2017, p.83.

文化遗产公约》(简称"2003年《非遗公约》")和2005年《保护和促进文化表现形式多样性公约》(简称"2005年《文化多样性公约》");(4)土著文化遗产保护与《联合国土著人民权利宣言》,后者体现了目前澳大利亚法律涉及文化遗产保护事务时的紧张状态及其不断变化。

二、古迹与遗址

与大多数殖民国家和普通法系国家一样,澳大利亚最早的文化遗产立法将不可移动文化财产置于优先地位。最初,澳大利亚联邦将国际人道主义法规则纳入其军事手册和《刑法典》,并参照英国的相关规则和条例,来处理在武装冲突期间对古迹和遗址的保护问题。20世纪下半叶,由于殖民关系被切断,澳大利亚开始作为一个独立国家与联合国教科文组织等国际组织建立联系,并批准了相关专门条约,如1954年《海牙公约》和1972年《世界遗产公约》。

(一)1954年《海牙公约》以及武装冲突期间对文化遗产的保护

澳大利亚签署了关于在武装冲突期间对文化财产加以保护的一般和专门国际人道主义法相关条约。自1984年以来,澳大利亚一直是1954年《海牙公约》[13]的缔约国,但未签署其两项议

13　Convention for the Protection of Cultural Property in the Event of Armed Conflict, 14 May 1954, entered into force 7 August 1956, 249 UNTS 240.

定书[14]。英国是1954年《海牙公约》和两项议定书的缔约国。自1991年以来,澳大利亚签署了《1949年8月12日〈日内瓦四公约〉关于保护国际性武装冲突受难者的附加议定书》(API,简称《〈日内瓦四公约〉第一议定书》),以及《1949年8月12日〈日内瓦四公约〉关于保护非国际性武装冲突受难者的附加议定书》(APII,简称《〈日内瓦四公约〉第二议定书》)。[15]

虽然澳大利亚不是1899年和1907年《陆战法规和惯例公约》(简称"1899和1907年《公约》")的缔约国或签字国,但在第一次世界大战期间,澳大利亚皇家部队的军事手册已明确提到了这些公

---

14 Protocol for the Protection of Cultural Property in the Event of Armed Conflict (1954 Hague Protocol) 14 May 1954, entered into force 7 August 1956, 249 UNTS 358; and Second Protocol to the Hague Convention for the Protection of Cultural Property in the Event of Armed Conflict (1999 Second Hague Protocol), 26 March 1999, entered into force 9 March 2004, (1999) 38 ILM 769, and UNESCO Doc HC/1999/7. 在1995年和2011年向联合国教科文组织提交的国家报告中,澳大利亚表示,它正在考虑成为其缔约国,但没有给出具体的批准时间。Australia in Reports from the States Parties to the Convention (1995), p. 15 and p. 17, at http://www.unesco.org/new/fileadmin/MULTIMEDIA/HQ/CLT/pdf/1995-secretariat-report-en_01.pdf; and National Report on the Implementation of the 1954 Hague Convention: Australia (2011), p. 5, at http://www.unesco.org/new/fileadmin/MULTIMEDIA/HQ/CLT/pdf/australia_2010natrep_HC_en_01.pdf. 该报告还指出,《关于在澳大利亚国防部队作战期间挪用和进口国防相关物资的国防作战指令(通用)》32-1 "特别提到了该公约,并提出,不得将任何宗教或文化材料作为战利品或历史文物带走"。

15 Protocol Additional to the Geneva Conventions of 1949, and Relating to the Protection of Victims of International Armed Conflicts (API), 8 June 1977, entered into force 7 December 1978, 1125 UNTS 3; and Protocol Additional to the Geneva Conventions of 1949, and Relating to the Protection of Victims of Non-International Armed Conflicts (APII), 8 June 1977, entered into force 7 December 1978, 1125 UNTS 609.

约的规定。[16]1899 和 1907 年《公约》附件《陆战法规和惯例章程》第 28 条有关禁止掠夺的规定，根据《英国军事法》第 6 条可判处死刑；[17] 手册还全文重申了这两个公约附件《陆战法规和惯例章程》第 27 条有关禁止攻击专门用于宗教、艺术、科学和慈善事业的建筑物和历史古迹的规定，并同时给出了以下解释：

> 尽管本条给出了清楚的解释，但还可进行补充说明，即，所有士兵不得破坏或亵渎宗教、教育、市政和国家建筑物，并应将所有公共建筑物视为神圣的、不可损坏或损毁的，这是士兵的一项特殊义务。如果入侵军队通过破坏或损毁敌人的建筑古迹和纪念建筑来标记他们的路线，这对其国家来说是一个永久性的耻辱。[18]

现行的澳大利亚国防准则读本（ADDP 06.4）《武装冲突法》[19]

---

16 A Pratt, *Notes on the Law and Customs of War: Written for the Australian Imperial Forces*, Melbourne: Albert J Mullett, Government Printer, 1914.

17 普拉特（Pratt）还指出（n. 16 at p. 7）："为保护自己免受惩罚和维护澳大利亚的声誉，没有军官在场和明确命令，澳大利亚士兵不得有任何夺取或破坏私人财产的行为。士兵在任何时候都不应忘记，在文明战争中，掠夺者没有立足之地，任何违反第 28 条和第 47 条的士兵都将被处以死刑。"

18 同上。

19 ［澳大利亚国防准则读本（Australian Defence Doctrine Publications, ADDP）和澳大利亚国防军读本（Australian Defence Force Publications, ADFP）是经澳大利亚国防军首长和澳大利亚国防事务长官授权发布的澳大利亚国防军行动指南。ADDP 首版于 2006 年，主要为抽象的指导思想和原则，ADFP 首版发行于 1996 年，主要为实际适用规则和程序方面的内容。这两个读本都不是具有法律地位的政策，但是他们都提供了适用于各种具体情况的权威和经过验证的指导。ADDP 06.4 准则为指挥官确立了关于

（简称"ADDP 06.4 准则"）的内容涵盖了 1899 和 1907 年《公约》、1949 年《日内瓦公约》以及 1954 年《海牙公约》及其 1999 年《第二议定书》。[20] 该准则规定："用于宗教、艺术或慈善目的的建筑物、历史古迹和其他宗教、文化或慈善设施，只要它们不用于军事目的，都不应受到攻击。"（5.45）该准则还进一步规定：使用 1954 年《海牙公约》和 1935 年《保护艺术和科学机构以及历史古迹的罗里奇条约》指定标志的、非用于军事目的的建筑应受到特殊保护（9.27），且不可成为报复对象（9.29）；保护此类建筑的人员同样也应受到保护（9.26）；运输文化财产的"船舶"也不得受到攻击（6.44）。

ADDP 06.4 准则重申了《〈日内瓦四公约〉第一议定书》中关于攻击文化财产属于严重违反国际人道主义法的行为的定义（13.26）。有趣的是，在 1995 年提交的关于 1954 年《海牙公约》的首份国家报告中，澳大利亚指出，虽然其正在努力根据该公约制定文化财产认定标准，但由于复杂的国内情况，这项工作遇到了很大的困难，因为澳大利亚的大部分"不可移动遗产"属于土著居民和托雷斯海峡岛民，且 1954 年《海牙公约》中的"财产"概念没有反

在武装冲突中规划和实施澳大利亚国防军行动的指南，并详细说明了澳大利亚国防军成员的责任和义务。——译者注］参见：ADDP 06.4, foreword, available at: https://www.onlinelibrary.iihl.org/wp-content/uploads/2021/05/AUS-Manual-Law-of-Armed-Conflict.pdf, accessed 2020-03-29。

20　Australian Defence Doctrine Publication 06.4 Law of Armed Conflict (Canberra: Defence Publishing Service, 2006) (ADDP 06.4) at https://www.onlinelibrary.iihl.org/wp-content/uploads/2021/05/AUS-Manual-Law-of-Armed-Conflict.pdf. 参见：also Australian Book of Reference (ABF) 5179 Manual of International Law。

映这些文化的动态变化，所以无法得到该公约的保护。[21]报告解释说，虽然澳大利亚还没有决定将哪些财产提名列入（该公约）"受特别保护的文化财产国际名录"，但已制定了一份国家遗产名录，截至1993年登记了10,721处自然、历史和土著居民及托雷斯海峡岛民的遗产。[22]在2011年的第二份国家报告中，澳大利亚重申了这一困难。该报告指出，很难对那些对于土著人民来说具有重要意义的"大型景观"张贴标志，也很难确保那些关于土著可移动文化遗产，特别是具有神秘或神圣意义的文物的协定得到遵守。[23]

根据1899和1907年《公约》、1948年两个《日内瓦四公约》的附加议定书和1954年《海牙公约》及其议定书的要求，澳大利亚规定，任何违反此类义务的行为都将受到刑事制裁。根据1995年联邦《刑法典》第268.80条，任何在非国际武装冲突期间针对受保护物体，包括对用于宗教、教育、艺术、科学或慈善目的的建筑物或非军事目的的历史遗迹发动的攻击，都应被确定为战争罪。针对这一罪行的最高刑罚为20年监禁。根据第268.101条，任何在国际武装冲突期间针对未用于支持军事行动或不在军事目标附近的受保护物体发动的攻击，应被确定为战争罪，这些物体包括明确认定的历史古迹、艺术品、宗教场所，以及构成人民文化或精神遗产且通过"特别安排（如在主管国际组织的框架内）"得到重点保护的古迹、艺术品和宗教场所。这一罪行可判处最高20年监禁。

21　National Report (1995), n. 14, at pp. 15-17.
22　National Report (1995), n. 14, at p. 17.
23　National Report (2011), n. 14, at p. 3.

（二）1972 年《世界遗产公约》以及和平时期对遗产的保护

澳大利亚于 1974 年批准了《保护世界文化和自然遗产公约》，并于 1975 年公约生效时成为缔约国[24]，是最早批准该公约的国家之一。[25] 截至 2021 年 12 月，澳大利亚有 4 处文化遗产、12 处自然遗产和 4 处混合遗产（双遗产）被列入《世界遗产名录》。最初被提名列入《世界遗产名录》的遗产多为自然遗产，但随着时间的推移，澳大利亚采用了更平衡的提名方法，即对最初只考虑其自然意义的遗产地的突出普遍价值进行文化意义的阐释和修改（如乌卢鲁-卡塔丘塔国家公园）。澳大利亚世界遗产的列入与其作为世界遗产委员会成员的五个时期（1976—1983 年、1983—1989 年、1995—2001 年、2007—2011 年和 2017—2021 年）高度吻合。虽然澳大利亚（和新西兰）是亚太区域集团的一部分，但由于列入世界遗产名录的遗产数量较多，且有较强的参与世界遗产委员会工作的能力，联合国教科文组织对待澳大利亚（和新西兰）的态度与太平洋岛屿国家不同。[26] 在世界遗产法律框架与实施方面，澳大利亚被世界遗产委员会评为"优秀"。[27] 但当前立法受到了澳大利亚国内人民的批评。人民呼吁修改立法，以使原住民和当地社区更有效地参

24　1972 年 11 月 16 日，生效日：1975 年 12 月 17 日，编号 1037 UNTS 151。

25　在 20 世纪 80 年代，澳大利亚签署了 1954 年《海牙公约》和 1970 年《公约》，高夫·惠特拉姆总理随后被任命为联合国教科文组织的常驻代表，并当选为执行委员会委员。

26　Final Report on the Results of the Second Cycle of the Periodic Reporting Exercise for Asia and the Pacific, 1 June 2012, WHC-12/36 COM/10A p. 14.

27　WHC-12/36 COM/10A p. 19.

与决策和管理进程。[28]

在 194 个缔约国中,澳大利亚是 3 个通过专门立法履行《世界遗产公约》规定义务的国家之一。最初的联邦 1983 年《世界遗产法》已被一项综合立法,即联邦 1999 年《环境保护和生物多样性保护法》(简称"EPBC 法")所取代。后者历经多次修订,最近一次修订是在 2020 年。该项实施性立法的最初目的是确保遗产在联邦政府推动下列入《世界遗产名录》,以回应 20 世纪 80 年代关于水力发电大坝开发项目的议案。[29] 澳大利亚法院已受理了多起针对该议案提起的诉讼。澳大利亚高等法院确认,澳大利亚在《世界遗产公约》中的国际义务具有约束力,并在其实施性立法中对此进行了重申。[30]

EPBC 法规定,个人或团体未经适当授权而采取已经、将要或可能对世界遗产地的突出普遍价值产生重大影响的行动,应给予民

---

[28] 参见: G Samuel, Independent Review of the EPBC Act – Final Report (Canberra: Commonwealth of Australia, 2020), para. 2.3.1 at https://epbcactreview.environment.gov.au/. 该报告指出:"尽管 EPBC 法在最初拟定时处于世界领先地位,但现已过时,不支持将澳洲原住民的权利纳入决策过程的最佳实践。它落后于澳大利亚国内的最佳实践和澳大利亚所签署的主要国际承诺(第 2.1 章),以及第 5、第 6 和第 7 条建议 (Recommendations 5, 6 and 7)。"

[29] Commonwealth v Tasmania (Tasmanian Dams Case) (1983) 158 CLR 1.

[30] 参见: Follow-up to the Audit of the Working Methods of Cultural Conventions and to the Evaluation of UNESCO's Standard-setting Work on Cultural Sector. Part II Convention on the Protection of the World Cultural and Natural Heritage, 6 June 2014, WHC-14/38.COM/INF/5F, p. 41; M Peek and S Reye, 'Judicial Interpretation of the World Heritage Convention in the Australian Courts' in B Hoffman (ed), *Art and Cultural Heritage Law, Policy and Practice* (Cambridge: Cambridge University Press, 2006) pp. 395ff; and Boer and Wiffen, n. 8, at p. 63。

事制裁（第12条）。如果某一财产已由联邦提名，并被世界遗产委员会列入《世界遗产名录》，则应作出关于该财产被宣布为世界遗产的声明。但提名只能由相关部长[31]在与相关州或自治领地协商后进行，除非该财产面临迫在眉睫的威胁。如果未能与财产所有人、占有人或者相关州或领地达成一致，也不会影响列入程序（第314条）。该法没有要求与土著居民和托雷斯海峡岛民或当地社区进行协商[32]，这与太平洋岛屿国家遗产法中有关原住民和地方社区在遗产决策过程中作用的规定不一致。[33]联邦部长也有权修改或撤销该声明（第15条）。在作出此类决定时，部长不得违背"澳大利亚根据《世界遗产公约》应承担的义务"、（该法附件5所规定的）《澳大利亚世界遗产管理原则》（EPBC-Schedule 5），以及任何已批准的世界遗产管理规划（第137条）。EPBC法还规定，对于导致或将导致对已声明世界遗产的价值产生重大影响的行为属犯罪行为，可判处最高7年监禁或罚金。

31　根据澳大利亚联邦政府组织架构，负责世界文化和自然遗产地保护管理相关事宜的部门是气候变化、能源、环境和水体部（Department of Climate Change, Energy, the Environment and Water，DCCEEW）。该部门现设有气候变化与能源部长（Minister for Climate Change and Energy）和环境与水体部长（Minister for the Environment and Water），后者负责世界遗产地保护管理事宜。因此，本部分后文提到的"部长"，均指该"环境与水体部长"。——译者注

32　Samuel, n. 28, pp. 61-75 and 85-89.

33　参见：Fiji: Preservation of Objects of Archaeological and Palaeontological Interest Act 1940, Environment Management Act 2005 and Heritage Bill 2021; Vanuatu: Environmental Management and Conservation Act 2002; Papua New Guinea: Environment Act 2000, National Cultural Property (Preservation) Act 1965, and Conservations Areas Act 1978; and New Zealand: Conservation Act 1987, Heritage New Zealand Pouhere Taonga Act 2014, and Resource Management Act 1991.

部长还有权根据《澳大利亚世界遗产管理原则》批准关于已声明列入的世界遗产的管理安排（第34B条）。EPBC法还规定，部长可批准世界遗产管理规划，并签订保护协议（第15和第14部分）。此种保护协议可限制对遗产地的使用，或要求遗产地所有人避免、限制或拒绝任何对已声明列入世界遗产的价值产生不利影响的行动（第306[2][b][ii]条）。部长还需编写和修订对联邦土地上的世界遗产进行管理的书面规划（第316条）；未制定该规划的，此类遗产的管理则须按照《澳大利亚世界遗产管理原则》进行（第318条）。该规划每五年应审查一次（第319条）。如果世界遗产位于一个州或自治领地内，则联邦须"尽最大努力"确保与该州或自治领地共同制定的管理计划不违背澳大利亚的《世界遗产公约》义务或《澳大利亚世界遗产管理原则》。澳大利亚也针对某些特定世界遗产的管理制定了专门的联邦立法加以规范（如1975年大堡礁海洋公园[联邦]）。EPBC法还要求联邦政府为保护世界遗产提供财政援助（第323条）。2000年颁布的《澳大利亚世界遗产管理原则》规定，在进行世界遗产管理时，必须就可能对遗产产生"重大影响"的决定和行动征求公众意见；还应根据需要，针对对遗产存在特殊利益并可能受其管理影响的人群作出特别规定。[34]在遗产管理过程中，必须有持续的社区和技术投入。

近年来，在履行《世界遗产公约》规定义务方面，澳大利亚两次引起了人们的关注，都涉及《世界遗产名录》中世界遗产的突出

34　Environment Protection and Biodiversity Conservation Regulations 2000 (Cth) Schedule 5 Australian World Heritage Management Principles (Regulation 10.01).

普遍价值可能减损的问题。第一次关注涉及卡卡杜国家公园。[35] 因联邦政府批准在遗产所在地扩大一座铀矿,该领地的传统所有者米拉尔人(Mirarr)向世界遗产委员会提出了质疑。世界遗产委员会主席弗郎西斯科·弗兰西奥尼在报告中指出,世界遗产地占据了米拉尔人拥有或主张的土地。[36] 报告称,自 1972 年《世界遗产公约》通过以来,国际法逐步得到完善,认可了人权包括自决权、少数群体保护和禁止种族歧视;土著人民有权参与对其产生影响的决策,决策前有必要征得其自主、事先和知情同意;并肯定了土著人民与其传统土地之间的特殊关系。[37] 该报告还根据《联合国土著人民权利宣言》草案得出结论称,米拉尔人"对其所在的土地享有某些权利",包括"尊重他们的集体身份和活态文化",这在解释公约及其《操作指南》时必须加以考虑。[38] 世界遗产委员会接受了调查结果和建议,并强调"在遗产地保护过程中,要确保土著传统所有人、保

---

35 澳大利亚卡卡杜国家公园最初于 1981 年被列入世界遗产名录。World Heritage Committee (WHC). 1981. Decision 5 COM VIII.15 (1981) – Inscription of Kakadu National Park (Australia); World Heritage Committee (WHC). 1982. Report of the Rapporteur (5 January 1982). WHC Doc.CC-81/CONF/003/6. 1987 年,因认识到该遗址是一个具有特殊自然和文化价值的活态文化景观……且 5 万多年来,一直是土著人民的家园……它被重新提名,且进行了边界扩展。World Heritage Committee (WHC). 1987. Decision 11 COM.VIIA (1987) – Extension of the Inscription of Kakadu National Park (Australia); and World Heritage Committee (WHC). 1992. Decision CONF.002 X.C– Extension of the Inscription of Kakadu National Park (Australia).

36 World Heritage Committee (WHC). 1998a. Report on the Mission to Kakadu National Park, Australia. Chair: Francesco Francioni (29 November 1998). WHC-98/CONF.203/INF.18 p. 5.

37 WHC-98/CONF.203/INF.18 pp. 5-6.

38 WHC-98/CONF.203/INF.18 p. 6.

管人和管理人的全面、持续参与,并确保与其进行全面、持续的谈判和沟通,这一点至关重要"。[39]米拉尔人的倡议为后来《操作指南》的修改提供了参考依据,修改后的《操作指南》反映了《联合国土著人民权利宣言》和联合国教科文组织《土著人民参与政策》中规定的义务。[40]《操作指南》明确重申,在提名影响土著人民土地、领土和资源的遗产地时,缔约国须证明其已获得了土著居民的自主、事先和知情同意,包括以适当的语言公开提名,并进行公众咨询和听证。[41]值得注意的是,经澳大利亚提名,布吉必姆(Budj Bim)文化景观于2019年被成功列入《世界遗产名录》。该提名由生活在遗产所在传统乡村的贡第杰马若人(Gunditjmara)牵头。该遗产地作为具有突出普遍价值的文化景观被列入《世界遗产名录》,因为有考古证据表明,人类在此有32,000年的居住史,且贡第杰马若人开发和使用这处世界上最古老和最广泛的水产养殖系统的历史已有6000多年[42]。

更成问题的则是澳大利亚对将卡卡杜国家公园,以及近期将大

---

39 World Heritage Committee (WHC). 1998b. Decision CONF 203 VII.28 State of Conservation – Kakadu National Park (Australia). See Logan, W., Australia, Indigenous Peoples and World Heritage from Kakadu to Cape York: State Party Behaviour under the World Heritage Convention. *Journal of Social Anthropology*, vol.3, 2013, p.157.

40 UN Declaration on the Rights of Indigenous Peoples GA Res 61/295 of 2 September 2007; and UNESCO, Policy on Engaging Indigenous Peoples, 9 August 2017, UNESCO Doc 202 EX/9.

41 UNESCO Operational Guidelines for the Implementation of the World Heritage Convention, 31 July 2021, WHC.21/01.

42 Decision 43 COM 8B.14 (2019).

堡礁海洋公园列入《濒危世界遗产名录》的提议的反应。[43]2014年《世界遗产公约》实施审计报告指出，尽管该公约第11条第3款[44]措辞明确，但澳大利亚"极力反对将该遗产地列入濒危名单……声称，在任何情况下，都不能违背领土国家的意愿将世界遗产地列入《濒危世界遗产名录》"。[45]面对以上两次反对，世界遗产委员会都与澳大利亚达成了政治和解。世界遗产委员会最终未将这两个公园列入《濒危世界遗产名录》，但对"开采和碾磨铀矿的议案对卡卡杜国家公园现存文化价值造成的严重影响"表示严重关切。[46]对于大堡礁海岸公园，世界遗产委员会对2019年展望报告所得出的结论表示"极度关注和遗憾"。该报告指出，"支撑该公园突出普遍价值的生态进程正在以比以往更明显的速度和范围恶化"。世界遗产委员会呼吁缔约国采取措施，以应对气候变化和矿产开采所带来的威胁。[47]

---

43 参见：draft Decision 44 COM 7B.90 (2021)。

44 参见：G Buzzini and L Condorelli, List of World Heritage in Danger and Deletion of Property from the World Heritage List, in F Francioni and F Lenzerini (eds), *The 1972 World Heritage Convention: A Commentary*, Oxford: Oxford University Press, 2008, p.175。

45 WHC-14/38.COM/INF/5F, p.44.

46 WHC-13/37.COM/78/7B.Add, p. 200.

47 WHC Decision 44 COM 7B.90 and State of Conservation of Properties Inscribed on the World Heritage List, 21 June 2021, WHC/21/44.COM/7B.Add, 83-86. 参见：ANU. Implications of Climate Change for Australia's World Heritage Properties: A Preliminary Assessment. Report to the Department of Climate Change and the Department of the Environment, Water, Heritage and the Arts (ANU Fenner School of Environment and Society: Canberra, 2009) at http://ccsl.iccip.net/worldheritage-climatechange.pdf。

这些世界遗产的命运将对土著人民造成直接的不利影响。近期对 EPBC 法的审查发现，该法在充分保护土著居民和托雷斯海峡岛民的文化遗产方面存在不足。2016 年的环境状态报告和塞缪尔评论（Samuel Review）提出，应使土著居民更多、更有效地参与决策与共同设计，并应与土著居民协商，包括获得他们的自主、事先和知情同意，从而与澳大利亚签署的《生物多样性公约名古屋议定书》中的义务保持一致。[48]

三、（可移动）文物

澳大利亚文化遗产法律法规中关于文物转移与要求返还的规定反映了本国复杂曲折的历史和殖民经历。这段殖民史仍对澳大利亚许多文化机构、其土著居民和托雷斯海峡岛民以及邻近太平洋岛民的文物收藏有着长期影响。澳大利亚已批准了 1954 年《海牙公约》和联合国教科文组织 1970 年《公约》，并在国内法中加以落实，但未能批准该《海牙公约》1954 年和 1999 年两个议定书、国际统一私法协会 1995 年《公约》和联合国教科文组织 2001 年《保护水下文化遗产公约》，尽管这些国际公约规定的许多义务已在国内法中得到广泛体现。与履行 1972 年《世界遗产公约》一样，澳大利亚也通过了专门的国内立法以履行联合国教科文组织 1970 年《公约》规定的义务。

---

[48] Mackay, n. 12 at p. 83; and Samuel, n. 28, Recommendations 5 to 8.

（一）1954《海牙公约》的两个议定书以及武装冲突和占领期间文物的保护

澳大利亚是1948年两个《日内瓦四公约》附加议定书、《国际刑事法院罗马规约》的缔约国，并有义务按照联合国安全理事会2015年第2199号决议、2017年第2347号决议以及国际习惯法的要求，履行在武装冲突和交战占领期间保护可移动遗产的国际义务。[49]然而，如前文所述，澳大利亚不是1954年《海牙公约》两个议定书的缔约国。[50] 2015年一项有关澳大利亚涉及可移动文化遗产国内立法的审查建议澳大利亚批准1954年《海牙公约》的《第一议定书》。[51]澳大利亚蓝盾组织（Blue Shield Australia）表示，批准该议定书的唯一障碍是"政府尚未作出这一决定"。[52]

尽管如此，澳大利亚在其军事手册以及向联合国教科文组织

---

49 Rule 41. Export and Return of Cultural Property in Occupied Territory. ICRC Customary IHL Database; and Volume II Chapter 12, Section D, at https://ihl-databases.icrc.org/customary-ihl/eng/docindex/v1_cha_chapter12_rule41.

50 S Simpson, Borders of Culture: Review of the Protection of Movable Cultural Heritage Act 1986: Final Report 2015, Canberra: Commonwealth of Australia, 2015, p.125 at https://www.arts.gov.au/sites/default/files/borders-of-culture-review-of-the-protection-of-movable-cultural-heritage-act-1986-final-report-2015.pdf?acsf_files_redirect. 该报告提出了一种新的监管模式，以使澳大利亚国内法律与1954年《海牙公约》第一议定书保持一致，以及保护带有蓝盾标志的遗产。

51 Simpson, n. 50, at p. 101 .

52 Blue Shield Australia, Implementing the Hague Convention in Australia (1 March 2019), at http://blueshieldaustralia.org.au/wp-content/uploads/2019/03/Australia-implementing-the-Hague-Convention-overview-Feb-2019-002.pdf.

提交的关于1954年《海牙公约》执行情况的国家报告中表示，在武装冲突和占领期间，其履行了在（保护）可移动遗产方面的义务。ADDP 06.4 准则规定，受保护的文化财产包括手稿、艺术品、档案、考古遗址、历史文献和任何具有"文化意义"的藏书和"宗教物品"（5.46和5.47）。根据定义，文化财产包括：

> 对人们的文化遗产具有重要意义的可移动和不可移动文物，如历史古迹、考古遗址、书籍、手稿或科学论文以及存放这些物品的建筑物或其他场所。不论其国家是否卷入冲突，所有各方都有义务尊重文化财产，保护其不在武装冲突中遭到破坏或损坏，并避免对此类财产采取任何敌对行动。在军事必要的情况下（如文物被用于军事目的），上述义务则可免除。[53]

最近，澳大利亚根据联合国安理会的决议通过了一系列联邦条例，以禁止从战争地区进口考古和文化遗产。[54] 在2011年的国家报告中，澳大利亚指出，如果文物从原属国非法出口并非法进口至澳大利亚，有关国家可根据1986年联邦《可移动文化遗产保护法》提出正式请求，要求扣押、没收和归还文物。[55]

53　ADDP 06.4, para. 9.28.
54　参见：Charter of the United Nations (Sanctions – Syria) Regulation 2015 (Cth); and Charter of the United Nations (Sanctions – Iraq) Regulations 2018 (Cth).
55　National Report (2011), n. 14, at p. 5.

（二）1970年《公约》和1995年《公约》以及和平时期的文化遗产保护

在《关于禁止和防止非法进出口文化财产和非法转让其所有权的方法的公约》（1970年《公约》）通过近20年后，澳大利亚于1989年成为该公约缔约国[56]，也是最早批准该公约的"文物市场国"之一。澳大利亚不是国际统一私法协会《关于被盗或非法出口文物的公约》（1995年《公约》）的缔约国，该公约于1995年通过，旨在促进该领域内（不同）国家法律规范的统一。[57] 通过制定1986年联邦《可移动文化遗产保护法》（简称"PMCH法"）和2018年联邦《可移动文化遗产保护条例》（简称"PMCH条例"），澳大利亚将其在1970年《公约》中承担的国际义务纳入国内法。PMCH法规定的广泛的属事管辖权与1970年《公约》和1995年《公约》基本一致，并增加了"有关澳大利亚土著居民和托雷斯海峡岛民后裔的文物"的规定（第7[1][b]条）。1984年联邦《土著居民和托雷斯海峡岛民遗产保护法》（简称"ATSIHP法"）以及相关州或领地的法律

---

[56] 14 November 1970, entered into force 24 April 1972, 823 UNTS 231. 澳大利亚作出了以下保留声明："澳大利亚政府声明，澳大利亚目前无权要求受到刑事或行政制裁的古董商制定一个名录，以记录每件文化财产的原产地、供应商的姓名和地址、关于所出售的文化财产的说明和价格，并向购买者告知该文化财产可能受到的出口禁令限制。因此，澳大利亚虽然接受《公约》，但对第10条有保留，即它无法遵守该条规定的义务。"参见：letter LA/Depositary/1989/20 (10 January 1990).

[57] 24 June 1995, entered into force 1 July 1998, 2421 UNTS 457. 辛普森（Simpson, n. 50 at pp. 105-106）建议不批准国际统一私法协会1995年《公约》，同时建议对包括尽职调查要求在内的《公约》各方面内容的落实采用一种新的监管模式（pp. 123, 126）。

也对土著文物和祖先遗骸的保护进行了规定。然而，如下文所述，ATSIHP法自通过以来，其局限性已多次受到审查并成为改革提案的议题。

针对列入《国家文化遗产管制清单》的文物，PMCH法建立了一套出口管制制度（PMCH法第8条；PMCH条例）。考古遗址则受到EPBC法、ATSIHP法、2018年联邦《水下遗产法》以及各州和各领地相关法律的保护。PMCH法设立了一个免税的国家文化遗产账户（第4部分），以"促进澳大利亚以展示或保管为目的获得受保护的文物"（第25B和26条）；还设立了国家文化遗产委员会，负责就许可证发放事宜向部长[58]提出建议（第10、15和16条）。A类文物（包括1901年以前土著居民和托雷斯海峡岛民的艺术品，1960年以前土著居民和托雷斯海峡岛民的树皮绘画或雕塑，授予个人的军事奖章，或在1880年围攻中凯利帮穿过的盔甲）的出口需要获得许可证。B类文物的出口需要获得（另一种不同的）许可或证书（第8[2][b]条，第10条）。B类文物出口许可证的申请必须以书面形式提交给部长，由部长提交给国家文化遗产委员会，该委员会再提交给一名或多名专家。专家审查员应向该委员会提交一份书面报告，然后由委员会将该报告连同他们的建议一起提交给部长。在决策过程中，部长如果认为该文物对澳大利亚全国或其部分

---

58 根据澳大利亚联邦政府组织架构，负责可移动文物保护管理相关事宜的部门是基础设施、交通、区域发展、通信和艺术部（Department of Infrastructure, Transport, Regional Development, Communications and the Arts，DITRDCA），其中具体负责可移动文物和艺术品保护管理的部长为艺术品部长（Minister for the Arts）。因此，本部分后文提到的"部长"，均指该"艺术品部长"。——译者注

地区具有非常重要的意义，且该文物流失将大大减少澳大利亚的文化遗产，则不会发放出口许可证（第10[6][b]条）。

为体现1970年《公约》规定的促进国家间文物交换的义务，PMCH法还规定了收藏机构为"研究、公开展览或类似目的"申请B类文物出口许可证的程序（第10A条）。此外，该法还允许为受保护文物的进口申请豁免证书，以使其随后不受出口管制的约束（第12条）。2013年联邦《出借文物保护法》强化了这一法律规则，为经批准的借用机构因举办临时公共展览而进口至澳大利亚的文物规定了扣押豁免权。[59] 如果实施了PMCH法中的第12条，则文物不受ATSIHP法为土著居民和托雷斯海峡岛民文化遗产提供的任何保护。这些规定在实施方面存在局限性，贾贾（Dja Dja）人民向澳大利亚联邦法院起诉要求归还从大英博物馆借出的树皮画但未获成功的案例便是例证。[60]

利害关系人可就部长的决定向行政上诉法庭提出上诉（PMCH法第48条）。没有许可证或证书而出口或试图出口受保护文物的，文物将被没收，违反规定的个人或企业将被定罪并处以罚款；个人也可能受到监禁（第9条）。该法还简要规定了为实现这些目的而

59　另见：Australian Government, Protection of Cultural Objects on Loan Scheme Guidelines (2017)（该指南提供了为实现立法目的而制定的出借计划的相关信息）；Australian Government, Guidance for Lenders – Protection of Cultural Objects on Loan (2019) at https://www.arts.gov.au/funding-and-support/protection-cultural-objects-loan-scheme。

60　Museum Board of Victoria v Carter (Dja Dja Wurrung Bark Etchings Case) [2005] FCA 645 (20 May 2005); and V Prott, The Dja Dja Wurrung Bark Etchings Case, *International Journal of Cultural Property*, vol.13, 2006, pp.241-246.

设定的执行机制（第 5 部分）。

部长须就该法的实施情况提交年度报告。以下为 2020—2021 年年度报告的部分数据：[61]

行动	2017—2018	2018—2019	2020—2021
永久出口许可证——签发	52	36	9
临时出口许可证——签发	8	8	3
永久出口许可证——拒绝	3	0	2
豁免证书——签发	23	19	2
获批的国家文化遗产账户申请	4	4	2
非法进口——归还受保护的外国文化财产	归还印度尼西亚共和国的4个人类头骨	归还阿尔及利亚民主人民共和国的1块菊石化石	查获了12件文物，其中4件前哥伦布时期的文物被归还给墨西哥大使馆

与许多国家的文物管制法律制度不同，澳大利亚的法律严格按照 1970 年《公约》的要求，禁止任何违反外国法律进口受保护文物

---

61 Department of Communications and the Arts Annual Report 2018-2019, Part 5: Appendix 6: Report on the Protection of Movable Cultural Heritage Act 1986 (section 47), at https://www.transparency.gov.au/annual-reports/department-communications-and-arts/reporting-year/2018-2019-38; and Department of Infrastructure, Transport, Regional Development and Communication Annual Report 2020-2021, Part 4: Annual Performance Statement, at https://www.transparency.gov.au/annual-reports/department-infrastructure-transport-regional-development-and-communications/reporting-year/2020-21-52.

的行为。法律将此类行为定为犯罪,个人实施该行为将被处以罚款或监禁(第 14 条)。然而,这一规定不包括联邦、州或领地、收藏机构或展览协调员与另一实体(包括另一政府)根据协议(包括对损失或损害的赔偿)进口的,期限不超过两年的文物。只有在联邦收到外国政府的返还请求(不一定是公约缔约国),或部门秘书[62]发出文件确认收到 1987 年 7 月 1 日以后进口到澳大利亚的文物的返还请求时,才启动执行措施(第 41 条)。澳大利亚与国际刑警组织和驻堪培拉的外国大使馆携手推进文物返还工作。[63]

截至 2019 年,澳大利亚已与中华人民共和国、大韩民国和印度尼西亚共和国签署了关于可移动文物保护的谅解备忘录,并收到了阿根廷、中国、埃及、越南和柬埔寨关于返还非法贩运文物的持续请求。[64]2015 年 3 月,澳大利亚将一尊观音石像返还给中国。[65]此外,澳大利亚还向其边防部队军官提供关于文物进出口管制的招募培训和在职培训。[66]澳大利亚边防部队在国际中转站,包括机场,举行了一系列宣传活动(如"你可以带它入境吗?"活动),以提高公众意

---

62 前述澳大利亚联邦政府可移动文物行政管理部门——基础设施、交通、区域发展、通信和艺术部(DITRDCA)下设有专门的艺术品办公室(Office for the Arts),该办公室下设专门的艺术品返还和回应部门(Section of Arts Recovery and Response),该部门设有专门的 DITRDCA 部门秘书。——译者注

63 UNESCO, Australia. UNESCO 1970 Convention – Periodic Reporting Form 2019, Question 37 Answer, at https://en.unesco.org/sites/default/files/australia_2019.pdf.

64 Australia. Periodic Report 2019, n. 63, at Question 41 Answer.

65 Australia. Periodic Report 2019, n. 63, at Question 43 Answer, and at https://www.arts.gov.au/documents/protecting-movable-cultural-heritage-fact-sheet.

66 Border Force Officer Recruit Training (BFORT); and Procedural Instructions on the Management of Movable Cultural Heritage at the Border, see Australia. Periodic Report 2019, n. 63, at Question 33 Answer.

识，并制作了题为"保护可移动文化遗产"的部门简报（2018年）。[67]

根据1970年《公约》的要求，（联邦可移动文物主管）部门[68]还基于国际原则和标准、道德规范，以及对收购文物的尽职调查要求（包括国际博物馆协会《博物馆职业道德准则》）[69]，为该国的收藏机构编写并发放了《澳大利亚文物收藏最佳实践指南》。[70]澳大利亚的国家收藏机构可在该部门的监管下，根据自己的法律、政策和指导方针，处理非法贩运问题。澳大利亚的拍卖行和经销商也制定了针对这一问题的专门职业道德规范。[71]

（三）2001《保护水下文化遗产公约》与水下文化遗产的保护

尽管直到2021年12月，澳大利亚还不是《保护水下文化遗产公约》的缔约国，但其一直有长时持续的保护水下文化遗产的国内立法，即1976年联邦《历史沉船法》，以及取代该法的2018年《水下文化遗产法》（简称"UCH法"）。[72]通过UCH法的目的是为了使澳大利亚的国内立法与《水下公约》保持一致，将属事管辖权

67　Australia. Periodic Report 2019, n. 63, at Question 26 Answer.

68　即基础设施、交通、区域发展、通信和艺术部，参见注58。本段后文提到"该部门"也指这一联邦政府部门。——译者注

69　Australia. Periodic Report 2019, n. 63, at Question 3 Answer.

70　Australian Best Practice Guide to Collecting Cultural Materials (Canberra: Commonwealth of Australia, 2015), at https://www.arts.gov.au/publications/australian-best-practice-guide-collecting-cultural-material.

71　Australian Antique and Art Dealers Association, Code of Practice, at https://aaada.org.au/about/code-dealers/; and Auctioneers and Valuers Association of Australia, Code of Ethics, at https://www.avaa.com.au/avaa-code-of-ethics/.

72　Convention on the Protection of the Underwater Cultural Heritage, 2 November 2001, entered into force 2 January 2009, 2562 UNTS 1.

扩展至船舶残骸以外，包括水下飞机、人类遗骸和考古遗址（第15条）。[73] 这也符合联合国《海洋法公约》中的规则，自1994年以来，澳大利亚一直是《海洋法公约》的缔约国。[74]

UCH法反映了澳大利亚水下文化遗产政府间协议（简称"AUCHI协议"）中联邦、州和领地政府之间的责任分配，以及与其他国家之间责任分配，如荷兰与澳大利亚之间关于旧荷兰沉船的协议（1972年），澳大利亚与英国之间关于潘多拉号沉船的协议（1981年）。[75]

UCH法建立了一个比PMCH法更健全的监管机制。它确立了国内和域外管辖权。域外管辖权涵盖位于澳大利亚境外的已申报的水下文化遗产，以及未经许可对已申报的遗产采取的行动（第7条）。该法规定了哪些遗产是自动受保护的遗产，以及哪些遗产可在确认具有"遗产意义"后由部长[76]宣布（或临时宣布）为受保护遗产，而不论这些遗产在宣布时是否已从澳大利亚水域移走（第16—18条）。部长还有权（依法）将含有受保护水下文化遗产的区域宣布为"保护区"（第20条）。在作出此类决定时，部长须考虑该水下遗址是否具有国家或国际意义，是否具有稀有性，是否受制于国际协定的约束，是否需要限制对"环境、社会或考古敏感的水下

---

73 Parliament of the Commonwealth of Australia, Underwater Cultural Heritage Bill 2018. Underwater Cultural Heritage (Consequential and Transitional Provisions) Bill 2018. Explanatory Memorandum (2016-2018), p. 2 at https://www.legislation.gov.au/Details/C2018B00053/Explanatory%20Memorandum/Text.

74 Explanatory Memorandum, n. 73 at p. 3.

75 Explanatory Memorandum, n. 73, at pp. 6 and 37.

76 根据澳大利亚联邦政府组织架构，水下文化遗产保护管理相关事宜亦由气候变化、能源、环境和水体部的环境与水体部长负责。本部分UCH法提及"部长"均指该"环境与水体部长"。——译者注

遗产"的接近，是否需要保护其免受干扰、破坏、毁坏或清除的威胁，是否对公众构成危险，是否因旅游或开发而需要改善对遗址的管理，是否需要对偏远遗址进行有效监测，以及其他相关事项（第20[3]条）。UCH法允许个人在向部长申请许可证的前提下从事与受保护水下文化遗产、保护区或"特定外国水下文化遗产"有关的特定行为（第23条）。许可证的发放必须符合包括《水下文化遗产规则》[77]在内的有关条件（第24条）。部长需备有一份登记册，列明澳大利亚水域内已知的船只残骸和其他物品的位置、所做出的声明、颁发的许可证以及其他有关信息（第48条）。

UCH法规定了一系列刑事和民事违法行为，其中一些行为适用严格的法律责任，如：违反许可证的规定；未经许可持有、供应、登广告出售、进口或出口水下遗产；未通报特定的水下遗产；以及免责事由（defences）（第28—40条）。一经定罪，涉事人将被判处罚款、监禁，或被没收财产。UCH法规定，在依法取得遗产的情况下，应支付合理的补偿（第53条）。行政上诉审裁庭可对部长的决定进行复审（第49条）。

最近的一项联邦议会审查发现，（UCH法）"在对待非土著居民和土著居民以及托雷斯海峡岛民的文化遗产方面存在差异"。[78]根据UCH法，沉船和航空器将自动得到保护；而对于土著居民和托雷斯海峡岛民的文化遗产，部长必须确信这些遗产具有"遗产意

---

77 《水下文化遗产规则》（Underwater Cultural Heritage Rules）由"环境（与水体）部长"制定。具体条文参见澳大利亚法规数据库：https://www.legislation.gov.au/Details/F201, 2022年7月13日访问。——译者注

78 Parliament of the Commonwealth of Australia, n. 8, at para. 6.75.

义",才能予以保护(第17条)。

四、非物质文化遗产

澳大利亚的国内法特别重视文化遗产的有形元素。因此,尽管2003年《保护非物质文化遗产公约》得到了国内人权机构和本区域大多数国家的支持,但澳大利亚没有签署该公约。相反,澳大利亚是2005年《保护和促进文化表现形式多样性公约》的缔约国。该公约符合在国际、区域和双边贸易框架内保护文化产品和服务的长期战略,也符合欧洲和其他移民国所采取的战略。与把有形文化遗产方面的国际义务纳入国内法的做法不同,澳大利亚表示,其现行国内法已履行了2005年《文化多样性公约》中的义务。

(一)《保护非物质文化遗产公约》

与亚太地区的许多国家不同,截至2021年12月,澳大利亚不是《保护非物质文化遗产公约》的缔约国。[79]但澳大利亚发起了"澳

---

[79] 17 October 2003, entered into force 20 April 2006, 2368 UNTS 1. 关于澳大利亚不批准该公约的讨论,请参见: L Leader-Elliott and D Trimboli, Government and Intangible Heritage in Australia, in M L Stefano, P Davis, and G Corsane, *Safeguarding Intangible Cultural Heritage,* Cambridge: Boydell and Brewer, 2015, pp.111-124.《澳大利亚联邦议会建议批准〈保护非物质文化遗产公约〉》,第8号,第7.28—7.31段提到:"这标志着国际社会不仅致力于保护土著居民和托雷斯海峡岛民文化,还支持可持续文化旅游的经济发展——这一目标可促进澳大利亚实现联合国2030年可持续发展目标的承诺。"Australian Human Rights Commission, Submission – Ratification of 2003 UNESCO Convention for the Safeguarding of Intangible Cultural Heritage (2008), at https://humanrights.gov.au/our-work/legal/submission-ratification-2003-unesco-convention-safeguarding-intangible-cultural.

大利亚世界记忆"项目，并制定了《澳大利亚世界记忆名录》（一份关于遗失和失踪的文献遗产的名录），同时组织对UNESCO《世界记忆名录》的提名，并采取措施提高公众对该名录的认识。[80]

（二）《保护和促进文化表现形式多样性公约》

同样，与本区域大多数国家不同，自2009年起，澳大利亚一直是《保护和促进文化表现形式多样性公约》的缔约国。[81] 澳大利亚目前尚未通过专门的立法来履行该公约规定的义务。[82] 相反，时任有关部门部长在宣布澳大利亚批准该公约时指出，"通过启动一系列涉及文化、艺术和遗产活动的全面资助计划和政策，澳大利亚政

---

80 入选《世界记忆名录》的澳大利亚藏品包括：the Giant Glass Plate Negatives of Sydney Harbour (2017), Manifest of the Queensland Labour Party to the People of Queensland 1893(2009), Convict Records of Australia (2007), Endeavour Journal of James Cook (2001), Mabo Case Manuscripts (2001), and Story of the Kelly Gang 1906 (2007). http://www.unesco.org/new/en/communication-and-information/memory-of-the-world/register/access-by-region-and-country/au/.

81 Convention on the Protection and Promotion of the Diversity of Cultural Expressions, 20 October 2005, entered into force 18 March 2007, 2440 UNTS 311. 澳大利亚发表了以下声明："澳大利亚认为，第16条关于发达国家'通过适当的体制和法律框架，为发展中国家的艺术家和其他文化专业人员、从业人员以及文化产品和服务提供优惠待遇，以促进与发展中国家的文化交流'的义务，其宗旨不在于影响关于移民签证或许可证资格的国内立法、条例、规则或标准的内容或解释，也不影响根据立法或条例或规则或标准行使的自由裁量权。"同时，澳大利亚针对第20(1)(a)和(b)条作出了声明：该公约的解释和适用应与澳大利亚签署的任何其他条约（包括《建立世界贸易组织的马拉喀什协议》）所规定的权利和义务相一致。《公约》不得损害澳大利亚在任何其他当前或未来条约谈判中行使其自由谈判权和履行义务的能力。

82 Documents table on 3 February 2009. National Interest Analysis [2009] ATNIA 1 with attachment on consultation. UNESCO Convention on the Protection and Promotion of the Diversity of Cultural Expressions, para. 14.

府采取了强有力的行动来保护和鼓励澳大利亚文化的多样性，并通过对话和文化交流来促进国际合作"。[83] 在第三次的最新四年期国家定期报告（2021年）中，澳大利亚重申，其将致力于通过现有联邦、州、领地和地方政府的政策和措施，继续履行该公约规定的国际义务，以支持创意行业，促进人们参与文化生活，同时促进创意产业的就业和发展。[84] 尽管受到2019—2020年森林大火和2020—2021年新冠疫情不利影响，澳大利亚仍开展了一系列活动，包括制定相关政策来支持土著居民和托雷斯海峡岛民保护文化表达和语言多样性，促进可持续发展目标，（根据《公约》第18条）向国际文化多样性基金捐款，参与制定《文化多样性公约》处理数字环境的治理框架、政策和方案，并与民间社会组织合作，以确保他们参与相关决策和监测活动。[85] 这包括制定针对新冠疫情的具体方案（如相对温和的"重新投资以维持和扩展"［RISE］基金），以及旨在向公众开放的公共机构推广文化礼品的税收激励计划（如"文化礼品计划"）。澳大利亚还签署了促进与其他国家之间的文化合作的谅解备忘录。例如，澳大利亚与印度尼西亚共和国签订了创意经济领域的谅解备忘录（2018年），以促进双方根据PMCH法归还文物，并就澳大利亚沉没军舰的保护开展合作，同时促进文化专业人员之

83　P Garrett, Media Release: Australia Becomes a Party to UNESCO Convention on Cultural Diversity (23 September 2009), at https://www.arts.gov.au/sites/default/files/Garrett%20UNESCO%20media%20release%2022%20Sept%2009.pdf?acsf_files_redirect.

84　Executive Summary, Quadrennial Periodic Report Australia 2021, at https://en.unesco.org/creativity/governance/periodic-reports/submission/8253. 大部分数据为截至2017—2018年的数据。

85　同上。

间的交流。

五、土著居民与托雷斯海峡岛民的文化遗产

澳大利亚在国际论坛上承认,土著居民和托雷斯海峡岛民的文化遗产是该国文化遗产的重要组成部分;澳大利亚所签署的现有关于文化遗产保护的国际法文件和相关实施性立法无法充分覆盖有形和无形遗产保护的广泛和丰富性。如上文所述,在普遍适用的文化遗产法中,土著居民和托雷斯海峡岛民的文化遗产受到了不同对待。此外,联邦政府还颁布并实施了关于土著文物和遗址以及祖先遗迹的专门立法,即1984年联邦《土著居民和托雷斯海峡岛民遗产保护法》(ATSIHP法)。各方努力就该法进行改革,但(至今)未能成功。

该法的出台早于联合国大会于2007年通过的《联合国土著人民权利宣言》(UNDRIP)。该宣言中有几项涉及文化权利的条款。澳大利亚是投票反对通过该宣言的四个国家之一(另外三个国家是加拿大、新西兰和美国)。然而此后,这四个国家,包括澳大利亚,都表明了对该(文化权利保护)机制的承诺。2021年,加拿大通过了国内立法,为执行这些国际义务制定了路线图。[86]2021年,澳大利亚议会委员会承认,尽管《联合国土著人民权利宣言》是一项国

---

86 United Nations Declaration on the Rights of Indigenous Peoples Act 2021, at https://laws-lois.justice.gc.ca/eng/acts/U-2.2/page-1.html#h-1301574.

际软法,但其中的许多条款对澳大利亚具有约束力。[87]

(一) 1984年《土著居民和托雷斯海峡岛民遗产保护法》

1984年联邦《土著居民和托雷斯海峡岛民遗产保护法》是一项联邦专门立法,旨在"在遵守相关州和领地法律的前提下(第7条),保护澳大利亚和澳大利亚水域中对土著居民具有特殊意义的区域和物体免遭伤害或亵渎"(第4条)。作为"最后手段",该联邦法案一再受到批评,因为大多数州和领地的法律是拼凑起来的,且存在诸多问题。[88]根据该法案,土著居民和托雷斯海峡岛民可以以个人或团体的名义,以书面或口头方式向部长[89]提出保护特定区域免遭伤害或亵渎的紧急申请(第9[1]条)。提出申请或者声明其财产或金钱利益可能受到影响的人士可获得法律援助(第30条)。部长作出紧急声明(不超过30天,可延长不超过60天)前,须确认该区域为"重要的土著区域"且"面临严重、直接的被伤害或亵渎威胁"(第9[2]和[3]条)。最近的数据显示,从提出申请到部长作出声明所需的平均时间约为两年。[90]此类申请或者申明还可就具体的遗产或遗产类别提出(第12条),但部长须确认该遗产或其类别对土著居民和托雷斯海峡岛民具有重要意义,且存在伤害或亵

87　Parliament of the Commonwealth of Australia, n. 8, at paras. 6.79ff.
88　Ibid., at paras. 6.21-6.23.
89　根据澳大利亚联邦政府组织架构,原住民文化遗产保护管理相关事宜亦由气候变化、能源、环境和水体部的环境与水体部长负责。本部分 ATSIHP 法提及"部长"均指该"环境与水体部长"。——译者注
90　Parliament of the Commonwealth of Australia, n. 8, at para. 6.15.

渎威胁,并需考虑声明"可能对除申请者以外的其他人的所有权或经济利益产生的影响"(第12 [1] 条)。但如果遗产已获得 PMCH 法(第12 [3a] 条)要求的出口证书,则该声明不可阻止该遗产的出口。[91] 如果在诉讼过程中限制信息披露符合正义和土著传统利益,则任何依法进行的法庭诉讼都可以不公开进行(第27条)。ATSIHP 法规定,针对个人或团体的犯罪行为,可给予刑事和经济处罚(第22和23条)。此外,部长还可就任何可能违反该法的行为寻求禁令(第28条)。2020年,澳大利亚联邦法院提出,ATSIHP 法下的文化遗产保护与争端解决模式既昂贵又耗时。[92]

ATSIHP 法还对土著居民遗骸的发现和处置进行了规定。所发现的遗骸必须向部长报告,部长须"采取合理的步骤与任何可能对遗骸存在利益关系的土著居民进行磋商,以确定对遗骸采取的适当措施"(第20条)。移交给部长的遗骸将被交给"有权并愿意依照土著居民的传统接收、保管或控制遗骸"的原住民,或"根据其合理指示处理该遗骸"。在没有符合上述条件的原住民的情况下,则需"将遗骸移交给指定机构保管"(第21 [1] 条)。在20世纪70年代中期,惠特拉姆政府在皮戈特报告(Piggott Report)中提出应为土著祖先的遗骸设立一个全国性安息地,该提案最终在2022年

---

91 在2011—2016年,共有32项紧急保护申请根据第9条提出,22项长期保护申请根据第10条提出,7项保护申请根据第12条提出。尚未根据第9、10或12条作出声明(Mackay, n. 12, at p. 84)。截至2021年10月,尚未有完整的更新数据。而在2020—2021年,随着朱坎峡谷洞穴的破坏在全球范围内引起强烈的公众抗议,申请和声明数量有所增加。

92 *Onus v Minister for the Environment* [2020] FCA 1807.

被现任政府批准。该场地作为更大的原住民文化区的一部分，位于联邦议会附近的尼古拉（Ngurra）。[93] 该条款重申，土著居民有权根据该法，按照土著居民的传统"接收、保管或控制任何土著居民的遗骸"（第21［2］条）。这些条款与澳大利亚在《联合国土著人民权利宣言》第12条的义务相一致。

2016年一项联邦遗产保护审查发现，ATSIHP法"几乎没有实现保护重要土著区域或文物这一预期目的"。[94] 2021年，因考虑到现行法实施的不足，澳大利亚法律理事会支持"以新的、独立的立法取代ATSIHP法为原住民文化遗产提供有效保护，并为原住民代表机构提供充足的资金，以解决当前的权力不平衡问题"。[95] 2021年一项涉及澳大利亚土著和托雷斯海峡岛民文化遗产立法的审查认为，应将《联合国土著人民权利宣言》重申的自主、事先和知情同意纳入法律和监管框架，以"为协商提供明确的规程，并为传统所有者、支持者和各级政府提供一定程度的确定性措施"。[96] 审查报告还建议与原住民共同制定新的国家立法，以确定与国际法相一致的最低标准，包括《联合国土著人民权利宣言》和良好实践标准，如2020年澳大利亚和新西兰遗产主席通过的铭记国家（*Dhwura*

93　Museums in Australia 1975. Report of the Committee of Inquiry on Museums and National Collections including the Report of the Planning Committee on the Gallery of Aboriginal Australia (Canberra: AGPS, 1975), at https://www.nma.gov.au/_data/assets/pdf_file/0011/549263/Museums_in_Australia_1975_Pigott_Report.pdf.

94　Mackay, n. 12, at p. 84.

95　Law Council of Australia (LCA) Submission 120, p. 6, reproduced in Parliament of the Commonwealth of Australia, n. 8, at para. 6.21.

96　Parliament of the Commonwealth of Australia, n. 8, at para. 7.53.

Ngilan)政策。[97]

(二)澳大利亚政府的土著居民遗产返还政策(2016年)

澳大利亚政府制定的土著居民遗产返还政策涵盖外国收藏机构以及澳大利亚境内发生的土著居民祖先遗骸和秘密圣物的返还。[98] 联邦政府代表原住民和托雷斯海峡岛民促进"其祖先遗骸以及相关记录和数据的自愿和无条件返还"。[99] 但该政策只包括存放于澳大利亚境内机构的秘密圣物。澳大利亚大型博物馆以及土著居民和托雷斯海峡岛民组织均可收到补助资金,用于支持编目与起源研究、资助博物馆工作人员进行社区咨询及协助祖先遗骸和秘密圣物返还等工作,并用于支付土著代表参观博物馆(以鉴定和/或收集祖先遗骸和秘密圣物)的费用,以及相关包装和运输费用。返还祖先遗骸的费用由澳大利亚政府承担。必要时可由澳大利亚国家博物馆和/或相关州或领地博物馆提供援助和支持。土著居民遗产返还咨询委员会(ACIR)是一个全部由土著居民组成的咨询委员

---

[97] HCOANZ Secretariat, Dhwura Ngilan (Remembering Country). A Vision for Aboriginal and Torres Strait Islander Heritage in Australia (Canberra: Commonwealth of Australia, 2020), at https://www.awe.gov.au/sites/default/files/documents/dhawura-ngilan-vision-atsi-heritage.pdf.

[98] Australia Government. Department of Communication and the Arts. Australian Government Policy on Indigenous Repatriation (2011, updated September 2016), at https://www.arts.gov.au/documents/australian-government-policy-indigenous-repatriation. 关于澳大利亚土著居民祖先遗骸和文化遗产返还的更多信息,参见: AIATSIS, Return of Cultural Heritage Project 2018-2020 (Canberra: AIATSIS, 2020); and G Sculthorpe, M Nugent and H Morphy, *Ancestors, Artefacts, Empire: Indigenous Australia in British and Irish Museums*, London: British Museum Press, 2021。

[99] Australian Government Policy on Indigenous Repatriation, n. 98, at p. 5.

会，成员由部长任命，并就有关政策的实施向部长[100]提供咨询意见，包括对尚未明确社区来源或出处不明的祖先遗骸和秘密圣物进行长期保管。对于从澳大利亚境外机构返还的遗产，外交和贸易部、澳大利亚驻外代表团团长，以及土著居民和托雷斯海峡岛民将对这一进程进行协调。该政策要求返还进程需遵守传统所有者的法律和习俗，并与传统所有者协商。

六、结论

本章对当代澳大利亚国家层面的文化遗产法律进行了简要概述。根据《宪法》，联邦政府无权制定关于文化或文化遗产的法律，该权力属于各州和领地。但《宪法》授权议会为履行澳大利亚所批准的国际条约义务而制定相关法律，包括制定关于文化遗产的专门法律制度。因此，联邦议会制定了关于具有重要意义的自然和文化遗址的专门立法，即1999年联邦《环境保护和生物多样性保护法》以履行《世界遗产公约》的缔约国义务；在可移动文化遗产的出口、进口和交易方面制定了1986年联邦《可移动文化遗产保护法》纳入1970年《公约》规定的缔约国义务；并在1996年联邦《刑法典》中规定了违反上述公约以及1954年《海牙公约》所获罪行的专门条款。虽然澳大利亚尚未批准2001年《保护水下文化遗产公约》，

---

100 此段中负责原住民文物返还事务的"部长"应为前述澳大利亚联邦政府可移动文物行政管理部门——基础设施、交通、区域发展、通信和艺术部中的"艺术品部长"。——译者注

但它于1975年制定了沉船保护立法，是最早进行此类立法的国家之一；该立法又被2018年《水下文化遗产法》所取代，后者与《保护水下文化遗产公约》规定的义务更为一致。澳大利亚文化遗产法在多个方面反映了国际文化遗产法（如UNESCO各项文化遗产公约）的主要关注对象，以及其给予有形遗产的特殊地位。此种不平衡直到最近才被打破。

因此，我们必须认识到，澳大利亚的文化遗产法处于不断变化之中。作为期盼已久的宪法改革的一部分，澳大利亚正在处理土著居民和托雷斯海峡岛民与国内非土著居民之间的关系，法律需要保护哪些文化遗产，以及如何对其进行保护，都是这一进程的组成部分。这一进程将涉及审查、重新设计和可能更新现有的影响土著文化遗产的法律，如1984年联邦《土著居民和托雷斯海峡岛民遗产保护法》，以及批准长期以来一直呼吁其批准的公约，如2003年《保护非物质文化遗产公约》和国际统一私法协会1995年《公约》。

第三部分

文化遗产国际公约在中国的实施及其影响

中国文化遗产法的基本框架

王云霞　郭　萍

中国的文化遗产法是一个由调整文化遗产的保护、享用、传承、发展关系的法律规范组成的完整体系，由《宪法》及宪法性法律中规范文化遗产保护的条款、《文物保护法》和《非物质文化遗产法》等专门法律和涉及文化遗产保护的相关法律，以及文化遗产保护领域的行政法规、部门规章和地方法规等法律渊源及相关司法解释组成。

一、《宪法》及宪法性法律

《宪法》是中国的根本法，是法律的制定依据和基础。它规定了国家政治、经济和社会制度的基本原则，公民的基本权利和义务，国家机关的组织和活动原则等国家和社会生活中最基本、最重要的问题，具有最高的法律效力，文化遗产法的任何规定均不能与宪法的规定相抵触。

（一）《宪法》

现行《宪法》制定于1982年，历经1988年、1993年、1999年、2004年和2018年五次修正。《宪法》第4条规定："各民族都有使用和发展自己的语言文字的自由，都有保持或者改革自己的风俗习惯的自由。"这里的语言、文字、风俗、习惯等都是非物质文化遗产的重要组成部分。《宪法》明确规定各民族在使用、发展、保持、改革这些非物质文化遗产方面的自由，将其作为各民族的基本权利予以保护。《宪法》第22条规定："国家发展为人民服务、为社会主义服务的文学艺术事业、新闻广播电视事业、出版发行事业、图书馆博物馆文化馆和其他文化事业，开展群众性的文化活动。国家保护名胜古迹、珍贵文物和其他重要历史文化遗产。"这些规定，对国家发展文化遗产事业提出了明确要求，为《文物保护法》和其他文化遗产领域法律规范提供了明确的立法依据和准则。

此外，《宪法》第47条规定，"公民有进行科学研究、文学艺术创作和其他文化活动的自由"。结合前述第22条的规定，此处所述"其他文化活动的自由"，应该包括群众通过参观、游览、展示、表演等文化活动接触、欣赏、利用和传播文化遗产的自由和权利。《宪法》赋予公民的基本文化权利，成为《文物保护法》《非物质文化遗产法》以及相关行政法规、规章和地方性法规为实现文化遗产的享用和传承制定规则的重要依据。

（二）《民族区域自治法》

现行《民族区域自治法》颁布于1984年，2001年修正，是国家保障少数民族和民族地区各项权利的基本法律。中国是一个由56个民族组成的多民族国家，在长期的历史发展进程中，因地理环境、语言文字和生活方式的不同，少数民族形成了各具特色的传统文化，也留下了大量的名胜古迹、民族艺术、传统知识、语言文字、风俗习惯等重要历史文化遗产。这些物质或非物质文化遗产，都是中华民族灿烂文化的重要组成部分，也是各民族文化特征的重要表现，对其进行法律保护也是民族区域自治的重要表现。《民族区域自治法》第10条规定："民族自治地方的自治机关保障本地方各民族都有使用和发展自己的语言文字的自由，都有保持或者改革自己的风俗习惯的自由。"这一规定重申了《宪法》第4条赋予民族自治地方使用、发展、保持、改革非物质文化遗产的文化权利，确认了保障上述权利是民族自治地方的自治机关的一项重要职责。此外，该法第38条规定："民族自治地方的自治机关自主地发展具有民族形式和民族特点的文学、艺术、新闻、出版、广播、电影、电视等民族文化事业，加大对文化事业的投入，加强文化设施建设，加快各项文化事业的发展。民族自治地方的自治机关组织、支持有关单位和部门收集、整理、翻译和出版民族历史文化书籍，保护民族的名胜古迹、珍贵文物和其他重要历史文化遗产，继承和发展优秀的民族传统文化。"这一条文将国家保障文化事业发展和保护历史文化遗产的基本制度在民族自治地方的实施加以细化，进一步落实了

《宪法》第 22 条的规定。

二、文化遗产保护专门法律

《文物保护法》和《非物质文化遗产法》是文化遗产领域的专门法律，在文化遗产法体系中处于统领地位。

（一）《文物保护法》

现行《文物保护法》颁布于 1982 年，于 2002 年修订，并经 5 次局部修正，共 8 章 80 条，主要规定了以下内容：

1. 保护范围。《文物保护法》第 2 条第 1 款规定，受保护的文物包括：具有历史、艺术、科学价值的古文化遗址、古墓葬、古建筑、石窟寺和石刻、壁画；与重大历史事件、革命运动或者著名人物有关的以及具有重要纪念意义、教育意义或者史料价值的近代现代重要史迹、实物、代表性建筑；历史上各时代珍贵的艺术品、工艺美术品；历史上各时代重要的文献资料以及具有历史、艺术、科学价值的手稿和图书资料等；反映历史上各时代、各民族社会制度、社会生产、社会生活的代表性实物。该条第 3 款规定："具有科学价值的古脊椎动物化石和古人类化石同文物一样受国家保护。"虽然《文物保护法》没有规定文物的价值判断标准，但从其列举的文物类型来看，均为具有历史、艺术或科学价值的人类创造物，或者与人类的产生密切相关的古生物化石和古人类化石。

2. 文物所有权。文物所有权依其主体不同分为三种形式，即国家所有、集体所有和私人所有。《文物保护法》第5条明确规定了某些文物的国家专属所有权。专属国家的不可移动文物包括：中华人民共和国境内地下、内水和领海中遗存的一切文物；古文化遗址、古墓葬、石窟寺；国家指定保护的纪念建筑物、古建筑、石刻、壁画、近代现代代表性建筑等不可移动文物，除国家另有规定的以外，均属于国家所有。专属于国家的可移动文物包括：中国境内出土的文物，国家另有规定的除外；国有文物收藏单位以及其他国家机关、部队和国有企业、事业组织等收藏、保管的文物；国家征集、购买的文物；公民、法人和其他组织捐赠给国家的文物；法律规定属于国家所有的其他文物。该条还进一步规定，国有文物所有权不因其附着的土地所有权的改变而改变，也不因其保管、收藏单位的终止或变更而改变。国有文物通常由国家设立的专门保护机构加以保护和管理，不允许改变所有权性质，不允许抵押、转让给非国有组织或个人。《文物保护法》明确规定和列举了文物集体所有权的取得方式，结合《民法典》和文物保护实践，比较常见的集体所有文物包括古建筑、近现代纪念建筑和构筑物以及与此相关的实物、文献、艺术品等。集体所有的文物由集体组织（比如村民委员会）代表集体所有成员的共同利益统一行使所有权，集体所有文物的管理和处分要兼顾成员的共同利益，不能由集体组织的领导自行管理和处分，也不能将文物分割成成员的个人财产。私人文物所有权的取得方式包括继承、赠与、转让等，可以在法律规定的范围内对文物进行使用，也可以出租、转让。但基于文物的公共利益属性，法律对私有文物的使用与处分权施加了一定的限制，比如，所有人必须通过合法经营的文物商店和拍卖行进行文物交易，不能将文物出售、抵押给外国人，进出境时要遵守法定的程序并受到极大的限制，必须依照法律规定对文物建筑加以修缮和维护，等等。

3. 不可移动文物保护。不可移动文物包括文物保护单位和尚未核定公布为文物保护单位的不可移动文物（以下简称"一般不可移动文物"）两大类。根据其价值高低，文物保护单位可分为全国重点文物保护单位、省级文物保护单位、市级和县级文物保护单位。保存文物特别丰富并且具有重大历史价值或者革命纪念意义的城市或村镇，分别由国务院或省级人民政府核定公布为历史文化名城、名镇、名村。文物保护单位应建立"四有"制度，即有保护范围、有标志说明、有记录档案、有专门机构或专人负责保护。文物保护单位要划定保护范围和建设控制地带，严格落实各区域的保护措施，不允许在保护范围和建设控制地带进行有损文物安全和整体风貌的建设活动。一般不可移动文物的保护要求比文物保护单位稍低，也需要遵循不改变文物原状和原址保护的不可移动文物保护基本原则。

4. 考古发掘。一切考古发掘活动都必须经过文物主管部门的审批，禁止任何单位和个人私自发掘地下埋藏文物。考古发掘分为主动性发掘和抢救性发掘：主动性发掘需要提前做发掘计划，并经主管部门批准；抢救性发掘分为配合大型建设的考古发掘（事先发掘）和建设过程中偶然发现文物而进行的发掘（建设中发掘）。考古发掘的文物，必须严格按照规定的程序进行保护和移交。

5. 馆藏文物保护。馆藏文物分为珍贵文物和一般文物。文物收藏单位可以通过购买、接受捐赠、依法交换等方式取得文物,国有文物收藏单位还可以通过行政部门指定保管或调拨方式取得文物。禁止国有文物收藏单位将馆藏文物赠与、出租或者出售给其他单位、个人;非国有文物收藏单位的馆藏珍贵文物不得出售。

6. 民间收藏文物保护。公民、法人和其他组织可以通过继承、赠与、从文物商店或拍卖行购买、相互交换或转让的方式取得文物;不得买卖国有文物,非国有馆藏珍贵文物,国有不可移动文物中的壁画、雕塑、建筑构件,以及来源不合法的文物。国家禁止出境的文物,不得转让、出租、质押给外国人。文物销售实行特许经营,只有经过法定程序,并经文物主管部门批准设立的文物商店和拍卖行才具有文物销售经营资格。

7. 文物出境进境。文物经文物进出境审核机构审核,获得许可后才可出境。国有文物、非国有文物中的珍贵文物和国家规定禁止出境的其他文物,不得出境。现行法律仅针对文物临时进境加以规制,并未对一般文物进境加以规定。

8. 法律责任。《文物保护法》规定的法律责任包括刑事、民事和行政责任。该法列出了应当承担刑事责任的几种严重违法行为,但具体的刑事责任规定在《刑法》的相应条文中。该法规定的民事责任适用范围较为狭窄,仅适用于造成文物灭失、损毁的情形。该法规定的法律责任大部分为行政责任,包括责令改正、没收违法所得、罚款、吊销执照、撤销称号、处分等。

近年来,为了推进文物保护体制改革,使《文物保护法》更加适应新时代的发展,立法机关已将其全面修订纳入立法计划,原国务院法制办和国家文物局分别于2015年12月和2020年11月发布过两个修订草案的"征求意见稿"。2020年"征求意见稿"着重强化政府责任,鼓励社会参与,加大不可移动文物保护力度,加强馆藏文物利用和文物市场监管,加强文物保护监督和法律责任。[1]

(二)《非物质文化遗产法》

中国于2004年8月加入联合国教科文组织《保护非物质文化遗产公约》。为了落实公约规定的有关制度,进一步加强和完善非物质文化遗产保护、保存工作,经过数次讨论及修改,全国人大常委会于2011年2月通过了《非物质文化遗产法》。2011年6月1日,该法正式实施。

《非物质文化遗产法》共6章45条,主要规定了以下内容:(1)非物质文化遗产的概念和范围。非物质文化遗产(以下简称"非遗"),是指各族人民世代相传并视为其文化遗产组成部分的各种传统文化表现形式,以及与传统文化表现形式相关的实物和场所,其范围包括:传统口头文学以及作为其载体的语言,传统美术、书法、音乐、舞蹈、戏剧、曲艺和杂技,传统技艺、医药和历法,传统礼仪、节庆等民俗,传统体育和游艺等。(2)保护要求。进行非遗保护的基本要求包括:注重非遗的真实性、整体性和传承性,尊重非遗的形式和内涵,保障公众参与。(3)调查。文化主管部门组织

---

[1] 参见《关于〈中华人民共和国文物保护法(修订草案)〉(征求意见稿)的起草说明》,载中国政府网: http://www.gov.cn/hudong/2020-11/11/5560460/files/ed48fd002c09440e9bf436ad74a13314.pdf,2022年3月31日访问。

的调查包括认定、记录、建档等方式，调查档案和信息应予公开（涉及保密内容除外），公民、法人和其他社会组织亦可开展调查。（4）代表性项目名录。确立了国家和地方两级非物质文化遗产代表性项目名录制度，国家级非物质文化遗产代表性项目应体现中华民族优秀传统文化，具有重大历史、文学、艺术、科学价值，地方性名录的设立标准和程序由地方法规加以规定。（5）传承与传播。确定了代表性传承人制度，对认定传承人的程序以及传承人的权利和义务作了系统规定，建立了代表性传承人退出机制。（6）法律责任。规定了公民、法人和其他组织，文化主管部门、有关部门及其工作人员违反该法规定应承担的行政、民事、刑事责任。

三、其他法律

《民法典》《刑法》《行政许可法》《行政处罚法》等法律，比较全面地规定和调整国家社会生活某一方面的基本社会关系。文化遗产法中一些有关民事、刑事行为的规范，散见于这些法律当中；有些文化遗产的保护、利用和开发活动需经过行政机关的行政许可才能进行，这些行政许可的实施程序必须以《行政许可法》为依据；违反文化遗产保护强制性规范需承担行政法律责任，《行政处罚法》中有关行政处罚的设定、管辖和适用等规定，是相关部门实施行政处罚的依据。

（一）《民法典》

2021年1月1日起生效的《民法典》取代了之前的《民法通则》《民法总则》《物权法》《合同法》等一系列民事单行法，是调整平等主体之间的财产关系、人身关系的基本法，为《文物保护法》相关规定奠定了基础。在保护和利用文化遗产的过程中，相关主体实施民事行为、发生民事关系，也需要由《民法典》提供保障和依据。

例如，《文物保护法》将文物所有权划分为国家所有、集体所有和个人所有三种形式，并着重对国家文物所有权的范围进行了规定。但是，如何行使国家文物所有权，则需要结合《民法典》的相关规定去判断。《民法典》第246条规定："法律规定属于国家所有的财产，属于国家所有即全民所有。国有财产由国务院代表国家行使所有权。法律另有规定的，依照其规定。"因此，属于国家所有的文物，应当由国务院代表国家行使所有权，并由《文物保护法》规定的文物保护机构采取措施进行保护和利用。对于集体和个人所有的文物，《文物保护法》第6条规定，"属于集体所有和私人所有的纪念建筑物、古建筑和祖传文物以及依法取得的其他文物，其所有权受法律保护"，并在第50条中规定了文物收藏单位以外的公民、法人和其他组织合法取得文物的途径，在第51条规定了不得买卖文物的类型。而对于合法所有的文物的所有权权能应如何行使，《文物保护法》仅规定了限制所有权的若干措施，如修缮保养、不可拆除、不得擅自出境等义务，并未从正面规定如何行使所有权权能。因此，公民、法人和其他组织行使文物的物权权能的行为，还应通过《民法典》进行调整。

（二）《刑法》

现行《刑法》颁布于1979年，至2020年12月已经出台十一部刑法修正案，是规定犯罪、刑事责任和刑罚的基本法。违反有关文化遗产保护刑事规范的行为，应按照《刑法》的规定承担相应的刑事责任。

《文物保护法》第64条、第78条列举了依法应当承担刑事责任的各种情形。但是，该法仅列举了犯罪行为的行为模式，对犯罪行为的定罪和量刑则由《刑法》做出规定。根据《刑法》规定，这些犯罪行为主要包括以下四种：一是破坏社会主义市场经济秩序罪，如走私文物罪。二是侵犯财产罪，如盗窃、抢劫文物等犯罪。三是分则第六章第四节集中规定的"妨害文物管理罪"，包括：（1）故意、过失损毁文物罪；（2）非法向外国人出售、赠送珍贵文物罪；（3）倒卖文物罪；（4）非法出售、私赠文物藏品罪；（5）盗窃古文化遗址、古墓葬罪，盗窃古人类化石、古脊椎动物化石罪；（6）抢夺、窃取国有档案罪，擅自出卖、转让国有档案罪。四是渎职罪，如国家机关工作人员不负责任造成国家珍贵文物流失。

《非物质文化遗产法》并未明确列举应承担刑事责任的违法行为，仅在第42条抽象规定："违反本法规定，构成犯罪的，依法追究刑事责任。"而《刑法》并未对违反《非物质文化遗产法》的行为规定罪名和量刑，因此，违反《非物质文化遗产法》的行为很难被追究刑事责任，除非这些行为根据其他法律也需要追究刑事责任，并且能在《刑法》中找到对应的罪名和刑事责任。

（三）《著作权法》《商标法》《专利法》等知识产权法

现行《著作权法》颁布于1990年，经2001年、2010年、2020年三次修正，是调整、规范著作权及其相关权益关系的法律规范。在该法保护的作品形式中，口述作品中的传统口头文学，美术作品中的传统美术作品，音乐、戏剧、曲艺、舞蹈、杂技艺术作品中的传统音乐、戏剧、曲艺、舞蹈和杂技等，同时也可能是非物质文化遗产立法所保护的客体。也就是说，一些非物质文化遗产也是《著作权法》的保护对象。

现行《商标法》颁布于1982年，经1993年、2001年、2013年、2019年四次修正，是规定商标的注册、管理和使用，保护商标专用权的法律。该法并没有明确规定非物质文化遗产保护问题，但实践中普遍存在将非物质文化遗产的某些元素进行商标注册，或以集体商标、证明商标来保护非物质文化遗产的做法。

现行《专利法》颁布于1984年，经1992年、2000年、2008年、2020年四次修正，是确认发明人（或其权利继受人）对其发明享有专有权，规定专利权人权利和义务的法律。《专利法》并没有就非物质文化遗产保护做出明文规定，但将一些基于传统技艺产生的技术方案（如传统医药的制备、提取、炮制方法）申请为专利，也逐渐成为非物质文化遗产保护的重要手段。

《著作权法》《商标法》和《专利法》都是非物质文化遗产保护

和利用的重要法律依据,对此,《非物质文化遗产法》第44条明文规定:"使用非物质文化遗产涉及知识产权的,适用有关法律、行政法规的规定。"因此,在使用非物质文化遗产时涉及著作权、商标权、专利权相关事项,应适用《著作权法》《商标法》和《专利法》的规定判断相关权利归属,确定法律责任。

(四)《行政许可法》和《行政处罚法》

通过行政管理手段规范文化遗产保护、管理、开发和利用行为,是保证文化遗产保护、管理、开发和利用有序进行的有效方式。《行政许可法》和《行政处罚法》是规定文物行政许可和行政处罚问题的重要法律。

现行《行政许可法》自2004年起施行,2019年修正,是调整、规制行政许可行为关系的重要法律。设定行政许可对有关事项的实施进行授权,是进行文化遗产保护常用的管理手段。在《文物保护法》中,文物修缮工程的实施,考古发掘的开展,文物拍卖活动,文物进出境等,都必须经过相关行政部门的行政许可才能进行。对于《文物保护法》等文化遗产专门立法中已有明确规定的行政许可事项,适用该法规定;而对于没有具体规定或者规定不清的事项,就必须以《行政许可法》所规定的行政许可基本原则、范围、权限为依据,在文化遗产管理活动中加以适用。

现行《行政处罚法》颁布于1996年,2021年修订,是一部规定行政处罚基本问题(如处罚的设定权、实施权以及实施行政处罚的程序)的基本法律。在文化遗产的保护和利用中,合理的行政处罚能够保证文化遗产保护法律的有效实施。由于行政相对人从事的与文化遗产相关的活动千差万别，对《文物保护法》《非物质文化遗产法》等文化遗产专门立法而言，将所有可能不利于文化遗产保护和利用的行为都设定相应的行政处罚，是不现实的。对于专门立法中没有规定或规定相对不明确的事项，就要依据《行政处罚法》中有关实施机关、管辖、适用、程序等方面的规定加以适用。

（五）《城乡规划法》

现行《城乡规划法》自2008年1月1日起施行，是为了加强城乡规划管理、协调城乡空间布局而制定的一部专门法律。文物，尤其是不可移动文物本身存在于城乡空间范围内，因此，城乡规划的制定、实施、修改、监督检查等各程序都可能与文物的保护产生联系。不仅如此，《城乡规划法》中有多处规定直接将文化遗产保护纳入其调整范围内，将自然与历史文化遗产保护作为城市总体规划、镇总体规划的强制性内容。《文物保护法》也对各级人民政府在制定城乡建设规划时的文物保护职责做出原则性要求，但在实施时，需要参照《城乡规划法》的相关规定。

此外，《环境保护法》《海洋环境保护法》《森林法》《拍卖法》等法律中也有若干条款涉及文化遗产保护、利用与开发，也是文化遗产法的重要渊源。

四、行政法规、部门规章和地方性法规、规章

在文化遗产保护领域,《文物保护法》和《非物质文化遗产法》只是专门法律,其规定相对概括和原则,需要由行政法规、部门规章来加以落实和细化,各地也可根据当地实际对上位法的原则性规定做出相应补充。

(一)行政法规

行政法规是国务院在法定职权范围内为实施宪法和法律制定的有关国家行政管理的规范性文件,其效力仅次于宪法和法律。行政法规常表现为根据法律而制定的有关条例和实施细则。我国文化遗产管理行政法规数量较多,主要包括:

1.《文物保护法实施条例》

《文物保护法实施条例》颁布于2003年5月18日,同年7月1日起施行。该条例共8章64条,与《文物保护法》体例一致。条例对《文物保护法》实施中的一些具体事项,如文物保护单位的"四有"具体要求、实施考古发掘的主体资质、文物进出境审核机构的人员组成、文物出境审核程序等,作了更详细的规定。

2.《水下文物保护管理条例》

《水下文物保护管理条例》颁布于1989年12月20日,同日施行。该条例共13条,对水下文物的概念、所有权、管辖范围、主管机关及其职能、水下文物保护单位、考古勘探和发掘行为的管理、

奖励和惩罚措施等做出规定。2022年1月，国务院对该条例进行了全面修订，于2月28日发布，同年4月1日起实施。最新公布实施的《水下文物保护管理条例》共23条，从责任主体、责任范围和违法处罚等三方面，进一步明确和强化了水下文物的保护和管理责任；结合水下文物的特点，完善《文物保护法》中的不可移动文物保护制度在水下文物保护管理中的应用，细化了水下文物保护区制度，建立了水下文物保护管理的执法协作机制；对有关行政程序也进一步加以规范和完善。

3.《历史文化名城名镇名村保护条例》

《历史文化名城名镇名村保护条例》颁布于2008年4月22日，同年7月1日起施行。条例共6章48条，对历史文化名城、名镇、名村的申报与批准程序、要求，保护规划的内容、审批程序，保护措施及法律责任等事项做出规定。条例明确了保护经费来源、保护原则和保护方法，扩展了遗产保护对象和内容。保护对象不再限于国家级历史文化名城或历史街区，而是扩大到小城镇和村庄；保护内容不仅包括物质遗产，而是进一步深入到历史空间遗产范畴。

4.《长城保护条例》

长城是中国最早被列入《世界遗产名录》的文化遗产之一，跨越15个省、自治区及直辖市，多段长城被列入全国重点文物保护单位。为了加强对长城的保护，规范长城的利用行为，2006年10月11日，国务院颁布了《长城保护条例》，同年12月1日起施行。条例共31条，保护对象包括长城的墙体、城堡、关隘、烽火台、敌楼等，确立了长城保护的专家咨询制度和总体规划制度，对长城保护原则、保护标志、利用长城的限制等事项做出规定。

5.《博物馆条例》

为了促进博物馆事业的发展，满足公民的文化需求，国务院于2015年颁布了《博物馆条例》，同年3月20日起施行。条例共6章47条，对博物馆的定义、博物馆事业保障、博物馆设立条件和程序、博物馆管理、博物馆社会服务以及法律责任加以明确规定。该条例将博物馆定位为"以教育、研究和欣赏为目的，收藏、保护并向公众展示人类活动和自然环境的见证物，经登记管理机关依法登记的非营利组织"；将国有和非国有博物馆一并加以规定，鼓励社会力量参与博物馆事业，并按照相关国际公约的精神对博物馆藏品来源和管理加以规范。

6.《传统工艺美术保护条例》

传统工艺美术是十分重要的非物质文化遗产。由于传统工艺美术行业是以手工制作、师徒传艺为特点的行业，其发展遇到极大的困难。1997年5月20日，国务院颁布了《传统工艺美术保护条例》，通过立法加强对传统工艺美术行业的保护。条例共21条，就传统工艺美术品种和技艺的认定、国家对认定的传统工艺美术技艺的保护措施、中国工艺美术珍品的保护措施等事项做出规定。在2011年6月《非物质文化遗产法》生效前，该条例是非物质文化遗产保护领域效力层级最高的法律渊源。

（二）部门规章

文化遗产领域部门规章，主要是指由文化和旅游部（原文化部)、住房和城乡建设部(简称"建设部")等国务院所属机构,为规范文化遗产的保护和管理行为,根据法律和国务院的行政法规、决定、命令,在本部门的权限范围内制定的规章。由于出自文化遗产主管部门,部门规章是文化遗产法律框架中数量较多,也更具可操作性的法律渊源之一。其中比较有代表性的包括:

1.《文物行政处罚程序暂行规定》

根据2002年修订的《文物保护法》和1996年制定的《行政处罚法》,文化部于2005年1月24日颁布了《文物行政处罚程序暂行规定》。该规定共7章53条,对文物行政处罚应当遵循的原则、案件的级别管辖、立案、调查取证、处罚决定(简易程序、一般程序、听证程序)等内容做出规定,为规范文物行政处罚行为提供了具体依据。

2.《文物认定管理暂行办法》

《文物认定管理暂行办法》由文化部公布于2009年8月5日,同年10月1日起施行。该办法规定了文物认定的基本要求和程序,明确将"乡土建筑、工业遗产、农业遗产、商业老字号、文化线路、文化景观等特殊类型文物"纳入文物认定范畴,并为公民、法人和其他社会组织参与文物认定提供了途径。

3.《文物进出境审核管理办法》

《文物进出境审核管理办法》由文化部公布于2007年7月3日,同年7月13日施行。该办法规定了文物进出境审核机构的设立条件及其职责,明确规定:凡1949年(含)以前的各类艺术品、工艺美术品、手稿、文献资料和图书资料,与各民族社会制度、社会生产、社会生活有关的实物，1949年以后的与重大事件或著名人物有关的代表性实物，以及反映各民族生产活动、生活习俗、文化艺术和宗教信仰的代表性实物等可移动文物，出境前均需经所在地文物进出境审核机构鉴定审核。经审核允许出境的，由该机构发放出境许可证，方可出境。

4.《世界文化遗产保护管理办法》

为了加强对世界文化遗产的保护和管理，履行1972年《保护世界文化和自然遗产公约》所规定的责任和义务，文化部于2006年11月14日公布了《世界文化遗产保护管理办法》，同日施行。该办法共22条，对世界文化遗产的范围、主管部门、制度保障、保护规划、世界文化遗产中的不可移动文物的保护和管理、警示名单等内容做出规定。

5.《大运河遗产保护管理办法》

该办法是迄今为止唯一一件由文化部专门为一项世界遗产的保护制定的部门规章，公布于2012年8月14日，同年10月1日起施行。该办法界定了大运河遗产的概念及其构成要素，规定大运河遗产保护实行统一规划、分级负责、分段管理，建立省部际会商机制以协调解决大运河遗产保护利用中的重大问题，坚持真实性、完整性、延续性原则。

6. 非物质文化遗产保护部门规章

在2011年《非物质文化遗产法》颁布实施以前，已经有一些部门规章对国家级非物质文化遗产的保护及管理进行规定，如2006年11月2日起施行的《国家级非物质文化遗产保护与管理暂行办法》、2008年6月14日起施行的《国家级非物质文化遗产项目代表性传承人认定与管理暂行办法》(2019年11月29日修订后,名称改为《国家级非物质文化遗产项目代表性传承人认定与管理办法》,2020年3月1日实施)等,对国家级非物质文化遗产的认定及保护起到了重要作用。

(三)地方立法(地方性法规和地方政府规章、自治条例、单行条例)

中国的文化遗产实行属地保护,地方政府在文化遗产保护利用中发挥了非常重要的作用,地方立法则为地方政府履行文化遗产保护管理职能、为其他主体设定保护义务提供了更加明确具体的法律依据。根据我国《立法法》相关规定,地方立法分为地方性法规和地方政府规章、自治条例和单行条例:地方性法规由省、自治区、直辖市和设区的市人民代表大会及其常务委员会根据本行政区域的具体情况和实际需要,在不抵触上位法的前提下制定;省、自治区、直辖市和设区的市、自治州的人民政府可以根据上位法和本行政区域的地方性法规制定地方政府规章。其中,设区的市制定地方性法规和地方政府规章的事项仅限于城乡建设与管理、环境保护、历史文化保护等方面。此外,民族自治地方的人民代表大会有权依照当地民族的政治、经济和文化的特点,制定自治条例和单行条例。经济特区所在省、市的人民代表大会及其常务委员会可根据全国人民代表大会的授权决定,制定在经济特区范围内实施的法规。自治条例、单行条例和经济特区法规可以依照当地特点,对法律和行政法规的规定作出变通规定。

具体到文化遗产领域，地方性法规或条例从内容上看大致可以分为三类：

1. 各省依据《文物保护法》和《非物质文化遗产法》，并结合本省实际情况制定的一般性文化遗产保护地方法规，包括各省的文物保护条例、实施《文物保护法》办法、非物质文化遗产保护条例等。如《北京市实施〈中华人民共和国文物保护法〉办法》[2]《天津市文物保护条例》[3]《福建省文物保护管理条例》[4]《陕西省文物保护条例》[5]《广西壮族自治区文物保护管理条例》[6]《江苏省非物质文化遗产保护条例》[7]等。此外，一些民族自治地方的自治条例和单行条例，如《黔东南苗族侗族自治州自治条例》[8]《延边朝鲜族自治州朝鲜族文化工作条例》[9]中，也包含本自治区民族文化事业发展和文化遗产保护条款。

2. 针对某一类别的文化遗产制定的地方性法规或单行条例，如《云南省民族民间传统文化保护条例》[10]《四川省世界遗产保护条例》[11]《河南省历史文化名城保护条例》[12]《宁夏回族自治区岩画保护

2　2004年9月10日公布，同年10月1日起施行。
3　2007年11月15日公布，2008年3月1日起施行。
4　1996年11月29日通过，2009年8月2日修订，2020年3月20日修正。
5　1988年6月3日通过，2006年8月4日修订，2012年7月12日修正。
6　1993年12月11日通过，2004年7月31日修正。
7　2006年11月1日公布施行，2013年1月15日修订。
8　2020年7月31日公布，同年10月1日起施行。
9　1989年7月23日公布施行，1997年9月26日修订。
10　2000年5月26日公布，同年9月1日起施行。
11　2002年1月18日公布，同年4月1日起施行。
12　2005年7月30日公布，2010年7月30日修正。

条例》[13]《南京市地下文物保护条例》[14]《江西省革命文物保护条例》[15]以及《黔东南苗族侗族自治州民族文化村寨保护条例》[16]《阿坝藏族羌族自治州非物质文化遗产保护条例》[17]等。

3. 为某项特定文化遗产制定的地方性法规或单行条例，如《杭州市良渚遗址保护管理条例》[18]《甘肃敦煌莫高窟保护条例》[19]《陕西省秦始皇陵保护条例》[20]《辽宁省牛河梁遗址保护条例》[21]《福建省"福建土楼"世界文化遗产保护条例》[22]《云南省红河哈尼族彝族自治州哈尼梯田保护管理条例》[23]《湘西土家族苗族自治州老司城遗址保护条例》[24]《苏州市昆曲保护条例》[25]等。

省、自治区、直辖市和设区的市的人民政府，为规范文化遗产的保护和管理行为，根据法律、行政法规和本省、自治区、直辖市的地方性法规制定的文化遗产保护相关地方规章数量众多，对该领域各主要方面均有涉及，大致分为以下三类：

1. 针对文化遗产保护、利用或管理行为制定的地方政府规章，

---

13 2011年8月5日通过，2017年3月30日修正。
14 2018年11月23日批准，2019年3月1日起施行。
15 2021年11月19日公布，2022年1月1日起施行。
16 2008年2月28日通过，2020年4月29日修订，2021年1月1日起施行。
17 2011年1月9日通过，同年5月27日批准施行。
18 2002年4月25日批准，2013年8月23日修订。
19 2002年12月7日通过，自2003年3月1日起施行。
20 2005年7月30日公布，2021年3月31日修订。
21 2010年3月26日公布，同年6月1日起施行。
22 2011年9月29日通过，同年12月1日起施行。
23 2012年2月25日通过，同年5月31日批准，7月1日起施行。
24 2013年1月2日通过，2018年1月5日修正，同年3月31日公布施行。
25 2006年7月28日批准，同年10月1日起施行。

如《安徽省建设工程文物保护规定》[26]《北京市利用文物保护单位拍摄电影、电视管理暂行办法》[27]《陕西省重大文物安全事故行政责任追究规定》[28]等。

2. 针对某一类文化遗产制定的地方政府规章,如《北京市文物保护单位保护范围及建设控制地带管理规定》[29]《北京市地下文物保护管理办法》[30]《广州市非物质文化遗产保护办法》[31]等。

3. 针对某一项特定文化遗产制定的地方政府规章,如《周口店遗址保护管理办法》[32]《福州市三坊七巷、朱紫坊历史文化街区保护管理办法》[33]《西安市丝绸之路历史文化遗产保护管理办法》[34]《宁波市大运河遗产保护办法》[35]等。

五、结语

总之,中国已根据《宪法》和《立法法》的相关规定建立了相对完整的文化遗产法律体系。该体系既吸纳了国际文化遗产保护的相关理念和保护利用基本准则,又结合中国实际有所创新,在保

---

26 2003年5月28日公布,同年8月1日起施行。
27 1986年2月14日公布,2018年2月12日第4次修改。
28 2002年9月18日发布施行,2011年2月25日修订。
29 1984年11月13日发布,2007年11月23日修改。
30 2013年9月24日发布,2014年3月1日起施行。
31 2019年11月13日通过,2020年5月1日起施行。
32 2009年4月29日公布,同年6月1日起施行。
33 2006年6月30日公布施行。
34 2008年9月10日公布,2020年12月31日修正。
35 2013年7月5日公布,2013年9月1日起施行。

护对象的范围及其价值阐释、不可移动文物保护单位管理、可移动文物交易、非物质文化遗产传承人及整体性保护等许多方面，都创设了较有中国特色的文化遗产保护利用制度。当然，中国社会正处在快速发展中，文化遗产保护利用体制改革也在实行过程中，许多相关法律制度的修改也提上了议事日程。相信中国文化遗产法律体系会更加完善，更有利于促进文化遗产事业的可持续发展。

武装冲突下文化遗产保护的中国实践

霍政欣[*] 陈锐达[**]

国际社会对战时文化遗产保护规则体系的构建由来已久,并在历次重大战争中被不断审视、检讨与逐步完善。现代国际文化遗产法已逐步建立起更加独立、完备且符合现代交战规则和占领方式的武装冲突下保护文化遗产的规则体系。[1]

面对武装冲突期间蓄意攻击、损坏、掠夺和公然盗窃等威胁文化遗产安全的行为,以 1949 年"日内瓦公约体系"[2] 和 1954 年《关

---

[*] 霍政欣,中国政法大学国际法学院教授,钱端升讲席教授。研究方向:国际法、文化遗产法。

[**] 陈锐达,中国政法大学国际法学院博士研究生。

[1] 参见:Roger O'keefe, *The Protection of Cultural Property in Armed Conflict*, Cambridge University Press, 2006, p.21。

[2] 包括 1949 年 8 月 12 日签署的《改善战地武装部队伤者病者境遇之日内瓦公约》《改善海上武装部队伤者病者及遇船难者境遇之日内瓦公约》《关于战俘待遇之日内瓦公约》和《关于战时保护平民之日内瓦公约》四项关于保护战争受害者的日内瓦公约(后文简称《日内瓦四公约》),及之后陆续签署的三项附加议定书。

于发生武装冲突时保护文化财产的公约》(简称"1954年《海牙公约》")为核心的国际法体系正在发挥强有力的作用,以保证文化遗产免遭武装冲突威胁。[3]

作为世界上文物资源最丰富的国家之一,中国在近代历史上也饱尝战争之苦,是国际非人道战争手段的受害者之一。清末以降,在列强的坚船利炮下,中华民族历史悠久的文化遗产在敌人的烧杀劫掠中满目疮痍,大量珍贵文物流失海外,给民族文化遗产带来了毁灭性的破坏。第二次世界大战中,以中国抗日战争为代表的东方战场是世界反法西斯战争的重要组成部分。在此期间,中国珍贵文物遭到日军的大规模劫掠和破坏,对文化遗产造成了不可估量的损失。[4]然而,受当时复杂的国际政治格局以及历史、社会、文化等因素的影响,加之国际公约适用范围有限、无溯及力以及执行力不足等局限,这些文物在战后并没有得到系统返还。

新中国成立后,中国积极参加与武装冲突下保护文化遗产有关的国际公约,在国际场合谴责战争对人类文明遗产造成的伤害,参与保护文化遗产的国际维和行动,提出武装冲突时期文化遗产保护的中国立场和主张。然而,当前中国在武装冲突期间文化遗产保护

---

[3] James A. R. Nafziger, Cultural Heritage Law: The International Regime, in Académie de droit international de La Haye, Centre for Studies and Research in International Law and International Relations, *The Cultural Heritage of Mankind*, Brill/Nijhoff, Leiden/Boston, 2008, p.186.

[4] 参见孟国祥编著:《抗战时期的中国文化教育与博物馆事业损失窥略》,中共党史出版社2017年版,第36页。

的法律实践方面仍欠缺充足经验，对相关国际公约的执行还存在法律制度不完备、执行力度不足、配套措施不健全等问题。在新的时代背景下，保护文化遗产在武装冲突下免遭破坏是人类文明进步事业的重要议题，对中国妥善履行国际义务提出了新的要求。

一、中国参与武装冲突下文化遗产保护国际法律体系概况

抗日战争及解放战争的结束并未使中国立即进入和平稳定时期，抗美援朝、中印以及中越等局部冲突依然存在。当今时代，我国的台湾问题、西藏问题以及南海诸岛问题依然会给国家安全和区域稳定带来威胁。在此背景下，参与武装冲突时期保护文化遗产的国际规则，防止文化遗产在不可预见的情况下遭受武装攻击，对保障中国文化遗产安全、维护国家文化主权和民族永续发展具有重要意义。有感于此，新中国成立后，中国积极主动参与武装冲突时期保护文化遗产的国际公约体系。

由于有关公约通过时中国尚未恢复在联合国的合法席位，中国在公约制定和签署阶段并未直接参与。在恢复联合国合法席位后，中国加快参与武装冲突时期文化遗产保护国际规则的步伐，在国际舞台上发出中国声音。目前中国已加入有关武装冲突期间文化遗产保护的主要国际公约。

中国于1949年12月10日签署旨在保护平民及其财产以及武装部队中的伤者与病者的《日内瓦四公约》，并于1956年12月28

日批准这四项公约。[5] 尽管《日内瓦四公约》并没有具体规定文化遗产保护问题，但其中《关于战时保护平民之日内瓦公约》第53条关于保护被占领土内平民或国家财产的规定应包含文化财产，这一点殆无异议。[6] 1977年6月8日，《日内瓦四公约》两个附加议定书通过，均设专门条款保护文化财产。这两个议定书分别是《1949年8月12日日内瓦四公约关于保护国际性武装冲突受难者的附加议定书》（简称《〈日内瓦四公约〉第一议定书》）和《1949年8月12日日内瓦四公约关于保护非国际性武装冲突受难者的附加议定书》（简称《〈日内瓦四公约〉第二议定书》）。中国于1983年9月14日加入这两个附加议定书，[7] 并对《〈日内瓦四公约〉第一议定书》第88条第2款做出保留。[8] 由于当前中国立法没有关于引渡的规定，而是逐案处理，该款规定不适用于中国。[9]

1954年5月14日，在联合国教科文组织的推动下，旨在约束

---

[5] 参见：https://ihl-databases.icrc.org/applic/ihl/ihl.nsf/States.xsp?xp_viewStates=XPages_NORMStatesParties&xp_treatySelected=365, 2021年10月18日访问。

[6] 该条规定如下："占领国对个别或集体属于私人，或国家，或其他公共机关，或社会或合作组织所有之动产或不动产之任何破坏均所禁止，但为军事行动所绝对必要者则为例外。"

[7] 参见：https://ihl-databases.icrc.org/applic/ihl/ihl.nsf/States.xsp?xp_viewStates=XPages_NORMStatesParties&xp_treatySelected=470, 2021年10月18日访问。

[8] 《〈日内瓦四公约〉第一议定书》第88条第2款规定："除受各公约和本议定书第85条第1款所确定的权利和义务的拘束之外，并在情况许可下，缔约各方应在引渡事项上合作。缔约各方应对被控罪行发生地国家的请求给予适当考虑。"

[9] 保留声明原文如下：At present, Chinese legislation has no provisions concerning extradition, and deals with this matter on a case-by-case basis. For this reason China does not accept the stipulations of Article 88, paragraph 2, of Protocol I. 参见：https://ihl-databases.icrc.org/applic/ihl/ihl.nsf/Notification.xsp?action=openDocument&documentId=4DCE0A2FC589B132C1256402003FB334, 2021年10月18日访问。

交战方战争行为的《关于发生武装冲突时保护文化财产的公约》及其《第一议定书》正式通过。中国于2000年1月5日正式向联合国教科文组织总干事交存加入书，并同时声明："台湾当局盗用中国名义于1954年对《关于发生武装冲突时保护文化财产的公约》和《议定书》的签署是非法的和无效的。"[10] 为加强公约实施，《关于发生武装冲突时保护文化财产的公约第二议定书》（以下简称《第二议定书》）于1999年3月26日通过，并自2004年3月9日起生效。截至目前，该议定书共有86个缔约国，中国尚未加入。[11]

随着武装冲突时期保护文化遗产逐渐形成国际共识，中国亦积极在国际舞台上发声，阐明其立场和主张。恢复联合国合法席位不久后，中国代表便于1973年在向联合国大会提交的一份关于归还被掠夺艺术品的声明中表示：中国人民宝贵的文化遗产也曾遭受帝国主义和殖民主义的掠夺和破坏。自1840年开始，过去的一百多年中，帝国主义列强的军队多次入侵中国，每次都给中国人民的文化遗产带来巨大损失。除列强的大规模掠夺和破坏外，中国的历史文物和艺术珍品也被各类探险家以不法手段盗取。[12] 同年，第二十八届联合国大会通过返还各国被掠夺的艺术品的决议，该决议

---

10 《全国人民代表大会常务委员会关于加入〈关于发生武装冲突时保护文化财产的公约〉和〈议定书〉的决定》（1999年10月31日通过），载《中华人民共和国国务院公报》1999年第36期，第1661—1662页。

11 参见：https://ihl-databases.icrc.org/applic/ihl/ihl.nsf/States.xsp?xp_viewStates=XPages_NORMStatesParties&xp_treatySelected=590，2021年10月18日访问。

12 China, Statement on the Issue of Return of Plundered Works of Art to Its Country, by Comrade Wang Runsheng, 18 December 1973, in *Selected Documents of the Chinese Delegation to the United Nations*, The People's Press, 1973, pp.56-57.

明确因殖民统治或外国占领而取得该国珍贵文物的国家负有返还此类文物的特别义务。[13] 此后，归还各国在殖民或武装冲突情况下掠夺的文物多次被联合国大会列入会议议程，要求各成员国对此采取行动。

中国不仅在联合国会议上阐明中国文化遗产因战争而遭受的破坏和毁损的历史事实，还对其他国家正在进行的武装冲突下的文化遗产安全表示关切。例如，1977年，中国在一份关于以色列占领区人权的声明中表示，以色列当局粗暴干涉阿拉伯人民的宗教信仰，将耶路撒冷的许多老建筑拆毁，使居民移居别处，破坏了阿拉伯和穆斯林珍贵的历史遗迹。[14]

由此可见，中国在国际舞台上积极参与武装冲突下保护文化遗产的国际公约，明确阐明立场，谴责武装冲突在中国乃至世界其他国家和地区对文化遗产造成的毁灭性打击，维护以海牙公约和日内瓦公约为核心的国际法律体系。

二、武装冲突下文化遗产保护国际公约在中国的执行情况

根据《维也纳条约法公约》，凡有效之条约对其各当事国有拘

---

[13] UN General Assembly, Restitution of Works of Art to Countries Victims of Expropriation, A/RES/3187(XXVIII).

[14] China, Statement on the Issue of Human Rights in Israeli Occupied Territories, by Zhou Nan, Chinese Representative, 18 November 1977, in *Selected Documents of the Chinese Delegation to the United Nations*, The People's Press, 1977, pp.92-93.

束力，必须由各国善意履行。当事国不得援引其国内法规定为理由而不履行条约。[15] 在有关国际公约对缔约国生效后，缔约国有义务执行公约规定的内容，否则将构成对国际义务的违反。但各国如何在其本国领域内执行公约，则取决于各国国内法的具体规定。从当前中国参加的国际条约来看，直接规定武装冲突情况下文化遗产保护的国际公约是1954年《海牙公约》及其议定书。其他相关国际条约，或仅对占领区和交战区平民及其财产提供普遍保护，或已成为习惯国际法而产生普遍约束力。本节主要考察1954年《海牙公约》及其《第一议定书》在中国的执行情况。

（一）1954年《海牙公约》及其《第一议定书》在中国的执行方式

国际法与国内法是在两个不同层面上制定的法律，因此，"认为国际条约一旦对一国产生法律拘束力，该条约就能在该国得到实际执行的观点是过于理想化的"。[16] 在国际法上，国际条约在国内的执行是一个极其重要和复杂的问题，并没有一个统一适用的模式，最终取决于各个国家的宪法规定与法律制度。

从法理上看，国际条约在国内的执行主要受两种理论支配：一元论与二元论。绝大多数大陆法国家，包括法国、德国、荷兰、俄罗斯与瑞士等，采用一元论，认为国际法与国内法属于一个法律体

---

15 《维也纳条约法公约》，第26条、第27条。
16 Authony Aust, *Modern Treaty Law and Practice*, Cambridge University Press, 2nd ed., 2007, p.183.

系，一国依据其宪法与法律程序批准或加入一部国际条约后，该条约就构成该国法律的一部分，具有可执行力；绝大多数普通法国家，包括英国、美国、澳大利亚、新西兰、南非等，遵循二元论，依之，国际法与国内法是两个独立的法律体系，一国加入国际条约后，该条约也不必然具有可执行力，除非该国通过立法将之转化为国内法。[17]国际条约能否在各国国内得到有效执行是国际条约是否能发挥实际效用的关键，尤其在国际条约涉及个人权利的情况下，这一问题尤其重要，否则，国际条约规定得再好，也只能沦为具文。

相较于遵循一元论或二元论的国家，国际条约在中国的实施问题更加复杂，这是因为中国宪法没有对国际条约在国内的适用与实施问题作出规定。从国际条约在中国的实施情况来看，既有直接、优先适用国际条约的情况，也有通过国内立法程序转化为国内法后实施的情况，还有实施状况不明确的情况。[18]以1954年《海牙公约》及其《第一议定书》为例，中国于2000年向联合国教科文组织递交公约加入书。鉴于该公约的重要性，做出"加入"该公约决定的是全国人大常委会，而非国务院，[19]因而公约也应具有等同于全国人大及其常委会制定法的效力。

17　Authony Aust, *Modern Treaty Law and Practice*, pp.183, 187.

18　参见梁西主编：《国际法》（修订第二版），武汉大学出版社2001年版，第23—24页。

19　《中华人民共和国缔结条约程序法》第11条："加入多边条约和协定，分别由全国人民代表大会常务委员会或者国务院决定。加入多边条约和协定的程序如下：（一）加入属于本法第七条第二款所列范围的多边条约和重要协定，由外交部或者国务院有关部门会同外交部审查后，提出建议，报请国务院审核；由国务院提请全国人民代表大会常务委员会作出加入的决定。加入书由外交部长签署，具体手续由外交部办理……"

根据该公约第 33 条第 2 款,公约缔约国在交存批准书或加入书 3 个月后对缔约国生效,因此,1954 年《海牙公约》及其《第一议定书》于 2000 年 4 月 5 日正式对中国生效。根据公约第 34 条,缔约国应于公约生效之日起采取一切必要措施,以保证公约于生效后 6 个月期间内有效实施。然而,截至目前,中国尚未制定执行该公约的专门立法,亦未根据该公约要求向联合国教科文组织总干事提交过有关该公约执行情况的报告。[20] 因此,如何处理现行法律法规与公约的冲突,以及如何在立法尚未规定该公约相关内容的情况下实施公约,存在不确定性。

需要指出,在适用领土范围问题上,1954 年《海牙公约》及其《第一议定书》均就其在缔约国存在多个管辖领土时的适用情况作出了规定。如依据 1954 年《海牙公约》第 35 条,缔约任何一方可以在批准或加入时,或在此后的任何时候向联合国教科文组织总干事提出通知,声明本公约应扩大适用于国际关系由该方负责的一切或任何领土。随着香港、澳门分别于 1997 年与 1999 年回归祖国,中国在适用该公约时,也需处理此类条款涉及的问题。澳门特别行政区已于 2012 年以行政长官公告的方式明确 1954 年《海牙公约》及其《第一议定书》适用于澳门。[21]

---

20 1954 年《海牙公约》第 26 条第 2 款:"此外,缔约各方至少四年一次向总干事致送一份报告,提供它们所认为合适的关于各自政府机关为履行本公约及其实施条例而采取、拟定或准备实行的任何措施的一切情报。"参见:Periodic Reporting, http://www.unesco.org/new/en/culture/themes/armed-conflict-and-heritage/convention-and-protocols/periodic-reporting/,2021 年 10 月 20 日访问。

21 参见澳门特别行政区第 13/2012 号行政长官公告、第 15/2012 号行政长官公告。

(二)1954年《海牙公约》及其《第一议定书》核心义务执行情况

尽管1954年《海牙公约》主要适用于武装冲突情况下文化遗产保护,但该公约不仅规定了战时保护文化遗产的义务,还规定了在和平时期为文化遗产于未来武装冲突时的有效保护采取预防和保障措施,以及战后文物的返还义务。换言之,该公约并非仅在战争状态下适用的条约,缔约国无论战争还是和平时期均须承担相应义务。随着"二战"后国际形势趋于稳定,中国对该公约的实施也主要适用于和平时期的相关义务。

1. 文化财产的保障与尊重

第2条是1954年《海牙公约》的核心条款,其规定如下:"为公约之目的,文化财产的保护应包括对此项财产的保障和尊重。"该条的重要之处在于它为文化财产的保护创设了两项性质不同的法律义务,亦即"保障"和"尊重",分别规定于第3条和第4条。细言之,这两项义务既包括积极性义务,也包括消极性义务;各国不仅在武装冲突期间,而且在和平时期,均须承担相应的法律义务。特别是对于文化财产的保障义务而言,该公约第3条具有重要意义,这是因为在此之前,类似条约对各国施加的法律义务在时间段上仅限于武装冲突实际发生以后,而从未要求各国在和平时期也承担法律义务。[22] 将文化财产的保护义务从武装冲突期间延伸至和

---

22 1899年和1907年《海牙公约》均未为缔约国在和平时期施加任何义务,以备武装冲突发生后便利于文化财产的保护。

平时期因而构成 1954 年《海牙公约》的一大历史性贡献。依该条规定，缔约各国承允采用它们所认为适当的措施，以便在平时准备保障在自己领土内的文化财产，使其免受武装冲突时可以预见的后果。

显而易见，该公约第 3 条最终文本体现的是概括性义务，各国有权自行理解并实施。尽管如此，我们还是可以从缔约文件中找到该公约起草者对"保障"这一义务的理解。公约较早一版的草案对这一义务曾有过列举性描述，其中包括成立专门应对武装冲突的文化财产保护机构，建立保藏所、用于保护可移动文化财产的应急储备场所，以及为应对火灾与建筑物坍塌而采取防护措施等。[23]值得注意的是，联合国教科文组织在为缔约国公约实施情况报告所制定的模板中，也建议缔约国从上述列举的几个方面对第 3 条的执行情况予以说明。[24]

中国现行《文物保护法》已明文规定国家加强对文化遗产的保护，列举受保护的文物范围，强调一切机关、组织和个人负有依法保护文物的义务，国务院文物行政主管部门和地方各级政府部门在其职责范围内承担文物的保护和管理工作。[25]随着经济实力的提高和社会长期稳定，中国文物保护事业取得长足发展，可以有效应对

23　Craig Forrest, *International Law and the Protection of Cultural Property*, Routledge, 2010, p.88.

24　Model Report on the Implementation of the 1954 Hague Convention and Its Two (1954 and 1999) Protocols, http://www.unesco.org/new/fileadmin/MULTIMEDIA/HQ/CLT/pdf/Model-Report-Questionnaire_EN.pdf, accessed 2021-10-20.

25　参见《中华人民共和国文物保护法》，第 1—2 条，第 7—8 条。

可能发生的紧急情况乃至武装冲突。但中国目前尚未颁布专门适用于武装冲突或自然灾害等紧急情况下保护文物的法律法规，在发生自然灾害等使文物处于被破坏危险的情况下如何保护文物，尚无成文规定；仅在涉及配合建设工程进行考古发掘工作时，规定如果存在自然破坏危险的，可以对古文化遗址、古墓葬进行抢救性发掘并适用特殊审批手续。[26]

值得注意的是，中国积极参与受武装冲突影响的文化财产保护的国际行动，为因武装冲突而受损的文化财产所在国提供援助。例如，2020年8月，黎巴嫩贝鲁特港发生大爆炸，造成大量人员伤亡，许多文物遗迹受损。根据联合国驻黎巴嫩临时部队司令部命令，中国第19批赴黎巴嫩维和多功能工兵分队派出分遣队执行灾后重建援助任务，参与清理废墟，搜寻挽救了珊瑚岩、古黑矿、石雕等大量历史文物，有效践行了1954年《海牙公约》精神。[27]

2. 特别保护文化财产与蓝盾标记

除对其调整范围内的文化财产设置了一般保护制度外，1954年《海牙公约》的一大亮点在于对"极其重要的"纪念物、博物馆、考古遗址、保存可移动文化财产的保藏所，以及其他不可移动文化财产创设了特别保护制度。质言之，该公约第二章"特别保护"，通过对前述关于尊重文化财产的义务进行修正，尤其是通过制定更加严苛的标准，以禁止将文化财产或其邻近区域用作军事用途或针

---

[26] 参见《中华人民共和国文物保护法》，第30条第2款。

[27] 赵文环、丁文栋：《圆满完成贝鲁特灾后重建援助任务 中国维和官兵受到黎政府表彰》，载《解放军报》2020年10月31日。

对文化财产实施敌对行动，从而为特定范围内的文化财产提供高于一般程度的特殊保护待遇。

受特殊保护的文化财产还需满足一个程序性条件，亦即依第8条第6款以及《1954年〈海牙公约〉实施条例》（以下简称《实施条例》）第11条至第16条的详细规定，将此类对象载入"受特别保护文化财产国际登记册"。然而，该项制度的实施效果十分有限。截至2015年，仅有少数几个国家的8个可移动文化财产保藏所（1个在奥地利境内、1个在德国境内、6个在荷兰境内）和10个纪念物中心（1个在梵蒂冈、9个在墨西哥）曾被载入受特别保护文化财产国际登记册。其中，荷兰境内的3个保藏所和奥地利境内的1个保藏所已从特别保护国际登记册上撤销。[28]中国未曾向联合国教科文组织总干事申请将位于中国境内的保藏所或纪念物中心载入受特别保护文化财产国际登记册。其原因主要在于该公约规定的受特别保护文化财产须满足的特殊条件和申请特别保护时的烦琐程序，使其难以为缔约国所用，真正发挥作用。

此外，1954年《海牙公约》还规定了蓝盾标志作为适用公约的标记，这一标志不仅适用于受特别保护的不可移动文化财产，还适用于受一般保护的文化财产以及从事文化财产保护人员等。标记的使用须遵循该公约及其《实施条例》规定的程序性要求。值得注意的是，蓝盾标记不仅适用于武装冲突下文化财产的保护，而且

28　UNESCO, International Register of Cultural Property under Special Protection, 23 July 2015, https://en.unesco.org/sites/default/files/Register2015EN.pdf, accessed 2022-07-26.

也适用于因自然灾害或环境影响所导致的文化财产受到毁损风险情形的保护。[29] 因此，即使在和平时期，蓝盾标记也可以发挥促进文化财产国际保护的作用，使其在因火灾、地震、洪涝等自然灾害而受影响时引起足够的关注、及时止损并增进国际合作。然而，截至本文写作时，中国尚未对国内的文化财产或参与文化财产保护的相关人员启用蓝盾标记，也没有规定该标记在中国安放和使用的程序规则，蓝盾标记的使用尚未引起足够重视。

3. 刑事制裁措施

在违反公约义务的刑事制裁措施方面，1954年《海牙公约》通篇仅有一个条文涉及制裁，即第28条："缔约各方承允在其普通刑事管辖系统内对违犯或教唆违犯本公约的任何人，不论该人属何国籍，采取一切必要步骤予以诉追并施以刑罚或纪律制裁。"显而易见，该条规定过于简单、概括，不仅没有规定哪些行为应受到制裁，也没有对管辖问题作出具体规定，从实施实践来看，鲜有缔约国在其刑事管辖系统内对违反该公约的行为作出专门规定。因此，该条规定象征意义远大于实际意义，无怪乎有学者将1954年《海牙公约》比作"无牙之虎"。[30]

在仅对刑事制裁作出原则性规定的情况下，1954年《海牙公

29　如意大利威尼斯的文化和历史遗迹多次在洪涝灾害中受到影响。Policy Department Structural and Cohesion Policies, European Parliament, Protecting the Cultural Heritage from Natural Disaster, study, IP/B/CULT/IC/2006_163, February 2007.

30　Thomas Desch, Problems in the Implementation of the Convention from the Perspective of International Law, in E. R. Micewski ed., *Protection of Cultural Property in the Event of Armed Conflict: A Challenge in Peace Support Operations*, Austrian Military Printing Press, 2002, p.23.

约》的核心义务有赖于缔约国国内立法和司法的保证实施。依《中华人民共和国刑法》第9条,对中国缔结或参加的国际条约所规定的罪行,中国在所承担条约义务的范围内行使管辖权的,适用本法。换言之,与违反公约有关罪行的审判将依据中国《刑法》的规定来裁判。然而,《刑法》并没有专门针对在武装冲突下实施的文化财产犯罪的处罚措施,1954年《海牙公约》第28条的原则性规定难以通过国内法来落实。

4. 宣传工作

加强武装冲突时期文化财产保护的传播并将之纳入军事作战规则亦是1954年《海牙公约》对缔约国设定的义务。该公约第25条规定:"缔约各方承允在平时及在发生武装冲突时尽量广泛地在其自己国内传播本公约及其《实施条例》的文本,特别要把对上述公约和条例的研究列入军事训练(如果可能的话,亦列入平民训练)的计划中,使全体居民,特别是武装部队和从事于保护文化财产的人员知道公约的原则。"随着中国军队日益国际化,中国维和部队参与联合国维和行动,在国际舞台上发挥着越来越重要的作用,有必要提高遵守国际行动纪律意识,增强对国际规则的熟悉和运用。当前,中国军队在军事训练中已日益重视国际法规则学习,增强对受保护文化财产的识别能力,并为保护该文化财产及相关人员采取符合国际法的作战方式。[31]

---

31 参见潘栋建、周锐:《第77集团军某旅着眼未来战场需要》,载《解放军报》2018年8月21日。

在国内宣传方面，武装冲突中保护文化遗产的国际人道主义精神和原则尚未得到广泛传播，1954年《海牙公约》有关内容的社会普及率不高。从国际红十字委员会2016年的一项调查报告来看，来自5个常任理事国和瑞士的受访者中，超过半数（66%）的人认为为削弱敌人力量而攻击宗教或历史遗迹的行为是错误的，但仍有28%的受访者认为其属于战争的一部分或对此表示不确定。可见，1954年《海牙公约》的执行在一定程度上产生了国际示范效应和影响力，但仍需加强宣传和国内传播。[32]

综上所述，中国加入1954年《海牙公约》及其《第一议定书》20余年来，秉持公约精神，在武装冲突下文化遗产保护的国际合作方面发挥积极作用。然而，在该公约具体执行上，现行国内法律法规和政策尚未提供充分的执行依据和有效的实施机制。其主要原因在于：一方面，当前和平环境下中国直接参与国际性或非国际性武装冲突的可能性较小，中国境内的文化遗产已依相关法律获得较大程度保护，该公约直接适用的可能性较小。另一方面，该公约执行机制存在先天的缺陷，制裁措施无力，关键条款存在内生性缺陷，在执行过程中存诸多障碍，各国的履约情况堪忧。[33] 有鉴于此，国际社会于1999年通过了《第二议定书》，旨在对公约进行补充，以加强其实施。中国虽参与了该议定书的讨论，但尚未正式加入。

---

32 ICRC, People on War, Perspectives from 16 Countries, December 2016, see https://www.icrc.org/en/download/file/31194/people_on_war_report.pdf, accessed 2022-07-26.

33 Roger O'keefe, *The Protection of Cultural Property in Armed Conflict*, Cambridge University Press, 2006, p.200.

对此，本文单辟一节，对中国加入《第二议定书》的前景和可行性进行分析。

三、中国加入《第二议定书》的前景分析

前已提及，《第二议定书》迄今已经有86个缔约国。这些国家分布于各大洲，既有德国、日本等发达国家，也包括柬埔寨、埃及等发展中国家。在联合国5个常任理事国中，法国与英国分别于2017年3月20日和2017年9月12日加入《第二议定书》，中国、美国与俄罗斯尚未批准之。[34]

具体到中国而言，尽管中国积极参与了《第二议定书》的制定过程，并在外交会议的表决中投了赞成票，但迄今尚未加入或批准之。究其原因，主要在于该议定书的诸多条款与中国现行国内法，尤其是刑法存在较为明显的冲突。细言之，中国现行国内法与《第二议定书》的冲突主要体现在以下几个方面：

第一，中国国内法缺少对武装冲突期间破坏文化财产的行径进行刑事制裁的规定。目前，中国针对文化财产犯罪施以刑事处罚的法律主要为《刑法》。现行《刑法》第六章"妨害社会管理秩序罪"中专设一节"妨害文物管理罪"。在该节中，第324条至第329条对此类犯罪规定了10个罪名，分别为：故意毁损文物罪，故意毁损名胜古迹罪，过失毁损文物罪，非法向外国人出售、赠送珍贵文物

---

34 参见：https://ihl-databases.icrc.org/applic/ihl/ihl.nsf/States.xsp?xp_viewStates=XPages_NORMStatesParties&xp_treatySelected=590, 2021年10月18日访问。

罪，倒卖文物罪，非法出售、私赠文物藏品罪，盗掘古文化遗址、古墓葬罪，盗掘古人类化石、古脊椎动物化石罪，抢夺、窃取国有档案罪，以及擅自出卖、转让国有档案罪。除此之外，《刑法》关于走私罪的规定适用于走私国家禁止出口的文物的行为。[35] 显而易见，上述这些罪名均非针对武装冲突期间的文化财产犯罪，因此无法满足《第二议定书》第15条与第21条的规定。[36]

值得注意的是，《刑法》第十章"军人违反职责罪"第446条"战时残害居民、掠夺居民财物罪"似与该议定书规定的5种严重违反行为具有较为密切的关系，该条规定如下："战时在军事行动地区，残害无辜居民或者掠夺无辜居民财物的，处五年以下有期徒刑；情节严重的，处五年以上十年以下有期徒刑；情节特别严重的，处十年以上有期徒刑、无期徒刑或者死刑。"2013年3月，最高人民检察院、中国人民解放军总政治部修订并下发《军人违反职责罪

---

35 《中华人民共和国刑法》，第151条第2款。
36 《1954年〈海牙公约〉第二议定书》第15条"严重违反本议定书"规定：1.任何人不顾1954年《海牙公约》或本《议定书》之规定，故意做出下列行为的，就是对本《议定书》的违反：a.将受重点保护的文化财产作为进攻目标；b.将受重点保护的文化财产或其周围设施用以支持军事行动；c.大量地破坏或攫取受《公约》和本《议定书》保护的文化财产；d.将受《公约》和本《议定书》保护的文化财产作为进攻目标；e.偷盗、掠夺或侵占受《公约》保护的文化财产，以及对它进行破坏的行为。2.各缔约国应采取必要措施，依据国内法对本条款所列之各种违约行为加以指控，并通过适当刑罚制止此类行为。在这样做时，缔约国应遵守法律的一般原则和国际法，尤其是遵守把个人刑事责任扩大到直接行为者以外之其他人的规则。第21条"针对其他违约行为的措施"规定：在不违背1954年《海牙公约》第28条规定的情况下，各缔约国应采取有效的立法、行政或惩罚措施，以制止故意实施的下列行为：a.对文化财产的违反《公约》或本《议定书》之规定的任何形式的使用；b.违反《公约》或本《议定书》之规定，从被占领土上非法出口、转移文化财产或转让文化财产权。

案件立案标准的规定》,进一步明确了《刑法》第十章规定的31种军人违反职责犯罪的立案标准。其中,第29条专门对上述第446条的立案标准作了具体规定,其规定如下:[37]

> 战时残害居民罪是指战时在军事行动区残害无辜居民的行为。
>
> 无辜居民,是指对我军无敌对行动的平民。
>
> 战时涉嫌下列情形之一的,应予立案:
>
> (一)故意造成无辜居民死亡、重伤或者轻伤三人以上的;
>
> (二)强奸无辜居民的;
>
> (三)故意损毁无辜居民财物价值五千元以上,或者不满规定数额,但手段恶劣、后果严重的。
>
> 战时掠夺居民财物罪是指战时在军事行动地区抢劫、抢夺无辜居民财物的行为。
>
> 战时涉嫌下列情形之一的,应予立案:
>
> (一)抢劫无辜居民财物的;
>
> (二)抢夺无辜居民财物价值二千元以上,或者不满规定数额,但手段恶劣、后果严重的。

依据《刑法》第446条及上述立案标准,"战时残害居民、掠夺居民财物罪"与《第二议定书》规定的严重违反虽有一定关系,

---

[37] 《军人违反职责罪案件立案标准的规定》,第29条。

但是，文化财产并未被该罪明确提及。此外，依据《刑法》第450条，第十章适用于中国人民解放军的现役军官、文职干部、士兵及具有军籍的学员，中国人民武装警察部队的现役警官、文职干部、士兵及具有军籍的学员，以及执行军事任务的预备役人员和其他人员。与此相对，《第二议定书》规定的严重违反以及其他违反行为所适用的主体为"任何人"，换言之，并不限于现役军人。[38] 由此可见，《刑法》第446条尚不足以构成作为承担《第二议定书》义务的主要国内法依据。

第二，"或起诉或引渡"原则在中国法律中尚付阙如。"或引渡或起诉"（*aut dedere aut judicare*）是国际刑法中一个历史悠久而运用广泛的重要原则，系起源于荷兰学者格劳秀斯在17世纪提出的"或引渡或惩罚"（*aut dedere aut punire*）思想。[39] 依据当代国际刑法理论，该原则是指在其境内发现被请求引渡的犯罪人的国家，按照签订的有关条约或互惠原则，应当将该人引渡给请求国；如果不同意引渡，则应当按照本国法律对该人提起诉讼以便追究其刑事责任。[40] 目前，作为一项对国际犯罪行为人行使管辖权的原则，"或引渡或起诉"已经被许多国际条约所体现。[41]《第二议定书》也吸收

---

[38] 郭玉军主编：《国际法与比较法视野下的文化遗产保护问题研究》，武汉大学出版社2011年版，第258页。

[39] James Crawford, *Brownlie's Principles of Public International Law*, 8th edition, Oxford University Press, 2021, p.470.

[40] 黄涧秋：《论国际刑法中的"或引渡或起诉"原则》，载《当代法学》2008年第1期，第38页。

[41] 马呈元：《国际刑法论》，中国政法大学出版社2008年版，第221页。

了该原则，其第 17 条与第 18 条分别对"起诉"与"引渡"进行了规定；其中第 17 条第 1 款明确规定，有关缔约国在发现违反第 15 条第 1 款第 1 项至第 3 项之规定的嫌疑人在其领土上时，如不将其引渡，则应无一例外和不过分拖延地将此案送交主管当局，按照符合国内法或符合有关国际法惯例的程序提出起诉。

从国际刑法实践上看，"或引渡或起诉"原则在实践中具有广泛性与可操作性，在特定情形下，还可以起到安全阀的作用，作为拒绝引渡后的一种补救措施而出现，是对政治犯不引渡、本国公民不引渡原则以及死刑犯不引渡原则的必要补充。[42] 不过，无论是中国《刑法》还是《引渡法》均未采纳这一原则。在此背景下，《第二议定书》第 17 条规定的义务自然难以得到中国国内法的支撑。

除此之外，有学者认为，中国《刑法》总则未明确武装冲突期间针对文化财产的犯罪不适用时效，以及中国现行《刑事诉讼法》关于刑事司法协助的规定不充分，也是中国批准议定书的法律障碍。[43]

综上可见，《第二议定书》关于刑事责任的规定与中国国内法存在较为明显的冲突。因此，中国尚须对国内法进行修改与完善，使之基本符合《第二议定书》的要求，才能具备批准议定书的法律条件。

与此同时，由于中国本土在可预见的将来陷入武装冲突状态

---

[42] 郭玉军主编：《国际法与比较法视野下的文化遗产保护问题研究》，武汉大学出版社 2011 年版，第 261 页。

[43] 同上书，第 259—262 页。

的可能性微乎其微，中国现阶段加入《第二议定书》亦无迫切的现实需求。职是之故，笔者对中国短期内批准该议定书的前景持谨慎态度。

尽管如此，应当指出，《第二议定书》是当代国际法在文化财产领域的重大进步，代表了国际社会的共识与共同利益，长期游离在其适用范围之外，并不符合中国旨在树立并维护的负责任大国的形象。更为重要的是，中国是一个文化财产资源极其丰富的国家，从历史来看，也是一个饱受战乱之苦的国家；与此同时，中国所处的周边环境也并不太平。因此，批准《第二议定书》，从长远来看，不仅符合保护中国文化财产的国家利益，也有利于更好地尊重其他国家的文化财产。因此，笔者建议，中国应积极采取措施为批准该议定书创造有利条件，并在条件成熟后，尽快完成相应的法律程序。

四、加强武装冲突下文化遗产保护国际公约在中国实施的建议

尽管目前中国尚未制定专门执行武装冲突情况下文化遗产保护的国内法，或针对1954年《海牙公约》的规定采取特定执行措施，但从缔约以来中国的国际实践以及在国际舞台上的声明来看，中国始终拥护以1949年《日内瓦四公约》和1954年《海牙公约》为核心的武装冲突下文化遗产保护法律体系，将其所确立的国际人道主义精神等一系列原则作为构建人类命运共同体的基本遵循，为国际文化遗产保护做出中国贡献。当前，为促进1954年《海牙公约》进

一步落地实施，中国还需不断完善国内法律体系建设，积极参与武装冲突下文化遗产保护法律实践。

（一）完善国内立法

如前所述，当前中国相关立法虽规定了对文化遗产的普遍保护，但尚未制定在武装冲突或其他紧急情况下保护文化遗产的法律法规，对于武装冲突时期破坏文化遗产的行为尚未认定为犯罪。为进一步履行中国缔结或参加的武装冲突时期文物保护相关的国际条约规定的义务，中国应进一步完善《文物保护法》《刑法》等相关法律法规，对标1954年《海牙公约》及其《第一议定书》规定的义务和中国文化遗产保护的现实需要，出台相关配套措施，依据该公约规定开展国内国际执法活动。

具体而言，刑事法律对于执行公约规定、阻止文化遗产的破坏和非法贩运至关重要。[44]中国应尽快完善国内刑法，增加对战时破坏文化遗产行为的刑事制裁措施，以适应该公约需求。此外，中国应进一步制定武装冲突、自然灾害等紧急情况下保护文化遗产的法律制度，确保在文化遗产受到威胁时采取有效保护措施，避免造成更大损失。最后，蓝盾等国际公认标识的使用有利于加强国际合作。该标志不仅适用于受武装冲突威胁的文化遗产，还适用于其他因自然或人为灾害而使文化遗产处于危险之中的情况。

44　胡秀娟：《武装冲突下文化遗产法的新发展——联合国安理会相关决议评析》，载《国际法研究》2018年第6期，第70页。

（二）提交公约实施情况报告

向教科文组织总干事报告公约实施情况是缔约国的基本义务之一，有助于共享文化遗产保护的中国经验，为文化遗产保护的国际合作以及促进公约修改完善创造条件。因此，中国应适时提交1954年《海牙公约》执行情况的报告，积极参加缔约国大会，分享履约经验，开展武装冲突下文化遗产保护的国际刑事司法协助与合作。

（三）加强宣传教育工作

中国应不断加强1954年《海牙公约》在国内的宣传教育工作，提升武装冲突情况下保护文化遗产的普遍共识。针对不同受众需要采取差异化的宣传方式。对于普通民众而言，应着重提升其对该公约的认识和了解，以及对相关标记的识别；而对于军队、文物保护工作者而言，则应熟悉该公约的具体适用条件和操作方式，遵守国际规则。

（四）促进因武装冲突而非法流失的文物返还

战争不仅破坏了文化遗产，还导致了文物的盗窃、走私和非法贩卖，大量珍贵文物源源不断地从武装冲突和局部动荡地区流向世界各地。1954年《海牙公约》及其议定书均强调缔约国保护占领地文物免遭走私贩运，以及在战争结束后将为保护目的而转移出境的文物返还原属国的义务。然而，"二战"后仅有部分国家签订了解决战时输出文物返还问题的国际条约。[45]作为文化遗产在历史上饱受战争和非法贩运之苦的国家之一，中国理应支持因武装冲突而非法流失的文物返还其原属国，促进流失海外的中国文物的回归。在国内法层面上，通过加强文物进境审查制度，对从武装冲突地区非法流出的文物拒绝其进口并予以没收，在开展充分来源调查的基础上将之返还原属国。在国际法层面上，中国应继续支持联合国《关于第二次世界大战流失文物的原则宣言草案》，妥善解决"二战"流失文物返还问题。积极开展双边合作，推动战时被劫掠中国文物的返还。

五、结语

随着国际实践的发展，下列规则已被接受为习惯国际法规则，并对各国产生法律约束力：武装冲突各方必须尊重文化遗产，禁止毁坏、损害或以任何形式盗窃、抢夺对每一民族具有重大意义的文化遗产，从被占领区非法输出的文化财产应返还被占领土。[46]当今世界，和平与发展已成为时代主流，局部动荡和非国际性武装冲突持续挑战国际社会为守护人类文明遗产所付出的努力。在此背景下，武装冲突下文化遗产保护国际公约和习惯国际法彰显出更强

45　李玉雪：《二战流失文物回归争端解决的最新进展及其法律评析》，载《政法论坛》2021年第2期，第75—76页。

46　Jean-Marie Henckaerts & Louise Doswald-Beck, *Customary International Humanitarian Law, Volume 1, Rules*, Cambridge University Press, 2005, pp.127-138.

大的生命力。作为武装冲突下文化遗产保护国际公约缔约国和负责任的大国,中国正积极履行国际公约义务,不断完善国内执行机制,保障文化遗产安全,参与武装冲突下文化遗产保护国际治理,为实现尊重世界文明多样性、不同文明包容互鉴的全球文明倡议注入动力。

打击文物非法贩运国际公约在中国的实施：成就和问题

王云霞

100多年来，中国灿烂的文化遗产一直饱受战争劫掠、盗窃和非法贩运之扰。尤其是改革开放以后，随着信息、物资与人员的国际流动越来越便捷，盗掘、盗窃和非法贩运文物的犯罪行为更加猖獗，严重威胁到中国文化遗产的安全及其完整性。为了堵住文物非法贩运的通道，从根本上减少文物的非法发掘和盗窃，中国于1989年11月和1997年5月分别加入了1970年联合国教科文组织（简称UNESCO）《关于禁止和防止非法进出口文化财产和非法转让其所有权的方法的公约》（简称"1970年《公约》"）和1995年国际统一私法协会（简称UNIDROIT）《关于被盗或非法出口文物的公约》（简称"1995年《公约》"），并努力按照公约的精神和原则完善国内相关法律制度，加大打击文物犯罪的力度，规范对文物交易的管理。

一、实施两个公约取得的成就

由于两个公约主旨均为打击文物的非法贩运，促进文物返还给原属国或原权利人，内在关联度很高，中国在制定有关防止文物非法贩运政策和开展国际合作时，几乎同时会提到这两个公约。因此，在评价公约实施取得的成就时，很难明确区分哪些成就是单独实施哪个公约的结果。总体而言，我国在这一领域的成就主要表现在以下方面：

（一）双边和多边合作取得成果

1970年《公约》第9条规定，任一缔约国在其考古或人种学材料遭受掠夺而使其文化遗产资源处境危险时，均可向相关缔约国呼吁采取必要措施，对其文化财产实行进出口限制和贸易管制。[1]1995年《公约》第13条第2款也有类似规定："任何缔约国可以与一个或者多个缔约国订立协定，以期在其相互关系中促进适用本公约。"[2]这些规定为缔约国之间展开双边或多边合作提供了重要框

---

[1] 第9条规定："本公约的任一缔约国在其文化遗产由于考古或人种学的材料遭受掠夺而处境危殆时得向蒙受影响的其他缔约国发出呼吁。在此情况下，本公约缔约国承担参与协调一致的国际努力，以确定并实施必要的具体措施，包括对有关的特定物资的进出口及国际贸易实行管制。在尚未达成协议之前，有关各国应在可能范围内采取临时性措施，以便制止对提出要求的国家的文化遗产造成不可弥补的损失。"全文见文化遗产法研究网：http://chl.ruc.edu.cn/Content_Detail.asp?Column_ID=39594&C_ID=20024401，2021年8月20日访问。

[2] 公约全文见北大法宝：http://iffga6ae4bfbcde7b499cskqvno6fvbu606fc0.ffhi.libproxy.ruc.edu.cn/fbm，2021年8月20日访问。

架。基于此，中国政府迄今已经先后与秘鲁、意大利、印度、菲律宾、希腊、美国、土耳其、埃及、澳大利亚、墨西哥、瑞士、柬埔寨、缅甸等23个国家签署了关于防止盗窃、非法发掘和贩运文化财产的双边协定或谅解备忘录。由于两公约精神和宗旨的高度一致，这些协定或备忘录中通常将两者的原则和精神融为一体加以落实。如中国与秘鲁、意大利、菲律宾和土耳其等国的双边协定，均在加强与国际组织合作的相关条款中，提及要与执行UNESCO和UNIDROIT关于打击文化财产非法贩运公约的机构加强合作。尤其值得注意的是，菲律宾和土耳其尚不是1995年《公约》缔约国，但在中国与该两国的双边协定中，仍提及UNIDROIT等与打击文化财产非法贩运相关的国际组织，说明协议双方并未刻意区分两个公约。[3]

在争取与更多国家签署双边协定的同时，中国也加强了与国际博物馆协会（ICOM）和国际刑警组织（INTERPOL）等机构的合作。2010年11月9日，中国博物馆协会和ICOM合作，向全世界发布了中文版和英文版《中国濒危文物红色目录》(Red List of Chinese Cultural Objects at Risk)。这份目录将受到中国法律保护的文物分为13大类，每一类皆附以典型材质、造型和工艺的文物图例加以说明。目录的扉页明确说明，中国文物受到包括1970年《公约》和1995年《公约》在内的国际、国内法律的保护。该目录的发布，"旨在帮助各国海关、警察局、博物馆和文化遗产管理部门的工作人员

---

[3] 中国与秘鲁、意大利、菲律宾和土耳其的双边协定，见国家文物局外事联络司编《中外协定、谅解备忘录汇编》。

以及文物收藏者等,甄别受到中国国内及国际法律保护又极易被盗掘走私的文物类型"[4]。中国还根据两个公约的精神,以及双边协定的要求,参照INTERPOL被盗艺术品数据库数据标准,于2017年11月建立了"中国被盗(丢失)文物信息发布平台"[5],该信息发布平台不仅包括政府主管部门发布的被盗和丢失文物详细信息,同时允许公众在平台发布被盗和丢失文物信息。数据库信息将导入国际刑警组织被盗艺术品数据库,以便加强国际执法合作和海外流失文物追索工作。[6]与此同时,中国还建立了"外国被盗文物数据库",将2008年以来收到的来自厄瓜多尔、伊拉克、秘鲁等国通报的6900余件被盗文物信息公布于众,并将根据他国通报情况进行实时更新,体现了中国对于相关公约和双边协定要求的尊重。[7]

(二)加大了打击文物犯罪力度

两个公约的实施在很大程度上促进了中国加大打击文物犯罪的力度。中国自1978年以来,一直很重视对盗窃、盗掘、走私、倒卖文物等犯罪行为的处罚,依据1979年《刑法》(1997年修正)的

---

[4] 时任ICOM总干事朱利安·安弗伦斯(Julien Anfruns)的评论,转引自许晓青、孙丽萍:《遏制跨国文物走私 中国濒危文物红色目录首发》,载搜狐网:http://news.sohu.com/20101109/n277496570.shtml,2021年8月8日访问。

[5] 中国被盗(丢失)文物信息发布平台网址:http://bdww.ncha.gov.cn。

[6] 倪伟、王梦遥:《中国被盗丢失文物信息发布平台上线 公众可在线举报》,载新华网:http://www.xinhuanet.com/local/2017-11/17/c_1121968633.htm,2021年7月8日访问。

[7] 《国家文物局正式发布外国被盗文物数据库》,载中国政府网:http://www.gov.cn/xinwen/2018-04/20/content_5284618.htm,2021年8月8日访问。

规定，盗窃、盗掘、走私文物犯罪的最高刑可达死刑。2011年《刑法》修正以后，涉及文物犯罪的最高刑修改为无期徒刑。尽管刑罚严苛，但由于暴利的驱使，加上许多地方政府管理不善，执法不严，盗窃、盗掘、走私、倒卖文物等犯罪行为还是屡禁不止，而且呈现出"职业化、暴力化、智能化"倾向。因此，从2009年开始，中国公安部和国家文物局每年都要联合举行为期3—6个月的全国性打击防范文物犯罪专项行动。该项行动最初只在中西部那些最容易发生文物盗窃、盗掘等犯罪的重点地区展开，两年后就在全国各地全面铺开。尽管缺乏完整准确的数据说明从2009年该行动开始展开以来究竟破获了多少文物犯罪案件，但一些阶段性数据或许可以说明问题。根据公安部官员于2018年12月在国家博物馆举办的"全国打击防范文物犯罪专项行动成果展"上公布的数据："2013年以来，全国公安机关累计侦破各类文物犯罪案件5000余起，抓获文物犯罪嫌疑人1万余名，追缴文物数以万计。"[8] 可见，连续性的专项行动的实施不仅打击了文物犯罪，提高了文化遗产地和博物馆文物的安全性，也追回了许多重要文物，对于防止文物的进一步非法贩运是有重要作用的。

在展开专项打击行动的同时，中国还建立了文物安全长效保障机制。2010年5月，国务院批准建立了全国文物安全工作部际联席会议制度。该联席会议由公安部、国土资源部、环境保护部、住

---

8 《中国加强打击防范文物犯罪，5年来追缴文物数以万计》，载国际在线：http://news.cri.cn/20181226/a6aa76d9-2ca7-309a-fd4e-ee5d2af99281.html，2021年8月19日访问。

房和城乡建设部、海关总署、国家工商行政管理总局、国家旅游局、国家宗教事务局和国家文物局9个相关单位构成，各单位在打击文物犯罪中的职责都有明确分工。[9] 为了更好地协调和部署打击防范文物犯罪工作，2012年9月，公安部、国家文物局共同建立了"打击和防范文物犯罪联合长效工作机制"，该机制的主要内容包括：设立"打击文物犯罪工作协调组"，定期通报全国文物安全工作情况，研究部署打击文物犯罪工作，督察、督办重大文物犯罪案件；推进打击文物犯罪信息化建设，建立被盗文物信息沟通制度；深化打击文物犯罪国际合作，落实与有关国家签订的关于防止盗窃、盗掘和非法进出境文物的双边协定中关于打击防范文物犯罪的各项工作。[10] 这些工作机制的建立，为在全国范围内打击和防范文物犯罪，保证文物安全，提供了有力和高效的制度保障。

虽然打击文物犯罪是中国为了保护自身文化遗产而采取的必要举措，但如此大力度的打击活动显然与中国加入1970年《公约》和1995年《公约》，以及谋求与美国等国家签署双边协定不无关联。在中国与绝大多数国家签署的双边协定中，都强调要加强对文物犯罪行为的惩罚，要加强文物市场监管和进出境管理。国家文物局官员接受新华社记者采访时表示，美国方面需要考察中国打击文物犯罪的情形以及防止文物走私措施的落实情况，甚至还要求中国

---

[9] 参见《全国文物安全工作部际联席会议成员单位职责》，载国家文物局网站：http://www.ncha.gov.cn/art/2010/12/10/art_722_108703.html，2021年8月19日访问。

[10] 参见《两部门建立打击和防范文物犯罪联合长效工作机制》，载中国政府网：http://www.gov.cn/gzdt/2012-09/06/content_2218552.htm，2021年8月19日访问。

官员参加美方听证会，接受质询，从而证明中国的确在努力打击文物犯罪，没有将防止中国文物流失的责任都放在美国方面。[11]外方的压力显然在很大程度上促使中国领导层下决心开展全国性的跨部门联合行动，以更有效地打击和防范文物犯罪。

（三）加强对文物市场的规范化管理

加入公约也促进了中国对文物市场的规范化管理。20世纪50—90年代，中国曾长期实行计划经济，实施文物特许经营制度，只有国有文物商店才能进行统一收购。文物商店挑选其中的精品提供给博物馆收藏，一般文物经过批准程序后可以出口，在国际文物市场出售，以便换取经济建设所需要的外汇。90年代以后，民间收藏日益繁荣，虽然文物交易依然采取特许经营，但由于法律对于文物交易的规范不严谨，加上传统文物交易习惯的影响，"不问出处"的私下交易或者非法交易非常普遍。加入两个公约后，中国法律加强了文物交易的规范性。2002年，经过修订的《文物保护法》正式承认，私人可以通过继承、受赠、交换、从文物商店或拍卖行购买等方式获得文物。对于文物交易仍实行特许经营，只有符合法定条件，并经过文物主管部门严格批准的文物商店或文物拍卖公司才有资格从事文物销售。次年通过的《文物保护法实施条例》则进一步将两个公约的原则性规定结合起来，要求文物经营者记录交易的详细情况，包括来源、成交价格和购买人信息，并规定此记录至

11　参见于晓伟：《中国与多国签署双边协定促推流失文物返还》，载新浪网：http://news.sina.com.cn/c/2014-12-30/172431345189.shtml，2021年8月19日访问。

少保存75年。[12]保存75年的规定显然与中国加入1995年《公约》所做的声明有关。该声明主张公共收藏文物的返还请求应受75年时效限制，要求保存交易记录与时效时间一致，目的是在请求返还时能够提供一定的依据。[13] 2016年，国家文物局制定的《文物拍卖管理办法》规定了文物拍卖必须遵循的基本规范，将"被盗窃、盗掘、走私的文物或者明确属于历史上被非法掠夺的中国文物"列为禁止拍卖的八类标的之一，贯彻了1970年《公约》和1995年《公约》的基本精神。

随着经济发展水平的提高，个人的文物和艺术品收藏需求日益旺盛，通过古玩旧货市场和互联网渠道收购和出售文物的现象也越来越普遍。然而，依据《文物保护法》的规定，古玩旧货市场并非文物经营的合法主体，绝大多数在互联网进行的文物交易也都属于非法经营范畴，且交易对象不乏国家禁止买卖的出土文物、被盗文物，但这些交易基本上处于监管的真空地带。近年来，越来越多的研究者和相关利害方呼吁修改现行法律，扩大文物经营主体的范围，将古玩旧货市场和互联网文物交易纳入监管。2019年12月16日，上海市政府通过了《上海市民间收藏文物经营管理办法》，从

---

12 《文物保护法实施条例》第43条规定："文物商店购买、销售文物，经营文物拍卖的拍卖企业拍卖文物，应当记录文物的名称、图录、来源、文物的出卖人、委托人和买受人的姓名或者名称、住所、有效身份证件号码或者有效证照号码以及成交价格，并报省、自治区、直辖市人民政府文物行政主管部门备案。接受备案的文物行政主管部门应当依法为其保密，并将该记录保存75年。"

13 参见范敬宜等主编：《文物保护法律指南》，中国城市出版社2003年版，第421—423页。

地方立法层面首次将古玩市场和电子商务平台纳入监管范围。[14]

(四)禁止博物馆和国有机构获取来源不合法的文物

加入两个公约也在一定程度上改变了收藏机构获取文物的路径。大量流失文物因缺乏直接法律依据或受制于时效届满、善意取得、国家所有权不得转让等法律障碍无法回归,一直是中国政府及民众的遗憾。因此,在经济实力增强后,一些博物馆和国民曾经一度迷恋到海外市场,包括拍卖会上购买中国流失文物,以实现文物的直接回归。这种购买方式无疑会刺激国际市场上中国文物的价格高涨,并反过来危及中国国内文物的安全。但购买中国流失文物的行为通常以爱国主义相标榜,令主管部门和文物保护专业人员忧心忡忡。加入两个公约后,中国政府开始以相关国际法律精神来引导民众。2009年1月,中美两国政府签署的《中华人民共和国政府和美利坚合众国政府对旧石器时代到唐末的归类考古材料以及至少250年以上的古迹雕塑和壁上艺术实施进口限制的谅解备忘录》(以下简称《中美备忘录》)第2条第10款明确规定,中美两国的博物馆均不谋求购买从中国掠夺或非法出口的文物[15]。中国政府多次

---

14 《上海出台新规,古玩市场首次被纳入"文物经营管理办法"》,载上海热线:https://news.online.sh.cn/news/gb/content/2020-01/09/content_9480403.htm,2021年8月21日访问。

15 《中美备忘录》第2条第10款规定:"中华人民共和国政府认识到美国的博物馆依照本谅解备忘录将受到限制、不能获得某些考古物品,因而同意其博物馆也将同样不谋取原盗劫于中国大陆、后非法出口到国外的此类受限考古物品,除非卖方或捐助者提供从中国大陆合法出口的证据,或可核查的文件,证明该物品是在美国实施进口限制

公开申明，反对公立机构购买流失文物。时任国家文物局局长在回答记者关于《中美备忘录》签署的意义时明确表示，回购非法盗掘和流失海外文物是对盗掘和走私活动的纵容行为，中国大陆博物馆不得购买流失海外的中国文物。[16]《中美备忘录》实施以后，国有博物馆或其他国有机构在海外市场购买中国流失文物的做法明显减少了。2015年制定的《博物馆条例》第21条规定，博物馆"不得取得来源不明或者来源不合法的藏品"，落实了1970年《公约》、《国际博物馆协会道德准则》和《中美备忘录》的精神。更加引人注目的是，该条例所指的博物馆不仅包括国有博物馆，还包括个人或企业举办的博物馆。由于非国有博物馆的建立大部分基于收藏家的个人藏品，上述禁止获取来源不明及非法文物的规定对于文物交易和收藏领域的影响也非常深远。

二、实施两个公约存在的问题

尽管两个公约在中国的实施已经取得不小的成就，但由于国际条约的法律地位在中国法律体系中不明确，《宪法》和《立法法》均

之前离开中国大陆。此规定适用于中国大陆任何博物馆在中国大陆地区以外的收购品，且仅适用于依照本谅解备忘录所涉、从旧石器时代到唐代末（公元907年）代表中国文化遗产的各类考古物品，以及至少250年以上的古迹雕塑和壁上艺术。"全文载北大法宝：http://iffga6ae4bfbcde7b499cs9fk9xfoknvvw6xfn.ffhi.libproxy.ruc.edu.cn/fbm，2021年8月21日访问。

16 《国家文物局局长：中方不得回购非法流失文物》，载《科学时报》2009年2月13日，第5版。

未提及国际条约的适用问题，亦未提及国际法与国内法的关系，包括公约和双边条约在内的国际条约如何在中国实施缺乏原则性规定，两公约的一些重要机制并未转化为中国国内的法律制度。

（一）1970年《公约》实施存在的问题

总体而言，1970年《公约》规定的缔约国义务大都得到了切实执行，但在某些方面仍存在一些问题。

1. 单向出口限制

公约要求缔约国禁止进口从另一缔约国的博物馆或公共纪念馆及类似机构中窃取的文化财产，只要该财产已列入该机构的财产清册。但现行《文物保护法》仅规定了文物出口审核与管制，以及文物临时进境的申报，并未对非临时进境文物加以规范。临时进境申报的目的是为该文物在一定期限后的再出境提供依据，并非防止或禁止从另一缔约国博物馆或公共收藏机构被盗文物的非法进境。

如果说加入1970年《公约》时中国还主要是一个文物出口国，更注重对文物的出境限制是有道理的。然而，经过20多年的发展，在中国的文物市场已相当繁荣、在海外文物市场购买文物的需要已十分旺盛的情况下，仍坚持单向出境限制，而对文物进境放任不管，很难说尽到了缔约国责任。仅从互惠互利角度，也很难要求其他国家对非法出境的中国文物实施进口管制，并采取措施返还这些文物。更为严重的是，大量从中国非法出境的文物会通过境外交易重新进入中国市场，不仅侵犯了原所有人的权利，扰乱了交易秩序，还会进一步威胁到文化遗产地和博物馆文物的安全。

2. 禁止博物馆获取不合法文物的法律规定仍有一定局限性

1970年《公约》要求缔约国采取措施，防止本国博物馆及类似机构获取来源于另一缔约国非法出口的文化财产。虽然《博物馆条例》在一定程度上体现了该公约的要求，但博物馆"不得取得来源不明或者来源不合法的藏品"的规定仍然有一定的局限性。由于现行《文物保护法》关于藏品来源问题只是从正面规定了博物馆取得文物的方式，并未明确规定禁止博物馆获取文物的方式和类型，更未明确将获取来自外国的被盗或非法出口文物规定为非法，《博物馆条例》的规定可能会被误读为只适用于来自国内的非法文物。

（二）1995年《公约》实施存在的问题

与1970年《公约》相比，1995年《公约》的性质较为特殊，更多地涉及私法领域，在中国的实施存在较多问题。

1. 公约关于善意取得的排除性规定及对善意占有人的补偿并未转化为国内法制度

1995年《公约》第3条第1款明确规定："被盗文物的占有人应归还该被盗物。"这个宣示性的规定意味着该公约并不承认被盗文物可以因善意占有而取得所有权，被盗文物应当返还给原所有人。这被认为是该公约最有意义的一个条文，因为它改变了大陆法系民法关于善意取得制度的传统。[17] 当然，第4条也为善意占有人

---

17 Lyndel. V. Prott, The Preliminary Draft UNIDROIT Convention On Stolen or Illegally Exported Cultural Objects, *International and Comparative Law Quarterly*, vol.41, 1992, p.162.

提供了救济，只要占有人能够证明自己在获取文物时尽到了谨勤调查义务（Due Diligence），在返还文物时即可获得合理补偿。但是，在中国国内法中，《民法典》并未将盗抢物作为善意取得的例外加以明确规定，《文物保护法》也没有涉及被盗或来源非法的文物能否因善意占有而取得所有权问题。《民法典》以及之前实施的《物权法》均规定遗失物、漂流物、地下埋藏物的所有人有权追回，将这三类物排除在善意取得的范围之外，却未提及被盗物是否适用善意取得。全国人大法工委在其立法解释中表示：《物权法》之所以不明确规定这个问题，是考虑到"对被盗、被抢的财产，所有权人主要通过司法机关依照《刑法》《刑事诉讼法》和《治安管理处罚法》等有关法律的规定追缴后退回"。[18] 显然，立法机关认为盗抢物应该返还给所有权人，因此并不认可盗抢物的善意取得。但这个法律漏洞依然会给交易安全带来隐患。由于《文物保护法》并未规定被盗及非法出口文物能否适用善意取得问题，当然也就没有规定对善意占有人进行合理补偿。实践中，由于管理缺失，或者鉴定环节的漏洞，善意购买人依然可能从拍卖会或其他合法市场购买到被盗文物。如果涉及刑事案件，该文物通常被公安机关追缴后返还原所有人，或者直接没收，通过文物主管部门指定博物馆收藏，善意购买人的权益无从补偿。即便不涉及刑事案件，购买人如果事后发现该文物系被盗文物，担心自身权益得不到补偿，也可能会进行非法交易，甚至非法出口。这不仅增加了被盗文物的追索难度，也使文

18　全国人大常委会法制工作委员会民法室编：《中华人民共和国物权法：条文说明、立法理由及相关规定》，北京大学出版社 2007 年版，第 195 页。

物交易更加难以监管。

2. 国内法规定的诉讼时效期限较短

1995年《公约》第3条规定了两种诉讼时效：一种是相对时效（relative limitation period），即请求者在知道其被盗文物所在地及占有人身份时起3年内提出返还请求；另一种是绝对时效(absolute time bar)，即任何情况下必须于文物被盗行为发生之日起50年内提出请求。但关于返还某一特定纪念地或者考古遗址组成部分的文物，或者属于公共收藏的文物的请求，只受相对时效限制，不受绝对时效限制，除非缔约国做出愿受75年时效限制的声明。而中国国内法关于诉讼时效的规定与公约并不衔接。《民法典》规定：请求者应在知道自己权利被侵害时起3年内提起诉讼；自权利受到侵害时起超过20年的，除非法律另有规定，法院不再受理其诉讼请求。换句话说，如果其他法律有不同规定，可以按照其他法律的规定来处理。遗憾的是《文物保护法》并未涉及任何诉讼时效问题。因此，在中国国内关于文物返还的诉讼只能适用《民法典》的一般规定。

虽然1995年《公约》只适用于关于被盗或非法出口文物返还的国际性请求，并不适用于国内请求，也未要求缔约国修改国内法律以与公约规定相一致，但是，正如该公约序言指出的那样，公约制定的目的是"为了在有效地打击文物的非法交易方面做出贡献，应在缔约国之间采取重要措施，即在文物的返还和归还方面建立共同的、最低限度的法律规范，以期促进为所有各方的利益而保存和保护文物"。也就是说，公约提供的是该领域的"最低限度的法律规范"，各国可以制定比该公约规定更有利的法律规则，但不应当比公约的规定更不利。

3. 公约生效至今尚无依据该公约提起的诉讼实例

1995年《公约》自1998年7月1日对中国生效，迄今已经过去20多年。在此过程中，有许多中国文物被盗并非法出口，其中一部分经过私下非法交易后，出现在国际拍卖会上，甚至在博物馆被公开展出。对这些文物的返还请求大都依照1970年《公约》或双边协定通过外交渠道提出，或通过普通国际私法程序直接按照所在地法律提出，1995年《公约》很少有发挥作用的空间。2015年，福建省大田县阳春村村民请求返还"章公祖师"肉身坐佛案是最接近公约适用范围的案件。该佛像于1995年12月被盗后销声匿迹，直到2015年3月出现在匈牙利自然历史博物馆(Hungarian Natural History Museum)的一个展览上。村民们经过照片比对，认定其为被盗的"章公祖师"肉身坐佛，希望文物部门按照1995年《公约》规定的程序，通过外交渠道要求荷兰收藏家奥斯卡·冯·奥沃雷姆(Oscar van Overeem)返还佛像。但佛像被盗时，1995年《公约》尚未对中国生效，荷兰虽然签署了公约，却一直未批准，因此中国政府无法按照该公约规定的程序向荷兰政府或法院提出返还请求。村民们于是委托阳春村村民委员会在荷兰法院提起了诉讼，并同时在中国国内法院进行了平行诉讼。荷兰法院依照荷兰法，认定村民委员会不具有法人资格，驳回了该案。[19]在福建省三

19　CCP Staff, Uncertain Future for Golden Statue Holding Buddhist Mummy: How not to resolve a cultural property controversy, available at: https://culturalpropertynews.org/uncertain-future-for-golden-statue-holding-buddhist-mummy/, accessed: 2021-08-20.

明市中级法院进行的诉讼经过两次公开审理后,于 2020 年 12 月 4 日作出判决:判令被告奥斯卡·凡·奥沃雷姆在判决生效之日起三十日内向原告返还"章公祖师"肉身坐佛像。[20] 虽然由于该文物不在中国,能否真正返还存在很大的不确定性,但该案被誉为中国文物追索的开创性案例[21],为原属国与现持有人进行谈判和协商创造了有利条件。[22] 荷兰与中国两地法院就该案做出的截然不同的判决,也引发了人们对 1995 年《公约》相关机制无法发挥作用的关注。缺乏溯及力和缔约市场国数量少,通常是人们认为该公约在文物返还请求中发挥作用有限的主要原因。但是,不溯及既往是法律的一般原则,并不是 1995 年《公约》本身的弱点。更关键的是,该公约确立的规则已经对许多非缔约的市场国国内法律产生了重大影响。有研究表明,该公约已经对包括荷兰、瑞士、比利时等非缔约国的相关立法以及欧盟的指令和英国、美国相关司法判例产生了明显的影响,[23] 欧盟关于文化财产归还的 2014/60 号指令对谨勤调查义务的引入是其中一个重要例证。[24] 这些发展状况值得中国关注。

---

20 王选辉:《章公祖师像追索案判决详解:为何适用中国法律,为何应返还》,载澎湃新闻:https://www.thepaper.cn/newsDetail_forward_10297895,2021 年 8 月 15 日访问。

21 《最高人民法院发布 2020 年度人民法院十大案例》,https://pkulaw.com/pal/a3ecfd5d734f711d8d19ac52957170df71a2b581890c8a7fbdfb.html,2021 年 8 月 15 日访问。

22 霍政欣、陈锐达:《跨国文物追索:国际私法的挑战及回应》,载《国际法研究》2021 年第 3 期,第 119 页。

23 参见: Manlio Frigo, The Impact of the UNIDROIT Convention on International Case Law and Practice: An Appraisal, *Uniform Law Review*, vol. 20, 2015, pp. 626-636.

24 参见: Marie Cornu, Recasting Restitution: Interactions between EU and International Law, *Uniform Law Review*, vol. 20, 2015, p. 645.

三、结论

毫无疑问，加入 1970 年《公约》和 1995 年《公约》对中国完善相关法律制度和管理体制，促进中国与其他国家的双边合作以及与国际组织的多边合作，更好地保护文化财产都是有积极意义的。近年来，加强文化遗产保护和利用已经成为国家的重大发展方略，保护相关法律法规的修改和完善也已经列入立法机关的工作日程，我们有理由期待，上述两个公约确立的原则和制度会在中国得到更加切实的实施。

中国世界文化遗产保护的法制建设与实践

李伟芳[*]　胡姗辰

中国于 1985 年 12 月 12 日批准《保护世界文化和自然遗产公约》（简称《世界遗产公约》），1987 年就有首批共 7 个"世界文化遗产或世界自然遗产"（简称"世界遗产"）项目成功列入《世界遗产名录》。截至目前，我国列入《世界遗产名录》的世界遗产共有 56 项（含跨国项目 1 项），其中文化遗产 38 项，自然遗产 14 项，文化和自然双遗产 4 项，数量居世界第二位，仅次于意大利。[1]

依据中国现行法，《世界遗产公约》在国内不具备直接适用的法律效力，其对缔约国的要求须通过国内立法或有关制度建设加以实施。为加强我国世界遗产的保护与管理，提高其法治化水平，我

---

[*] 李伟芳，华东政法大学国际法学院教授。研究方向：国际公法、国际环境法、文化遗产法。

[1] 数据来源于世界遗产中心网站：https://whc.unesco.org/en/statesparties/cn，2023 年 5 月 28 日访问。

国立法机关及其他相关部门也制定了法律、条例、规章制度等多层级、多样化法律规范,积极履行中国政府保护我国世界遗产的义务,形成了一套具有中国特色的世界遗产保护法制体系。

需要注意的是,当前中国对世界自然遗产和世界文化遗产采取不同的管理体制,二者的主管部门、保护和管理法律依据以及主要法律制度都存在一定区别。本文主要探讨我国世界文化遗产保护管理的法制建设及其实施状况。

一、我国世界文化遗产保护法制体系

我国幅员辽阔,世界文化遗产数量众多、类型丰富、形态多样。这些世界文化遗产的法制建设与法治化保护及管理,也在中国特色社会主义法治体系框架中,由多层级法律渊源和多样化法律制度组成。其中,专项或地方立法在世界文化遗产保护管理中发挥着重要作用。

(一)多层级的法律渊源

针对世界文化遗产作为全人类共同遗产的重要性、其价值特征和表现形式的多样性及其保护管理的复杂性,我国建立了多层级的法律渊源体系,通过不同层级、各有侧重的法律规范相互配合,对世界文化遗产保护和管理加以规范。

《中华人民共和国宪法》第22条明确规定:"国家保护名胜古迹、珍贵文物和其他重要历史文化遗产。"世界文化遗产作为在世界范围内具有突出普遍价值的文化遗产,当然构成国家保护的重要对象。将国家保护文化遗产的职责确立在作为根本大法的《宪法》中，也是中国在文化遗产保护领域对国际社会的庄严承诺。

以《宪法》为依据，国家在物质文化遗产保护领域的核心立法《文物保护法》是当前规范我国世界文化遗产保护和管理的最重要立法。鉴于世界文化遗产主要表现为纪念性建筑(monument)、建筑群和遗址等不可移动文物类型，诸如文化景观和文化与自然双遗产项目还包含自然要素，且《环境保护法》将人文遗迹纳入环境要素（第2条），该法在世界文化遗产保护管理中也具有重要的规范和保障意义。此外，《城乡规划法》（第4、17、31、32条）和《旅游法》（第19、21条）也特别要求城乡规划和旅游发展规划的制定和实施必须依法对历史文化遗产和人文资源加以保护。在少数民族自治地方，《民族区域自治法》要求自治机关组织、支持有关单位和部门保护民族的名胜古迹、珍贵文物和其他重要历史文化遗产，继承和发展优秀的民族传统文化（第38条）；在特别行政区[2]，《澳门特别行政区基本法》也包含历史文化遗产保护条款（第125条）。法律责任方面，除《文物保护法》外，《治安管理处罚法》（第63条）规定了破坏文物应承担的法律责任；《刑法》更是在"妨害社会管理秩序罪"一章专门设置"妨害文物管理罪"一节，对盗掘古文化遗址、古墓葬或者破坏珍贵文化遗产的犯罪行为应受到的刑罚加以规定。

行政法规层面，除《文物保护法实施条例》中不可移动文物相关条款涉及世界文化遗产的管理与保护外，《历史文化名城名镇名

---

2 目前，中国香港特别行政区暂无世界遗产项目；澳门历史城区被列入《世界遗产名录》。

村保护条例》《风景名胜区条例》等都是世界文化遗产保护和管理的重要法规依据。此外,《长城保护条例》为长城这一重要世界文化遗产的保护和管理提供了专项法规依据和保障。

部门规章层面,2006年原文化部(现为"文化和旅游部",下同)颁布的《世界文化遗产保护管理办法》是目前我国唯一适用于所有世界文化遗产地保护管理的国家层面的规章文件。此外,原文化部于2012年颁布《大运河遗产保护管理办法》,是迄今中央政府针对单项世界文化遗产颁布的唯一部门规章文件。为落实《世界文化遗产保护管理办法》,国家文物局也于同年颁布《中国世界文化遗产监测巡视管理办法》《中国世界文化遗产专家咨询管理办法》等规范性文件。

为体现对世界文化遗产保护管理的重视,解决其保护管理实践中诸多复杂的具体问题,我国许多地方也就辖区内世界文化遗产的保护管理制定了综合性或专项性的法规或规章文件。综合性立法主要包括四川省人民代表大会常务委员会通过施行的《四川省世界遗产保护条例》[3]和以澳门历史城区为主要保护对象的《澳门文化遗产保护法》[4]。绝大多数地方则针对辖区内具体的世界文化遗产项目

---

[3] 《四川省世界遗产保护条例》是中央和地方两级立法中唯一专门以世界遗产为保护对象的法律法规,具有典型意义。该条例共七章,分别为总则、申报、规范、管理、保护、法律责任和分则。其中第二条规定:"本条例所称世界遗产,是指经联合国教科文组织世界遗产委员会审议通过,列入《世界遗产名录》的世界文化遗产、世界自然遗产、世界文化和自然遗产。世界遗产保护范围,分为核心保护区、保护区、缓冲区。"此外,《阿坝藏族羌族自治州实施〈四川省世界遗产保护条例〉的补充规定(修订)》对该规定做出了变通规定。

[4] 该法的保护对象为世界文化遗产地"澳门历史城区"。

制定专项条例（包括地方性法规和单行条例等）或者地方政府规章。

（二）多样化的法律制度

我国世界文化遗产的法律保护主要根据遗产形态的不同特点，通过文物保护单位制度、历史文化名城名镇名村制度以及风景名胜区制度等现行国内法制度进行。此外，《世界文化遗产保护管理办法》等部门规章及国家文物局有关世界文化遗产保护与巡视的规范性文件还根据《世界遗产公约》的要求，对世界文化遗产的规划和监测制度进行了规定。

1. 已有相关国内法制度

在中国国内法体系中，文物保护单位制度、历史文化名城名镇名村保护制度以及风景名胜区制度等，为世界文化遗产的保护管理提供了制度资源。鉴于世界文化遗产作为人类共同遗产所具有的突出普遍价值，绝大多数文化遗产地在申报或列入《世界遗产名录》之前，都已经被核定公布为全国重点文物保护单位，其保护管理应遵守《文物保护法》及其配套法规、规章等有关文物保护单位的保护制度进行。《历史文化名城名镇名村保护条例》有关历史文化名城、名镇、名村及历史街区和历史建筑认定和保护的规定，则为世界文化遗产中诸如丽江古城、平遥古城这样的具有一定活态性特征的历史城镇，或者西递、宏村这样的传统村落的保护和管理提供了明确的法律依据。一些包含自然景观要素的世界文化遗产，如庐山、西湖等文化景观，因风景名胜资源集中，自然环境优美，被确定为风景名胜区，因此受到《风景名胜区条例》的规范。《风景名胜区条例》要求县级以上地方人民政府为其所辖风景名胜区设置专门管理机构，依法组织编制总体规划和详细规划，对风景名胜区内的重要景观进行调查、鉴定，制定相应的保护措施，并建立动态监测机制。风景名胜区内各项建设与自然资源开发利用活动受到该条例的严格限制；各项游览观光和文化娱乐活动也应在完善基础设施建设和风景名胜区标志和路标的基础上，保护民族民间传统文化，普及历史文化和科学知识。

2. 世界文化遗产规划制度

《世界文化遗产保护管理办法》还根据《世界遗产公约》及其《操作指南》的要求，规定省级人民政府应组织编制世界文化遗产专项保护规划，划定遗产区和缓冲区，明确世界文化遗产保护的标准和重点，分类确定保护措施，由省级文物主管部门报国家文物局审定后，再由省级人民政府公布并组织实施。世界文化遗产保护规划的要求，应当纳入县级以上地方人民政府的国民经济和社会发展规划、土地利用总体规划和城乡规划。（第8条）

3. 世界文化遗产监测制度

此外，《世界文化遗产保护管理办法》与国家文物局《中国世界文化遗产监测巡视管理办法》一起，建立了较完善的国家、省、遗产地三级监测和国家与省两级巡视制度。监测包括日常监测、定期监测和反应性监测。日常监测由世界文化遗产保护机构开展，广泛监测文物本体保存状况，遗产区和缓冲区内的自然、人为变化，周边地区开发对文物本体的影响，游客承载量。定期监测由省文物部门进行，每五年对世界文化遗产实行系统监测、每年对列入《濒危世界遗产名录》或者《中国世界文化遗产警示名单》的文化遗产地进行重点监测。系统监测的内容包括对保护规划执行情况、遗产保护、管理、展示、宣传等方面情况的全面监测；重点监测指对遗产地保护已存在的问题采取的解决方法及成效的监测。反应性监测则是针对遗产地保护管理出现的异常情况或危险因素进行的一种专门监测。国家或省级文物行政部门还应组织对世界文化遗产地进行定期或不定期巡视，巡视内容包括审核监测结果，检查保护、管理状况，并提出整改要求。

（三）世界文化遗产保护专项立法概况及基本特点

早在中央政府制定专门文件规范和加强世界文化遗产的保护管理之前，我国已有一些地方在文物保护或者风景名胜区法制体系下，展开了针对文化遗产地进行专门立法保护的探索。如黄山于1989年颁布《黄山风景名胜区管理条例》，次年即成为世界文化和自然双遗产；苏州于1996年颁布《苏州园林保护和管理条例》，推动苏州古典园林于1997年进入《世界遗产名录》；江西省则在庐山被列入《世界遗产名录》的1996年颁布了《江西省庐山风景名胜区保护条例》。《洛阳市龙门石窟保护管理条例》和《河南省安阳殷墟保护管理条例》分别出台于1999年和2001年，均早于其列入《世界遗产名录》的时间。

2002年，中国《文物保护法》进行了全面修改。同年起，国家文物局针对世界文化遗产的保护管理陆续出台一系列规范性文件，提出包括完善法制建设在内的许多具体要求。在此背景下，越来越多的世界文化遗产地专项立法陆续出台。截至 2021 年年底，我国的 42 处世界文化遗产地（含世界文化和自然双遗产）中，共 38 处世界文化遗产地（含世界文化和自然双遗产）制定了专门法规或规章；除长城和大运河之外，其他世界文化遗产地专项地方性法规 36 件，包括 19 件省级地方性法规和 17 件市级地方性法规。2021 年列入《世界遗产名录》的"泉州：宋元中国的世界海洋商贸中心"的专项保护管理办法也已于 2022 年 2 月正式施行。

对于时空跨度大，涉及多个省级行政区的世界文化遗产地，我国通常采取由中央立法带动地方立法，多层级法律规范相结合、层层明确和落实保护管理责任的法制保护模式，集中体现在长城和大运河两处世界文化遗产的立法保护中。长城早在 1987 年便成为我国首批列入《世界遗产名录》的项目之一。作为中国最重要的文化遗产之一，长城保护一直受到中央政府的高度关注。1961 年第一批全国重点文物保护单位即列入八达岭、居庸关和山海关三个点段。然而，由于长城跨越范围广、关注度高，加之其各点段形态和保存状况存在巨大差异，加剧了保护管理难度，制定专门法律或法规解决其保护管理、旅游开发、维护修缮、景观环境保护以及各地长城保护和管理力度和标准不统一等突出现实问题的呼声，自 20 世纪末 21 世纪初日益高涨，并在 2003 年达到高潮。[5]2006 年，《长城保护条例》经国务院常务会议通过并正式实施，明确了长城的保护

---

5 《万里长城今何在——立法保护管理长城指日可待》，载新浪网：https://news.sina.com.cn/c/2002-10-18/07187720，2021 年 12 月 26 日访问；王腾生、李松：《长城保护条例草案制定的背后》，载《法制日报》2006 年 9 月 25 日，第 8 版。

对象和范围，确立了其保护方针、原则及基本思路，并规定了长城保护、管理、修复的具体措施，及其公众利用应遵守的行为规范。该条例的出台为相关地方政府开展长城保护和管理提供了明确具体的规定，推进了长城沿线各地方专项立法进入高潮。[6]截至2021年年底，已有宁夏、河北、甘肃、山西、忻州、秦皇岛、包头等省、市级行政区针对其辖区内长城点段制定了专门的地方性法规或政府规章；一些区、县级行政区也制定了所辖长城点段的保护管理规范[7]。大运河于2006年核定公布为第六批全国重点文物保护单位，2014年列入《世界遗产名录》，其立法保护也是"自上而下"，由中央立法带动地方立法的典型范例。《大运河遗产保护管理办法》的出台也带动沿线省、市行政区陆续出台各级地方性专项保护立法或规范性文件十余件。

此外，根据2013年国家文物局发布的《世界文化遗产申报工作规程（试行）》，颁布实施文化遗产保护的地方专项法规和规章，是我国申报世界文化遗产的必要准备条件之一（第19条）。这些立法作为中国政府采取有效措施对文化遗产地加以管理和保护的重要证明，被视为该地正式申报列入《世界遗产名录》的"加分项"。因此，还有许多已进入《中国世界文化遗产预备名录》的文化遗产地，也陆续有地方性专项保护法规或规章出台。据笔者统计，截至

---

6 在《长城保护条例》颁布实施之前，长城保护相关地方性法律规范只有1993年《天津市黄崖关长城保护管理规定》（已失效）以及2003年《北京市长城保护办法》。

7 如《靖边县长城保护管理办法（暂行）》《定边县长城保护管理办法（暂行）》《武威市凉州区长城保护管理办法》等。

2021年，中国文化遗产研究院（中国世界文化遗产中心）官网公布的《中国世界文化遗产预备名录》所列46处文化遗产项目[8]中，40个项目已存在或正在制定地方专项法规或规章。

在立法体例和结构方面，无论是否有明确的章节划分，绝大多数世界文化遗产地（含预备名录中的遗产地）专项保护立法，都遵循"总则或总则性条款——保护和管理体制——保护或（和）利用措施——法律责任"的立法结构。近年来，有关文化遗产活化利用的法律规范在此类立法中的重要性日益提高，很多早年制定的专项立法也在修订时大幅增加了有关遗产利用和公众共享等方面的内容。如2018年修订的《山西省平遥古城保护条例》和2019年出台的《厦门经济特区鼓浪屿世界文化遗产保护条例》中，"传承与利用""共享与保障"甚至成为专设章节。

立法体例和结构的逐步规范和日益完善也推进了规范内容的体系化。与早期的地方专项立法主要着眼于从较为宏观的层面确立以文物行政部门为主的行政监管措施，以及对一些有损遗产本体或环境的行为活动进行限制性规定相比，近年制定或者修改的世界文化遗产地方性立法，其规范事项涵盖了世界文化遗产保护和管理工作的方方面面，成为该遗产地保护管理最直接和全面的综合性法律依据。例如，此类立法的"总则"或总则性条款中，对立法宗旨和目的的规定日趋全面和细致、对保护对象和保护范围的规定越来越具体精确，保护原则、政府责任、保护管理体制和专门保护机构、

8　参见中国文化遗产研究院（中国世界文化遗产中心）网站：https://www.wochmoc.org.cn/channels/21.html，2022年7月13日访问。

保护资金来源、公众权利义务等条款，也都成为这一部分的"常规条款"。保护措施方面，包括对保护规划、遗产本体及整体历史风貌各项保护措施的规定，还包括对遗产地（遗产区）及其周边地带（缓冲区）城市建设提出的要求，以及对遗产地居民及游客行为的指引和规范等。近年来，越来越多的世界文化遗产地立法开始设置一些引导和鼓励性措施，对遗产地的公众开放与文化服务、遗产价值阐释与传播、旅游管理、非遗传承，乃至相关文化产业发展等遗产活化利用的多元方式和与之相关的事务加以安排。

二、中国落实《世界遗产公约》情况检视

《世界遗产公约》明确规定了缔约国对其境内世界遗产保护的主要责任，要求缔约国将遗产保护工作纳入全面规划计划，建立负责文化和自然遗产的保护、保存和展出的机构和人员，发展相关科学和技术研究，并"采取为确定、保护、保存、展出和恢复这类遗产所需的适当的法律、科学、技术、行政和财政措施"。《操作指南》则对世界遗产突出普遍价值及其真实性和完整性评估、保护和管理措施提出了一系列具体要求。这些要求，为评估当前我国世界文化遗产法制建设及其实施效果提供了最直接也是最基本的标准和依据。

（一）真实性、完整性保护

中国现行法律在文物保护单位、历史文化街区（村、镇）和历史文化名城三个层次的保护体系中，采取了原物保护、原貌保护和

风貌保护等不同保护原则与方法。[9]《文物保护法》确立了"不改变原状"原则（第 21 条），明确规定除非涉及重大公共利益并经有关部门特别批准，不得对不可移动文物进行迁移或者拆除（第 20 条），不得对已全部毁坏的不可移动文物进行重建（第 22 条）。"不改变原状"就是不改变文物及其原有信息的真实性和完整性，"原汁原味"地保留文物蕴含的历史信息及其历史、艺术和科学价值[10]；对迁移、拆除文物保护单位和重建已损毁文物保护单位的严格限制，也是为了将文物的历史、文化、科学价值和各种信息完整地保存下来，避免其遭到破坏或者篡改[11]。此外，《历史文化名城名镇名村保护条例》在"总则"中明确规定历史文化名城、名镇、名村的保护应当保持和延续其传统格局和历史风貌，维护历史文化遗产的真实性和完整性，正确处理经济社会发展和历史文化遗产保护的关系（第 3 条），并在"保护措施"章重申"历史文化名城、名镇、名村应当整体保护，保持传统格局、历史风貌和空间尺度，不得改变与其相互依存的自然景观和环境"（第 21 条）。各地方制定的文化遗产地专项保护立法中，绝大多数都在总则部分明确了保护文化遗产真实性和完整性的要求。

从文本层面看，我国现行相关法律规范较为全面地体现了《世界遗产公约》及其《操作指南》有关遗产真实性、完整性保护的要

9　肖波等：《中国文化遗产保护与利用》，经济科学出版社 2020 年版，第 39 页。
10　范敬宜、张春生、徐玉麟、单霁翔主编：《文物保护法律指南》，中国城市出版社 2003 年版，第 160 页。
11　同上书，第 157、162 页。

求。然而，值得注意的是，"不改变原状"最初在《文物保护法》中确立下来时，是作为"恢复原状或保持现状"的简略表述[12]，"保持现状"仅作为因历史资料不足或技术和人力、财力等方面制约无法做到"恢复原状"时的一种妥协性措施。文物工作实践中，"修旧如旧"的文物修复理念和"原材料、原形制、原工艺、原做法"的"四原"原则在很长时间内是通行原则；关于何谓"原状"的争议在修复案例中更是时常发生。对"修旧如旧"原则和对"四原"的一味强调，显然与《威尼斯宪章》有关"可逆性"和"可识别性"的要求存在一定出入。2000年，国际古迹遗址理事会中国国家委员会（ICOMOS-CHINA）参照《威尼斯宪章》制定了《中国文物古迹保护准则》，规定了文物古迹真实性、完整性保护的具体要求和工作程序规范，极大地推动了我国有关文化遗产真实性、完整性保护的认识与《世界遗产公约》及国际文化遗产保护理念接轨。2015年，《中国文物古迹保护准则》得到全面修订，对"不改变原状"原则（第9条），以及文物古迹真实性、完整性的内涵（第10—11条）进行了明确界定和具体阐释，并对《威尼斯宪章》中提出的最小干预原则（第12条）、使用恰当保护技术（而非"修旧如旧"或严格遵守"四原"原则，第14条），以及《奈良真实性文件》提出的"保护文化传统"原则（第13条）进行了具体规定，更深入地贯彻了《世界遗产公约》及其《操作指南》有关真实性、完整性保护的要求。

---

12 高天：《中国"不改变文物原状"理论与实践初探》，载《建筑史》2012年，第178—179页。

(二)不同保护区域划定

从出发点和功能等方面看,我国《文物保护法》对各级文物保护单位划定保护范围和建设控制地带的规定,与世界文化遗产的遗产区和缓冲区的设置异曲同工。然而,实践中,世界文化遗产地的类型和构成要素呈现复杂性和多样性特征,文物保护单位的保护范围和建设控制地带,不必然等同于世界文化遗产地的遗产区和缓冲区。有鉴于此,许多世界文化遗产专项立法中都会明确规定遗产区和缓冲区的边界范围,以回应《操作指南》的要求。

然而,我国各级法律规范中并未明确规定世界遗产的遗产区和缓冲区与文物保护单位保护范围和建设控制地带,以及其他根据国内法制度确定的保护区划之间的关系。《世界遗产公约》及其《操作指南》作为国际法文件,其具体条文均无直接在国内适用的效力。《世界文化遗产保护管理办法》有关遗产区与缓冲区的规定,仅指出:"世界文化遗产中的文物保护单位,应当根据世界文化遗产保护的需要依法划定保护范围和建设控制地带并予以公布。保护范围和建设控制地带的划定,应当符合世界文化遗产核心区和缓冲区的保护要求。"(第10条)一些世界遗产地包含多个文物保护单位,遗产区和缓冲区内可能同时包含文物保护单位的保护范围和建设控制地带,还有一些世界文化遗产地并不具有文物保护单位的法律地位。与此同时,专项地方性法规囿于《立法法》所规定的立法权的限制,无法对法律、行政法规已有规定的行政许可和行政处罚等进行更加严格的规定。因此,如何将《操作指南》对遗产区和缓冲区的不同要求通过法律制度落到实处，亟待制度层面的解决方案。

（三）保护管理规划

我国早在1963年《文物保护单位保护管理暂行办法》中就已提出"要进行文物保护单位的规划工作，以便纳入城市或农村建设规划"，但文化遗产保护规划实践直至20世纪末才被逐渐引入，直至2003年原文化部《文物保护工程管理办法》才首次在部门规章层面确认了编制文物保护单位保护规划是文物保护的必要内容和环节(第4条)。[13] 2006年《世界文化遗产保护管理办法》第8条对世界文化遗产保护规划的编制要求和程序进行了规定；2013年国家文物局《世界文化遗产申报工作规程(试行)》中进一步明确规定，"按照世界文化遗产保护管理要求，编制文化遗产保护管理规划"是申报世界文化遗产的必备条件，并对申遗阶段所提交的遗产保护管理规划的主要内容加以明确。

鉴于保护管理规划在世界文化遗产申报和保护管理中的重要地位，依据依法编制的保护管理规划对遗产保护管理提出一系列具体要求，成为越来越多的世界文化遗产地专项保护立法的基本理念。专项保护立法有关保护管理规划的规定主要包含以下三方面内容：1. 就规划的制定和修改程序，以及与其他相关规划的协调加以规定。如《甘肃敦煌莫高窟保护条例》(第14条)、《福建省"福

---

[13] 国家文物局、中国古迹遗址保护协会(编)：《中国世界文化遗产30年》，科学出版社2016年版，第65页。

建土楼"世界文化遗产保护条例》(第9条)、《洛阳市龙门石窟保护管理条例》(第10条)、《西藏自治区布达拉宫文化遗产保护管理条例》(第5条)等世界文化遗产专项保护立法,均存在有关规划编制、审批、公布和实施,纳入城市总体规划和(或)纳入地方国民经济和社会发展总体规划的条款。2. 就保护规划应包含的内容加以规定。如《福建省"福建土楼"世界文化遗产保护条例》和《厦门经济特区鼓浪屿世界文化遗产保护条例》都规定,依法编制的专项保护规划应明确世界文化遗产保护的标准和重点,分类确定保护措施;《杭州西湖文化景观保护管理条例》规定,《杭州西湖文化景观保护管理规划》应确定西湖文化景观遗产区和缓冲区范围(第8条),并根据世界文化遗产的保护要求,分别划定景观整体和重点保护要素的保护区划,制定相应的保护和管理措施,限定城市发展对遗产的负面影响,确定西湖文化景观遗产区内合理的环境容量,控制游览接待规模,严格限定土地利用强度和建设规模,合理调整和改善域内交通组织,规定城市利用功能等(第9条)。3. 明确规定专项保护规划作为遗产地保护管理工作和各项活动依据的法律性质。如《重庆市大足石刻保护条例》规定,专门保护管理机构应当依据大足石刻保护规划制订大足石刻年度保养、修缮计划以及自然灾害和突发事件的预防、处置方案;有关部门在各自职责范围内开展大足石刻保护相关工作,应当符合大足石刻保护规划的要求(第8条)。《福建省武夷山世界文化和自然遗产保护条例》《杭州西湖文化景观保护管理条例》《福建省"福建土楼"世界文化遗产保护条例》和《厦门经济特区鼓浪屿世界文化遗产保护条例》都明确指出专项保护规划是世界文化遗产保护、管理和展示、利用的重要依据。2019年出台的《峨眉山世界文化和自然遗产保护条例》《乐山大佛世界文化和自然遗产保护条例》更是明确规定，依法批准的有关峨眉山/乐山大佛保护的国土空间总体规划、详细规划和专项规划是两处世界文化遗产地保护建设和管理利用等各项活动的依据，任何单位和个人应当遵守。然而，从实施层面看，截至2020年，全国仍有近一半世界文化遗产地没有严格意义上合法合规的保护管理规划，导致实际保护管理工作缺乏科学的行动指导。[14]

（四）保护管理机构

现阶段中国没有成立专门管理世界遗产的机构，而是实行从中央到地方多部门分级分散管理的体制，其中世界文化遗产由国家文物局系统管辖，属于国家风景名胜区或者历史文化名城、名镇、名村的，住房和城乡建设部也依法具有管理权，文化和旅游、环保、国土等部门在各自职权范围内履行保护世界文化遗产的责任和义务。根据《世界文化遗产保护管理办法》，省级人民政府在世界文化遗产保护和管理中负有组织、领导和保护的主体责任，应组织编制专项保护管理规划，建立已列入《世界遗产名录》的文化遗产地的保护机构、标志说明、保护记录档案等。

一些世界遗产较为集中的省、市也开始通过统一立法的方式，

---

14 中国文化遗产研究院：《中国世界文化遗产2020年度保护状况总报告》，文物出版社2021年版，第120页。

对其行政区域内涉及不同世界遗产项目的文化遗产地进行统筹管理。如2003年沈阳市就通过《沈阳市故宫、福陵和昭陵保护条例》，对涉及"明清故宫"和"明清皇家陵寝"两个世界文化遗产项目（"一宫两陵"）的保护和管理加以规范，建立了由市政府统筹负责，市文物部门实施监督管理，三处遗产地各自的保护管理机构负责具体保护、修缮和日常管理，以及其他有关政府部门协同配合的保护和管理体制（第3条）。《四川省世界遗产保护条例》不仅就省内世界文化和自然遗产申报、规划、管理、保护和违法责任进行了统一规定，还明确规定"跨行政区域的世界遗产，坚持共同保护、共同管理、共享资源、共同发展的原则"（第4条），由所在地共同上一级人民政府协调其保护管理工作，并建立起省内世界遗产管理协调机制（第5条）。

微观来看，当前我国针对单个世界文化遗产地设置的专门保护管理机构包括以下几种类型：第一，由文物保护单位的保护管理机构履行单项世界文化遗产保护管理职能，一般针对构成要素类型相对单一的世界文化遗产，如故宫等。第二，根据构成要素的不同特点，由所在地方政府建立专门的保护管理机构，如西湖风景名胜区管委会为杭州市政府的派出机构，代表杭州市政府在其管辖区域内实施统一领导、统一管理，全面负责西湖风景名胜区和西湖文化景观的保护、利用、规划和建设，与市园林文物局合署办公。良渚遗址管理委员会作为世界文化遗产良渚遗址的保护管理机构，主要职责包括文物管理、规划建设、学术研究及文化产业发展。第三，对于一些空间范围较大、跨越多个省级行政区的世界文化遗产项目，则通过指定一定机构或者建立新的统筹协调机制的方式，对涉及遗产整体保护利用的重要决策事宜进行安排。如《长城保护条例》规定，国务院文物主管部门负责长城整体保护工作，协调、解决长城保护中的重大问题；《大运河遗产保护管理办法》规定，国家设立的大运河保护和申遗省部际会商小组，协调大运河遗产保护中的重大事项，会商解决重大问题。

（五）保护措施

30余年来，我国世界文化遗产从无到有，由少变多，"从人类征服自然的杰作到人与自然和谐共生的产物；从单一文化的代表到文化交流的成果；从世界文化与自然混合遗产到文化景观遗产；从单点小规模遗产到跨区跨国境的线性文化遗产；从古代遗产到现代遗产；从静态遗产到活态遗产等，遗产类型丰富，分布地域广泛，时间跨度宏大，文化内涵多元"，不仅包括传统的建筑群、单体文物建筑和遗址，还包括历史城镇、文化景观、文化线路，以及兼具遗产线路和遗产运河双重特征的大运河。[15]世界文化遗产形态的不断丰富和构成要素的复杂化对其保护措施提出了新的要求。

随着世界文化遗产地保护管理实践经验的总结和积累，专项保护立法也开始注意到不同遗产类型保护措施的不同特点，并在规范方式、规范内容和规范重点方面有针对性地加以回应。如与一些考

---

15 国家文物局、中国古迹遗址保护协会（编）：《中国世界文化遗产30年》，第12—13页。

古遗址类文化遗产的专项立法相比，针对具有一定的活态性特征的历史城镇、社区，或者在当代依旧发挥着生活、居住功能的建筑群，其专项立法规范往往不仅局限于文化遗产保护本身，更包含着对于所在区域城市建设和整体发展方向的思考。而具有景观特征的文化遗产，其专项立法中往往还包含着环境生态保护方面的条款或内容。

然而，与相对活跃和具有诸多创新性制度设计的地方性立法相比，国家层级的法律制度在世界遗产保护措施方面，仍呈现出滞后性。例如，世界文化遗产的类型多为大型的纪念地、建筑群、遗址，与我国《文物保护法》《历史文化名城名镇名村保护条例》和《风景名胜区条例》等既有法律法规的保护对象并不完全一致；现行国内法采用多种适用范围交叉的制度对世界文化遗产的保护利用加以规范，实践中也会对世界遗产地的统筹管理和整体保护利用造成一定的阻碍。如对世界文化遗产中的文化景观的保护，有的地方适用风景名胜区制度（如杭州西湖），有的地方则将其认定为文物保护单位（如哈尼梯田）。风景名胜区制度和文物保护单位制度本身也可以同时适用于某些特殊保护对象，如何明确标准，处理二者之间的关系，以及如何通过全局性的制度设计加强世界文化遗产与世界自然遗产保护的协同和整体性，都有待进一步研究和完善。

（六）可持续发展、公众参与和社区权益保障

世界文化遗产在国际国内具有较大的影响力和知名度，其公众开放程度一般而言比其他保护级别较低的文物保护单位更高。

然而，世界遗产旅游给地方经济发展带来的巨大推动作用，使得一些地方在旅游开发过程中将世界遗产当作"摇钱树"，一味追求游客人数和经济增长，忽视遗产保护及其价值的正确阐释和传播。为此，早在2004年，原文化部、国家文物局等九部委就联合发布《关于加强和改善世界遗产保护管理工作的意见》（以下简称《意见》），要求正确处理世界遗产保护与开发的关系，明确指出一切开发、利用和管理工作，必须把遗产的保护和保存放在第一位，都应以遗产的保护和保存为前提，都要以有利于遗产的保护和保存为根本。坚决反对无限度无规划的恶性开发和使用，切实保障世界遗产的完整和真实。2006年《世界文化遗产保护管理办法》第14—17条就世界文化遗产的开放利用进行了更加细致的规定，在强调保护优先的同时，从如何把握开放利用的基本方向、规范开放利用行为、提升开放利用及其突出普遍价值展示水平等方面提出了要求。

近年来，"让文物活起来"成为我国文物工作的重点，许多地方开始以世界文化遗产的保护或申报为契机，在此类专项立法中加入鼓励公众参与和保障遗产地居民正当利益的条款，迈出了立法推动文物保护利用改革的第一步。一方面，通过细化遗产活化利用的方式以及明确公众参与遗产保护利用的途径，并辅之以一些激励措施，对鼓励公众参与世界文化遗产保护利用进行明确具体的指引。如鼓励文化遗产志愿者及志愿者组织成立与开展活动，鼓励和支持社会主体参与部分文物和历史建筑的修缮保护和开发利用、建立非国有博物馆或其他公共文化活动场所，或开展遗产价值阐释与传播及与之相关的文化创意产业活动等，都是近年来制定或修改的世界文化遗产地方性立法中时常出现的条款。另一方面，遗产地居民的主体地位、其为遗产保护作出的牺牲及正当发展权益也得到关注，不少地方的世界文化遗产专项立法中都出现了遗产地居民利益补偿条款。如《杭州市良渚遗址保护条例》明确要求杭州市政府和良渚遗址所在余杭区政府建立补偿机制，对良渚遗址保护范围内因文物保护造成的居民个人或者单位的权益损失给予补偿；《厦门经济特区鼓浪屿世界文化遗产保护条例》更是将"尊重文化遗产权利人合法权益，促进权益与义务相均衡"；以及"保障社区居民发展权益，实现价值共享"写进了保护原则中，并要求文化遗产保护机构会同所在思明区政府制定遗产区社区发展规划，加强民生保障，合理配置和利用公共资源，引导业态发展方向，并由市政府制定具体办法对因文化遗产保护导致权利受损或负担增加者给予补偿；还明确规定，"本条例所规定的居民权利内容……等涉及遗产区社区居民重大利益的事项，文化遗产保护机构应采取座谈会、论证会、听证会等方式，公开征求遗产区社区居民的意见，并将意见采纳情况予以反馈"。通过这一系列地方立法规定，社会公众和遗产社区居民在世界遗产保护利用中的主体地位得到了显著提升。

然而，文物利用的具体规范、完善的公众参与制度以及对遗产社区权益的保障，在现行《文物保护法》及其他相关法律和行政法规中并无明确规定。虽然国家层面有部门规章或规范性文件对世界遗产保护做出要求，但立法层级较低，可调动和配置的资源受到限制，无法较好地协调各级政府及各部门责任，无法调动激励全社会参与世界遗产保护和利用的足够资源，也很难切实保障遗产地社区居民在遗产保护和利用中的基本权益。各地遗产地法规自行规定，也造成了各地对遗产地社区权益保障力度参差不齐的问题。

三、完善我国世界文化遗产法制的建议

为进一步统筹国际法与国内法的融合发展，确保《世界遗产公约》在中国的履约效果，我国世界文化遗产法制完善，须从以下三方面重点考虑：其一，目前我国世界文化遗产的法律保护以文物保护法制为主导，以有关部委制定的条例、规章及地方立法为辅助，没有体现世界遗产与其他遗产的区别。为更好地与《世界遗产公约》接轨，中国需要在中央层面进一步完善境内世界遗产保护的立法实践，处理好中国境内世界遗产的长远利益与当前利益、开发建设与资源保护、发展旅游与维护生态的关系，以保证世界遗产可持续发展的目的。其二，《世界遗产公约》及其《操作指南》以及2018年《关于加强文物保护利用改革的若干意见》都强调通过对一定区域或者共同体现一定价值的不可移动文物资源加以整合，通过综合性、创新性方式，将其保护利用融入所在地经济社会发展，实现文物活化利用和带动当地社会经济发展的双重目标，对遗产保护、利用与管理措施的系统性、综合性和可持续性提出了更高的要求。遗产地综合保护管理，其难点在于目标多重性、不同主管部门政策和措施的协调性，以及公众的文化遗产权利与遗产地社区居民生活安宁和发展自由之间的协调平衡。然而，《世界文化遗产保护管理办法》的性质仅为部门规章，对于一些地方制定专门的世界文

化遗产保护地方性法规而言并非严格意义上的上位法规范[16]，一些地方此类遗产地保护和管理仍存在所依据交叉法规过多、法规中综合保护管理思路不明确、地方性法规与有关部门规章规定不一致甚至相冲突等问题。因此，通过具有更高效力层级的法律规范明确规定世界文化遗产保护管理的基本思路与要求尤为必要。其三，重视公共所有权的力量，鼓励公众参与世界遗产的保护。大多数博物馆、考古发现、历史建筑和纪念物都是公共财产，公众参与是保护世界遗产的重要途径。政府要通过各种途径鼓励公众参与世界遗产的保护，促进民众公民意识的觉醒，并重视非政府组织在参与世界遗产管理方面的重要性。目前我国文化遗产保护中的公众参与已经呈现良好的发展趋势，公众参与及类似的探讨所产生的监督作用将有益于推动政府更好地履行其保护世界遗产的职能。

以上述理念和思路为指导，本文就完善我国世界文化遗产法制体系提出以下建议：

（一）《文物保护法》中增加与《世界遗产公约》相衔接的法律规则

为更好地与《世界遗产公约》有关概念及对世界文化遗产的保护要求相衔接，体现我国积极履行国际公约义务、保护世界文化遗

16　根据现行《立法法》第 95 条规定，地方性法规与部门规章之间对同一事项的规定不一致，不能确定如何适用时，由国务院提出意见，国务院认为应当适用地方性法规的，应当决定在该地方适用地方性法规的规定；认为应当适用部门规章的，应当提请全国人民代表大会常务委员会裁决。也就是说，部门规章并非地方性法规的上位法，地方性法规并不因与部门规章相抵触而必然无效。

产的大国责任，我国国内法应对《世界遗产公约》的缔约国责任进行明确回应，将该公约及其《操作指南》的有关要求通过具有普遍约束力的国内法律制度确定下来。国内法的规定与我国加入的公约不一致时优先适用公约规定，既是国际上通行的规则，在《环境保护法》《海洋环境保护法》《民事诉讼法》等许多相关法律中也有先例。鉴于《文物保护法》作为我国文物保护核心立法的基础地位，在《文物保护法》中确立《世界遗产公约》具有优先适用的效力，是其他法律法规依照该公约要求超越现行国内立法对世界文化遗产保护管理进行具体制度设计的基础依据。

（二）制定统一的世界遗产保护管理行政法规

现行《世界文化遗产保护管理办法》作为部门规章，仅仅从主管部门的保护职责出发，对世界文化遗产的保护和管理措施加以细化。此外，由于主管部门的不同，当前我国世界文化遗产和世界自然遗产保护与管理在规范层面并不统一，在实际工作层面更是存在相互割裂、各自为政、多头管理等现象。因此，建议在适当时机修改《世界文化遗产保护管理办法》，将其提升为国务院条例，并将世界文化遗产、自然遗产和双遗产的保护和利用一体加以规制，扩展其规制对象，明确世界遗产保护利用相关各方的权利义务，提升其法律效力，以便将公约规定的保护措施更好地转化为国内法律制度。该条例须明确规定中国境内世界遗产的概念与范围、世界遗产区别于一般遗产的普遍性价值、世界遗产真实性保护为主的利用原则、世界遗产的可持续发展、对世界遗产的风险预防等方面的原则与措施，并对世界遗产地保护规划编制与实施、遗产区和缓冲区划定、综合保护和管理的制度与要求、遗产地监测、公众享用和公众参与，以及遗产地社区居民权益保障等具体问题进行规定。

（三）依据《世界遗产公约》精神完善当前具体法律制度

针对我国当前文化遗产保护利用法制建设滞后于《世界遗产公约》及其《操作指南》要求以及当前文物保护利用改革实践发展的情况，建议对以下具体制度加以完善：第一，保护原则更新与完善。在《文物保护法》"总则"部分加入真实性、完整性原则，并在配套修订的《文物保护法实施条例》以及其他相关法规、规章中参照《威尼斯宪章》和《奈良真实性文件》的精神，对真实性、完整性原则的内容和要求加以明确。第二，明确文物合理利用的要求与边界。《文物保护法》应明确文物合理利用的基本原则与边界，以便配套法规、规章对文物合理利用的具体要求和路径加以进一步明确，同时为地方文物保护利用改革提供明确的行为依据和制度支持。第三，公众参与制度和社区权益保障制度的构建。《文物保护法》及中央层面的有关配套法规、规章应在各自权限范围内，从上到下构筑公众参与文化遗产保护利用的法律制度，明确参与等方式与边界及多样化激励制度，同时对遗产社区应享有的正当权益及其行使和保障方式加以明确。

文化多样性和非物质文化遗产保护的中国实践

田 艳[*] 刘 迪[**]

联合国教科文组织(UNESCO)作为肩负确保对文化尊重与保护使命的国家间政府组织，密切关注全球范围内的人类文化现象，先后制定了一系列公约，以确保文化多样性与非物质文化遗产能够得到世界范围内的重视，并达到了预期的效果。1997年，中国加入了《经济、社会和文化权利国际公约》，全面保护公民的文化权利。2004年，中国加入了《保护非物质文化遗产公约》，依据公约开展各类非物质文化遗产保护工作。目前中国入选《人类非物质文化遗产代表作名录》项目共计43项，总数居世界第一。[1] 2007年，中国

---

[*] 田艳，中央民族大学法学院教授。研究方向：人权法、民族法、文化遗产法。
[**] 刘迪，中国社会科学院大学法学院博士研究生。
[1] 数据来源于联合国教科文组织网站：https://ich.unesco.org/en/lists?text=&multinational=3&display1=countryIDs#tabs，2023年5月28日访问。

加入了《保护和促进文化表现形式多样性公约》，积极响应国际社会对保护和促进文化多样性的呼吁，并致力于促进世界文化多样性，取得了明显的成效。

中国作为拥有数千年历史和丰富文化遗产的世界文明大国，越来越重视文化多样性和非物质文化遗产保护工作，不断加强文明交流互鉴，推动世界文化多样化发展。中国不仅作为缔约国积极履行以上国际公约义务并获得了一系列的成果，更运用中国精神和中国智慧，走出了文化多样性和非物质文化遗产保护工作的中国实践道路，让更多更优秀的非物质文化遗产项目作为"外交使者"和"中国名片"，成为中华文化的承载者和传播者。

一、我国促进文化多样性和非物质文化遗产保护的成就

文化多样性是人类的共同遗产，是交流、革新和创作的源泉，对人类来讲就像生物多样性对维持生物平衡一样必不可少。丰富多样的文化是体现一个民族悠久历史和特色的活态基因，它代表着一个民族历史文化的传承与发展，不仅是文化多样性的重要体现，更是人类智慧的结晶。我国在加入以上公约后，认真履行缔约国责任，在充分尊重公约原则的前提下积极探索，摸索出符合我国国情的文化多样性和非物质文化遗产保护的中国特色道路。

（一）人民基本文化权益得到保障，社会主义文化发展繁荣

我国自加入《经济、社会和文化权利国际公约》后，根据基本国情，积极全面地贯彻和实现该公约有关公民经济、社会、文化各项权利的规定，并取得了显著成就。党的十九大按照中国特色社会主义事业"五位一体"的总体布局，对文化建设做出了新的部署。我国"十四五"规划也明确提出"强化中华文化传播推广和文明交流互鉴，更好保障人民文化权益"。习近平总书记多次强调坚持文化自信，依法推动社会主义文化繁荣兴盛，他指出，文化权益保护的关键是"以人民为中心"[2]，为文化权益保护指明了方向。2021年9月中华人民共和国国务院新闻办公室发布的《国家人权行动计划（2021—2025年）》也明确提出"完善公共文化服务体系，提升全民阅读服务水平，加强中华优秀传统文化传承和保护，促进新兴文化产业发展，更充分保障公民文化权利"。作为我国根本大法的《宪法》第2、4、14、19、22、47、48条对文化权利及文化事业予以规定。尤其是第48条关于文化层面的平等权的规定，为我国公民的文化权益提供了宪法依据。

在实践中，我国公民基本文化权益不仅得到了进一步保障，社会主义文化也更加繁荣。在公民基本文化权益的保障和公共文化服务设施网络的完善方面，我国颁布实施了《公共文化服务保障法》《公共图书馆法》《博物馆条例》等法律法规，制定出台《国家基本

---

[2] 习近平：《习近平谈治国理政》（第三卷），外文出版社2020年版，第323页。

公共服务标准》(2021),省、市、县三级政府普遍制定实施标准或服务目录,明确群众文化权益保障范围。截至2020年年底,全国共有公共图书馆3212个、美术馆618个、博物馆5788个、文化馆3327个、文化站4万多个、村级综合性文化服务中心57.54万个。所有的公共图书馆、文化馆、文化站、美术馆和90%以上的博物馆已经实行了免费开放,实现了"无障碍、零门槛"。[3]我国顺应信息化发展趋势,加强公共文化数字化建设,实施数字图书馆推广工程,建设国家公共文化云平台,打造"云端博物馆""云上村晚"等全景式数字体验平台,让群众足不出户就能在线享受优质公共文化服务。

我国为基层贫困地区的每个县配置了流动文化车,不仅可以开展图书借阅、电影放映,还能组织小型文艺演出。比如,内蒙古巴林右旗的群艺工作者们靠着流动文化车走苏木、进嘎查,帮助农牧民排演、展演了很多接地气的文艺节目,为老百姓送去了欢乐和文化。我国为中西部基层国有院团配送了流动舞台车,解决了剧团下乡演出时器材运输、临时搭台、转点困难三大难题,使得公民可以看到更加丰富的演出。同时,我国为贫困地区11万多个村文化活动室购置了基本的文化服务设备。

(二)中国特色非物质文化遗产保护体系已初步形成

党的十八大以来,党中央高度重视文化遗产保护工作。党的

---

[3] 《国新办举行文化和旅游赋能全面小康新闻发布会》,载中华人民共和国文化和旅游部网站:https://www.mct.gov.cn/vipchat/home/site/2/348/message.html,2021年9月6日访问。

十九大报告明确提出"加强文物保护利用和文化遗产保护传承"的任务。近年来，我国文化和旅游部深入贯彻落实中央决策部署，推动非物质文化遗产保护工作取得了较好的成效，初步建立了符合中国国情、具有中国特色的非物质文化遗产保护制度。

1. 中央立法与地方立法有机结合提供法律支撑

在立法方面，首先，《宪法》第47条规定："中华人民共和国公民有进行科学研究、文学艺术创作和其他文化活动的自由。国家对于从事教育、科学、技术、文学、艺术和其他文化事业的公民的有益于人民的创造性工作，给予鼓励和帮助。"该条对我国公民文化权利的原则性规定为我国文化多样性和非物质文化遗产保护提供了根本法保证。其次，为了传承和弘扬中华优秀传统文化，促进社会主义精神文明建设，加强非物质文化遗产保护、保存工作，第十一届全国人民代表大会常务委员会第十九次会议通过了《非物质文化遗产法》。自此，我国的非物质文化遗产保护工作由单个的项目性保护逐步走向系统保护、科学保护和依法保护阶段，有中国特色的非物质文化遗产保护体系已初步形成。[4]同时，我国还出台了一批相关行政法规、规章，如《传统工艺美术保护条例》《国家级非物质文化遗产代表性传承人认定与管理办法》和《国家级文化生态保护区管理办法》等；各地也相应出台了关于非物质文化遗产保护的地方性法规和单行条例，如《甘肃省非物质文化遗产条例》《宁

---

[4]《文化部：我国非物质文化遗产保护体系初步形成》，载中国政府网：http://www.gov.cn/jrzg/2012-06/05/content_2153951.htm，2021年9月6日访问。

夏回族自治区非物质文化遗产保护条例》等，形成了中央立法与地方性法规有机结合的法律保护体系，为促进我国文化多样性和非物质文化遗产保护提供了强有力的法律支撑。

2. 完备的机构设置提供组织保障

在机构设置方面，我国文化和旅游部设立非物质文化遗产司，负责主管我国非物质文化遗产保护工作。其主要职责涉及拟订非物质文化遗产保护政策和规划并组织实施，组织开展非物质文化遗产保护工作，指导非物质文化遗产调查、记录、确认和建立名录，组织非物质文化遗产研究、宣传和传播等工作。同时，我国还成立了作为专业机构的非物质文化遗产保护中心与社会团体中国非物质文化遗产保护协会，共同负责全国非物质文化遗产保护的相关具体工作。全国31个省（区、市）设立省级非物质文化遗产保护中心，已有23个省份在省级文化和旅游主管部门单设了非物质文化遗产处。这些机构的设置积极回应了《保护非物质文化遗产公约》对缔约国建立主管保护领土内非物质文化遗产的机构的要求。

（三）推进文化遗产资源普查，加强非物质文化遗产传承能力建设

1. 推进非物质文化遗产资源普查，建立四级保护名录

为进一步摸清家底，明确保护重点，我国近年来稳步推进文化遗产资源普查工作，历时4年开展全国非物质文化遗产资源普查，共投入50万人次，登记资源总量近87万项。此外，还完成了地方戏曲剧种普查。

在普查工作基础上，我国建立了四个层级的非物质文化遗产保护名录。截至2021年年底，我国国家级非物质文化遗产代表性项目共有5个批次，10个类别，1557个项目；国家级非物质文化遗产代表性项目代表性传承人共有3068人；国家级文化生态保护区共有7个，国家级文化生态保护实验区17个；国家级非物质文化遗产生产性保护示范基地2批次，共100个。[5] 截至目前，我国入选联合国教科文组织《人类非物质文化遗产代表作名录》项目共计43项，总数居世界第一。这些数据不仅体现了中国日益提高的国际履约能力和担当，更体现了中国对于非物质文化遗产保护工作的重视，对于在国际上宣传和弘扬辉煌灿烂的中华民族文化和精神具有重要意义。

2. 推动非物质文化遗产传承人研培，加强非物质文化遗产传承能力建设

鉴于传承人对于非物质文化遗产保护、传承与发展的重要意义，我国在对942位65周岁以上国家级代表性传承人开展全面记录的基础上，启动实施了非物质文化遗产记录工程，对非物质文化遗产代表性项目进行更加全面、系统、专业的记录。[6] 为推动非物质文化遗产项目的进一步传承，从2015年起，文化和旅游部、教育部、

---

[5] 参见中国非物质文化遗产网·中国非物质文化遗产数字博物馆网站：http://www.ihchina.cn/project.html，2022年3月22日访问。

[6] 《雒树刚部长在全国非物质文化遗产保护工作先进集体先进个人和第五批国家级非遗代表性项目代表性传承人座谈活动上的讲话》，载中华人民共和国文化和旅游部网站：https://www.mct.gov.cn/whzx/whyw/201807/t20180710_833742.htm，2022年3月22日访问。

人力资源和社会保障部联合实施中国非物质文化遗产传承人研修研习培训计划。2021年年底,文化和旅游部、教育部、人力资源和社会保障部印发了《中国非物质文化遗产传承人研修培训计划实施方案(2021—2025)》,文件公布2021年度中国非遗传承人研培计划参与院校达121所[7],切实帮助传承人增加学习机会、提升专业素养,保障非物质文化遗产项目后继有人。

同时,为进一步推动非物质文化遗产保护传承能力建设,加强传统工艺与当代生活的密切结合,我国积极开展分类保护,振兴传统工艺,发布了《中国传统工艺振兴计划》,并发布了第一批包含383个项目的《国家传统工艺振兴目录》,支持拥有较强设计能力的高校、企业和相关单位,在新疆哈密、青海果洛、湖南湘西等传统工艺项目集中地区设立了11个传统工艺工作站,帮助当地传统工艺企业和从业者解决工艺难题,提高产品品质,培育品牌。

(四)利用文化和自然遗产日,积极开展非物质文化遗产保护宣传活动

近年来,我国积极开展教育和宣传活动,培养文化多样性和非物质文化遗产保护公众意识,自2006年起便设立文化遗产日,营造保护文化遗产的良好氛围,提高人民群众对文化遗产保护重要性的认识,动员全社会共同参与、关注和保护文化遗产。自2017年

---

[7] 《〈中国非物质文化遗产传承人研修培训计划实施方案(2021—2025)〉印发》,载中华人民共和国文化和旅游部网站:http://zwgk.mct.gov.cn/zfxxgkml/zcfg/zcjd/202110/t20211021_928453.html,2022年3月22日访问。

起,国务院将每年6月第二个星期六的"文化遗产日"改为"文化和自然遗产日",每年文化和自然遗产日期间相关活动主题鲜明、丰富多彩。自2009年起,国家文物局建立文化遗产日主场城市申办制度,每年与主场城市共同举办活动,在全国范围内征集代表性活动项目,既展示了承办城市所在地域的鲜明特色,又具有全国范围内的倡导力和示范性。[8] 自2006年以来,历年文化和自然遗产日(包含此前的文化遗产日)的主题均与非遗保护相关,例如2021年主题为"人民的非遗 人民共享",2020年主题为"非遗传承 健康生活",2019年主题为"非遗保护 中国实践"等。中国成都国际非物质文化遗产节至今已连续举办7届,中国非物质文化遗产博览会已连续举办6届。同时,《非物质文化遗产法》第34条规定,学校应当按照国务院教育主管部门的规定,开展相关的非物质文化遗产教育。据此,面向青少年的非物质文化遗产普及教育深入开展,越来越多的优秀非物质文化遗产项目进入校园、进入课堂,进入乡土教材。

(五)文化产业蓬勃发展,成为文化多样性保护的有力支撑

进入新世纪以来,我国文化产业一直保持着良好的势头。文化和旅游部官方数据显示,我国当前共有群众文艺团体44万多个;2019年,文化及相关产业增加值达44363亿元,占GDP比重达到4.5%。在旅游高质量发展的促进工作方面,我国构建了以A级景

---

8 《董保华:在2009年中国文化遗产日暨主场城市活动新闻发布会上的讲话》,载国家文物局网站:http://www.ncha.gov.cn/art/2009/6/9/art_1019_93770.html,2021年9月6日访问。

区、旅游度假区、乡村旅游、红色旅游等为主要载体的旅游产品供给体系，培育体育旅游、工业旅游、研学旅游、沉浸式体验等新业态，产业发展基础更加坚实、群众旅游选项更加多元。比如，利用革命文物、新时代红色地标等资源发展的红色旅游，成为许多游客参观游览必选项，2019年红色旅游人次达到14.1亿。培育繁荣有序的国内游、入境游、出境游市场，发展智慧旅游、完善旅游设施，群众享受旅行更方便更快捷、旅游体验更舒适更美好。2019年，国内旅游总人次超过60亿，入出境旅游人次近3亿，旅游总收入达6.63万亿元，综合带动作用发挥明显。[9] 一系列数据显示，我国文化产业供给数量、种类和质量大幅提升，总体呈蓬勃发展之势。

与此同时，我国正逐步加快对文化产业方面立法的步伐。第十二届全国人民代表大会常务委员会第二十四次会议于2016年11月7日通过了《电影产业促进法》；第二十五次会议于2016年12月25日通过了《公共文化服务保障法》。2019年6月28日至7月28日，文化和旅游部公布《文化产业促进法（草案征求意见稿）》，标志着我国文化产业立法即将进入一个新的阶段。

（六）促进国际经验沟通交流，推动文化多样性发展

国际交流方面，我国自2013年提出共建"一带一路"倡议以来，形成了宽阔的经贸往来，还通过文化交流使世界各国人民心灵

---

[9]《国新办举行文化和旅游赋能全面小康新闻发布会》，载中华人民共和国文化和旅游部网站：https://www.mct.gov.cn/vipchat/home/site/2/348/message.html，2021年9月6日访问。

相通。我国身为世界文化大国，积极同其他各国开展国际文化交流活动，促进与其他国家间开展文化政策与措施的对话。我国近年来同埃及、斯里兰卡、蒙古国等"一带一路"沿线国家携手，在文化遗产领域进行了诸多卓有成效的尝试。国际文化交流及有关成功经验增强了公共文化部门的战略管理能力，为维护人类文化多样性发展、共建人类命运共同体贡献了中国力量。

二、我国在促进文化多样性和非物质文化遗产保护中存在的问题

中国自加入有关国际公约以来，在文化多样性和非物质文化遗产的保护方面确实取得了一系列的成就与收获。但不可否认的是，在落实公约义务、承担缔约国责任方面，我国当前仍然面临着诸多问题亟待解决。

（一）相关法律法规有待完善

非物质文化遗产法制保护方面，《非物质文化遗产法》的出台将非物质文化遗产保护工作纳入了法治轨道，为非物质文化遗产的传承与保护提供了多项指导性原则。然而，该法仍不足以为当前基层文化部门开展具体的非物质文化遗产保护工作提供明确的依据和保障。首先，有关文化空间的保护规定尚处空白。"文化空间"是国际非物质文化遗产保护中频繁出现的词汇，文化空间的保护是非物质文化遗产保护的应有之义，应当引起高度重视。当前国务院

办公厅颁布的《国家级非物质文化遗产代表作申报评定暂行办法》中界定的非物质文化遗产范围也包括"与上述表现形式相关的文化空间"。然而，近年来，城镇化浪潮客观上使得一些传统古村落、古街区被损毁，不少传统表演类、技艺类的非物质文化遗产项目失去了存在和展示的空间和场所。其次，缺乏对代表性传承人权利的规定。《非物质文化遗产法》明确规定了非物质文化遗产代表性传承人应当履行的义务，但未言及其权利，客观上造成权利与义务不一致，影响了部分代表性传承人在传承和保护非物质文化遗产工作中的积极性。再次，缺乏明确的非物质文化遗产工作经费投入标准。《非物质文化遗产法》第6条第1款规定了"县级以上人民政府应当将非物质文化遗产保护、保存工作纳入本级国民经济和社会发展规划，并将保护、保存经费列入本级财政预算"，但这一原则性规定在具体实施方面效果并不理想，全国各级地方政府非物质文化遗产保护经费投入标准受诸多因素的影响，差异很大，且经费投入不稳定的现象屡有发生。最后，非物质文化遗产代表性传承人的管理保护机制有待细化。目前我国实践中存在"重名录申报、轻实际保护"的现状。一方面，对于生存困难的非物质文化遗产项目，许多保护资金难以落到实处；另一方面，一些领到非物质文化遗产补贴的传承人在后期并未很好地履行传承人的责任，但由于许多地方缺乏配套奖惩和考核机制，非物质文化遗产项目的传承与发展实际效果受到影响。

文化产业的法律规制方面，目前相关立法主要可以分为三类：第一，文化产业管理规范类立法，如《娱乐场所管理条例》《网络表演经营活动管理办法》《音像制品管理条例》《广播电视管理条例》等；第二，文化产业资源保护类立法，如《旅游法》《国家级文化生态保护区管理办法》等；第三，文化产业发展扶持类立法，如《电影产业促进法》。但必须承认的是，我国文化产业领域基本法仍处于缺失状态，导致我国文化产业相关部门规章、地方性法规缺乏上位法的支撑，并由此引发文化产业立法稳定性和普适性欠缺的问题。随着2019年6月28日《文化产业促进法（草案征求意见稿）》向社会公布，我国文化产业立法即将进入新的阶段。

（二）非物质文化遗产保护意识薄弱，部分非物质文化遗产项目扭曲变形

1. 非物质文化遗产法治保护起步较晚，理论研究滞后

随着全球化进程不断加快，外来文化潮流的席卷，人们对于各类优秀传统文化以及非物质文化遗产的关注度在一定程度上被分流。我国非物质文化遗产相关立法工作开展得较晚，客观上也导致了国民对于非物质文化遗产保护的观念和意识较弱。相较于早在二十世纪五六十年代便通过立法形式为本国文化多样性和非物质文化遗产提供法律保障的美国、日本、韩国等国家，我国在二十世纪末才通过制定行政条例、地方性法规及其他文件的方式对非物质文化遗产进行保护，直至2011年6月1日正式施行《非物质文化遗产法》，才开始建立以该法为核心的中国特色非物质文化遗产保护体系，法律保护起步较晚，加上与经济的快速发展纠结在一起，遇到的问题也更为棘手。

在理论研究方面，目前我国关于非物质文化遗产的科学研究工作相对滞后，非物质文化遗产保护实践中出现的诸如概念理解偏差、保护侧重点误判、政府职责错位等问题，都说明当前我国非物质文化遗产保护工作的开展缺乏有效的理论性指导，非物质文化遗产保护的整体理论建设水平亟待提高。此外，部分基层文化工作者对非物质文化遗产保护的基本内涵都不甚了解，一些非物质文化遗产普查资料言之无物、五花八门。

2. 非物质文化遗产具体保护工作开展缺乏针对性

颁布《非物质文化遗产法》多年来，我国非物质文化遗产保护的力度很大，也取得了一定的效果。但相关部门非物质文化遗产保护具体工作的开展仍不够细致，缺乏灵活性与针对性，尤其体现在一些地方，政府尚不能对症下药，没有清晰地分析不同行业所面临的具体难题及其所需的保护形式、保护程度。比如对于具有经济效益的手工艺类非物质文化遗产项目，由于能带来明显效果，其保护力度往往较大；而对于一些表演、展览类的非物质文化遗产项目，如天桥中幡、古彩戏法、口技等，展示平台的不足将会直接导致其无法得到广泛的社会关注，从而随着时间流逝而消失。

3. 非物质文化遗产保护概念理解存在偏差，部分非物质文化遗产保护不力

必须承认，利用非物质文化遗产元素进行创作加工的方式有利于非物质文化遗产融入现代生活，促进传统文化的产业化发展，在国际上也得到了肯定。但推陈出新不是抛弃传统。传承人的责任就是把优秀的非物质文化遗产原汁原味传承下去，保留非物质文化

遗产中足够的原生态基因。政府指定非物质文化遗产传承人并给予其补贴，主要目的就是希望通过传承人的坚守和执着，保留住最传统、最原始的非物质文化遗产项目，而非创新加工，人为地改造非物质文化遗产项目致使其面目全非，甚至扭曲变形。因此，非物质文化遗产传承人必须将原真性保护作为首要目标和最终落脚点。然而，目前我国部分地区非物质文化遗产保护存在概念理解偏差的问题，在许多非物质文化遗产项目上不能厘清代表性传承人与投资开发者各自的职能。非遗强调原真性保护，一旦对其"加工改造"，便不再是历史上原有的东西，自然也就失去了它作为遗产所应具有的历史认识价值。然而，投资开发者受市场规律和经济效益的影响，非遗的原真性是否能得到保护，并不是他们关注的焦点，因此，非遗的原真性在市场经济的强力撬动下，很容易发生扭曲和变形。

（三）非物质文化遗产保护工作复杂，经费投入不足

专项经费不足是制约我国非物质文化遗产保护事业发展的关键因素。我国地域广阔，非物质文化遗产数量众多，客观上导致了我国非物质文化遗产保护工作所需的资金投入数目巨大，且应保持稳定持久。对于非物质文化遗产项目和非物质文化遗产项目传承人的保护应当长期化、系统化，仅仅通过对非物质文化遗产项目和非物质文化遗产传承人的补贴难以达到一蹴而就的效果。同时对于一些地方政府官员来说，与其将财政收入和精力用于文化多样性和非物质文化遗产保护，不如投入其他生产建设领域更能实现当地经济水平的快速提升。因而现阶段，国内许多非物质文化遗产项目

保护经费仍处于捉襟见肘的状态。同时，政府在非物质文化遗产保护的资金支持和场地供给等方面的职责存在一定的错位和缺失，一些地方在保护资金分配上存在不均衡。政府在非物质文化遗产保护经费的使用过程中，往往把资金更多地投入到那些已经发展很好、资金相对充裕的非物质文化遗产项目和传承人身上，忽略了一些关注程度相对较低、生存能力较差、保护力度较弱的非物质文化遗产项目，如北京料器等。而往往这些"冷门"项目濒临消失的危险，更应当得到更多的关注和资金支持。

（四）非物质文化遗产相关专业人才缺乏

非物质文化遗产保护人才的缺失是制约我国文化多样性和非物质文化遗产保护发展的又一重要原因。

首先，部分非物质文化遗产项目所在地居民对非物质文化遗产传承兴趣不大。对于贴近当地老百姓生活的许多非物质文化遗产项目，当地政府及相关组织并未尽到有效的宣传义务，使得当地群众对于非物质文化遗产传承和保护观念落后甚至冷漠，没有发挥好非物质文化遗产"守门人"作用。

其次，对于许多非物质文化遗产传承人来说，非物质文化遗产传承效益差，传承、保护非物质文化遗产无法带来可观的收入，进而无法吸引其从事该项工作。由于历史和地理等方面的因素，我国许多非物质文化遗产项目如花鼓戏、庐剧、五禽戏等位于农村。这些地区经济发展较为落后，有些村落空心化、老龄化问题严重，并且随着我国现代社会经济的发展以及外来文化对传统文化的不断冲击，年轻一代比起传承古老悠久的文化遗产更倾向于学习现代高新技术，传统技艺所依赖的师徒传承、家族传承模式遭到巨大破坏，许多非物质文化遗产项目传承人后继乏人；有的非物质文化遗产项目即使有传承人，也存在传承人老龄化、断档的问题，这为许多传统技艺的传承带来诸多困难。

不仅如此，高等院校对于非物质文化遗产学科建设和非物质文化遗产保护的专项人才教育投入不足，非物质文化遗产相关学科的高素质专项人才稀缺，直接导致相关理论研究成果不够深入和完善。非物质文化遗产传承人及高素质专项人才的匮乏大大阻却了我国非物质文化遗产的保护和进一步发展。

（五）高质量文化产品供给不足

党的十八大以来，我国文化产业发展的诸多举措和卓越成效令人鼓舞，迎来了文化产业蓬勃发展的黄金时代。但是，当前我国文化供给的主要矛盾已经不是缺不缺、够不够的问题，而是质量高不高、产品精不精的问题。目前，我国的高质量文化产品供给仍无法满足广大人民群众多样化、多层次、多方面的精神文化需求，许多优秀的中华民族文化资源还没有实现创造性转化和发展。文化相关企业自身实力弱和创新驱动能力不足也是导致高质量文化产品供给不足的直接因素之一。在我国，文化企业大多是轻资产企业，高度依赖创新创意，普遍面临盈利模式不稳定、生命周期短、可持续发展难度大等突出问题。实现文化强国战略，就需要更多的有思想、有精神、技术精湛、制作精良的高质量文化产品来满足人民群众的精神文化期待。

三、完善我国文化多样性和非物质文化遗产保护的建议

（一）完善相关立法，健全统筹机制

虽然我国已经建立了以《非物质文化遗产法》为中心的非遗保护法律体系，但面对我国复杂、多元的非物质文化遗产项目现状，既有的相关立法仍然不够全面和完善，许多制度性、原则性的法律规定仍未得到具体的诠释和落实，部分非物质文化遗产保护工作形式过于单一。立法机关应当在现有立法的基础上，结合我国非物质文化遗产保护面临的问题对症下药，完善非物质文化遗产保护的监督机制，强化法律责任，明确各部门职责，只有这样才能给予后续非物质文化遗产保护工作的开展以强有力的法律支撑。对于跨行政区域的大型文化遗产，必须建立良好的统筹机制，建立更为科学、完整、系统的管理模式。要做到因势利导，统筹跨行政区域所带来的多方权利诉求，通过立法构建透明、有效的管理程序。同时可以鼓励支持周边社区、居民参与到非物质文化遗产保护管理之中，促进区域均衡发展。

文化产业的发展也离不开法治建设的保驾护航，文化产业立法的完善是促进我国文化产业发展、转型为国民经济支柱产业的重要保障。2019年6月8日，《文化产业促进法（草案征求意见稿）》首

次面向全社会公开征求意见,对于促进我国文化产业的发展具有里程碑式的深远意义。但值得注意的是,《文化产业促进法》以及其他与文化产业密切相关的法律,如《公共文化服务保障法》《电影产业促进法》《公共图书馆法》等,对于涵盖面广泛的文化产业来说还远远不够,许多新兴文化产业,如游戏、动漫、电子竞技等的法律规定仍然有待填补空白或进一步完善。

另外,在条件成熟的情况下,为促进社会主义文化发展,应当制定《文化基本法》,明确保障公民文化权利,建立健全文化法律部门;完善我国文化法律体系,实现《宪法》与相关文化立法、相关文化政策的协调;提高文化立法的效力层级,推动文化治理与保护的法治化,更好地保障公民文化权利。

(二)加强理论研究,扎实推进保护工作

科学的理论可以更有效地指导实践。当前我国文化产业蓬勃发展,呈现诸多新的发展特点和要求,而现有的文化产业理论研究严重滞后于产业发展实践,对文化产业快速发展中呈现的诸多问题和现象缺乏有效的理论阐释与引导。[10]基于这一现实背景,必须进一步拓宽和深化现有文化产业理论研究,构建新时代中国文化产业理论研究体系,丰富和完善文化产业研究内容。

在非物质文化遗产保护方面,需要更多擅长非物质文化遗产资源发掘、问题分析、价值阐释的非物质文化遗产专门人才投入到相

---

10 范建华、黄小刚:《新时代中国文化产业理论体系构建的思考》,载《出版发行研究》2019第7期,第29页。

关科学研究工作中，进一步加强非物质文化遗产保护的理论研究，完善非物质文化遗产保护理论体系，为非物质文化遗产保护提供理论支撑，不断探寻、研究和丰富科学有效的非物质文化遗产保护技术与方法。要结合当前非物质文化遗产保护实际，扎实开展深入的田野调查和细致的分析研究，同代表性传承人深入交流，切实了解非物质文化遗产保护所面临的问题与可行的改善实施路径，从非物质文化遗产保护的理论高度出发，稳步推进非物质文化遗产保护工作的具体展开。

（三）引导多样化融资，激活文化生命力

必须认识到，保护文化多样性与非物质文化遗产是一件需要持续用力、久久为功的事业。面对文化多样性和非物质文化遗产保护资金不足的问题，首先，政府应当加大文化多样性和非物质文化遗产保护专项资金投入，将非物质文化遗产保护工作和国民经济发展相结合，对非物质文化遗产项目进行长期性、稳定性的投入以达到良好的保护效果。地方政府应当发挥引导作用，积极尝试并采用多样化融资方式，探索建立生产性保护机制，如引导、帮助和保护可以推广的非物质文化遗产项目走产业化发展道路，形成完整的文化产业链；引入国有和民间资本，丰富融资方式，加大融资力度，推动非物质文化遗产保护工作创造性转化；帮助非物质文化遗产项目走向国内市场乃至海外市场。但同时也应当注意资本进入以及非物质文化遗产项目产业化对于非物质文化遗产保护的影响问题，不可偏废。

除资金问题外，面对文化多样性与表现形式各异的非物质文化遗产，要创新保护方式，找到最适合该项非物质文化遗产的保护方法，不可一概而论做简单化处理。要激活其内在的文化生命力，让非物质文化遗产的价值融入人们生活，使其能够自然发展。首先，应当将历史文化与城市文化相融合，让文化保护自然而然地融入市民生活中，提升市民文化遗产自主保护意识。保护好非物质文化遗产，保护好我国文化多样性，就是在保护历史，保存当地的文脉，保持一方水土的个性。其次，在实施乡村振兴战略的背景下，将农村非物质文化遗产保护工作与乡村振兴实现有机结合，一方面充分利用乡村振兴战略带来的各种资源与条件，保护非物质文化遗产、发展文化、促进传承、延续村落历史文脉。另一方面，通过对非物质文化遗产资源的发掘、筛选和利用，积极策划及举办文艺、节庆活动，为乡村振兴提供发展路径，以非物质文化遗产项目促进乡村振兴。比如可以在非物质文化遗产项目的传承地设置传习所，促进当地居民的保护自觉，深度挖掘文化内涵，促进非物质文化遗产传承。这种有机结合不仅响应美丽中国、美丽乡村的建设发展道路，也能保护重要的农业文化和农业景观资源，同时还能促进我国农业的多面发展，带动农民就业创收。

（四）保障传承人权益，扩大传承队伍

对非物质文化遗产代表性传承人的保护是非物质文化遗产保护工作的关键。一方面，政府要进一步增加经济补贴和政策扶持力度，重视传承人的福利保障问题，让传承人无后顾之忧，不为外界

干扰，从而吸引更多的年轻人了解和传承非物质文化遗产项目。例如可以对其制作销售的产品免税或者给予补贴，地方政府或相关组织帮助非物质文化遗产项目进行免费的宣传，为其提供免费的场地进行制作或者展示表演等。另一方面，可以进一步推广对传承人的保护与传承工作制定考核标准，进行评选奖励，以奖代补，通过奖励机制调动传承人的积极性，发挥非物质文化遗产传承人的主观能动性，推动非物质文化遗产保护工作的实施效果。如北京市颁布的《关于加强非物质文化遗产保护传承的扶持办法》，在明确保护举措和保障措施的基础上，从鼓励和支持传承人带徒授艺、开展产学研工作、建立非物质文化遗产项目集聚区等多方面提出了较为详细务实的扶持奖励。

（五）提高社会公众参与，加大非物质文化遗产宣传展示力度

思想是行动的先导，要意识到非物质文化遗产保护是一项社会文化事业，动员全社会积极参与。一方面，政府及相关部门要引导社会公众树立正确的保护理念，做到在保护中发展，在发展中保护；另一方面，要积极宣传和弘扬文化多样性与非物质文化遗产的价值，重视宣传民族文化，加强非物质文化遗产项目展示展览场所建设，鼓励社会公众对文化多样性以及非物质文化遗产保护工作的参与，充分发挥社会力量的积极性和创造力，推动形成政府主导、社会参与、多元投入、协力发展的非物质文化遗产保护体制机制，从信息反馈、咨询、协作、合作四个层次构建我国文化多样性与非物

质文化遗产的公众参与制度。

要重视非物质文化遗产文化教育,推动非物质文化遗产融入国民教育体系,支持非物质文化遗产活动进校园,非物质文化遗产知识进课堂、进教材,发挥非物质文化遗产在青少年健康成长中的积极作用。孩子们只有了解民族文化,才能认同,才能传承;加深我国国民对文化多样性和非物质文化遗产项目的了解,才能使其产生保护中华民族优秀传统文化的使命感和责任感,从而达到社会上下自发自觉地对文化多样性和非物质文化遗产进行保护的效果。

(六)推动文化产业创新,加速文化产业转型

发展文化产业是社会主义市场经济条件下满足人民群众多样化精神文化需求的重要途径。新时代我国社会主要矛盾已经转化为人民日益增长的美好生活需要和不平衡不充分的发展之间的矛盾;相对应的,虽然我国文化产业近些年来欣欣向荣,文化产品供给数量和质量大幅提升,但也同样存在着文化产业生产结构与市场需求不适应、低端供给过剩与中高端供给不足的情况。

为此,必须要加快文化产业的高质量发展,推动文化产业不断创新,加速文化产业转型,实现由数量多、质量低到产品精、质量好的转变。文化产业高质量发展的内在要求就是将文化产品和服务的供给质量始终作为首要衡量标准。将创作生产优秀文化产品作为中心环节,深入挖掘、阐释我国优秀传统文化的思想精髓,坚持以优质内容为主,用文化精品反馈人民,从而增强我国文化产业的核心竞争力。

四、小结

做好新时代文化多样性和非物质文化遗产保护工作，不仅是保护和传承中华优秀传统文化、坚定文化自信、推进文化强国建设、铸牢中华民族共同体意识的必然要求，更是维护我国文化主权、展现民族精神风貌、促进文化多样性和人类命运共同体建设的必然选择。

当前，我国文化多样性和非物质文化遗产保护事业方兴未艾，各地各项非物质文化遗产文化活动开展得如火如荼。党的十九大报告指出："文化是一个国家、一个民族的灵魂。文化兴国运兴，文化强民族强。没有高度的文化自信，没有文化的繁荣兴盛，就没有中华民族伟大复兴。"中华民族共有精神家园并不是凭空形成的，它是立足于历史文化的传统，经过时代文化的淬炼和全球文化的吸纳最终凝聚成形的中华文化精髓。丰富多彩的非物质文化遗产是中华优秀传统文化的重要组成部分，是我国各族人民宝贵的精神财富。要"把老祖宗留下的文化遗产精心守护好，让历史文脉更好地传承下去"。只有当我国优秀的传统文化真正地走进我国广大人民群众的内心，才能更好地走出国门、走向世界，书写美好生活的宜人画卷。

《保护水下文化遗产公约》与中国的水下文化遗产保护管理

刘丽娜

《保护水下文化遗产公约》(简称《水下公约》)是全球唯一一个旨在保护水下文化遗产的国际公约。截至目前,该公约已有72个缔约国。公约自2001年出台至今已20余年,在国际层面建立起水下文化遗产保护的有效机制;在国际合作、区域协同、技术帮助、资金援助等方面践行着对全人类水下文化遗产保护的国际责任。然而,中国尚未加入该公约。

1989年,我国出台了旨在保护和管理水下文物的《水下文物保护管理条例》(简称《水下条例》)。该条例公布实施30余年来历经两次修改,对我国水下文化遗产的保护起到了积极的作用。除此之外,水下文物保护涉及遗址保护、考古发掘、海洋资源管理、环保、水域管辖等方面问题,我国现有的相关法律法规,已为水下文化遗产保护构建了一整套法律框架。

21世纪是海洋世纪，我国在海洋经济发展、海洋资源利用、海洋文化遗产保护等方面都已发生了令人瞩目的变化，同时也面对新的机遇和挑战。本文从分析我国水下文化遗产保护的法律框架入手，指出我国《水下条例》与UNESCO《水下公约》的差异；通过研判我国加入该公约的利弊，指出该公约的"国家合作机制"在推动我国水下文化遗产保护的国际合作、促进我国水下文化遗产可持续发展中的积极作用。

一、我国水下文化遗产保护的法律框架

在我国，不同法律位阶的规范组成了水下文化遗产保护的法律框架。《文物保护法》《海洋环境保护法》《专属经济区和大陆架法》《海上交通安全法》等法律都涉及对水下文化遗产的保护。《水下文物保护管理条例》则是我国第一部也是唯一一部专门针对水下文化遗产的法规。此外，有些地方性法规也涉及水下文化遗产的保护。

（一）《文物保护法》

《文物保护法》作为中国文物保护领域最高位阶的专门法律，明确了水下文物属于中国受保护文物的范围。该法第5条规定："中华人民共和国境内地下、内水和领海中遗存的一切文物，属于国家所有。"

虽然《文物保护法》并没有针对水下文化遗产保护的专门规

定，但其有关不可移动文物和可移动文物的基本法律和规则，如文物保护单位制度、考古探查和发掘审批和管理制度、出土文物或意外发现文物报告和保存规则，以及破坏文物或其历史风貌环境应承担的法律责任等，在水下文化遗产保护中同样适用。《水下文物保护管理条例》作为行政法规，其具体法律规则设置都应在《文物保护法》确立的基本保护制度框架下进行。

（二）《水下文物保护管理条例》

《水下条例》依据《文物保护法》的有关规定制定，于1989年10月由国务院公布，集中规定了我国水下文化遗产的保护与管理制度。该条例自1989年实施以来，于2011年1月依据《国务院关于废止和修改部分行政法规的决定》（中华人民共和国国务院令第588号公布）对其第10条奖励与处罚制度规定中的表述进行过一次修改[1]，经2022年1月23日中华人民共和国国务院令第751号进行第二次修订，公布修订后的《中华人民共和国水下文物保护管理条例》，自2022年4月1日起施行。

2022年新修订的《水下条例》共23条，充分考虑了水下文物行业所面临的保护主体、客体等方面的变化，以及国际水下文物保护的新发展、新原则。与原条例相比，新修订的《水下条例》的变

---

1 此次修改仅将第10条第1款中的"符合《中华人民共和国文物保护法》第二十九条各项规定情形的"修改为"符合《中华人民共和国文物保护法》规定情形的"，第2款中的"具有《中华人民共和国文物保护法》第三十条、第三十一条各项规定情形的"修改为"具有《中华人民共和国文物保护法》规定情形的"，都是衔接问题，不涉及实质内容的变动。

化主要体现在五个方面：(1) 在第 4 条、第 6 条、第 7 条、第 17 条调整行政职责划分，明确行政许可以及水下文物执法巡查的责任主体与部门协商机制。(2) 在第 11 条、第 14 条中健全并细化了水下考古管理的内容，完善了管理范围，细化了审批条件，明确了审批程序时限。特别是第 12 条，吸收了《中华人民共和国考古涉外工作管理办法》的有关规定和实践经验做法，并进一步作了细致规定。(3) 针对近些年我国发展海洋经济的情况，第 13 条、第 14 条新增了在我国管辖水域开展大型基本建设工程应进行水下考古调查勘探的规定，并细化了调查勘探发掘结束后水下文物的登记、保管、移交等保护管理内容——这可以说是此次修订中最大亮点之一。(4) 针对部分水下文物分布较为集中、需要整体保护的特点，在第 7 条中规定了水下文物保护区的划定、调整程序，并通过禁止条款明确保护内容。(5) 为了贯彻落实党中央关于"让文物活起来"的精神，在第 16 条增加了水下文物合理利用方面的内容。

《水下条例》实施 30 余年来，对我国水下文化遗产的保护起到了积极的作用，行业发展、公众期许都已经发生了令人瞩目的变化。经过 30 多年的努力，我国的水下文物考古与保护取得了长足发展，从水下文物探测、考古发掘，再到出水文物保护、水下文物监测，已经形成了一套完整的保护模式。水下文物探测范围从以沿海海域为主、近海海域为辅，发展为以沿海为核心、以近海为重点，启动内水、推进远海的全方位水下文物探测。水下文物的考古项目类型日渐完善，海洋考古、内水湖泊考古、河流滩涂考古项目等齐头并进。

(三)涉及水下文物的相关法律

1982年生效的《中华人民共和国海洋环境保护法》在1999年修订时,明确指出其保护对象包括"有重大科学文化价值的海洋自然历史遗迹和自然景观"以及"具有重大科学文化价值的海洋自然遗迹所在区域"。

2002年生效的《中华人民共和国海域使用管理法》及其相关规定通过加强海域使用管理,维护国家海域所有权和海域使用权人的合法权益,促进海域的合理开发与可持续利用,其中包括水下文物的开发与利用。

2013年修订的《中华人民共和国渔业法》、2018年修订的《中华人民共和国港口法》在保护渔业资源或是维护港口安全与经营秩序的同时,注意保护水下文物资源。

此外,《专属经济区和大陆架法》《领海及毗连区法》《海上交通安全法》等相关法律规定都涉及水下考古勘探、发掘、保护等工作。

(四)涉及水下文物的地方法规、地方政府规章

在地方层面,浙江、福建、广东等水域资源丰富的省市,在地方性文物保护法规中规定了水下文物保护的内容。如2008年《宁波市文物保护点保护条例》提出"水下文物埋藏区"概念;2009年《福建省文物保护管理条例》对水下文物进行专章规定;2014年《广东省实施〈中华人民共和国文物保护法〉办法》明确要求政府应

公布"水下文物保护区";同年颁布的《浙江省文物保护管理条例》规定了水下文物调查范围等内容。

还有一些水下文化遗产丰富的省市的地方性法规、规章,在细化、落实《水下条例》有关保护措施方面作出了更符合自身水下文物特点的特别规定。以福建省为例,2004年福建省实施的《福建省"海上丝绸之路:泉州史迹"文化遗产保护管理办法》[2]在附件中明确了泉州水下文化遗产的保护范围,确定了保护措施和罚则。其中第10条规定"泉州海丝遗产保护范围,按照其保护规划划分为保护区、缓冲区、环境协调区,分级进行保护";并规定保护区内禁止任何建设活动。2007年福州市十三届人大常委会通过的《福州市海域水下文物保护若干规定》进一步规定了长乐、连江、平潭等"水下文物重点保护海域范围"。2009年8月2日修订并公布的《福建省文物保护管理条例》设"水下文物的保护"专章,明确了省级文物行政主管部门主动开展水下文物遗址调查工作的职能,规定水下文物遗址调查,应依照1989年《水下条例》第7条规定,向国家文物局提出申请并经批准后方得开展;"对水下有价值的文物遗址,县级以上地方人民政府应当依法核定公布为文物保护单位,并采取相应的保护管理措施;水下文物分布范围较大,需要整体保护的,应当依法核定公布为水下文物保护区"。这一规定显然扩展了1989年《水下条例》为文物保护单位设置的层级,但切合了2022年新修改的《水下条例》的规定。依据此条款,县、市亦得核定水下的文

---

[2] 2003年11月3日福建省人民政府第七次常务会议审议通过,自2004年1月1日起施行。共6章,35条。

物保护单位。

二、我国《水下条例》与UNESCO《水下公约》的差异

我国《水下条例》制定于20世纪80年代末,当时2001年UNESCO《水下公约》尚未出台;由于我国至今未加入《水下公约》,2022年对《水下条例》的全面修订也未刻意追求与该公约有关规定的协调一致。二者的不同主要体现在以下几方面:

(一)对水下文化遗产的定义表述不同

《水下公约》第1条界定了"水下文化遗产"的概念,即:"至少100年来,周期性或连续地,部分或全部遗存于水下的具有文化、历史或考古价值的所有人类生存的遗迹,比如:遗址、建筑、房屋、工艺品和人的遗骸,及其有考古价值的环境和自然环境;船只、飞行器、其他运输工具或上述三类的任何部分,所载货物或其他物品,及其有考古价值的环境和自然环境;具有史前意义的物品。海底铺设的管道和电缆不应视为水下文化遗产;海底铺设的管道和电缆以外的,且仍在使用的装置,不应视为水下文化遗产。"该定义是国际社会第一次明确界定水下文化遗产的内涵和外延。第一,该定义用"概述+列举"的方式阐述了水下文化遗产的内涵,并肯定了文化遗产的三大价值——文化、历史或考古价值。第二,除外条款又规范了水下文化遗产的外延,即"海底铺设的管道和电缆"不属

于水下文化遗产。第三,该定义充分考虑洋流、潮汐、枯水期、汛期等水域变化特征对水下文物的影响,于是增加了"周期性或连续地,部分或全部遗存于水下"的内容。第四,该定义充分考虑了水下文物与其所处水下环境密切相关:水下保存陆上不复得见的珍稀文物或是密集码放在沉船的沉货,或是散落船舱之外的人类遗存,因一系列化学反应与水下环境早已融为一体,为海洋生物提供了稳定长期且丰富的栖息环境,探究其考古和历史价值,绝不能脱离其所处的环境,唯有从整体上把握才能最大程度地获得水下文物蕴含的信息。

我国《水下条例》第2条规定:"本条例所称水下文物,是指遗存于下列水域的具有历史、艺术和科学价值的人类文化遗产:(一)遗存于中国内水、领海内的一切起源于中国的、起源国不明的和起源于外国的文物;(二)遗存于中国领海以外依照中国法律由中国管辖的其他海域内的起源于中国的和起源国不明的文物;(三)遗存于外国领海以外的其他管辖海域以及公海区域内的起源于中国的文物。前款规定内容不包括1911年以后的与重大历史事件、革命运动以及著名人物无关的水下遗存。"

第一,相较于《水下公约》对于水下文化遗产的界定,我国对于"水下文物"的界定没有设置"至少100年"的时间;并且还包括了与重大历史事件、革命运动以及著名人物相关的水下遗存,这是具有中国特色的定义,扩大了保护时间范围,有利于中国水下遗产保护。

第二,我国《水下条例》的定义并未明确指出水下文物包括"具有考古价值的环境和自然环境"。虽然陆上文物保护的"文物保护单位""历史文化名城名镇名村"制度相关规定都包含了建筑控制地带、核心区域等空间范围,但水下文物定义中却缺乏水下遗产与周边环境密不可分特性的内容。例如,千岛湖底"贺城"和"狮城"两座古城等亟待解决的整体性保护问题;"南海一号"打捞时采取了4吨的沉箱方式等,都说明了水下文物的界定和所在环境息息相关,是不可分割的整体。

第三,我国水下文物的定义中包括了所有权的部分内容,而公约定义条款并不涉及所有权内容。

(二)所有权、管辖权规定不同

我国《水下条例》第2条和第3条对水下文物所有权和管辖权进行了规定[3],明确界定了在中国内水、领海,以及毗连区、专属经济区和大陆架等不同海域中遗存水下文物的所有权归属情况,并指出起源于中国和起源国不明的水下文物也属于中国。详情见表1。

表1 《水下条例》中的所有权规定

位置	起源国	所有权人
内水、领海	中国	中国
	不明	
	外国	

---

[3] 《水下条例》第3条规定:"本条例第二条第一款第一项、第二项所规定的水下文物属于国家所有,国家对其行使管辖权;本条例第二条第一款第三项所规定的水下文物,遗存于外国领海以外的其他管辖海域以及公海区域内的起源国不明的文物,国家享有辨认器物物主的权利。"

(续表)

毗连区	中国	中国
	不明	
专属经济区和大陆架	中国	中国
	不明	
外国内水、领海	未提及	未提及
外国领海以外的其他管辖海域以及公海区域内	中国	享有辨认器物物主的权利
	不明	享有辨认器物物主的权利

我国《水下条例》的管辖权规定分为两种情况。一是基于所有权的管辖权,即本条例第3条前半句"本条例第二条第一款第一项、第二项所规定的水下文物属于国家所有,国家对其行使管辖权"。二是该条后半句规定的管辖权,即遗存于外国领海以外的其他管辖海域以及公海区域内的起源于中国以及起源国不明的文物,我国享有辨认器物物主的权利,即中国对在外国领海以外的其他管辖海域以及公海区域内发现的文物享有管辖权,对于该文物的归属应该由中国来进行确定。

《水下公约》中没有关于所有权的规定,但却尊重国际法的国家豁免原则[4]。该公约中关于水下文化遗产管辖的规定是基于《海洋法公约》对临海国在不同水域享有的不同管辖权规定而确定的[5]。

---

4 详见本书第一部分《水下文化遗产的国际法保护》中的"国家豁免原则"部分。
5 详见本书第一部分《水下文化遗产的国际法保护》中相关内容。

三、我国加入 UNESCO《水下公约》的利弊分析

我国基于种种考虑尚未加入《水下公约》，但从长远看，仍有加入该公约的必要。以下简要分析如加入该公约，我国需要履行的义务和依据公约可享受的权利。

（一）公约将赋予我国更多水下文化遗产保护的权利

相比陆上文化遗产，水下文化遗产的盗捞和非法走私更为隐蔽，一国很难仅仅借助自身海监系统有效保护该国水下文化遗产，特别是被走私、盗捞出境的水下遗产。我国如加入《水下公约》，将依据该公约享有管辖领海外水下文化遗产的权利。

一方面，加入《水下公约》后，我国可依据该公约规定管理和批准在毗连区内水下文化遗产的开发活动。毗连区不是国家主权管辖的范围，是为保护临海国家公共利益设置的特殊区域。《海洋法公约》第 303 条第 2 款[6]赋予沿海国在毗连区行使的排他性管辖权，对该区域内水下遗产的保护重在打击违反法律的进出口水下遗产贸易。而相比我国已加入的《海洋法公约》，《水下公约》第 8 条规定缔约国可管理和批准在毗连区内的水下文化遗产开发活动，除

---

6 该条款规定："为了控制这种文物的贩运，沿海国可在适用第 33 条时推定，未经沿海国许可将这些文物移出该条所指海域的海床，将造成在其领土或领海内对该条所指法律和规章的违反。"

了消极的保护，还多了开发管理的权利。

　　另一方面，加入《水下公约》后，我国可依据该公约对处于紧急危险下的水下文化遗产行使管辖权，而不限于《海洋法公约》规定的管辖海域。《水下公约》第10条第4款规定："在防止水下文化遗产受到包括抢劫在内的紧急危险的情况下，如有必要，协调国可在协商之前遵照本公约采取一切可行的措施，和／或授权采取这些措施，以防止人类活动或包括抢劫在内的其他原因对水下文化遗产构成的紧急危险。"加入公约后，根据该条，若在我国南沙群岛等海域发现抢劫、走私、打捞我国水下遗址的情况，我国可以采取一切可行措施加以制止，也可以给予其他缔约国同样的帮助。此外，我国还可依据《水下文化遗产行动手册》（《保护水下文化遗产公约操作指南》，简称《操作指南》）有关《公约》第19条"合作与信息共享"的规定[7]，在必要时请求国际刑警组织（INTERPOL）协助。

（二）公约为我国水下文化遗产保护提供国际机制

　　《水下公约》为全面有效地保护世界各地的水下文化遗产开创了新的法律保护模式，其设立的全面保护措施让全球水域内的水下遗产获得和陆地遗产一致的保护。首先，该公约按照水下文化遗产所处水域赋予临海国程度不同的水下遗产管辖权，并建立了国家合

　　7　该条规定："各缔约国要采取一切可行措施，传播有关违反《公约》或国际法挖掘或打捞的水下文化遗产的信息。具体方法包括在可行的情况下，利用有关的国际数据库，并与教科文组织和其他政府间组织或政府组织（例如国际刑警组织）合作实现这一目标。"

作机制[8]。其次,水下考古、出水保护等属于新兴学科,保护管理成本高、维护难度大。而《水下公约》通过科技咨询机构向缔约国提供技术支持和技术培训。考虑到水下考古学属于新兴学科,联合国教科文组织还计划了大学水下考古学项目,大力发展水下文化遗产保护的基础学科。最后,公约建立了"财务援助"制度。2019年第七届缔约国会议通过的《水下文化遗产特别账户财务条例》[9]为对处于领海之外遭受掠夺的缔约国水下遗址的保护提供必要财务援助提供了依据。我国加入《水下公约》后,即可适时利用上述国际保护机制,加强对我国水下文化遗产的管理和保护。

(三)加入公约并未新增我国在领海水域保护水下文化遗产的义务

《水下公约》督促缔约国履行其在领海内的水下文化遗产保护义务。首先,公约第7条第2款规定:"在不违背其他有关保护水下文化遗产国际协定和国际法准则的情况下,缔约国应要求开发内水、群岛水域及领海中的水下遗产的活动遵守《针对水下文化遗产之行动规则》中的各项规定。"其次,公约要求缔约国通过履行义务来防止缔约国国民从事非法打捞、禁止贩运水下遗产的活动。"缔约国还须采取一切可行措施确保其国民及船舶不参与毁坏或抢夺水下文化遗产的活动";如出现上述情况,缔约国应采取措施"防

---

8 详见本书第一部分《水下文化遗产的国际法保护》中的"国家合作机制"。
9 《水下文化遗产特别账户财务条例》参见:https://unesdoc.unesco.org/ark:/48223/pf0000372671_chi。

止非法出口和／或打捞的水下文化遗产进入其国土、进行交易或被占有"(第16条)。最后,公约还要求各缔约国对违反该公约的情形实施制裁(第17条)。

我国《水下条例》在《水下公约》出台十多年前就规定了该公约中的保护内容。首先,《水下条例》第4条规定了国家相关行政管理部门开展水下文物的保护工作[10]。其次,第7条第4款、第8条第1款、第15条规定了禁止破坏水下文物的各种行为[11]。最后,我国对各种破坏水下文物的行为,如私自勘探、发掘、打捞水下文物,或者隐匿、私分、贩运、非法出售等,依法给予行政处罚或者追究刑事责任。[12] 因此,加入该公约,并未新增我国水下文化遗产保护的责任。

(四)履行专属经济区、大陆架水下文化遗产保护措施报告义务不会减损我国主权权益

《水下公约》第9条、第11条规定,缔约国在领海外的限制管辖区(专属经济区、大陆架)内采取的一切水下文化遗产保护措施,不论其是否为遗产来源国,都应通报秘书处(或其他相关缔约国、海

10　第4条规定:"国务院文物主管部门负责全国水下文物保护工作。县级以上地方人民政府文物主管部门负责本行政区域内的水下文物保护工作。县级以上人民政府其他有关部门在各自职责范围内,负责有关水下文物保护工作。中国领海以外依照中国法律由中国管辖的其他海域内的水下文物,由国务院文物主管部门负责保护工作。"

11　第7条第4款规定:"在水下文物保护区内,禁止进行危及水下文物安全的捕捞、爆破等活动。"第8条第1款规定:"严禁破坏、盗捞、哄抢、私分、藏匿、倒卖、走私水下文物等行为。"第15条规定:"严禁未经批准进行水下文物考古调查、勘探、发掘等活动。严禁任何个人以任何形式进行水下文物考古调查、勘探、发掘等活动。"

12　参见《水下条例》第20、21、22条。

底管理总局等)。加入该公约后,我国在专属经济区、大陆架(或区域内)采取的水下文化遗产发掘、保护等措施,都需要履行报告义务。

目前,我国的《水下条例》并未规定在专属经济区、大陆架上采取保护措施的报告责任。如我国加入该公约,则应考虑报告的途径、时效、对象,即报告途径、地理信息是否共享给其他成员国或者公众,以及是否报告所有发现的水下文化遗产情况等问题。

根据《水下公约》规定的报告机制,我国在加入该公约时,可以选择报告共享的对象,即可以选择将相关报告发送至联合国教科文组织、另一缔约国、公约秘书处或国际海底管理局等一个或多个机构。其次,根据该公约附件《针对水下文化遗产之行动规则》第35条"宣传"的要求,缔约国可以决定是否希望在教科文组织网站向广大公众公布报告信息,因此不会导致泄露遗址的具体位置、价值等信息。最后,该数据库凭密码使用,报告方式可由缔约国选择邮件、邮寄或者其他认为安全的方式。

四、《水下公约》对中国水下文化遗产保护发展的影响

经过30多年的努力,我国的水下文物考古与保护取得长足发展,从水下文物探测、考古发掘,再到出水文物保护、水下文物监测,已经形成了一套完整的保护模式。即使不加入《水下公约》,我国也应尽量采用该公约中确立的"水下文化遗产国际保护标准"以及"国家合作机制",以利于我国水下文化遗产的可持续发展和国际化合作。

（一）采用水下文化遗产国际保护标准
有利于我国水下文化遗产可持续发展

联合国于 2015 年公布的《2030 年可持续发展目标》[13] 的第 14 个目标为"保护和可持续利用海洋和海洋资源以促进可持续发展"，包括水下生物的可持续发展。水下文化遗产常为水下生物的栖息地，水下生物的持续发展与水下文化遗产的可持续发展息息相关。可持续发展理论对于通过水下文化遗产保护实现人类文化以及地球环境的多样性具有积极的指导意义。水下文化遗产的可持续发展既包括技术性可持续，即水下文物持存年代绝对值最大；又包括经营性可持续，即水下遗产公众参与人数最大化。两方面相互补充、共同发展，才能达成可持续社会的最终目标，这也是水下文化遗产可持续发展的理想模式。

《水下公约》附件《针对水下文化遗产之行动规则》及其《操作指南》的内容，正是以"水下文物持存年代绝对值最大"和"水下遗产公众参与人数最大化"为目标的。作为全球水下考古工作的实践标准[14] 以及指导各国水下文化遗产保护工作的技术规范，该公约附件及其《操作指南》涵盖了公约规定的非商业打捞原则、项目管

13　2015 年 9 月，193 个会员国在联合国峰会上共同通过了一整套旨在消除贫困、保护地球、确保所有人享繁荣的 2030 年全球可持续发展议程。它涵盖 17 个可持续发展目标（SDGs）以及 169 个具体目标，提出了我们面临的包括贫困、不平等、气候、环境退化、经济繁荣以及和平与正义有关的全球挑战，涉及经济发展、社会进步和环境保护三个核心方面。

14　详见本书第一部分《水下文化遗产的国际法保护》中相关内容。

理流程与水下考古操作规程、遗产保护与安全措施、档案管理与公众教育等诸多内容。

我国可采用附件及其《操作指南》为水下文物保护设定的标准，以帮助水下考古学家、水下文化遗产保护专家和遗产管理者采取水下文物可持续发展保护措施。具体来说，可持续发展理念下我国的水下文物保护与开发应考虑两点：

第一，始终坚持"保护第一，开发第二"的原则。妥善保护的前提是对我国水下文化遗产进行全面且整体的评估，保护的过程是渐进式的。与传统模式下我国对于水下文化遗产的保护不同，可持续发展理念所倡导的保护是发展中的、动态的、全面的保护，这就要求保护过程中不仅要尽力涵盖和考虑人力、经济基础、技术水平、管理能力以及利用需求等各方面要素，还要明确各个时代人们对遗产利用的责任和义务。

第二，保护与开发要注重其"原真性"的价值。保护和发展是建立在我国水下文化遗产资源的独特性与稀缺性之上的。开发过程更要全面考虑遗产所在地之生态环境的承受能力，应采用较为缓和的、循序渐进的方式，合理利用遗产资源，保持文化完整性，遵循基本生态进程与生命循环系统，在保障遗产旅游资源利用的永续性的基础上满足经济、社会和审美方面的需求。

总之，我国水下文化遗产可持续发展的目标，一方面应纵向考虑水下文物资源的保存，即传承古老文明以及保护子孙后代长远利益；另一方面还应横向考虑水下文化遗产保护与实现经济增长目标的协调与促进。

(二)建立国家合作机制推进我国水下文化遗产的国际合作

为了推进我国水下文化遗产保护领域的国际合作,我国应建立水下遗产国家合作保护机制。借鉴《海洋法公约》和《水下公约》依海域不同赋予临海国不同权利的原则,按照水下文化遗产所处水域的不同,赋予临海国不同程度的管辖权;换言之,缔约国对其领海、毗连区、专属经济区、大陆架、公海("区域")内的水下文化遗产享有不同管辖权、履行不同的保护义务。

对处于大陆架、专属经济区、公海内的水下文化遗产,依据现有国际法规定,临海国均不具有管辖权。然而,水下文化遗产常是因自然灾害而沉没的船只,常常处于远离海岸线的大陆架、公海海域内。因此,建立完善国家合作机制对于不同水域内水下文化遗产的有效保护尤为必要。国家合作机制的建立可以分不同阶段进行:第一阶段的国家合作可以从技术合作、信息共享开始。第二阶段的合作则应以建立区域水下文化遗产"预警机制"为目标,通过建立国与国之间的水下文化遗产盗捞通报机制、水下文化遗产发现报告制度,实现被走私水下文化遗产的信息共享,并对破坏水下文化遗产的行为采取联合救援行动、联合海上搜查行动等,快速高效地打击水下文化遗产的破坏和走私行为。第三阶段的国家合作则可发展为协调国合作模式,即对位于大陆架、公海内的某一具体的水下文化遗产,通过最具文化、历史联系原则,确定该水下文化遗产的协调国,由该国代表区域内全体合作国家,制定针对该水下文化遗产的保护措施。

以南海区域合作保护机制为例，利用《水下公约》国家保护机制[15]应从水下文化遗产保护技术层面的合作开始，建立南海九国共享的水下文化遗产数据库，逐渐发展到建立九国联动的水下文化遗产预警系统，构建水下文化遗产保护的协调国制度，最终达到管控危机、共同保护的目的。具体详见图1。[16]

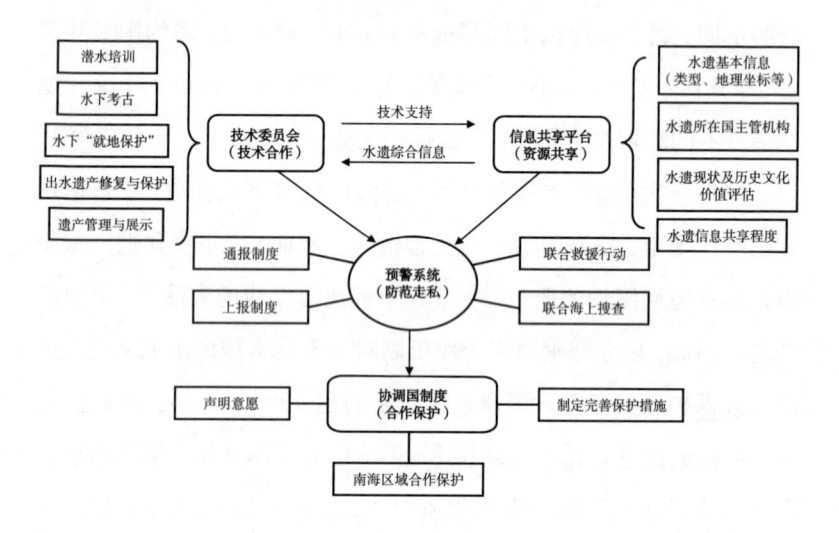

图1：构建南海区域合作保护机制的路径图

可见，国家合作机制可为我国水下文化遗产的国际合作发展提供良好的平台。建立区域合作机制是水下文化遗产保护的共同需求，也是以水下文化遗产保护合作为媒介维系地区稳定、体现合作发展的重要举措。我国可借鉴《水下公约》的"国家合作机制"，特

---

15 详见本书第一部分《水下文化遗产的国际法保护》中相关内容。

16 刘丽娜：《建构南海水下文化遗产区域合作保护机制的思考》，载《中国文化遗产》2019年第4期，第25页。

别是其协调国制度确立水下文化遗产保护的国际合作机制，即依据协调国制度，选出相关水下遗产的"协调国"，确认"协调国"有权组织其他相关国家协商保护措施并授权其他国家实施，用以解决我国与其他国家在未来水下文化遗产保护利用中的争议，并要求有关国家禁止其国民和船只从事有害水下文化遗产的活动，进而对他国境内的中国水下文化遗产建立合作保护。

五、结论

《水下文物保护管理条例》实施 30 余年来，对我国水下文化遗产的保护起到了积极的作用，推动行业发展、公众期许发生了令人瞩目的变化。然而，中国水下文化遗产保护事业发展仍然面临着重重考验，需要我们以海一样的胸怀，加强与世界各国和国际组织的交流、合作，积极吸纳国际先进理念、技术和方法，博采众长、兼收并蓄，探索出符合中国实际、具有中国特色的水下文化遗产保护之路。

通过加入《保护水下文化遗产公约》，我国可以利用国际法机制，采取法律行动，实际扩大我国水下文化遗产保护的管辖范围，增强保护能力，从而确保实施恰当保护。如果我国是"具有文化、历史考古联系的"水下文化遗产来源国，则可以更充分利用该公约参与保护并"管辖"我国境外的水下文化遗产。